6월항쟁과
김대중 김영삼 민추협

6월항쟁과
김대중 김영삼 민추협

초판 1쇄 발행 | 2023년 6월 29일

지은이 | 김도현
펴낸이 | 이재호
책임편집 | 이필태

펴낸곳 | 리북(LeeBook)
등　록 | 1995년 12월 21일 제2014-000050호
주　소 | 경기도 파주시 회동길 50, 4층(문발동)
전　화 | 031-955-6435
팩　스 | 031-955-6437
홈페이지 | www.leebook.com

정　가 | 20,000원

ISBN | 978-89-97496-68-6

6월항쟁과
김대중 김영삼 민추협

글쓴이 김도현

리북

6월항쟁 대열에 함께 했던 시민들, 국본의 많은 동지들,
민추협에서 모셨던 지도자 선후배 동지의 용기 열정 헌신 희생에
정성을 다해 경의의 큰절을 올립니다.

벗이여

1

그해 장미꽃 향기가 생각나는가?

모르겠다고, 기억나지 않는다고,

그래 맞다. 1987년엔 장미 같은 건 없었다. 장미꽃 향기 맡을 짬이 없었다.

최루탄, 지랄탄, 사과탄, 맵고 지독한 독가스에 눈 따가워 뜰 수 없었다. 숨 막혀 숨도 못 쉬었다. 터지고 끌려가고 엎어지고 밟히고, 눈물 땀 피 먼지 범벅이었다.

그러나 우리는 전경들 앞으로 다가가 한 송이 장미를 안겨주었다. 머지 않아 함께 장미꽃밭에서 춤추자고 맘속으로 기약했다.

6월 길어진 한낮과 밝고 따듯한 햇살의 고마움을 잊을 수 없다.1월 박종철 고문 순국 뒤 대중투쟁은 추위로 위축되었지만, 6월 시행된 서머타임과 오후 6시부터의 투쟁은 노동대중과 직장인들의 참여와 퇴근 시간이 맞아떨어졌다.

2

대한민국 건국헌법은 민주주의를 뚜렷하게 명시하고 있다. 우리는 "옳게 가르치고 옳게 행하지 못하는 세상"에서 "사랑하는 젊은이들"과 함께 "붉은 피를 쏟으며 빛을 불러 놓고", "쓰레기통 속에서 장미를 꽃피우기 위해" 일어나 독재를 허물었다. 군사 쿠데타로 다시 얼어붙은 민주주의를 되찾으려는 몸부림이 6·3항쟁,[1] 3선개헌·유신 반대로 끈질기게 이어졌지만 유신의 심장이 쓰러지고야 온 서울의 봄은 짧았다. 이어 온 엄동에 "천년 한을 통곡하는 너 빛부리 우리들의 고향에서", "모두가 죄인처럼 고개를 숙이고" 있을 수 없어 "죽음과 죽음을 뚫고", "백의 옷자락을 펄럭이며 일어났지만" 어둠은 계속되었다. 1987년 1월 "잘가그래이, 아버지는 할 말이 없대이"라며, 얼음 뜬 강 위에 한 줌 재가 된 아들박종철을 흘러 보냈다. 드디어 온 나라에서 월급쟁이, 학생, 근로자, 주부, 신부, 수녀, 목사, 스님 모두 거리로 쏟아져 나와 마침내 6월항쟁이 번져 6·29선언을 끌어냈다. 7월 9일 젊은 영혼의 저승길을 닦는 의식에서 춤꾼이 흰 광목천을 가르고서 땅바닥에 쓰러져 있자, 그의 누나가 달려 나와 춤꾼을 부여잡고 "한열아!" 통곡하자, 구경꾼으로 서 있던 한 할머니가 춤꾼을 껴안아 일으키며 "한열아 이제 그만 일어나라, 일어나 가야지!" 하고 겨우 그를 저세상으로 보냈다.[2]

3

이렇게 하여 우리는 민주헌법을 쟁취했다. 바로 87년 헌법과 그 헌정체제다. 그러나 그리 오랜 세월이 지나지도 않았는데, 87년체제는 동네

1987년 7월 9일 경찰 최루탄에 희생된 연세대생 이한열 군 장례식 노제에서 춤꾼 이애주 교수가 광목천을 가르고 땅바닥에 쓰러져 있자 이 군 누나가 뛰어 나와 "한열아 일어나 가야지." 하고 이 교수를 일으켜 세웠다. 사진_재단법인 이애주문화재단.

북처럼 두들겨 맞고 공고화를 지나 민주주의의 질을 말할 단계에서 위기를 맞고 있다. “떠오르며 드러나는 미래의 목적들과 과거 사건의 대화를 역사”E.H.Carr, 2009, 169쪽.라고 하는 말을 상기하며, 우리 역사에서 갈등과 투쟁을 화쟁和諍 가운데 한 단계 높인 6월항쟁을 되돌아본다. 누가 무엇과 어떻게 싸웠고 무엇을 성취했고 어떤 한계가 있었을까?

4

이 책은 부족함이 많다. 관찰, 기억, 자료, 이론체계 모두 모자라며, 6월항쟁 대열에 섰던 지도자, 선배, 동료, 후배의 활동과 그 인물을 제대로 그리지 못했다.

이상과 현실 세계 사이의 양서兩棲 동물일 수밖에 없는 정치인의 사명과 욕망을 알아내는 상상적 이해imaginative understanding[3]와 그것을 서술하는 것은 필자에게는 능력과 노력을 넘어서는 것이었다. 가급적 술이부작述而不作을 지키려 애썼지만 많은 잘못을 피하지 못하였으리라 생각한다. 민추협 회원 각자의 개인적 개별적 헌신과 노력에 대하여는 거의 살피지 못했고 결례나 부족, 누락이 많을 것으로 생각한다. 또 누군가에겐 약점이 될 수 있는 일도 썼을 것으로 생각한다. 용서를 빌 뿐이다.

5

언젠가 훌륭한 역사가가 ‘민주주의 운명’ 안에서 대의와 권력욕, 투쟁과 책략, 용기와 두려움, 협력과 경쟁, 희생과 배신, 돈과 욕망이 뒤섞인 살아 굼틀대는 인간 군상들의 생각과 행동을 그려내고 엮어 푼다면 한국의 80년대는 그야말로 민주화와 대권을 쟁탈하는 ‘삼국지’가 되리라. 그리고 ‘K-민주주의의 한 기원’ 이야기로 민주주의 시련의 고비에 열어보고픈 지혜낭囊이 될 수도 있으리라.

차례

머리말에 대신하여 - 왜 이 글을 쓰는가? · 6

머리맡에 둔 몇 가지 생각[題辭] 13

1. 민주화추진협의회의 탄생 35

10·26, 유신의 심장 멎다 · 35

서울의 봄, 짧게 끝나다 · 39

5공체제 · 43

김영삼, 단식투쟁으로 민주화운동을 점화 · 48

민추협 결성 · 53

2. 선거혁명 59

신당 창당, 총선 참여, 선거혁명 · 59

패권 정당체제의 붕괴, 양당제로 · 65

민주화 연대의 확장 · 69

3. 민주개헌운동 89

민주화운동과 개헌 · 89
백화제방의 개헌론 · 91
운동권의 개헌론 · 93
개헌이 극복해야 할 과제들 · 96
1천만 서명운동 선언 · 98
서명운동 전격 개시 · 100
전국적 서명본부 현판식 · 110

4. 내각제와 직선제 112

국회 개헌특위 설치 · 112
다시 국면 전환 탄압 · 115
전두환의 역습과 합헌·합법 개헌 · 117
개헌 정국의 표류, 실세대화, 선택적 국민투표 요구 · 121
혼미 · 124
연대의 파열과 복원을 위한 자성 · 127
민추협과 재야 연대 · 134

5. 국민투쟁의 시작 136

박종철 고문살인사건 · 136
2·7국민추도회 · 143
3·3국민평화대행진 · 152
이민우 구상과 미국 · 156
통일민주당 창당 · 159
4·13호헌조치와 호헌반대 역풍 · 164
박종철사건 범인 은폐조작 폭로 · 170

6. 6월국민항쟁 173

민주헌법쟁취국민운동본부의 출범과 통일민주당의 합류 · 173
6·10민주헌법쟁취 국민대회 · 178
명동성당 농성투쟁 · 186
개헌 시위, 전국으로 · 188
김영삼과 통일민주당의 돌파 노력 · 191
국본의 고뇌와 결단 · 194
미국 · 주한미대사관과 민주화 · 196
6월항쟁과 미국 대사관 · 199
전두환 - 김영삼 회담 · 203
6·26평화대행진 · 208
6·29선언 · 213
쟁취인가? 결단인가? 주역은 누구인가? · 216
개헌에서 대통령선거로 · 218

7. 유시무종 225

결어에 대신하여_ 민추협 성취는 무엇이고 한계와 실패는 무엇인가? · 232
6월항쟁의 정의 · 239
후기 · 240
미주 · 244
참고문헌 · 412

6월항쟁과 민추협 관련 자료

1_ 김대중, 김영삼 8·15공동선언 272
2_ 아사히신문, 김대중 김영삼 공동성명 보도 280
3_ 민주화 투쟁 선언: 민추협 성명서 281
4_ 민추협 총선 참여 선언문 283
5_ 민주개헌서명운동 10문 10답 286
6_ 민추협, 신민당 개헌현판식 대회 모습 288
7_ 민주개헌의지 전국서 폭발 304
8_ 통일민주당 창당 305
9_ 고 박종철 군 국민추도회 준비위원회 발기 취지문(초안) 306
10_ 박종철 군 국민추도회 준비위원회 고문 김대중 김영삼 추도문 308
11_ 6·10 국민대회에 즈음하여 국민께 드리는 말씀 310
12_ 6·10 국민대회에 즈음하여 국민께 드리는 말씀(초안) 312
13_ 명동성당 농성투쟁 경과 321
14_ 명동성당 농성 이후 전두환과 노태우의 움직임 329
15_ 전두환의 직선제 결단을 촉구하는 김영삼의 주장 334
16_ 6월항쟁 기간의 김영삼의 민주화투쟁 전략과 행동 335
17_ 6·10 이후 6·29까지 미국의 동향 337
18_ 6월항쟁과 미국 대사관: 한국 역사박물관과 미국 우드로윌슨센터 공동학술회의 341
19_ 릴리 대사와 김수환 추기경 면담, 미국대사관 본국 보고 351
20_ 레이건 대통령이 전두환 대통령에게 보낸 편지 354
21_ 전두환 · 김영삼 회담 기사 356
22_ 김영삼의 6월항쟁 전략 359
23_ 6월항쟁에서의 정치인 김영삼의 역할-인간 전략 전술 366
24_ 한국의 민주화 이행에서 김대중의 역할(1980~1987년)_ 전재호 375
25_ 6월 26일 〈동교동-김대중의장과 자택〉엔 어떤 일들이 있었나?_ 우종창 385
26_ 민추협, 〈민주통신〉 발행 목록 392
27_ 민추협 사무실 탄압 현황 394
28_ 민추협 회직자에 대한 탄압(1984. 5.~1987. 9.) 395
29_ 민추협 기관지 〈민주통신〉 개관 403
30_ 민추협 사무실 개관 405
31_ 민추협 회직자 현황 406
32_ 민추협 회무일지 410

이 글을 쓰면서 다음 몇 가지를 생각 머리맡念頭에 두었다.

1. 대한민국 시대 민주주의는 자명한 운명

우리나라와 민족의 역사에서 '대한민국 시대'는 민주주의를 자명한 운명으로 삼고 있다.[4] 대한민국은 3·1민족민주혁명과 그 딸·아들인 대한민국임시정부를 계승했다고 헌법에서 선언했다. 3·1운동과 그 전후의 우리 독립운동은 제국주의 침략과 무단전제를 극복하려는 민족민주혁명이다. 일본식민통치, 천황제, 군국주의 등 일체의 비민주주의를 거부했다. 또 일제 병탄 이전의 조선왕조 또는 대한제국으로 되돌아가는 것을 확실하게 단절하는, 왕권국가가 아닌 민주공화국을 수립하기 위한 민주혁명이었다. 그 결과물인 대한민국임시정부와 이를 계승한 대한민국은 당연히 민주공화국임과 그 내실을 발전시킬 것임을 선포한 것이다. 이에 참여한 무정부주의, 사회주의, 서구식 민주주의 등 다양한 정치이념을 주장한 모든 독립운동 단체 정치세력들도 정강 정책으로 민주공화정을 내걸었다. 이리하여 민주주의는 제헌헌법에 분명하게 쓰였고 대한민국의 원초적 운명이 되었다.

그럼에도 대한민국 출발은 안으로는 정치, 경제, 사회적 조건이 민주주의가 꽃필 만큼 성숙하지 못했고, 밖으로는 미소냉전의 전개로 미군점령과 미국의 대소, 대중, 반공전초기지를 강요받으면서, 북한정권의 전쟁도발과 안보 위협아래 있었다. 집권자와 집권세력은 이 조건을 권력획득과 유지를 위한 반공, 독재, 권위주의체제 유지의 조건으로 삼았다. 그러나 역대 독재정권도 대한민국 출발의 원초적 운명인 민주주의를 규정한 헌법과 국민의 의지 그리고 반공의 명분인 민주주의를 전면으로 부정할 수는 없었다. 정권의 지원자인 미국 또한 친미반공보루와 반공민주진영의 진열장임혁백, 2009, 127쪽.이라는 상충할 수도 있는 양면 중 어느 하나를 완전히 버릴 수는 없었고 동시에 추구할 수밖에 없었다.[5] 이것은 우리 민주화에 긍정적이자 부정적 조건이기도 했다. 이승만·박정희·전두환정권이 건국과 전쟁수행, 경제성장, 경제정치안정을 명분과 실적으로 표방하며, 반민주적 조치를 거듭하면서도 그 명분은 "공산주의로부터 자유민주주의를 지키기 위해서"라고 했다. 민주화운동은 "진정한 자유민주주의"를 하라는 것이었다. 독재정권을 지원 묵인하는 미국을 향해서도 "진정한 자유민주주의 실현을 촉구하고 그 반대조치를 견제하라."는 것이었다. 따라서 독재정권의 민주화운동에 대한 무한 탄압과 미국의 독재에 대한 무한 지원은 불가능하고 한계를 가질 수밖에 없었다.[6]

이승만은 독립운동가와 초대대통령을 지내며 쌓아둔 업적에도 민주주의를 요구하는 4·19학생혁명에 의해 "국민이 원한다면"사퇴의 변 하야했다.[7] 박정희 독재의 절정인 "혁명성을 부인할 수 없는 정변의 성격"허영, 2007, 75쪽.을 가진 유신조치로 채택한 유신헌법에서도 그 전문에 "자유민주적 기본질서를 더욱 공고히"를 유지하면서 국적 있는 민주주의를 지향한다고 했다.[8] "12·12사태 등 단계적 쿠데타와 내란"1995년 대법원 판결으로 집권한 전두환은 "5공헌법의 7년단임제를 민주주의의 제도화"라고 주장했다. "박정희정권은 산업화 근대화의 압축적 성공으로 시장형성적 발전국가의 모델케이스를 만들고, 전두환정권은 시장순응적 국가로 변모시켜”임혁백, 134-135쪽. “경제의 고도성장 등 비교적 안정된 국가운영실적을 보였지만, 정권연장의 묘수를 찾는 고육지책 끝에 국민의 민주화갈망이 폭발점에 이른 1987년 6월에 이르러서야 6·29선언을 수용하여 권위주의시대의 패막을 선고하는 용단을 내렸다.”이홍구, 2009, 14쪽. 그리고 개헌과정을 거쳐 현행헌법이 확정되었다.[9]

이 모든 것은 3·1운동 이래의 대한민국의 자명한 운명인 민주주의를 벗어날 수 없었기 때문일 것이다.

한편, “‘국가를 화해 불가능한 계급적 적대의 산물’레닌, 『국가와 혁명』로 보고, 남한에서 독자적 사회구성체로 형성된 대한민국이 정치·경제·군사적 종속을 조건으로 하는 자본주의 발전단계에 있으며, 그 지배계급의 헤게모니 안에 있다고 해도, 자본주의는 대중 속에 민주주의 지향을 발생시키고 민주주의적 제도를 만들어 내며 민주주의를 부정하는 제국주의와 민주주의를 목표로 하는 대중과의 적대를 격화시킨다. 대한민국의 국가적 문제는 민주화로 제기된다.”한국정치연구회, 1989, 33-34쪽.

“1950년대 정권의 반대세력이 사회주의와 같은 대체 이데올로기를 주장하지 않고 정권의 공식 이데올로기인 자유민주주의에 의존하여 민주화연합세력을 형성하여 이승만정권을 강제 퇴진시키는데 성공하였다.”임혁백, 2009, 131쪽. 이것이 1979년과 1987년에도 반복되었는데 민주주의가 대한민국의 운명임을 확인시킨 것이다. 즉 어떤 사관에서 보더라도 대한민국의 운명은 민주주의 안에 있다고 확언할 수 있다.

2. 자생 민주주의

민주주의는 대한민국의 자명한 운명으로 우리 민족 스스로 자율적 의지로 선택하고 노력하고 성취한 결과다. 우리 민주주의가 1945년 미국 미군의 진주와 함께 외삽外插, external imposition 이식되었다.임혁백, 2009, 124쪽.는 일부의 주장은 동의하기 어렵다.[10] 헌법 전문의 "유구한 역사와 전통"은 그냥 수사가 아니다.

우리 역사도 생명의 본성인 자유와 평등을 향하여 진화해 왔고 굴레에 대한 저항과 봉기가 끊임없었다.[11] 조선도 왕조이긴 해도 "백성이 나라의 근본"[12] 곧 '민국'民國을 건국이념으로 하고, '민유방본'民惟邦本, '민위국본'民爲國本이란 말이 조선왕조실록에 658회 승정원일기에 446회 등장하여 '민의 나라'를 말하고이태진 사사까와 노리까스, 2019, 336쪽. 일본에서는 민유방본이 17세기에 알려졌는데 조선에서는 14세기 건국 초부터 일관하여 존중된 개념이다. 이노우에 아쓰시, 2021, 283쪽. '민국'은 대한제국 때는 대중화 일상화되었고 '대한'과 '민국'이 어우러져 '대한민국'이란 국호가 자연발생적으로 불렸다.위의 책, 340-1쪽. 위민국爲民國이 아니라 민이 국본인 나라民爲國란 것이다.[13] 이황은 "백성은 나의 동포"民吾同胞, 『성학십도』, 「서명도」라 했다.(한국의 경제에서 자본주의 맹아론이 이제는 보편화되었지만, "실증적 근거가 축적되지 않았다."안병직, 2001, 5쪽.는 반론도 있다.) 자본주의 맹아와 표리를 이루는 근대적 사유의 맹아도 실학에서 나타났고 실학은 중국 일본보다 조선이 훨씬 먼저 시작되었다.이우성,1995, 454쪽. 근대적 사유는 당연히 자유, 합리, 평등 등 민주주의의 핵심가치를 포함할 것이며 '민주주의 맹아론' 또한 가능할 것이다.

대한제국 마지막 황제 고종은 1909년 칙유문에서 "대한은 나 한 사람의 대한이 아니라 실로 너희 만성萬姓의 대한"이라고 선언하여, 대한인민은 대한제국 황제의 신민이 아닌 주권의 주체로서 대한인大韓人임을 말했고, 안중근 의사가 유묵으로 남긴 '대한인 안중근' 또한 이런 의미를 담고 있다고 한다.이태진 사사까와 노리까스, 2019. 66쪽.

1919년 이상룡·김동삼·이승만·김규식·박은식 등 39명이 발표한 〈대한독립선언서〉는 "이 민족이 자행하고 있는 전제정치의 학대와 압박에서 벗어나 대한 민주국으로 자립할 것을 선포하노라."라고 하고, "모든 동포들에 동등한 권리와 동등한 재산을 베풂으로써 남자와 여자 그리고 가난한 자와 부자가 고르게 살 수 있도록 하며 지혜로운 자와 어리석은 자 그리고 늙은이와 어린이 모두가 동등한 지식과 동등한 수명을 누리도록 하여 온 세상의 인류를 바로 잡고자 하는 것"이라고 했다.[14] http://contents.history.go.kr/front/hm/view.do?treeId=010701&levelId=hm_123_0050 "경술국치가 일본에게 대한제국을 넘겨준 것이 아니라 융희 황제가 주권을 포기하면서 그것을 국민에게 넘겨 준 것"이라고 해석했다.김희곤, 2009, 88쪽. 1910년대부터는 민주공화제에 공감대가 형성되었고 1919년 임정의 임시헌장에 '민주공화국'을 쓴 것은 독창적인 것으로 1920년 유럽에서 체코슬로바키아헌법의 Democratic Republic 보다 먼저였고, 중국의 신해혁명 뒤 헌법에서 '민주공화'란 말이 쓰인 것은 1920년대 중반 이후이다. 3·1운동 때 손병희는 "조선이 독립하면 여하한 정체를 세울 생각이었나?"란 물음에 "민주정체를 할 생각이다."라고 답변했다고 법원조서가 기록하고 있다. 1930 40년대의 항일독립운동 단체 조직과 1942년의 조선독립동맹도 민주공화국 건설을 목표로 하고 있다. 손병희는 천도교 대표였고김도현, 1983, 57-8쪽. 천도교 동학의 시천주侍天主 事人如天 人乃天 교리와 동학농민혁명은 민족주의가 민주주의와 공존했던 한국 최초의 역사적 사례였다.[15]신복룡 하, 2011, 524쪽.

독립운동 당시 서구 민주주의도 선진 제도로 우리에게 영향을 주었고, 러시아혁명으로 사회주의 공산주의가 약소민족해방운동과 우리 민주주의 형성에도 많은 영향을 미쳤다.[16]

1941년의 건국강령, 1944년의 임시헌장에는 자유권 보통선거권이 보장되어 있었다.[17]박찬승, 2012, 383-5쪽. 일본이 근대화에 앞섰다고 하지만, "천황의 국가통치의 대권을 변경시키는 요구를 포함하고 있지 않다는 요해하了解下에", "최종적 일본국 정부의 형태를 연합군최고사령관에 종속시켜" 민주화로 이행시켰고, "천황제는 근대일본의 사상 기축으로서 짊어진 역할은 국체관념의 교화와 침투라는 측면에 머물지 않고, 정치 구조 경제 교통 교육 문화를 포함한 사회체제로서 기구적 측면을 결여할 수 없다. … 제도는 서구화되었지만 정신적 측면에서는 일본적인 혹은 '전통적'인 요소가 남아있다고 할 수 있을까"丸山眞男, 1988, 89-92쪽.라는 말에서 보이듯 패전과 미군 점령으로 민주화를 강제 받은 일본과는 다르다.[18] 또 중국의 공산당 영도하 중국특색사회주의와도[19] 구별된다.

"해방과 함께 전 한반도 수준에서 광범한 참여를 통해 자주적 인민정권수립을 시도했다."박명림, 1989, 27쪽. 1945년 미군 진주 이전에 남북한에 민주정부를 지향하는 건준지부가 145개나 생겼다.이동화, 1890, 347쪽. 분명한 것은 미군 진주와 미군정 실시 이전에 한국 민중은 민주주의 새 정치와 새 정부를 세우기 위한 의지와 실천이 있었던 것이다.

제헌헌법은 임시정부 헌법과 건국강령을 계승하면서, 우리의 전통적 민본 균등 사상과 서구식 민주주의와 중국혁명, 러시아혁명에 대한 성찰이 숙성 용해되어 있다. 미국의 정책, 정책을 움직이는 미국의 국회와 여론, 이것을 움직인 것은 한국민주화운동의 역량이었다.[20]

3. 민중, 운동 그리고 용기, 절제, 관용

우리나라는 국가 위기에 나라를 지키기 위해 영웅적 지도자보다 국민대중이 신분 계급 종교 지역을 초월하여 나섰다. 임진왜란 때와 한말 의병의 구국운동이 그렇고,[21] 4·19, 6·3, 5·18, 6월항쟁 '촛불'의 민주화운동이 그렇다. 일본의 무사武士, 중국의 공산당·국민당의 지도 아래 이루어진 변화와는 다르다. "조선(한국)민족은 중국 일본과 다른 독자의 문화전통이 있고 어려운 외압에 시달리면서도 일관하여 힘찬 사회발전사가 있었다. 그 발전의 기저를 받치고 있는 것은 단순한 영웅적 지도자의 힘이 아니고 유니크한 개성과 활기가 넘치는 인간성을 가지고 하루하루의 삶을 계속해 온 한국민중총체이다."梶村秀秀, 1977, 8-9쪽. 한국민중총체는 외적에 대항해 나라와 자신을 지켰을 뿐 아니라 나라 안의 독재에 대항해서도 자신과 나라를 지킨 것이다.

우리 민주화운동은 보통사람들이 비상한 용기로 일으켰다. 죽음 부상 투옥 온갖 육체적 고통, 신분적 경제적 불이익과 맞섰다. 민주화운동의 전개과정은 수사공안기관의 부당 불법한 인권침해, 공권력의 방해와 횡포, 부당한 경찰력과 군 출동과 고문 심지어 사법살인 등 용납될 수 없는 잔혹과 국가 폭력이 있기도 했고, 세계로부터 불명예와 악평도 받았다. 아직도 치유되지 않은 영원히 잊혀져서는 안 되는 피와 땀으로 써야 할 역사가 있다.

이러한 민주화의 "주역은 희생을 무릅쓴 국민이지만, 중요한 역사의 갈림길에서 국민의 선택을 수용한 지도자의 어려운 결심 또한 평가되어야 한다."이홍구, 2009, 14쪽. 국민도 각 단계의 지도자 혹은 독재자라 할지라도 그 인간적 한계를 관용하고 고난을 인내하는 유구한 역사와 전통의 겨레다움이 있었다. 이점은 논란을 불러올 수도 있지만 사실에 있어서도 미래를 향한 가치에서도 그러할 것을 기대한다.[22] 민주화운동을 일으킨 용기, 민주화의 결실을 만들어가는 과정에 참여한, 참여된 인물들의 절제와 관용은 인간과 한국인이 가진 성선性善의 징표다. "먹으로 쓴 거짓말은 피로 씌어진 사실을 지울 수 없다."魯迅, 陳舜臣, 1989, 76쪽.라는 사리史理를 잊지 않는다면.

4. 혁명, 변혁, 개혁

민주화운동은 6월항쟁을 통해 민중봉기와 민중헌법제정까지 포함한 혁명 변혁 민중노선 등 모든 노선이 직선제 헌법개정이란 제도개혁으로 평화적으로 수렴되었다.

민주화운동이 야당 지도자의 단식 → 민추협 결성 → 신당 창당 → 총선 참여 → 신당 돌풍 → 패권정당체제 붕괴 → 대통령직선제의 제기 → 개헌서명운동 → 전국적 현판식 → 박종철 군 추도 2·7 → 3·3 → 6·10 → 6·18 → 전두환·김영삼 회담 → 6·26대행진과 집회 → 국본 결성, 민추협과 국본의 결합, 최저강령 최대연합 투쟁으로 불붙어, 독재세력의 전두환 신군부의 영구집권구상 → 개헌논의 불가 → 정권 이양 후 개헌 → 88올림픽 뒤 개헌 → 개헌논의 → 내각제개헌 기도 → 4·13개헌 논의 중단 조치 → 4·13조치 철회 → 6·29선언 쟁취 → 6월항쟁 성공으로 이어졌다.[23]

실로 6월항쟁 성공, 하늘의 섭리와 역사의 간지奸智가 이끈 것과도 같은 국민적 합의와 노력이 없었다면, 과연 한국 민주화의 선도세력이었던 학생과 급진적 노동운동의 혁명적 변혁요구를 제도개혁을 통한 민주화로 설득해 낼 수 없었을 것이며, 한국은 장기적 상시적 소요와 변혁운동의 소용돌이에 빠졌을 수도 있었을 것이다. 촛불이란 돌발적 정권변동도 탄핵이란 헌법 절차를 통해 이루어짐으로써 우리나라에서는 정권의 평화적 제도적 교체가 정착하였다.

그렇게 되어 직선제 수용의 최소한 민주화와 제도권 정당의 주도권 횡취橫取로 그동안 분출되었던 많은 진보적 주장과 세력이 소외로 귀결된 것은 운동주체의 제도복원 이상의 청사진을 준비하지 못한 미성숙의 탓일 수 있다. 6·29선언 이후 노동자 대투쟁은 억압된 되었던 노동자 권리와 갈망의 너무나 자연스러운 폭발이었지만,[24] 수구세력의 두 가지 분열정책인 정치권과 대중의 분열 그리고 정치세력의 분열 함정을 돌파하기에는 주관적 객관적 조건이 미흡했다.

그럼에도 민추협과 민추협이 주력으로 가담한 국본이 국민과 함께 이룩한 6월항쟁의 성취는 한국 민주화 역사에서 매우 중요한 하나의 기원A Origin of K-democracy이 되었다고 할 것이다.

5. 87체제 위기와 진통, 미숙한 유산, 조로한 현재, 불시착 미래의 충돌

87년헌정체제의 쟁취가 민주주의의 탄탄한 미래에의 길을 마련해 주지는 못한다. 87년체제는 우리의 미숙한 과거, 조로早老한 현재, 초고속으로 불시착不時着한 미래의 다중충돌을 만났다.

민주화운동을 함께 한 한국민은 민주화를 학자들이 정의하듯 선거로 대통령을 뽑는 이른바 '최소정의적 민주주의'최장집, 2002, 141쪽.에 머문다고 생각지 않았다. 나쁜 세상 대신 좋은 새 세상, 자유 평등 도덕 정의 인권 복지 아름다움 이 모든 인간적이고 공동선적인 것들이 넘치는 세상이 민주정치 - 가능의 예술을 통해 달성될 것을 기대했다. 물론 오늘 당장은 아니지만 적어도 그러한 희망 대신에 좌절과 절망이 되어서는 안 된다는 믿음을 가질 수 있어야 했다. 오늘 위기를 말하는 것은 이런 기대에 대한 배신 깊은 회의를 말하는 것이다. 민주주의 위기는 세계 한국 그리고 87년체제에 동시에 밀려들었다.[25] "미국에서도 민주주의의 실험실은 전체주의의 실험실로 전락할 위기에 처해 있다."스티븐 레브츠키·대니엘 지브렛, 박세언 역, 2018, 7쪽. "민주주의의 미래가 암울할 정도로 깊고도 예리하다."마이클 샌델, 이경식 역, 2022, 19쪽. 한국에서는 2023년 초두 한국정치는 대통령 - 여당과 야당 사이는 폭력적 무기를 사용하지는 않지만 내전이다. 증오 염오 비난 저주 공격 멸시 무시 등이 국회 집회 시위 등 공적토론장과 공적 언론을 통한 성명 연설 회견 그리고 개인적 SNS 수단을 통해 전면적 집단적 개별적으로 시간 장소 가리지 않고 행해진다. 한마디로 "너는 악마다." 물리적 힘 외에 모든 수단이 동원된 정치인 정당 사이의 경쟁 아닌 전쟁이다. 더 심각한 것은 정치인 정당 사이의 투쟁만이 아닌 지지자 사이에도 개인과 개인끼리도 그 강도가 결코 덜하지 않다.

지표로는 어떤가? 폴리티polity지수, 프리덤하우스의 자유도, 베르텔스만 이행지수, 이코노미스트의 민주주의지수, 민주주의의 다양성 지수 등 여러 국제적 평가기구의 평가 결과로는 대체로 선거민주주의의 공고화를 뒷받침하는 제도적 변화가 있었다. 한편 권력행사 측면에서는 행정부의 강한 권력 삼권분립 부패축소 언론자유 기득권유지 등에 문제점이 있다고 한다. 민주주의 공고화단계를 넘어서 실질적 심화단계에 이르지 못하고 질적으로는 하락 정체가 최근 10여년 관찰된다는 것이다. 전문가조사 뿐 아니라 여론조사에서도 한국민주주의 질에 대한 국민의 만족도가 낮고 불만이 높은 것으로 나타나고 있다.오형진·조인영, 2018, 53-67쪽.

우리 민주화는 6월항쟁으로 민주주의 이행democratic transition을 거쳐 탄핵과 선거를 통한 평화적 정권교체를 이룸으로 "우리 민주주의는 세계적 민주적 불황의 와중에서 탄력과 활력을 상실하지 않았음을 보여 줌" 박종민·마인섭, 2018, iii쪽.으로써 민주주의 공고화democratic consolidation단계를 지나, 이제 민주주의의 가치 이상 목적에 얼마나 다가갔느냐, 즉 민주주의의 질democratic quality를 묻는 고비에서 위기를 맞듯 진통하고 있다.

민주주의 제도를 성취하는 것과 "법률과 상황이 합쳐진 '사회적 상태'로서의 민주주의"토크빌, 박지동 역, 1983, 58쪽.가 실현되지는 않았다는 것이다. 오늘 우리 정치는 '4류' 우리 사회 전체 부문 가운데 가장 낙후된 발전단계에 있다고 30여 년 전의 평가를 오늘까지 반복하고 있다.[26] 이 낙후저발전 정치의 만 가지 문제의 근원으로 그토록 어렵게 이어진 87년체제가 들먹여진다. 오늘날 다양한 의미와 계기에서 거론되지만 다음 몇 가지 차원에서 볼 수 있다.

1) 87년 헌정체제의 제도적 측면으로 대통령의 5년단임제, 제왕적 권한, 무책임, 탈당으로 무당제화노태우·김영삼·김대중·노무현 등 임기말에 탈당 무당제화, 거대정당에 유리한 소선구제, 선거연령, 선거주기 등이 거론된다.[27]

2) 87년체제의 비제도적 측면으로 지역정당제화[28]와 이념적 편차의 지역화, 갈등의 사유화私有化.[29]

3) 역사적 유산으로 자유-민주주의최장집, 2002, 226쪽.에 대한 개인과 사회의 이해도,[30] 미청산된 봉건적 관습, 일제식민통치의 잔재, 박정권 근대화의 반동적 유산[31] 이러한 것들이 제도 관행 의식에 남아 있다.

4) 준비부족한 미래의 불시착 도래에 따른 문제들로서 대의민주주의의 한계와 직접민주주의적 요구의 대두, 정보화에 따른 정보의 폭발과 탈진실 가짜뉴스의 폭주, 포퓰리즘의 창궐,[32] 1997년 경제위기 이후 신자유주의 대두와 함께 기업의 극단적 자유추구와 개인의 시장인간화,[33] 한편 노동의 배제와 거대노조의 과잉대표성, 교육기회의 양극화, 연금개혁 이해충돌에 따른 세대갈등, 젠더갈등, 기후 환경위기에 대처, 북핵문제와 남북한 관계에 대처하는 이념갈등, 소득양극화, 자산격차 확대, 보편복지 문제 등이 있다. 정치신뢰도의 저하와 불만족의 폭발, 평등·법치·참여에 대한 실망. 한국의 유권자들은 국회와 정당, 대의기구에 대한 낮은 신뢰군·경찰 등 강압적 국가기구에 대한 신뢰보다 낮다.박종민, 2018, 384쪽. 국회의장은 "국민의 국회 불신이 여론조사상 81%에 달하는데 어떻게 정수를

마음대로 늘릴 수 있겠나"라고 말했다.중앙일보, 2023.3.21. https://www.joongang.co.kr/article/25148826. 우리의 과거는 국권상실로 인한 지체 왜곡된 근대화로 미숙한 상태로 승계되었고 현재는 발전국가의 경제적 압축성장 정치적 권위주의의 결과로 조로한 현재로 초고속으로 미래에 불시착함으로 준비되지 못한 채 다양한 문제군을 만난 것이다. 이러한 문제 갈등의 해결은 국가와 정치를 통해 해결 개선되기를 기대하며, 민주적으로 선출된 권력이 국가 관료조직을 민주적으로 운영하여 실행하는 것을 민주주의에 기대한다.

5) 보다 근원적으로 자본주의, 특히 신자유주의와 민주주의의 불화가 가로 놓여 있다.[34] 결국 "정치적 민주주의가 경제적 독점을 지배하지 못하면, 경제적 독점이 정치적 민주주의를 지배하게 될 것이다."[35] 라스키, 1969, 440쪽. 우리는 자본주의와 동행하는 시대에 살고 있다. "오늘 한국 자본주의가 압축 불균형 개발주의와 민주화 및 세계화 시대구조 전환이라는 두 유산의 중첩 위에 서 있다."이병천,2016,21쪽. 어떻게 민주주의가 자본주의를 지배할 수 있을 것인가? 이것을 위해 무엇을 할 것인가?

서양의 자본주의와 민주주의의 불화는 수정자본주의, 복지자본주의로 일단 화해의 길을 찾으며 파시즘과의 결합으로부터 민주주의에로 구출되었다. 한국의 자본주의와 부르주아지는 봉건적 속박과 투쟁하면서가 아니라 권력과 결합하여 민주주의를 희생시키면서 원시자본을 축적하면서 성장했다. 노동자의 자유권 노동권의 억압과 제한이 성장의 조건이었고, 그 대가로 독재권력의 통치·정치자금의 전주였다.[36] 명목민주주의 이면에 실질적 불평등민주주의를 굳혀왔다. 즉 결국 여러 측면 여러 차원의 민주주의의 질을 어떻게 깊고 넓고 높일 것인가의 문제다.

6. 민주화운동은 야당정치인의 운명, 인색한 평가

한국에서 지난날 민주화운동은 야당과 야당정치인에게는 '자명한 운명'이 될 수밖에 없었다. 한국 현대 정치사를 민주주의 관점에서 보면, 1948년 정부수립부터 1987년 6·29까지는 1960년 4월혁명 뒤 61년 5·16까지의 민주당 시기를 빼고는 비민주적 권위주의 정권이 지배하였다. 따라서 한국에서 정치인정치과정에 영향을 미치기 위하여 적극적으로 참여하는 사람 가운데 정당에 참여하는 사람, 또는 선거에 의한 공직취임을 목표로 하는 정치지망생은 운명적으로 권위주의 정권에 봉사 동조 추종하거나, 이에 반대 저항하는 입장에 설 수 밖에 없었다. 이른바 독재 대 반독재, 민주 대 비민주의 대결 투쟁 구도였다. 그러므로 집권세력이나 여당의 구성원이 아닌, 야당 또는 비집권세력의 당원 또는 구성원으로 정치인으로 입신하여 정치적 생애와 욕망을 추구하려는 사람이나 세력은 숙명적으로 반권위주의 반독재 민주화운동에 참여하지 않을 수 없게 된다. 초대대통령 이승만정권은 한민당의 뒷받침으로 출범했지만, 한민당이 정부구성에서 배제되자 곧 비이승만 세력과 결합하여 민국당을 출범시키면서(후일 민주당) 이후 이승만정권을 독재로 규정하고 민주화운동을 당의 기본으로 삼게 된다.[37] 5·16쿠데타 뒤 박정희정권 때는 아예 처음부터 모든 야당은 집권세력을 독재로 규정하고 자신을 민주세력으로 주장하면서 유신시대까지 민주회복투쟁을 제1의 대의로 삼았다.당시 야당 또는 비판세력은 박정권 전기 3공은 제도적으로는 민주헌정제도를 유지했다고 보아서 회복이란 용어를 썼다. 5공 초기의 민한당은 야당으로 자처했지만 집권세력을 독재라고 명쾌하게 규정하지 못한 만큼 스스로를 민주세력이라고 정당화하는데 부족했다. 민추협은 신한민주당을 창당하여 2·12총선으로 돌풍을 일으킨 출발부터 민주투쟁을 기치로 내세웠고, 후일 양 김을 수장으로 민주화투쟁을 정치활동의 전부로 삼았다. 야당정치인은 정치활동이 결국 민주화운동이므로 야당원은 민주화운동에 가담하지 않을 수 없다.

물론 그 스페트럼은 적극 또는 소극, 강경 또는 유화로 그 시기와 개인 성향에 따라 편차가 있다. 예를 들면 박정희 시대에 60년대에는 강경노선의 윤보선과 유화노선의 박순천·유진산, 70년대에 강경노선의 김영삼과 유화중도 노선의 이철승의 편차는 컸다.김대중은 박정권에 의해 강제로 투옥이나 망명 미복권으로 국내 활동에서는 배제되었지만 해외 활동·재야 활동으로 국내 민주화운동에 영향을 주었다. 윤보선은 '선명야당의 기치'를 들고윤보선, 1967, 251쪽. 유화노선을 '위장야당'이라고 공격했다. 유진산은 "정치란 칼로 두부를 자르듯 일도양단으로 되는 것이 아니다. 토론하고 타협하는 것이 바로 정치이다."라는 소신을 말했지만 강경파는 이를 '사쿠라'라고 비난했다.한국학중앙연구원,한국민족문화대백과사전. 이철승은 "나의 정치이념은 우리가 처해 있는 국가적 상황으로 보아 갈등세력 간에 대화와 양보 그리고 타협을 통한 의회민주주의를 신장함으로써 민족의 번영을 이루고자 하는 것이다. 중도통합의 정치가 바로 그것이다."이철승, 2011. 242쪽.라고 말한다. 그러나 김대중은 "중도통합론이 무엇입니까? 원칙이 섰을 때는 중도통합이 있습니다. 원칙이 다를 때 방향이 다를 때는 중도통합은 없습니다. 선과 악 사이에 중도통합은 없습니다. 공자와 도둑놈 사이에 어떻게 중도통합이 있습니까? 민주주의와 독재 사이에는 중도통합이 없습니다."김대중, 351쪽.라고 말한다. 그러나 이들은 모두 민주화운동을 자처했다.

이 책이 다루고 있는 민주화추진협의회약칭으로 '민추' 또는 '민추협'으로 불렸다.는 "군부독재를 청산해서 …… 민주정부의 수립을 위하여 민주화는 더 이상 지체할 수 없다는 판단 아래 발족했다."고 선언했음으로민주화추진협의,「민주투쟁선언문」1984년 5월 18일, 그 구성원은 당연히 민주화운동을 자기의 운명으로 삼았다.

너무나 잘 알려진 일이지만, 민추협은 김대중 김영삼 두 지도자를 정점으로 한 시대의 핵심의제인 민주화를 위한 정치인의 '연합'조직이다. 당시로서는 전정권의 독재에 반대하는 모든 정치세력, 박정권 때의 구 신민당원은 물론 구 공화당의 김창근·권오태·최영근, 구 공화당 김종필 계의 박종태·양순직·예춘호, 소장정풍파의 박찬종 등, 구혁신계의 안필수·김충섭, 법조인 태윤기·용남진·김명윤·홍영기, 학생운동출신 등 정치권을 망라한 조직이었다.김종필 계는 불참 나아가 민추협이 국본에 참여함으로써 반 전두한 범국민연합체가 되었다. 이것은 실로 독립운동시기에도 이루지 못한 통일전선이고, 건국 이래 최대의 민주화운동 연합체 조직이었다. '정치인에 의한 공공적 리더십'박명림, 2014, 20쪽.의 발현이었고, 6월항쟁을 통하여 민추협이 추구했던 목표인 대통령직선제 민주개헌을 국본과의 연대를 통해 국민투쟁 목표로 일체화시키고, 대중운동과 국회 원내투쟁을 일치시켜, 독재세력의 양보와 굴복 타협을 쟁취하여, 마침내 법절차에 따라 제도적 민주화를 성취한 일대 평화혁명을 성공시켰다.

민추협은 김영삼, 김대중대통령 당선 연대순을 수장으로 정확히 모든 권리 의무를 반분하여 구성되고 운영되었다. 독재권력으로부터 조직과 보안을 유지하면서, 민주화운동을 하기 위해서는 조직원은 수장에게 충성하고당수, 대통령후보, 대통령으로 추대하고, 수장은 조직원의 이익을 보장 보상공직 진출의 기회해 주는 가산家產주의적 조직이 되었고,[38] 민주적 절차보다는 지연 등 인간적 인연이 우선하는 내밀內密적 조직이었다. 한번은 필자가 김대중 공동의장으로부터 민추협의 정관을 만들어 보라는 지시를 받았는데 도저히 만들 수 없었다.물론 탄생 때 정관은 만들지 않기로 한 합의가 있었다. 김 의장은 이 사실을 잠시 잊었을 수도 있다. 끝까지 정관 같은 명문규정이 없었던 단체 조직이었다.

여기서 그 구성원 민추협 회원은 김대중 김영삼을 지도자로 하는 정치인들이라고 하겠다. '정치가'는 사전에 의하면 "정치의 방향을 형성하는 전체 정치과정 가운데 그 형성에 영향력을 가진 인물"이라고 한다.岩波書店,『政治學辭典』. 정치가와 정치인을 구별하는 명확한 정의는 없지만, 항용 통용되는 의미로 보면 확립된 정치제도예컨대 의회제도에서 중요한 포스트지위를 가진 인물을 정치가라 하고, 보다 넓게는 이런 인물과 이런 인물을 지향하여 활동하는 인물들을 정치인이라고 할 수 있지 않을까 한다.

제도화된 사회에서의 정치인을 연구한 막스 베버Max Weber나 라스웰Harold Laswell이 말하는 정치인과 우리가 말하는 민추협 회원인 정치인은 동일하게 보기는 어렵다. 라스웰에 의하면, 정치인의 특징은 ① 권력획득에 주력 다른 가치들은 수단 ② 계속적 권력욕 ③ 자신만을 위한 권력욕 ④ 권력에 영향을 주는 과거역사와 미래가능성 주목 ⑤ 권력충족의 기능과 능력 등을 가진다고 했다.이재정, 2012, 5쪽. 한편 막스 베버는 "우리가 투표를 하거나 유사한 방법으로 정치적 의사를 표현할 때 우리는 임시적 정치가다."라고 하고, 정치를 직업으로 삼는 정치인을 '정치를 위해 사는 사람'과 '정치에 의해 사는 사람'으로 유형화했다.막스 베버, 2011, 123-125쪽. 그런데 민추협에 가입하여 민주화운동에 헌신한 정치인은 그 기간 동안1984~1987년에는 엄밀히 보면 이러한 정치인의 범주에는 들지 않는다. 그들은 권력획득을 직접적 목적으로 하지도, 권력을 가지지도 못했고, 생계를 위한 소득을 얻지도, 권력을 행사하지도 못했다.

그럼에도 항용 이들은 이른바 순수한 재야인사나 민주투사 민주열사로만 분류되지는 않고 정치인으로 분류되고 불려서 일반 시민으로서 민주화운동에 참여한 사람들 보다는 덜 평가되는윤리적 평판에서 느낌이다. 이 기간 동안에는 차라리 '무소득 직업 민주화운동가'라고 해야 할지 모른다. 민주화운동이 무소득 직업이고 시대가 지워준 운명이라고 해서 그 열정이나 노력 수고 희생이 덜 평가받아야 하는 것은 공평하지 않다. 윤리적 역사적 가치에서 정당한 평가를 받아야 마땅할 것이다. "민추협에 대한 학술적 평가는 미미했고", "민주화운동을 제도권 정치세력 보다는 학생 노동 등 '민중적 관점에서 보려는 경향이 존재"했고, "민추협의 두 지도자 김영삼·김대중이 분열하면서 선거에서 승리하지 못한데 대한 책임과 비판에서 자유롭지 못하고…… 집권 이후 민주화의 지도자로서가 아니라 대통령으로서의 업적과 과오에 평가가 집중되었었기 때문일 것이다."강원택, 2015, 6-7쪽. 나아가 투쟁현장에서의 활동도 매우 싸늘하게 기술된 바 있다.[39] 또한 6월항쟁의 성과를 직선제개헌이란 제도적 민주이행에 두기보다는 민주정권 창출의 실패에 초점을 두어 87년 체제의 불행한 출발로 보는 견해마저 있다.이재성, 2012, 93-4쪽. 과연 민추협의 투쟁이 개헌협상과 개헌투쟁에 끝나지 않고 정권퇴진까지 나아갔다면 국민적 동력이 동반하고 정권의 강온파 전체와 군부 미국까지 굴복

민추협 회원은 무보수 직업 민주화 운동가이자 평범한 아버지 어머니이기도 했다.
그림_ 오윤, 〈애비〉, 목판, 34.5×35, 1983, 민미협 제공.

또는 협조를 이끌 수 있었을까?[40] 결론 없이 끝나고 말지 않았을까? 여기는 많은 문제점이 있다. 사후적 관점이나 강단적 이론은 아닐까?[41]

그리고 2016~17년 다시 87년체제가 위협받는 위기에서 새로운 정보통신 매체 소통수단 SNS를 통한 네트워크로 자발적으로 동원된 광장민주주의의 촛불제의로 폭발한 혁명적 열기가 국회 절차와 헌재의 탄핵이란 사법절차를 거쳐 제도로 평화적으로 성취된 공고해진 민주적 전환을 이루어 공치 협치 융합민주주의heterachy democracy로의 진화를 보여 주었다.임혁백, 2078-84쪽.

민추협 회원, 야당정치인(?)은 민주화투쟁이란 운명에 따른 무보수 무보상의 온갖 불이익 불편을 감당하였다.

대한민국이 1945년 이후 독립한 150개국 가운데서 제3세계 비서양국가 가운데서 민주정치와 시민자유, 경제성장, 사회적·종교적 다원성, 고등교육과 과학기술 대외개방을 성취한 근대화의 내용을 성취한 여러 나라 중 한 나라가 아닌 유일한 나라, 선진先進, 善進을 지향하는 나라,김진현, 2022,47-8쪽. 한중일 동아시아 3국 가운데 정치적으로 가장 국민을 위한 국민에 의한 국민의 정치를 제도로 갖춘 나라로서 진화시켜 나간다면 우리는 21세기 새로운 문명표준의 코어 근육인 민주주의를 위한 영광스런 유산에서 나아가 매력 가득한 미래자산이 될 수 있다고 믿는다.

독재가 정치체제만이 아니라 경제·노동·종교·문화 등 사회 전체를 지배했던 만큼, 6·29 뒤 노동운동은 물론, 언론·교육·학문·문학·미술·음악·출판·연극·영화 등 사회 전체에서 해방과 새시대를 구가하는 운동이 해일처럼 몰려왔다.[42] 아직도 끝나지 않은 채 휴화산처럼 지금도 터지고 있다.[43] 민주화운동 과정에서도 사회 각 부문은 모두 나름대로 치열하게 참여했다. 오히려 종교·미술·음악 등 부문에서는 정치권의 투쟁을 앞서 나갔다. 또 이 과정에서 다양한 형태의 문화적 정신적 행위 방식을 개발 창조하여 운동 참여자에게 자존감과 감동과 '환희'김우창, 2017,42쪽.의 축제에 참여하는 정신적 보상을 받는 역사 참여의 체험을 국민이 공유하게 하였다. 6·29선언으로 민주화의 투쟁 대상이었던 세력까지 제한적이지만 이 축제에 동참하게 한 것은 한국민주화운동의 중요한 특징이 될 것이다.

여기에 민추협은 정치권의 통일전선체 형성, 국본을 통한 국민운동과의 연대, 제1야당의 지위를 활용한 언론 등 제도의 동원, 집권자의 평화적 제압, 국회를 통한 제도적 완성이라는 화룡점정의 대미를 일단 찍었다.

7. 한국 민주주의, K-민주화의 고도화, 선진화, 매력화, 무無의 미래 채우기

세계 모든 나라는 모두 나름대로 다른 내용과 절차를 거쳐 민주주의의 완성을 향해 투쟁했고 진화해 가겠지만, '한국 민주화'는 내용과 과정에서 우리 문화의 전통과 새로운 창발성을 포함하면서 독특하면서도 보편적 의미와 가치를 가졌다고 믿는다. 우리 민주화과정에 동원된 민주주의에 대한 국민의 신념, 전통 문화적 표현, 집단무의식, 신명, 풍류, 용기, 관용, 절제, 연대, 이 모든 것은 인류 세계의 보편적인 것이기도 하지만 우리 역사와 민주화운동 과정에서 상호교육과 공감으로 획득된 유별난 아비투스habitus로 우리 민주화의 창발적 매력일 수 있다. 산업화 민주화의 성취로 또 그 다음 단계처럼 일부에서 상정하던 사회주의가 붕괴된 후 '역사의 종언'후쿠야마은 미래의 종언을 암시하는 것처럼 보였다.최정호,1993, 17쪽. 그러나 산업화와 민주화는 진정한 자유 창조 아름다움 인간성의 실현 인격적 완성을 위한 불가결 필요 전제일 뿐이다. 비민주주의 빈곤의 밤은 미래에의 꿈을 허용하지 않는다. 우리의 미래는 없음으로 가득하다. 무엇으로 어떻게 채울 것인가?

오늘 한류가 매력 넘치는 자원으로, 또 한국이 꽃피우는 정보화가 전통적 한국다움을 현실과 미래에 재현시켜 한국민의 현재와 미래 그리고 세계와 인류의 행복에 기여하듯이[44] '한국 민주화'도 자랑스런 역사유산에서 나아가 현재의 매력 있는 자산으로 세계와 한국의 미래에 기여할 수 있지 않을까?

우리 민주화는 더 공고화해야 하고 더 고도화 되어, 여러 차원 측면 단위에서 민주주의 질은 깊고 넓고 단단해져야 한다. 개인의 내면과 사회의 상태에서 자유 자립 책임 평등이 넓어지고 깊어지고 단단해져야 한다. 또 통일은 민족사적 과제이고 헌법에 규정된 목표이고, 민주주주의 완성을 위해서도, 개인과 사회의 사상 학문 언론 표현 출판 집회의 자유와 창의는 통일과 함께 보다 완전해질 수 있다. 개인의 인간적 소외, 국민의 양극화한 경제 상태, 기후환경 문제의 해결, 동아시아와 세계의 평화, 높은 수준의 주민자치, 숙의熟議민주주의, 직접민주주의, 대의민주주의 융합 등 이러한 문제를 해결할 정치과정은 갈등하는 계급 이익단체 다양한 사회세력의 합의가 있어야 하는데, 여기에는 국가권력과 언론 경제력 등 힘과 폭력이 개재한다. 인공지능과 우리 일상이 모두 데이터로 수집되어 이윤추구에 활용되는 거대자본의 '감시監視자본주의 시대'Surveillance Capitalism에서 "(미국) 우리는 중요한 중요한 정보통신공간을 감시자본주의제국과 사기업에 양도했다."Shoshana Zuboff, 内田聖子, 2022, 51쪽. 누가 어떻게 감시자를 감시하고 견제하여 다시 인간에게 복무하도록 할 수 있을까?

국가권력과 자본 등의 결합으로 민주주의적 절차와 제도로는 달성될 수 없다는 주장도 있다. 그러나 현실적으로 자본주의를 극복했다고 하는 러시아와 중국의 경우 생산수단을 국유화하고 의료·교육·주택 등을 공유화했다고 하지만 잉여가치는 자본가 대신 국가와 당이 착취하고 있으며 언론 등 자유는 국가 이데올로기와 선전 선동에 종속되어 있다.이도흠, 2015, 215쪽.

우리 민주주의의 선진화[45]先進 善眞 進化 고도화는 결국 또 한 번 창조적 변혁 진화의 길을 개척해야 하지 않을 수 없다. 민주주의의 선진선진화 고도화 없이는 국민이 바라는 경제복지의 선진화와 자립 자유로운 인간 해방과 성숙으로 갈 수 없다. 이것을 향한 "국민의 동의에 의한 혁명"H.J.라스키, 1943, 225쪽.을 위해서는 인간의 자기소외와 자기착취 대신 자기실현 자기완성으로 나아갈 수 있는 사회·경제체제까지로 변혁시킬 수 있다는 신념과 이를 지향하여 행동하려는 국민의 의지가 확고해야 하고, "사회구조적 기초와 함께 찬란한 고대·중세의 민족문화 유산을 활용"[46]신용하, 1995, 483쪽.해야 한다. 우리의 마음바닥에 있는 나라의 주인은 국민민본이고 나라를 이끄는 지도자는 도덕적으로 깨끗해야 한다는 생각김성실, 2017, 11쪽.과 "마음과 물질이 함께 세상을 구성하는 근본요소"이영환,2002,103쪽.이고, "자신과 타인, 개인과 사회, 인간과 자연만물이 서로 연결되어 있다."凡吾民物兄弟 其理一也, 김광억, 2022, 53쪽.는 이황이 상징하는 사상과 삶도, "바람만이 알고 있지"Bob Dylan, "전하지 못한 진심"방탄소년단을 노래하는 파편화된 불안한 개인을 자기만이 위로해야 하는 세상을 넘는 서로가 위로가 되는 세상을 여는데 기여할 것이다. 사실 우리의 정치문화 유산 가운데도 오래된 미래의 목표들이 설정되어 있기도 했다.[47]

이러한 과제를 민주적으로 총괄하여 실행할 수 있는 통치성govrermentality, Michel Foucault이 작동되는 민주주의를 기대하는 것이다.

통일은 헌법에 규정되어 있고 자명한 민족적 과제가 되어 있지만, 최근 밖으로는 신냉전체제의 전개가 남북 및 남북진영간의 대립경화와 함께 통일의 국제환경을 악화시키고,[48] 한때 진지하게 논의되었고 앞으로도 모색이 소망스러운 동아시아공동체 논의를 침몰시켰다.[49] 이러한 외부 조건과 안으로는 민족동포의식을 바탕으로 하던 통일의식은 신자유주의 세계시민의식의 침윤으로 망각폐기의 지평선에 있는 느낌이다. 그러나 "38선은 하나님이 이 민족을 시험하려고 낸 마지막 시험문제이다."함석헌, 2003, 426쪽. 통일 없이는 민주주의의 가치-자유와 지속적 평화가 실현될 수 없다는 것은 현실이기도 하며, 통일은 또 하나 미래의 기회이다.

대한민국의 건국 이후 민주화 과정, 특히 87년 6월항쟁의 민주화운동과 그 성취는 'K-민주화'[50]-우리 민주화 과정의 운동의 역동성, 운동문화의 창발성과 역사성, 정치 과정의 대립 충돌 타협의 화쟁和諍적 진화, 운동 주체의 다양성, 운동 과정에 참여한 각 개인의 인격 자각 공감 인간적 성취감, '축제적 환희'[51] 등으로 봐서, 경제에서 문화에서 근대화와 현대화를 동시에 이루었듯이 정치에서도 근대화 현대화 매력화를 동시에 이루어 선진민주주의를 실현하는 'K-민주화'라는 하나의 개념화 개념어가 가능하다고 생각한다. 이것은 미래를 향한 우리의 매력자산[52]이다. 민추협과 그 활동은 하나의 기원의 핵심 주요 행위자의 활동이었다.

1. 민주화추진협의회의 탄생

10·26, 유신의 심장 멎다

1979년 10월 26일 어둠이 깃드는 저녁 7시 40분 좀 넘어 "유신의 심장"이 멎었다. 사람 그림자도 얼씬하지 못하는 삼엄한 경비로 장악된 청와대 경내에서 박정희 대통령 권력의 핵심인 김재규가 "야수의 심정으로 유신의 심장을 저격한"김재규의 법정최후진술 몇 발의 총성과 함께였다. 돌발한 10·26에 대하여 우리의 전통적인 사자에 대한 예의식으로 일단 장례기간 중에는 국민 가운데서 의견 표현이 없었지만, 그 역사적 의미에 대하여는 극단적으로 해석이 나누어졌다.[53]

박정희정권과 유신체제는 10·26 직전에 이르자 조만간 붕괴를 확실하게 재촉하는 안밖의 도전에 직면했다. 밖에서는 비교적 순항하던 경제성장이 과잉 투자된 중화학공업의 긴 회임기간과 오일쇼크 등 국제경제환경의 변화로 정체되고, 미국 카터 행정부의 인권문제 압박, 부마사태 등 유신억압체제에 대한 국민적 저항이 폭발했다. 안으로는 박정희 개인과 권력의 정신적 노화, 피로, 퇴폐, 체제 내부의 갈등, 부패, 자정 기능의 마비로 삭고 곪아腐蝕化膿 수명이 다한 징조가 노정되고 있었다.[54] 유신체제의 명분으로 삼았던 정부의 능률적 운영은 역으로 정체 경 유신붕괴직 퇴영의 말기에 이르렀다. 박정권 유신체제는 위기탈출의 퇴로와 진화의 출구가 모두 막혀 내부폭발을 하거나 외부충격으로 파탄될 시점의 끝장이 10·26으로 귀결된 것이다.

일단 과도권력을 장악한 최규하, 정승화, 전두환은 10·26을 '시해'弑害, 부모나 왕을 살해함라고 성격을 규정했다. 그러나 민주회복을 주장해왔던 '민주화운동세력'은 김재규가 "박정희 대통령이 살아 있는 한 유신체제를 지속시키려 했을 것"이기 때문에, "많은 사람을 희생시키기보다 한 사람을 희생시켜 민주주의를 회생"回生시키기 위해 "자신의 생명을 걸지 않을 수 없었다."라고 하면서 '김재규 전 중앙정보부장 등을 위한 구명위원회'윤보선, 함석헌, 지학순, 문익환, 박형규, 천관우, 고은, 김동길, 백낙청, 공덕귀 등를 구성하고, "김재규 전 중앙정보부장은 온 국민이 열망하는 나라의 민주회복을 위하여 자신의 생명을 던지기로 결심하고 10·26사태를 일으켰다."고 하였다.[55] 윤보선은 "어제까지 '유신만이 살길'이라고 주장했던 누구도 다시는 '유신'을 입 밖에 내지 않았다."고 하고, 신민당 등 야당은 정부 등 일체의 발표문에 '유신'이란 특정 용어가 빠진 것 등으로 긍정적 전망을 했다.동아일보, 1979.10.29.

시해

김재규 구명

그럼에도 일단은 유신헌법의 개정과 민주화일정 추진은 이론 없는 국민적 합의가 되었다.[56] 그러나 체제계승세력과 민주화세력은 완전히 다른 미래를 지향하고 있었다. 첫 번째 두 세력의 충돌은 역사의 전개가 시련에 찰 것임을 예시豫示했다. 민주화운동세력은 10·26이 유신반대의 민주화 요구의 연장 위에서 닥쳤다고 보고, 유신헌법이 아직 유효하고 체제전환의 절차가 별도로 마련되지는 않았지만, 유신헌법 절차를 답습하여 그 독재자의 차하위자가 대통령이 되는 것을 용납할 수 없으므로 11월 10일 '통대통일주체국민회의 대의원 선출 저지 국민대회'를 YMCA회관에서 결혼식을 위장하여 개최했다. 이 집회는 계엄군에 의해 무자비하게 해산되고, 체포된 참여 인사들은 말할 수 없는 참혹한 고문을 당했다.[57]

통대선거 반대 위장 결혼식 사건

최규하 대통령권한대행정부는 위기관리 과도적 정부임을 자처하면서 여전히 국회의 다수 세력인 공화당과 유정회 그리고 신민당과 함께 유신헌법의 개정, 개헌 작업은 국민적 합의라는 데 동의하고 있었다. 국회는 헌법개정특위를 만들어 개헌공청회 등을 전국을 돌며 개최하고 신민당은 개헌안 초안을 만들고 헌법학회 김철수 등 헌법학자 7인의 개헌안 초안 등을 만들어져 개헌과 민주화 일정이 진행되었다. 그러나 민주화 일정은 체제계승세력과 민주화세력에 의해 동상이몽의 7가지의 흐름으로 진행되면서 안개정국에 들어갔고, 계엄사령부의 언론통제 속에 '유비통신', '카더라방송'이 난무했다.[58]

국민적 동의 개헌작업

언론통제와 카더라 방송

계승세력의 첫 번째 흐름은 대통령권한대행에 이어 통일주체국민회의 대의원이하 '통대'에 의한 선거로 12월 6일 제10대 대통령에 취임한 최규하와 실질적으로 행정부를 이끌던 국무총리 신현확이 주도하고 있었다. 이들은 정부 주도의 이원집정부제 개헌을 염두에 두고 이미 활동 중인 국회 개헌활동과는 별개의 정부 헌법개정심의위원회를 출발시키고, 절충형 정부 형태, 신당설 등을 유포시키며, 유신체제를 민주적으로 전환하는 것을 앞에서 정체시키고 있었다.[59] 두 번째 흐름의 주역은 계엄사령관 정승화로서, 그는 최규하 - 정승화에 동조하는 군 상층부 '구군부'를 형성하여 빠른 전환을 경계하고 있었다.[60] 세 번째 흐름은 정보·수사·동원군을 장악한 전두환과 노태우의 신군부

정부 주도 개헌 작업

구군부

신군부

가 주도하고 있었는데, 그들은 이미 후퇴하지 않아도 될 정도의 힘을 확보했다.[61] 네 번째 흐름의 주역인 공화당은 유신체제 말기에 소외되었던 김종필을 중심으로 '정풍운동'을 통한 체제 정비로 승계를 노리고 있었다.

공화당 정풍운동

민주화세력의 첫 번째 흐름은 박정권의 최후를 몰고 온 김영삼과 신민당으로 "신민당 집권이 역사의 순리"라고 역설하며 조기 정권교체를 기대하면서 정치일정 단축을 주장했다. 두 번째의 흐름은 박정권의 탄압과 피해의 상징이었던 김대중이 주도했는데, 김대중은 신민당 입당을 저울질하며, 재야인사들과 합류하여 비상계엄 해제, 신현확·전두환 퇴임 등을 요구하는 내용의 성명을 발표했다. 김대중과 김영삼은 협력과 후보단일화를 강조했으나, 끝내 1980년 4월 9일 김대중은 신민당 입당을 포기한다고 선언하였다. 재야세력의 민주통일국민연합은 이를 환영한다고 밝힘으로써 소위 민주화세력 단일화는 파탄에 이르렀다. 세 번째 흐름은 정치권[62] 외곽의 민주화운동세력이다. 대학가는 학생회 부활에서 시작하여 학원자율화, 어용교수 퇴진, 병영집체교육 거부 등으로 요구 수위를 높여 갔다. 노동운동도 분출하여 1979년에 105건의 노사분규가 1980년에 들어서 4월 말까지 809건에 달했다. 강원도 사북에서는 광부들에 의한 사북사태가 일어났다. 종교계 등 재야세력도 정권교체를 통한 민주화에 조급해 있었다. 이들 세력이 통합되지는 않았으나, 백기완이 후일 '민중후보로 독자 출마'했으니, 정권 의지가 있었다고 볼 수도 있을 것이다.

김영삼, "역사의 순리"

김대중, 입당 포기 선언

사북사태

계엄사령관 정승화는 군의 정치적 중립을 강조하면서도 '통대'에 의한 대통령선거에서 최규하 추대와 김종필 불출마에 관

정승화, 3김인물평

여했으며, "과격한 정치 그룹과 정치에 과민한 종교 집단이 현 정부의 정치발전 계획을 무조건 무시하고 혁명적 방법으로 문제를 해결하려 한다."고 하면서, 언론인들과의 모임에서 3김 씨에 대하여 파급력이 큰 정치적 인물평을 하였다.[63] 전두환은 합동수사본부장 자격으로 '통대' 선거를 통해 최규하를 대통령으로 선출할 것, 부정축재자를 수사할 것 등을 정승화에게 건의하고 있었다. 군은 이미 계엄 업무의 울타리 안에 머물기에는 너무 큰 힘을 가지게 되었다.

신군부 정치사회 작전

불투명한 시계의 안개 속에서 신군부는 단계적 쿠데타를 진전시킬 명분을 축적하면서 다면적 '정치사회 작전'을 진행시켰다. 윤보선, 김대중, 함석헌, 문익환 등과 학생운동가 등 687명을 사면 복권시켰다. 조속한 민주화를 촉구하는 시위 등 대중행동이 분출하자, 계엄하의 보도 검열과 지침으로 여론을 조종했다.[64] 당사자들은 부정하지만 사회 혼란을 유도하는 듯한 고도의 언론 전략을 실행하고 있었다.

사회 혼란 유도

서울의 봄, 짧게 끝나다

1980년 5월 18일, 하루아침에 서울과 한국의 봄은 '침묵의 봄'으로 변했다. 어제처럼 새들의 합창, 향기로운 꽃, 싱그러운 신록의 잎새들은 봄 아침의 태양을 머금고 있지만 거리마다 무거운 정적이 내려앉았다. 거리를 메운 자유와 민주를 외친 그 함성은 어제의 일몰과 함께 사라졌다.[65]

12·12 단계적 군사반란

민주화를 향한 꽃을 피울 기대로 가득했던 '서울의 봄'이 때아닌 된서리에 엄동으로 되돌아간 것은 1979년 12월 12일 정승화를 체포하고 구군부를 퇴장시킨 신군부에 의한 군권 장악으로 시작되었다. 보안사령관과 중앙정보부장을 겸임한 전두환을 중심으로 한 신군부는 12·12사태로 군 지휘권을 장악함으로써 단계적 군사반란을 시작했다.[66]허영, 1995, 109쪽. 신군부는 1980년 5월 초순부터 비밀리에 '시국수습 방안', '국기문란자 수사계획', '권력형 부정부패자 수사계획'을 마련하여 민심을 얻으며 권력을 장악할 길을 걸어가기 시작했다.

5월 12일 국군보안사령부이하 보안사는 전두환의 지시를 받아 '비상계엄 전국 확대', '국회 해산', '국가보위비상기구 설치' 등을 골자로 하는 각본을 준비하고, 전군주요지휘관회의를 열고 군 지휘관들의 지지 결의를 유도하여, 전군의 의사를 배경으로 시국수습 방안을 추진하기로 했다. 공화, 신민 양당 원내총무들이 5월 20일에 계엄해제 요구권을 가진 임시국회를 소집하여 계엄해제를 결의할 것에 합의하고 있었던 것을 염두에 둔 선제 행동이었다. 최규하는 5월 16일 원유 공급을 위한 중동 방문 중 급거 귀국하여 전두환으로부터 비상계엄 전국 확대, 국가보위비상대책위 설치, 국회 해산, 일부 정치인의 정치활동 금지, 국기문란자 수사, 권력형 부정축재자 수사 등 6개 시국수습 방안을 보고 받고, 국회 해산은 제외하고 국기문란자와 부정축재자에 대해서는 대상을 축소하여 본인의 입지를 챙기면서 신군부의 요구에 응한 것이다.전두환, 2010, 345쪽.

학생회 시위 중단

반면, 서울 지역 총학생회 회장단은 5월 15일 수만 명의 학생이 시위를 했지만, 시민들이 가세하지 않는 것을 보고, 15일 밤부터 16일 아침에 걸쳐 회의를 한 끝에 가두시위를 중지하고, 정상수업을 받으면서 대국민 홍보를 계속한다는 방침을 결의했다.민주화운동기념사업회 한국민주주의연구소 편, 2010, 73쪽. 한발 물러선 것이다.

전국비상계엄

드디어 시국을 수습한다는 이유로 5월 17일 밤 전군주요지휘관회의는 비상계엄을 제주도를 제외한 전국으로 확대할 것을 결의하고,[67] 대통령 최규하는 이를 선포했다. 전국 계엄은 계엄에 대한 국방부장관의 지휘권을 배제하여 권한 행사를 대통령에서 바로 계엄사령관 - 군으로 이어지게 한 것이다. 전국 계엄은 전국 대학생들의 정권퇴진 시위와 유엔군 사령부가 부인한 일본 내각조사실의 북한남침설을 근거로 했다.[68]

3김 무력화

'판쓰리'

신군부는 김대중을 사회혼란을 조성한 혐의로, 김종필은 부정축재 혐의로 구속하고, 김영삼은 연금하여 정계 은퇴를 선언하지 않을 수 없게 했다. 정치 민주화 이행의 현실적 핵이었던 이른바 '3김'은 순식간에 무력화되었고, 국회와 정당의 활동을 포고령으로 금지시켰다. 김대중과 그와 가까운 정치인, 저명인사는 내란 혐의 등으로 구속되었다. 주요 정치인들은 부정축재 부패 혐의로 체포 구속되었다. '판쓰리'를 당한 정치권은 초토화되었다.[69] 숙정의 이름으로 9,000여 명의 공직자가 자리에서 추방되었고, 사회정화란 명목 아래 6만 명 이상이 체포되어 4단계로 분류된 뒤, 3,000명 이상이 군법회의에 회부되었고, 4만여 명이 순화 대상이 되어 군부대에서 가혹한 이른바 '삼청교육'을 받았다.

17일 밤 계엄 확대 전에 공수부대, 해병대 등을 이미 서울, 광주, 전주, 대전, 대구, 부산에 진주시켰다. 광주에서는 이날 밤부터 학생들은 초죽음이 되도록 구타당했다. 이런 소식에 겹쳐 김대중 구속이 알려지자, 시위는 확산되어 광주항쟁으로 발전했다. 군은 자국민을 상대로 총검을 사용한 무자비한 진압작전을 강행했다. 르 몽드 기자 필립 퐁스는 "1980년 5월 27일 아침의 광주는 죽음의 도시와 같았으며, 그 때 당시 상황을 학살"이라고 증언했다.위키백과, 2023.1.23.

"광주학살"

연행, 구금, 폭행은 공포를 극대화해서 시민을 강제했고, 이 과정은 일선 행정기관의 순응, 협력에 영향을 미쳤다.김형주, 2020, 159쪽.

광주항쟁: 민주공동체 미담과 본격적 미국 비판 출발점

광주항쟁은 일찍이 우리 역사에 없었던 민주공동체의 미담을 산출한 항쟁으로, 1995년 5·18특별법이 제정되면서 광주민주화운동으로 재규정되었다. 광주항쟁은 1980년대 민족민주운동의 폭발적인 출발점이며, 반미운동의 무풍지대였던 한국에서 미국과의 '우호적인' 관계에 대한 비판적인 문제제기를 촉발시키는 계기를 제공했다.황석영, 1985, 257쪽. 민주화에 관한 한 유신보다 더 엄혹한 동토의 계절로 다시 돌아갔다. 광주항쟁을 유혈

광주 시민에 대한 무자비한 폭력 진압은 모든 시민과 국민에게 공포를 심어 정권에 대한 복종을 내면화시킨다.

최광순, 〈공수만행〉, 합성수지, 75×60×80, 1990.

진압한 신군부는 거침없이 쿠데타 완성을 향한 정치 작전에 돌입했다.

5공체제

신군부는 집권을 향한 '새로운' 제도를 만들고, 자기들이 그 자리를 차지하였다. 헌법은 파괴되고 정지되었다. 5월 31일 대통령의 '계엄 업무 자문기구'란 국가보위비상대책위원회를 설치하고, 국군 보안사령관 전두환이 상임위원장이 되어, 공직자 숙정 등 누구도 거역할 엄두를 못내는 공포분위기로 세상을 덮었다. 8월 18일에는 유신헌법에 따라 선출되어 취임했던 최규하의 대통령직이 다시 유신헌법에 따라 선출된 전두환으로 넘어갔다. 권력을 장악한 신군부는 언론사를 통폐합하여 신군부

대통령
최규하에서
전두환으로

백만수, 〈돌아오지 않는 화살이 되어〉, 천에 아크릴릭, 120×180, 1991.

에 비협조적인 언론인을 대거 해직시키고, 언론기본법을 만들어 제도적으로 여론에 재갈을 물렸다. 전두환정권은 헌법개정안을 만들어 국민투표를 거쳐 10월 27일 확정하고, 국회를 해산하고 전두환이 81명의 의원을 임명한 국가보위입법회의이하 국보위를 설치하였다. 국보위는 국회를 대신하여 대통령선거법, 정당법, 국회의원선거법, 국회법 등 주요 정치 관련법을 제정하여, 관제선거의 조건을 만들었다. 그리고 새로 제정한 정치풍토쇄신특별조치법에 따라 11월 7일에 구성된 '정치쇄신 4인위원회'는 7,066명을 "정치풍토의 쇄신과 정치도의의 구현을 위하여 정치적 또는 사회적 부패나 혼란에 현저한 책임이 있는 자"로 일방적으로 지정하여 심사하고, 11월 12일 그 중 835명을 피규제대상자로 공고했다. 11월 24일 이 중에서 268명을 정치활동 적격자로 발표하고, 나머지 567명은 정치활동규제대상자로 하여 정치활동을 금지시켰다.

국보위

정치 활동 규제

새 헌법은 대통령선거인단에 의한 간접선거로 대통령을 선출하는 등 민주주의 억압에 관한 한 유신체제의 연장 내지는 한층 강화한 것이었다. 그러나 10·26을 가져온 유신독재정권에 대한 국민의 저항 정서를 무시할 수는 없었다. 기본권의 본질적 내용 침해 금지, 대통령의 국회해산권과 비상조치권 제한, 대통령의 국회의원 3분의 1 추천권 삭제, 7년 임기의 대통령 단임제 채택 등은 10·26 이후의 국민적 합의를 일정 정도 반영한 것[70]이다. 임기 7년은 전두환이 직접 결정했다.[71] '단임'에 대하여 전두환은 평화적 정권교체를 보장한 조항이라고 기회 있을 때마다 매우 자랑스럽게 강조했다.

신군부가 설계한 5공정치체제는 유신체제의 계승을 넘는 나름의 야심찬 거대구상으로, 1개의 압도적 우월 지위를 가진 '지배적 1당패권 정당, 여당'이 다수의 위성 2, 3, 4당야당을 거느린 다당제체제였다[72]dominant party system. 모두 관제 외생外生 정당이다.[73] 신군부는 '개혁주도세력'을 자처하며, 정당도 직접 창당했다. 집권여당은 보안사의 주도 아래 9월부터 보안사와 중앙정보부 자료를 토대로 대상자를 골라 10월부터 교섭하여, 전두환을 총재로 하는 민주정의당이하 민정당을 창당했다. 야당은 중앙정보부의 주도 아래 정치활동을 허가 받은 정치인들로 하여금 결성하게 하였다. 민주한국당총재 유치송, 이하 민한당, 민주사회당총재 고정훈, 국민당총재 김종철, 민권당총재 김의택, 신정당총재 김갑수 등이 그것이다. 민정당은 전두환·노태우·권정달 등 신군부가 권력의 핵이 되고, 이재형·윤길중 등 일부 구정치인으로 '카키색을 완화시켜' 외피를 포장했다.[74]

패권 정당제

외생 정당

1980년 8월 27일 전두환은 제11대 대통령에 당선되었다. 민정당은 선거운동 과정에서 전두환 후보를 '창조·개혁·발전의 새 영도자', '결단력과 통찰력을 지닌 새 시대 지도자', '새 시대 새 역사 창조의 선도자'라고 치켜세우며, '새'라는 용어를 유난히 강조하였다.중앙선거관리위원회 편, 2009, 157쪽. 이렇게 제5공화국이 출범했다. 이들은 "정권을 탈취할 목적은 없었으며, 제5공화국의 본질은 구국의 차원에서 이루어진 결과에 의해서 탄생한 정권이며, 심지어 '주인 없는 정권을 주운 습득 정권'이란 평을 들었다."고 주장했다. 전두환은 "집권의 운명을 받아들이는 것을 눈물을 흘리며 사양하고 두려워했다."고 하였다.노태우 上, 2011, 252쪽. 1997년 대법원은 최종적으로 12·12사태는 군사반란이며, 5·17 이후 일련의 집권 과정을 내란이라고 판시했다.대법원

5공 출범

군사반란

내란

1997.4.17. 선고96도3376 전원합의체 판결.

신군부의 핵심 세력인 전두환, 노태우 등은 이미 청년 초급장교 시절 5·16 당시 군사혁명 정부에 파견되기도 했다. 전두환은 최고회의 의장 민원비서관이었고, 박정희로부터 1963년 국회의원 출마 권유를 받기도 했다.전두환 1, 2017, 584쪽. 청와대 경호실, 작전차장보, 보안사령관 등을 거치면서, 위수령 긴급조치 등의 발동 기간 동안 학원 진주, 군법회의, 국내 정치와 사회에 대한 정보 사찰과 정보 분석 등을 직접 당사자로서 관찰하고 경험하였다. 때문에 정치의 내막과 움직임, 권력의 단맛과 비정함, 정치의 표면과 이면에 대하여 전문가 이상으로 정통했으리라고 볼 수 있다. 정치권력이야말로 친숙하고 자신을 가질 수 있었으며, 기회만 있다면 이를 향해 분출할 내면의 욕망이 있었을 수 있고, 나름대로 마음의 준비를 했을 수 있다. 그들이 지키려했다는 국가의 안전과 국토의 방위에 있어서, 민주공화국 대한민국의 내용을 오로지 반공과 동일한 것으로 이승만·박정희정권으로부터 교육받고 신념화하였을 것이다. 이러한 신념이 위협받는다고 자의로 생각하고 자기들만이 지킬 수 있다고 판단될 때 집권의 유혹은 필연적일 수 있다. 그리고 후견자이며 통제자이기도 한 미국 또는 주한미군은 정치적 변동기에 북한에 대한 경계의 울타리가 되어 주면서, 미군의 명령체계를 무시한 병력이동에 불쾌감과 우려를 '표시'하지만, 곧 '한국의 안정'을 위해 이루어진 현상을 추인하여 군부의 집권을 안정시킨다.민주화운동기념사업회 한국민주주의연구소 편, 2010, 44~45쪽.

5공체제 아래 국회와 정당은 5공체제를 부정하지 않고는 민주화 논의가 불가능했다. 국회 안에서 야당을 자처한 민한당은 한편으로는 집권세력에 협조하면서, 다른 한편으로는 민주화를 위하여 노력하는 타협 노선에 따라 활동하여 대중으로부터 야당성이 약하다는 비판을 받았다.민족문화대백과사전 민한당도 스스로는 '정통 자유민주세력의 본산', '비판 견제 정책 야당'을 자처하고 표방하였다. 그러나 간접선거로 치러진 대통령선거에서 선거인을 반수도 공천하지 못하여 선거를 치르기도 전에 이미 패배가 결정되었다. 유치송은 "선거의 승패를 넘어서 또 다시 민주제도 자체가 파괴되는 일을 막기 위해 선거에 참여한다."고 밝히며, "착잡한 심경을 금할 수 없다는 것을 솔직히 고백한다."라고 직접 '패배를 위한 출마의 변'을 고백하였다. 국민당의 김종철 역시 패배가 확정되어 있는 대통령 후보로 나섰다. 관제 야당들에겐 돈이 건네졌다. 민한당의 경우 정부 측의 양해를 받고 당선권 내의 전국구 후보들에게 헌금을 받아 18억 원을 모금하기로 하고 10억 원을 모금하였다. 이 자금을 총선 및 대선 경비로 사용하였으며, 정부로부터 비공식적으로 1억 원을 받았다.신상우, 1986, 55쪽.

대선 전 패배가 결정된 야당

민한당 국회의원들은 개별적으로는 정치활동 피규제 해제 건의안을 제출하거나, 정치제도개혁·정치해금·민생현안·김대중 문제·김영삼 단식 등을 대정부 질의 등을 통해 거론하는 등 야당의 역할과 민주화운동을 위한 노력을 한 바가 없지 않았다. 하지만 5공체제를 벗어날 수는 없었다. 민한당 한영수는 대정부 질의에서 '우순경난동사건'[75]을 거론하면서, "군인들이 총칼을 들고 정권을 잡고, 독재에다가 부패까지 하니 학생 데모가 난다."고 발언했다. 얼마 뒤 그는 간통사건으로 구속되었다. 신상우, 고영구, 한광옥, 김병오, 홍사덕 등의 발언도 문제가 되었다.

민한당 의원의 민주화 노력

미문화원 방화사건

국회 밖은 침묵의 계절이 계속되었다. 학생운동세력은 미문화원 방화사건1982년 3월 18일으로 광주항쟁에 대해 미국의 책임을 묻는 등 크고 작은 사건을 일으켰지만, 정치권은 '겨울공화국'[76]이었다.

김영삼, 단식투쟁으로 민주화운동을 점화

김영삼, 〈국민에게 드리는 글〉

정치권 민주화운동의 불씨를 동토에서 다시 살려낸 것은 김영삼의 단식투쟁이었다. 김영삼은 80년 5·17 때부터 81년 5월 1일까지 연금을 당했다. 연금에서 풀리자 82년 4월 전정권을 총체적으로 비판하는 외신기자회견을 가졌다가 6월부터 다시 연금되었다. 연금된 지 1년이 된 83년 5월 초 김영삼은 〈국민에게 드리는 글〉이라는 제목의 글을 발표했다.김영삼, 1983, 16쪽. 원고지 70장 분량의 장문이다. 그만큼 할 말이 많았을 것이다. 그것도 오히려 모자랐을 것이다. 김덕룡전 국회의원, 당시 비서, 김정남전 청와대 교문수석 당시 김덕룡의 친구 등이 작성과 인쇄를 도왔다. 이 성명에 서명된 날짜는 5월 2일인데, AP통신은 5월 16일에야 전달받았다고 보도했다.김영삼, 1983, 32쪽. 한 장의 성명서가 차로 몇 십 분도 안 걸리는 서울 안에서 창살 없는 감옥을 넘는 데 보름이 더 걸린 것이다. 외부인의 방문이 금지되어 있어, 외부와는 부인 손명숙이 지인에게 연락하여 말이나 편지로 김영삼의 의사를 전했다. 1차 전달을 받은 지인이나 동지들을 통해 외신기자 등에게 개별적으로 다시 전달되었다.

이 글에서 김영삼은 전두환정권이 "비민주적으로 집권했고, 그 이후도 일관하여 비민주적이며, 국민의 기본권은 극도로 제한받고 있다."고 주장했다. 그리고 ① 독재를 거부한 학생, 종교인, 지식인, 근로자 즉각 석방 ② 정치규제법에 묶인 정치인과 시민의 정치활동 보장 ③ 정치적 이유로 추방된 교수, 학생, 근로자의 복직과 전면적 복권 ④ 언론자유 보장, 실직 언론인 복귀, 기독교방송 기능 회복 ⑤ 현행 헌법개정 등 5개 항을 즉각 실행할 것을 요구했다.

1983년 5·18 3주년을 맞은 김영삼은 자택에서 무기한 단식투쟁에 돌입했다. 다음과 같은 요지의 비장한 각오를 밝혔다.김영삼, 1983, 36쪽.

> 나의 단식은 5·17군사 쿠데타에 의해 민주주의가 송두리째 파괴, 부정당함은 물론, 민주화를 요구하는 수백 수천의 민주시민이 무참히 살상당하는 사태에 까지 이르게 된 데 대한 자책과 참회의 뜻을 표시하는 것이며, 비극적인 광주의거로 목숨을 잃은 영혼과 거기서 살상된 민주 시민과 그 가족이 겪은 고통에 동참하는 기회이며, 동시에 반민주적인 독재권력의 강화와 인권유린 및 정치적인 탄압에 대한 항의와 규탄의 표시이자, 민주정치 확립을 위한 최소한의 조치나마 시급히 강구되어야 한다는 나의 정치적 요구의 표시다. ……
> 나의 단식은 앞으로 우리가 전개해야 할 민주화투쟁은 생명을 건 투쟁이어야 하며, 생명을 건 투쟁만이 민주화를 성취할 수 있다는 것을 국민 여러분께 알리면서, 나의 투쟁의 결의를 굳건히 다지기 위한 것이다. …… 나에 대한 어떠한 소식이 들리더라도 그것에 연연하거나 슬퍼하지 말고 오히려 민주화에 대한 우리 국민의 뜨거운 열정과 확고한 결의를 보여주시기 바란다.

김영삼,
"나에 대한
어떠한 소식이
들리더라도……"

19일 동지 19명이 '김영삼 단식투쟁 대책위원회'를 발족하고, 6인 소위를 구성하여 국무총리 면담을 요구하였다. 23일 대책위를 소집했으나, 70여 명이 연금되어 회의는 좌절되었다. 25일 30여 명의 사복 기관원이 김 총재를 서울대병원으로 강제 이송하였다. 그는 일체의 의료 행위를 거부했다. 병원 이송 전 성명 말미에 특별한 당부를 담았다.김영삼, 1983, 58쪽.

> 나의 죽고 삶은 하나님이 하실 일이라 믿으면서, 내 의식이 깨어 있는 한 나는 단식을 계속할 것임을 밝힌다…… 나는 오직 광주 사태의 희생자들이 겪은 고통과, 민주주의를 위해 정의를 부르짖고 있는 청년·학생들의 항쟁을 연상하며, 단식의 고통을 극복하고 있습니다……
>
> 이글은 나에게 어떠한 상황이 생기거든 발표하여 주시오.
>
> 1983년 5월 김영삼

29일 정부 고위층이 병원을 방문하여 2년간의 연금에 대해 사과하고 30일 0시를 기해 연금을 해제한다고 했지만, 그는 이것이 요구사항이 아님을 말하고, 단식을 계속하면서 "현 정권이 획책할지도 모를 헌법개정은 국민적 요구에 편승하여 임기 연장을 획책하는 것일 뿐"이란 내용의 성명을 발표하였다. 그리고 미국에서 투쟁지지 활동을 하고 있는 동지들에게 메시지를 보내기도 했다.

전직 의원 등 단식투쟁 지지

6월 1일에는 전 국회부의장 이민우와 전직 국회의원 33명을 포함한 58명이 김 총재의 투쟁을 지지하는 '민주화범국민연합전선'을 구축할 것을 결의하였다. 이민우·조윤형·박영록·이기택·황낙주·박용만·최형우·김상현·김녹영·김정두·홍영기·이중재·김덕룡 등 13명을 소위원으로 선출하고, 의장에 이민우,

대변인에 김덕룡을 선임했다. 101명의 서명을 받은 뒤, 김 총재를 방문하여 민주화범국민운동을 지도해 줄 것을 탄원했다. 김 총재는 뜻을 굽히지 않고 단식을 계속했다. 종교인 함석헌, 변호사 홍남순, 교수 이문영, 전 국회의원 예춘호 등 인사들이 31일부터 기독교회관에서 지지성명을 내고 단식에 동참했다. 김영삼의 성명을 외신에 배부하는 등 활동을 한 것을 이유로 김영삼의 비서실장 김덕룡은 구속되고, 비서 최기선과 대책위원 탁형춘 등은 구류처분을 받고 연금을 당했다.

김영삼 지지 성명, 동조 단식

김영삼의 건강이 악화되고 세계의 이목이 집중되자, 동조 단식, 지지 집회와 시위, 지지 성명, 격려 방문, 격려 전화가 쇄도했다. 한국교회협의회 회장 목사 박형규, 목사 문익환, 주교 지학순, 추기경 김수환, 전 대통령 윤보선, 전 야당 총재 유진오 등이 방문하여 단식 중단을 호소했다. 미국 상원의원 에드워드 케네디, 교수 코헨 등도 격려 서한과 전화를 해왔다. 6월 9일 이 권고를 받아 김영삼은 생명의 한계까지 간 23일에 걸친 단식을 끝내고, 다음과 같은 요지의 성명을 냈다.김영삼, 1983, 113쪽.

> 나는 부끄럽게 살기 위해 단식을 중단하는 것이 아닙니다. 앉아서 죽기보다 서서 싸우다 죽기 위해 단식을 중단하는 것입니다.…… 나는 이미 죽음을 각오하고 결심했던 몸으로 죽음을 선택할 수 있는 용기와 신념으로, 민주화투쟁 과정에서 그 고통과 고난의 맨 앞줄에 설 것이며, 어떠한 희생이라도 감수할 것입니다.…… 나의 투쟁은 끝난 것이 아니라 이제 겨우 시작을 알릴 뿐입니다.

김대중, 김 총재 단식대책위 발족

김대중은 미국에서 교포 사회의 민주운동지도자들과 '김영삼 총재 단식투쟁 전미비상대책위원회'를 발족시켰다. 워싱턴의 문동환문익환 목사의 동생 목사, 뉴욕의 임정규, 로스앤젤레스의 김상돈, 샌프란시스코의 김재준 목사가 참여했다. 김대중은 "나는 감동했고 동지적 연대감을 느꼈다."고 했다. 뉴욕타임스에 "김영삼의 단식투쟁"이란 글을 기고했다.김대중, 2010, 430~431쪽.

암호 기사 제목 '재야 인사 문제'

김영삼의 단식투쟁은 국내 언론에 한 줄도 보도되지 않았다. 이 처절한 단식투쟁은 언론에는 한참이나 지난 뒤에 '최근 정세 흐름', '재야 인사 문제', '현안 문제'라는 암호 같은 표현의 1단짜리 기사로 간신히 나타났을 뿐이다. 일본의 아사히신문朝日新聞 1983년 7월 6일자는 "한국 민주화의 저류"라는 제목의 사설에서 이것을 지적했다. 한국 언론이 보도하지 못한 것이 외국 신문에는 큰 기사가 되었다. 동아일보는 "김 씨의 단식 사태와 이에 대응했던 모습은 우리 사회가 안고 있는 병리를 적나라하게 나타냈다고 본다."고 뒤늦게 썼다.1983.6.10.

단식 뒤 열린 국회에서 민한당 신상우는 대정부 질문으로 "국내 신문에 파키스탄 변호사가 민주투쟁을 위해 단식을 했다는 기사는 보도가 되었지만, 우리나라 야당 지도자였던 사람의 단식은 한 줄도 나지 않았다"라고 정부의 언론통제를 비판했다. 이에 문화공보부장관 이진희는 "정치활동 피규제자인 김영삼 전 총재가 성명을 발표하고 단식을 하는 것은 정치활동에 해당되고, 이러한 내용을 보도하는 것은 금지된 정치활동을 허용하는 결과를 초래하게 되므로, 언론이 이 사실을 보도하는 데 신중했던 것 같다."고 대답하여 언론통제를 부인했다. 이러한 언론을 향해 "독자들의 문의와 사실보도의 길이 열리지 못한 사정의 틈바구니에서 언론도 고통을 겪었다."고 동아일보는 지면에서 토로했다.중앙선거관리위원회 편, 2009, 312쪽. 이런 상황에 대해 김영삼은 "곰 한 마리의 죽음을 대서특필[77]하는 우리 언론이 한 나라 야당 지도자의 오랜 연금과 단식투쟁 사실이 한 줄도 보도되지 않는 언론 상황 속에서 입과 입, 손과 손, 마음과 마음으로 전달된 단식 사실의 전파와 더불어, 민주 국민의 뜨거운 열정과 연대를 그들전두환정권 - 인용자은 두려워했다."고 지적하였다.김영삼, 1983, 113쪽.

민추협 결성

김영삼의 단식투쟁이 당긴 민주화투쟁의 불씨는 정치권으로 번져 갔다. 김영삼은 "자신의 단식투쟁은 정부에 대한 국민들과 공포의 장벽을 무너뜨린 것과 김대중 씨와 결속하게 된 계기가 되었다."고 말했다.서울발 로이터 통신, 1985.06.24. 김영삼의 단식투쟁은 민주화운동에 대한 공포를 걷어냈고, 정치권 민주화운동의 양대 산맥인[78] 김영삼, 김대중계가 민주화투쟁 대열에서 다시 합류하는 계기를 만들었다. 유신정권이나 5공과 같이, 제도적으로 민주주의가 부정되고, 집권자의 정치공작에 의해 조종되는 소위 '사꾸라'가 활약하는 여건 아래서 중도노선의 입지는 인정되기 어려웠다. 또 집권자나 정보기관의 협박, 회유, 매수가 파고드는 토양이 되기도 했다. 양 김은 71년 대통령선거를 앞두고 이른바 '40대 기수론'으로 경쟁하며, 3선개헌을 강행하고 독재화하는 박정권을 위협한 야당 바람을 일으켰다. 양 김은 유신 말기 다시 힘을 합쳐 유신체제를 붕괴시킨 10·26을 촉발시켰다. 그 뒤 다시 치열하게 경쟁하다가, 신군부의 5공 등장으로 함께 침몰했다. 단식투쟁 뒤 김영삼과 미국에 있는 김대중은

양 김의 합류

다시 협력하였다. 광복절을 맞아 민주화를 요구하는 공동성명을 발표하기로 하고, 이를 실행에 옮겼다.

양김 광복절 공동성명

83년 광복절을 맞아 김영삼은 자택에서 내외신 기자회견을 통해 양 김의 공동성명자료 1을 발표했다. 서울과 미국에서 동시에 발표된 이 성명은 전두환정권을 강경하게 비판하고, 양 김이 민주화를 위해 연대하여 투쟁할 것을 밝혔다. 양 김은 장문의 성명에서 "일제가 우리 민족을 탄압하기 위해 동원했던 법과 제도와 그 수법이 그대로 재현되고 있다."고 지적하고, "민주화 투쟁은 민족의 해방과 독립을 위한 투쟁의 연장선 위에 있다."고 주장했다. 그리고 정치인, 언론인, 법관 등 각계의 각성을 촉구하고, "미국의 대한정책이 독재의 국민 탄압을 양해하는 것으로 되거나, 독재권력 유지의 협력자인 것으로 될 때 부산 미국문화원 사건과 같은 불행한 사건이 나타난다."고 하면서, 미국 측의 각성도 촉구하였다. 또 "우리의 부족하였음을 너그러이 용서해 주시고, 민주 전열의 전우로 받아주시기 바란다."고 하였다.김영삼, 1983, 143쪽. 이 성명은 일본 아사히신문 1983년 8월 13일자에 머리기사로 다루어졌지만, 국내 언론에는 보도되지 않았다.

김영삼계와 김대중계는 신군부의 5공체제에 대항하기 위해서 민주화 연합전선을 만들지 않을 수 없었다. 김영삼의 동지들은 81년 5월 1일 김영삼의 1차 연금이 풀린다는 소식을 듣고 모여 그동안 쌓인 울분을 토로하던 끝에 함께 등산을 하자고 의견을 모았다. 도봉산 등산을 계기로 최형우 등 7~8명이 6월 9일

민주산악회

김동영의 집에서 모여 민주산악회를 만들고, 13일에 정식 발족시켰다. 고문 김영삼, 회장 이민우, 부회장 최형우 · 김동영. 50명까지 늘어났던

회원은 82년 6월 1일 김영삼이 2차로 연금되자 30여 명으로 줄었다. 최형우, 김동영 등은 이 문제로도 안기부에 연행되어 곤욕을 치렀다.

산행과 모임은 계속되었다. “우리는 아름답고 장엄한 조국의 산하를 사랑한다. 이 산하 위에 정의롭고 참된 사회와 자유·민주가 꽃피는 나라를……”로 시작하는 〈우리의 현장〉과 “어찌타 민주봉에 비바람지고……”로 시작하는 회가도 마련했다. 그런 중에 김영삼의 단식투쟁이 있었다. 5월 23일 롯데호텔 모임은 안기부 요원들에 의해 막혔다. 25일부터 58명이 연금되고, 10여명은 동조단식에 들어갔다. 이민우의 지시로 단식을 중단한 회원들은 김영삼의 성명을 복사해서 전국 방방곡곡에 뿌렸다. 홍인길, 탁형춘, 백영기 등은 구류를 살기도 했다. 이 회원들이 김영삼을 따라 민주화추진협의회 회원이 되고 신민당원이 되었다. 2·12총선의 종로·중구에서 이민우의 승리는 이들의 헌신으로 이루어졌다.이우태, 1988, 117쪽 ; 최형우, 1993, 251쪽.

김대중은 내란 수괴로 군법회의에서 사형을 선고받았다가 무기로, 다시 징역 20년으로 감형된 뒤, 1982년 말 미국으로 출국하였다. 정부는 “가족의 요청과 전 대통령의 각별한 인도적 배려로 결정”되었다고 발표했지만, 철권통치에 대한 역풍, 대형 악재, 국제 사회의 압력으로 결정된 것이었다.김대중, 2010, 422쪽. 김대중은 미국에 도착하자마자 한국 민주화를 위해 계속 투쟁할 것임을 밝히고, 이후 강연, 회견, 기고, 미국 조야와의 접촉 등으로 민주화활동을 계속하였다.

친 김대중 인사들은 5·17 전 ‘민주주의와 민족통일을 위한 국민연합’을 결성하여 활동 중이었는데, 5·17이 나자 ‘김대중 내

김대중
내란음모사건

란음모사건'에 연루되어 한완상, 이문영 등 23명이 구속되었다. 이들은 82년 말 출옥하였다. 김대중이 미국에 도착한 뒤 예춘호, 문익환, 이문영, 한완상 등은 미국의 김대중과 연락을 취하며 모임을 갖고 있었다. 예춘호와 김상현은 김녹영, 조연하, 김종완, 박종률, 박영록, 김창한, 최영근, 박성철, 박종태, 양순직, 송원영, 이협, 함윤식, 이재걸, 김충섭, 이해동, 한승헌, 장을병, 김근태, 장기표, 장영달, 한경남 등과도 접촉하고 있었다. 78년부터 반유신투쟁을 하며 김대중을 도와 온 민주헌정동지회도 있었다. 이들은 83년 김영삼 단식투쟁 뒤 미국에서 김대중을 만난 이문영을 통해 김대중의 국내 민주화운동에 대한 의사를 확인하였다.

민주헌정동지회

범민주세력 단합

예춘호, 문익환, 이문영 등은 민주화를 위해 범민주세력의 단합이 필요하다고 인식하고 있었다. 김영삼 단식 기간 동안 김상현 등은 상도·동교동계 각 6인씩 '김영삼 선생 단식대책 특별위원회'를 만들어 성명을 내고, 서울대병원의 단식 현장을 찾아 단식 중단을 요청하기도 했다. 김영삼은 단식 뒤 정치활동금지법을 무시하고 사실상 정치활동에 들어갔다. 김영삼은 김상현, 예춘호 등과 '정치인'들의 민주화운동 기구를 구성하기로 했다. 이것이 민추협으로 발족되기까지는 1년이 더 걸렸다. 모임의 발기인을 모으기 위해 김영삼은 직접 김명윤 등을 비밀리에 찾아다니며 서명을 받았다. 민주산악회 회원들도 은밀히 각계 인사를 접촉하여 민추협 참여의 폭을 넓혀 나갔다. 이 발기인에 서명을 하고도 서명 취소를 직간접으로 요청해 와서 정식 결성을 발표하는 자리에서 배포된 인쇄물에도 검은색으로 서명을 지운 흔적을 없애지 못했다. 김명윤, 김동영, 김덕룡의 회고담 김대중계는 민추협 결성에서 주로 김상현이 대표하여 활동했다. 김대중계에서는 김영삼과의 연합에 대하여 "김대중의 지시가 있어야 한다." 또는 "김대중 귀국까지 기다려야 한다."는 의견을 내세우는 인사도 많았다. 김상현의 요구로 김영삼계가 만든 '민주국민회의'를 해체하기도 했다.

단체의 명칭은 김영삼이 '민주구국투쟁동지회', 김상현이 '민주화추진간담회', 예춘호가 '민주화추진협의회'를 제안하였는데, 민주화추진협의회로 하기로 했다. 정관과 회칙은 만들지 않기로 했다.[79] 김대중이 예춘호가 공동의장대행을 맡기를 희망하는 의견을 보내왔지만, 예춘호는 재야 활동을 하겠다고 물러났다. 논란 끝에 김상현이 공동의장 대행을 맡았다. 김대중계의 문익환, 이문영, 예춘호는 민추협에 대하여 합의서[80]를 만들고 서명했다. 이 합의는 양 김의 관계와 김대중계 내부의 복잡한 사정을 보여주는 것이기도 하고, 민주화투쟁을 위해 미묘한 협력과 경쟁 관계를 슬기롭게 극복하려는 노력이기도 하다. 김대중계 일부는 직접 참여를 거부한 채, 마치 김대중이 귀국하여 정치에 참여할 때를 대비하는 예비군처럼 재야 김대중 지지세력으로 남아 있었다.

정관 없는 민추협

운영을 위한 소위원회는 김녹영, 박종률, 박성철, 조연하, 김윤식,이상 동교동계 김동영, 김명윤, 윤혁표, 이민우, 최형우이상 상도동계로 구성하였다. 5월 18일 야당 정치인들의 회식 장소로 자주 이용되던 남산 기슭에 있는 양식당 외교구락부에서 발표한 〈민주화투쟁 선언〉자료 3을 통해 민추협 발족을 선언했다.김영삼과 김대중의 자택이 위치한 상도동과 동교동은 곧 양 김을 상징하는 또 하나의 명칭이 되었다.

민주화투쟁 선언

6월 14일 64명의 운영위원1차을 발표하고 결성대회를 가졌

민추협 결성

다. 민추협은 공동의장 김영삼을 포함하여 운영위원 50여 명이 정치규제법에 묶여 있었지만, 정치 현안에 대하여 성명서를 발표하는 등 사실상의 정치활동을 개시했다. 서울 관철동에 사무실을 임대하였는데, 경찰이 느닷없이 집기를 들어내고 전화선을 끊고 문을 폐쇄시켰다. 김영삼 등 회원들은 종로를 행진한 뒤, 김영삼이 직접 망치로 자물쇠를 부수고 들어가 돗자리를 깔고 회의를 했다. 이것이 외신을 타고 보도되어, 미국에서 이 장면을 본 김대중이 전화로 소감을 전해오기도 했다.민주화추진협의회 편, 1988, 112쪽.

7월 12일, 민추협은 운영위원을 추가로 선임하는 것으로 조직을 확대하고, 7월 16일에 '민주헌법연구특별위원회'를 설치하여 본격적으로 개헌문제를 제기할 준비를 갖추어 나갔다. 또 17개 부총무, 조직1·2, 홍보, 인권, 조사, 노동, 농어민, 산업, 문화, 섭외, 국제, 청년1·2, 부녀, 훈련, 출판와 통일안보, 인권옹호, 농어민 등 특별위원회와 기획조정실을 설치했다. 민추협은 대변인 이협과 부대변인 최기선 명의로 수시로 제기되는 정치와 사회문제 그리고 민추협 인사 불법 연행, 민정당 대표최고위원 정래혁 부패사건, 전두환 방일 반대, 대학생 민정당사 농성사태, 정치인 전면해금투쟁, 택시기사 박종만 분신 등등에 대한 성명을 발표하는 등[81] 5공 하의 국회와 언론이 외면하는 현안에 대해 전두환정권을 비판했다.

김대중 귀국 대책

미국에 있던 김대중이 9월 귀국 의사를 발표함에 따라 9월 17일 '김대중 귀국 환영과 안전을 위한 특별대책위'위원장 김영삼를 구성했다. 김영삼은 김대중 고문 귀국 특별대책위원장 명의로 김대중내란사건 조작을 밝히는 발표문[82]을 냈다.

2. 선거혁명

신당 창당, 총선 참여, 선거혁명

85년 총선이 다가왔다. 12대 국회의원선거를 앞두고 정치권 민주화세력은 고민했다. 11월 30일, 선거를 두 달 남짓 앞두고 3차 해금으로 김대중, 김영삼, 김상현, 김창근, 김덕룡 등 14명을 제외한 정치인을 전원 해금했다. 마지막까지 전원을 풀지 않는 것이나, '총선 해금'을 한 것에는 야당의 분열과 출현할지도 모를 강경 야당의 약화를 노린 집권세력의 치밀한 선거정략적 계산이 깔려 있었다. 구 정치인에게 출마의 길을 터주면, "야권이 강경 신당과 온건 민한당으로 분열되어 민정당이 압승하고, 양김이 지원하는 신당이 3당이 되면 민한당에 흡수되어 강경 노선이 힘을 잃을 것"이라고 보았던 것이다.노태우 상, 2011, 295쪽. 정략 해금

총선에 참여할 것인가? 말 것인가?[83] 총선 참여는 정당을 필요로 하기 때문에 참여의 경우 곧 신당 창당 문제가 대두할 수밖에 없었다. 총선 참여와 신당 창당 여부를 두고 민추협에서는 11월 30일 상임위를 소집하여 이 문제를 논의한 데 이어, 12월 7일 전체 운영위를 열고 다시 격론을 벌였다. 거부론의 요지는 5공체제 아래서 선거는 정통성을 갖추기 위한 요식행위에 불과하고, 참여 자체가 체제를 인정하는 것이 되며, 이 선거제도 아 선거거부론

래서 원천적이고 교묘한 부정선거로 참패하면 민주세력이 약세라고 오인될 수 있다는 것이었다. 그러나 선거참여론자들은 현 언론 상황에서는 선거거부운동을 해도 총선 거부는 효과적인 거부운동이 되지 못하고, 선언적 의미밖에 없으므로, 차라리 총선에 참여하여 합동연설회나 매스컴 등을 이용하여 정권의 부당성과 부패상을 폭로하여 국민의 민주 의식을 일깨워야 한다고 주장했다. 장시간 논의 끝에 의장단에게 결정을 일임하였다. 김대중은 미국을 다녀온 목사 박형규, 변호사 이돈명 편에 뜻을 보냈다고 한다. 정치활동이 가능한 정치인은 본인의 의사에 따라 참여하고, 민추협만은 선명한 반체제 재야단체로 남아 주어야 한다는 것이었다. 김대중계 내부에서는 참여 비참여로 격한 논란이 있었다.[84] 마침내 12월 11일 김대중, 김영삼 공동의장과 김상현 대행의 이름으로 회견을 통하여 총선 참여를 통한 선거투쟁을 선언했다. 이 회견의 발표 요지는 이렇다.

선거참여론

> 민주정치에서 선거는 국민이 주체라는 사실을 확인하고 그 권리를 행사하는 거룩한 의식이다. 우리는 민주화운동 기구로서 민추협의 조직을 계속 유지, 확대·강화하면서 민주화 추진의 일환으로 선거투쟁을 전개하기로 했다. 우리의 선거투쟁은 민정당 반대투쟁을 그 핵심으로 한다. 민주적인 자생 정당이 생긴다면 지지와 성원을 보낸다. 민추협, 1987, 184쪽.

선거투쟁

선거는 정치권으로서는 외면할 수 없는 기회다. 14명의 정치인은 제외되었지만, 정치활동 금지의 족쇄도 풀렸다. 언론을 통제하여 눈과 귀를 막은 가운데 '새로움'을 일방적으로 자랑하던 5공정권도 그 비리를 더 이상 감출 수 없을 것이었다. 억눌린 정치적 의사와 욕구도 폭발 직전까지 차올랐다. 정치 지망생도 축적되었다. 1978년 유신체제 아래서 치러진 10대 총선이 연상되었다. 유신체제 아래 선거 참여는 유신을 인정하고 합리화시켜 주는 것이라는 비판이 있었지만, 정치인 대부분은 선거에 참여했다. 당시 야당 신민당은 유신체제임에도 불구하고 총선에서 1.1%의 득표율 차이로 여당인 공화당을 이겼다. 이것은 유신체제가 결정적 쇠락으로 기울고 종말을 가져온 이유가 되었다.

10대 총선의 재현

김영삼과 김상현은 참여를 적극적으로 주도했다. 민추협 구성원은 대부분 선거를 통한 공직 진출을 목표로 하는 정치인이었기에 선거참여는 대세였다. 김대중계 중 이른바 재야 출신은 비참여로 남았다. 한편, 구 신민당 출신 인사로 정치규제되었다가 해금된 이철승, 이기택, 김재광, 김수한 등이 또 하나의 야당을 추진하고 있었다. 이들과 단일 신당을 만들 것인가? 별도 창당을 할 것인가? 이것이 또 하나의 문제였다. 김영삼과 이철승 등은 여러 차례의 접촉 끝에 단일 창당 원칙에 합의했다.

비 양김 야당 창당 추진

민추협은 12월 12일 상임운영위를 열고, ① 정치활동 피규제자 등 민주세력 중심 정당, ② 선명한 민주투쟁과 당원의 의지로 운영되는 민주정당, ③ 민추협 등 반독재 투쟁세력이 평가되고 민주통일운동권과의 연대를 지속 강화 대변하는 정당 등을 요지로 하는 선명통합 신당 창당 원칙을 발표했다. 5공의 제도권 안에 있는 정당과 비민추협 세력을 의식한 것이었다. 그리고 총선대책특별위원회위원장 김윤식를 구성하고, 총선시기에 대하여 "2월 총선을 반대한다."고 주장했다. 5공정권은 민추협 활동을 정치활동으로 규정하고, 공동의장 김영삼을 연금하는 등 탄압을 자행했다.

선명통합 야당

1984년 12월 20일 창당발기인대회를 갖고, 85년 1월 18일 창당대회를 개최하였다. 당명은 신한민주당약칭 '신민당', 5공이전 반유신 투쟁을 이끌던 신민당을 환기 연상시키는 당명이 되었다.으로 하였다.[85] 신당은 발기취지문에서 '문민정치 확립'을 내걸고, 정치활동규제법 폐지와 전면 해금, 평화적 정권교체를 위한 제도 개혁, 총선 승리 등 5개 항의결의문을 채택했다. 총재에 이민우 창당준비위원장을, 부총재에 김녹영·이기택·조연하·김수한·노승환 등 5명을 선출했다. 민추협과 비민추협이철승, 김재광, 김수한 등 구 신민당 최고위원 연합이 5대 5로 조직을 분점했다. 이철 등 학생운동권 출신 등이 새로 가세했다. 민한당 의원 김현규, 서석재, 박관용, 홍사덕, 김찬우 등 12명이 민한당을 탈당하여 신당에 가담했다.김현규와 홍사덕은 당국에 구금되어 무소속으로 출마하여 당선된 뒤 신민당에 입당했다.

민추 비민추 5 대 5

민한당 탈당

신당은 정강정책으로 대통령중심제와 대통령직선제, 임기 4년 1회에 한해 중임을 허용하는 통치기구, 국정감사 부활, 지방자치제 조기 실시, 언론기본법 폐지, 군의 정치적 엄정중립 등을 표방했다. 유일한 '자생'自生 정당임을 강조하고,5공 하의 야당이 모두 집권세력이 만들어 준 타생정당이란 것을 부가시키기 위한 것이었다. 전정권을 강력히 비판·공격하는 것으로 선거에 참여했다. 신민당 총재 이민우가 입후보한 종로·중구 합동유세장에는 10만 인파가 모였고, 5공 동안 막혔던 전정권에 대한 비판이 소나기처럼 쏟아졌다. 광주항쟁 등 전정권의 비민주적 폭압과 장영자 사건, 명성사건 등 권력의 부패와 비리도 마구 파헤쳐졌다.[86] "박사 위에 육사가 있고, 육사 위에 여사가 있다."군사정권에서 군 출신과 전두환의 부인 이순자 여사가 권력을 휘두른다는 말, "민나 도로보 데스"82년 MBC 연속극 "공주 갑부 김갑순"에 나온 "모두가 도둑놈이야"라는 일본 말로 5공정권 하의 부패상을

박사 위 육사 육사 위 여사

빗댄 유행어, "민한당은 사꾸라, 국민당은 겹사꾸라, 올 봄에는 벚꽃 구경하러 진해까지 갈 필요가 없다." 등의 말로 신민당 후보들은 민정당 정권과 관제 정당인 민한당과 국민당을 사정없이 공격했다. 한 부산 유권자의 말을 빌어 노태우까지 이렇게 썼다. "야당 후보의 연설을 듣고 있으니 내 가슴도 뜨거워졌다. 그동안 잊어버리려 했던 기억들이 분노로 변해 '욱!'하고 치받치는 것이었다."노태우 상, 2011, 292쪽. 유세는 바람을 일으켰고, 바람은 돌풍이 되어 전국을 휩쓸었다.

사꾸라 겹사꾸라

추운 겨울이어서 '동토凍土 선거'가 쟁점이 됐다. 총선 시기는 법적으로는 3월도 가능했다. 여당이 정략적으로 시기를 잡았다고 하여, 야당이 선거 연기를 주장한 것은 물론 받아들여지지 않았지만, 날씨조차 정부 여당의 기대와는 달리 유세장에 사람이 모일 수 있도록 혹한으로 떨어지지 않았다. 고조되는 선거 열기에 학생들도 '선거거부론'을 누르고 '총선투쟁 지침', '전국대학연합선거대책위원회', '민주총선학생연합', '민정당재집권저지투쟁연합' 등을 만들어 총선투쟁에 합류했다. 총선 유세장에서 구호를 외치고, 유인물을 배포하고, 시위를 벌여 폭발적으로 반 민정당 분위기를 만들었다. 억압과 여론 조종 속에 묻혔던 5공의 실상이 폭로되었다.

대학생 총선 투쟁 합류

선거 4일 전의 김대중의 생명의 위협을 무릅쓴 극적 입국 또한 불 위에 기름을 부은 격이 되었다.[87] 김대중의 귀국길에는 포그리에타 미국 하원의원, 브루스 커밍스 교수 등 37명이 인간방패를 만들기 위해 함께 한국행 비행기를 탔다. 제2의 아키노Benigno Simeon Aquino Jr.가 될 수도 있다고 생각했던 것이다. 신민당에서도 전국의 지구당까지 환영준비위원회를 만들어 공항에

김대중 입국

출영했다. 신민당 후보들은 유세장에서 김대중과 찍은 사진, 김대중과의 면담 등 김대중 마케팅으로 인연을 들먹이며 과장해서 연설하기도 했다.김대중, 2010, 456쪽.

신민당 바람은 돌풍이 되었고, 돌풍은 폭풍, 태풍으로 변하며 세를 더해 갔다. 신민당은 전국구의원 공천에 6번까지는 5억원을 헌금 받는 등 당선 순위까지는 모두 공천 헌금을 받아 민정당으로부터 매관매직이란 비난을 받았다. 선거공보나 벽보에 '김대중, 김영삼, 민주화추진협의회'를 기재한 후보도 있었는데, 선관위로부터 직권삭제를 당했다.

신민당 제1야당 등극

선거 결과, 신민당은 창당한 지 불과 26일밖에 되지 않았지만 제1야당이 되었다. 총의석수 260석 중 민정당이 지역구 87석, 전국구 61석으로 148석, 신민당이 지역구 50석, 전국구 17석으로 67석, 민한당이 35석, 국민당이 20석을 차지하였다. 신민당은 서울·부산·광주·인천·대전 등 5대 도시에서 전원이 당선되고, 서울에서는 42.7% 득표로 민정당보다 15.7%를 앞섰다. 전체 득표율도 29.26%민정당 32.25%를 얻었다. 민한당 의원들은 4월 스스로 집단 탈당하여 신민당에 입당하거나, 무조건 신민당에 합당하여 5공의 정당체제를 붕괴시켰다. 12대 국회에서는 우월적 지위의 여당 민정당이 위성 야당을 거느리던 국회와 1.5정당체제는 근본적으로 무너지고, 집권 여당과 강경 야당이 일대일로 대치하는 양당 구도가 되었다. 5공은 민주화의 태풍 앞에 전면적 동요와 균열을 면할 수 없게 되었다. 가위可謂 '선거혁명'이었다. "12대 총선은 한국현대사가 권위주의시대에서 민주시대로 넘어간 분수령이었다."노태우 상, 2011, 295쪽. 김영삼의 단식투쟁으로 시작하여 민추협 결성, 신민당 창당, 총선투쟁으로 이

1.5정당체제 붕괴

어진 결과였다.

패권 정당체제의 붕괴, 양당제로

전두환정권은 충격을 받고 선거 엿새 만에 개각을 단행하여 국가안전기획부장 노신영을 국무총리에, 경호실장 장세동을 안기부장에 임명했다. 이어서 전국구 의원 노태우를 민정당 대표위원에 임명했다. 새로운 야권의 등장에 대응하는 후계구도를 염두에 둔 강경총력체제였다. 3월 6일 전두환은 노태우가 주재한 중앙집행위원회의 건의를 받아들이는 형식으로 김대중, 김영삼, 김종필 등 미해금 정치인 전원을 규제에서 해제했다. 83년 2월 1차 해금, 84년 2월과 11월의 2차와 3차 해금에 이어, 85년 3월 6일 김대중, 김영삼 등 14인이 마지막으로 정치활동 규제대상에서 해제됨으로써 전면 해금이 이루어진 것이다.

정치인 전원 해금

김대중과 김영삼은 3월 15일 김상현 자택에서 공식 회동하고, 김대중은 민추협 공동의장에 취임했다. 김대중과 김영삼은 신민당을 방문하여 국회의원들을 격려하고 각기 자파 의원들에게 영향력을 행사함으로써, 신민당에 대한 지도력을 행사했다. 4월에는 민추협 참여를 미루고 있던 김대중계의 민주헌정연구회가 집단으로 민추협에 가입했다. 민추협은 새롭게 조직을 정비하여 31명의 상임운영위원[88]과 29명의 지도위원을 선임하고, 발족 당시 60명이던 운영위원을 250명으로 확대했다.

김대중, 민추협 의장 취임

신민당은 비민추협계와 여당 민정당이 장외 세력이 흔든다는 비판에도 불구하고, 김영삼과 김대중이 주도하는 민추협이 움직이게 되었다. 1985년 6월 신민당 의원 102석 중 민추협 소속 국회의원은 56명이었고, 85년 11월 8일 79명이 되었다. 비민추협계의 대표 격인 이철승은 "정당 위에 재야가 군림할 수 없고, 재야는 신민당에 입당해야 하며, 민주화는 어느 특정인을 대통령으로 만드는 권력투쟁의 수단일 수 없다."고 주장하여 양 김과 민추협을 경계했다.이철승, 2011, 215쪽. 하지만 100석이 넘는 건국 이래 최대 의석을 가진 야당을 실제 움직이는 힘은 민추협과 양 김이라는 사실은 불변이었다. 정국은 사실상 전두환 - 민정당 대 양 김 - 민추협 - 신민당의 대결구도가 되었다. 또 양 김 중 어느 한 쪽만 제동을 걸어도 정국은 움직이지 않게 되었다.

이철승_ "재야 군림 불가"

민정 대 신민 대결 구도

12대 국회는 시작부터 신민당이 김대중의 사면 복권과 양심수 석방을 개원 조건으로 내세워 임기 시작 뒤 32일이나 늦게 개원했다. '김대중의 사면 복권' 요구는 이후 민추협과 신민당의 민주화운동 제1순위 목표가 되었다. 신민당 총재 이민우는 처음부터 12대 국회의 사명을 민주화, 민주회복, 개헌 그리고 국회법·언론기본법·집시법 등의 정치관련법 개정이라고 규정하고 들어갔다. 그리고 86년 봄까지는 민주화 일정이 밝혀져야 하고, 국민이 정부를 자유롭게 선택할 수 있도록 헌법개정이 이루어져야 한다고 주장했다.〈민주통신〉 2호. 즉 86년 봄까지 민주화 일정이 제시되고, 87년에는 개헌이 이루어져 새 헌법에 따라 87년 대통령선거가 있어야 한다는 것이다. 5·18광주의거 5주년, 민추협 창립 1주년을 맞아 양 김과 민추협은 광주의거를 정면으로 거론했다. 김대중은 광주항쟁 기간 동안 체포·수감되어 사형선고를 받은 뒤 미국으로 출국하여 망명 기간 중에 민주 활동을 한 일을 본인의 말과 글로 표현하고, 김영삼은 광주의 진상과 책임 규명이 있어야 한다고 주장했다.[89]

김대중 사면 복권 요구

개원 국회 정당대표 연설에서 이민우는 직선제헌법개정특별위원회를 구성할 것을 제의하고, 유신 이래 누적되어 온 정치 부재, 의회 부재의 수렁에서 빠져 나오기 위해 국정감사권을 부활할 것과 국보위가 제정·개정한 법령 제도를 개폐할 것을 주장했다. 노태우 민정당 대표는 현행 헌법에 따른 대통령임기 7년제 하에서의 평화적 정권 교체를 주장했다.

개헌 특위 제안

6월 17일 김대중과 김영삼은 김대중 자택에서 회동하여 8월 신민당 전당대회 대책 등을 논의하고 발표문을 냈다. 그들은 발표문에서 "가을 정국에서 여야 사이에 민주화를 위한 확고한 합의가 이루어져야 한다. 그렇지 않으면 내년 봄 이후 예기치 않은 불행한 사태가 올 우려가 있다."고 했다. 확고한 합의의 내용은 헌법개정, 지자제 실시, 언론자유보장이라고 밝혔다. 또 김영삼은 "7월 말까지 사면 복권을 이행하지 않으면, 가을에는 중대한 결심을 할 수 밖에 없다."고 했다. 이에 대하여 18일 민정당은 특별성명을 발표했다. 이 성명서는 '사제'私製, '공적'公敵 등 격한 표현으로 "민주화를 팔면서 이 같은 비민주적 발상으로 정국의 파국을 선동하는 그들의 정치 협박을 언어가 표시할 수 있는 가장 준엄한 뜻으로 경고한다."고 했다.

민정_
민추협은 사제

19일 민추협 회의에서 김대중은 "지난 5월 얼마나 많은 유인물이 광주학살 책임지고 전두환 물러나라고 했나. 내년 봄까지 상당한 시간을 두고 민주화 일정을 세우라는데, 왜 떠드는지 모르겠다. …… 정말로 대화로 풀어나가겠다면, 먼저 김대중이를 걸어 놓은 쇠고리를 풀어야 한다. 내가 못 들어가니 김영삼 의장도 못 들어간다. 자기네들이 장외 정치를 강요하는 것 아니냐?"라고 말했다. 김영삼은 "이 난국에 과연 이 정권이 위기를 관리할 능력이 있는지 의심스럽다. 국민을 인질로 잡아서 기회만 있으면 판을 깨려는 인상을 주고 있다. 우리가 언제 혁명을 하자고 했느냐? 이성을 잃은 태도에 분노를 느낀다."고 했다. 신민당 대변인 홍사덕도 "민주화 일정을 밝히도록 요구한 것은 어떤 경우에도 의회민주주의에 대한 협박으로 해석해서는 안 될 것."이라고 했다.〈민주통신〉 3호, 10~13쪽.

학원안정법

정부와 여당은 학생들의 미국문화원 점거사건과 삼민투사건[90] 등을 빌미로 학생운동을 탄압할 '학원안정법' 입법을 추진했다. 야권과 재야의 강경한 반대와 민정당 일부의 미온적 태도로 8월 15일 전두환 - 이민우 회동을 거쳐 철회되었다. 노태우 대표 체제 등장 이후 노태우는 전두환과 미묘한 차이를 내며 나름대로 차기를 준비해 갔다.

노태우 차기 준비

8월 2일 신민당은 전당대회를 열고, 비민추협계 김재광과의 경선에서 이민우를 총재로 재선출하고, 김대중과 김영삼을 상임고문으로 추대했다. 이에 앞서 김대중은 김영삼이 대통령 후보, 김대중이 부통령후보가 되는 역할 분담론을 구상하고, 김대중, 김영삼, 이민우 3자 회동에서 김영삼의 신민당 총재 추대와, 김영삼·김대중을 정부통령후보 러닝메이트로 발표할 것을 제의했다. 이것이 언론에 김영삼 총재, 김대중 대통령 후보의 역할 분담론으로 왜곡 보도되어, 김대중은 '대통령병 환자'로 비난받는 상처를 입었다고 한다.김대중, 2010, 461쪽.

김대중, 역할 분담론 제안

9월에 있은 남북 이산가족의 고향 방문 및 예술단 교환, 적십자회담, 국제올림픽위원회가 주최한 남북체육회담, 남북국회회담을 위한 예비접촉 등이 진행되어 일시 민주화문제를 정계와 국민의 관심사에서 멀어지게 했다. 정부가 또한 이런 노력을 기

정부, 남북관계 개선 노력

울였음은 물론이다.

9월 정기국회에서 신민당은 국회 내 개헌특위 설치를 예산 심의와 연계시키는 투쟁을 전개했다. 국회운영위에서 야당이 제안한 개헌특위안 찬반토론을 하고 있는 시간에 예산결산특별위원회는 부별 심사를 완료했다. 재무위에서도 야당이 없는 가운데 예산관련법안을 통과시켰다. 야당은 국회 활동을 거부했다. '개헌특위' 명칭을 '헌법연구 특별위원회'로 하자는 것으로 의견 접근을 보았으나, 신민당 총재단 회의와 의원총회에서 받아들여지지 않았다. 민정당은 12월 2일 소속의원만으로 예결위와 본회의를 잇달아 열고 예산안과 부수 법안을 통과시켰다. 야당 의원들은 회의장 문을 부수고 회의장에 들어가, 김종호 예결위원장과 이세기 민정당 원내총무의 멱살을 잡고 항의했다. 1985년의 총선 돌풍으로 국회는 여당일당 패권체제에서 여야가 일 대 일로 대치한 양당체제로 바뀌고, 민주화요구가 거세게 제기는 되었지만, 진전 없이 좌초하고 있었다.

민주화 연대의 확장

학생운동과 무료 변론

학생운동 선도 투쟁

학생운동은 사실 민주화운동에서 선도적인 역할을 해왔다. 2·12총선투쟁에서도 학생들의 역할이 신당 승리에 결정적 영향을 미쳤다. 80년대 전반기의 학생운동은 광주항쟁의 참혹성과 신군부의 등장에 충격을 받은 선도적 정치투쟁, 이념 써클과 언더지하 조직의 활동이 강세였다. 군부와 미국을 향한 구호와 주장은 강경했다. 이것은 정권의 탄압에 좋은 빌미를 주었고,

대중적 정서로부터도 거리를 가지게 했다. 그만큼 외롭고 고달픈 싸움이었다.

민추협은 학생운동을 진작부터 민주화운동의 범주에 넣었고, 선배·부형의 눈으로 보고 품었다. 민추협 인권위원회는 주요 사건이 생길 때마다 특위를 구성하여 사건의 진실을 조사하고 무료 변호에 나섰다. 1982년 부산 미문화원 방화사건, 1984년 민정당사 점거사건은 물론 수많은 집회 시위 사건으로 구속된 학생들의 무료 변론에 나섰다. 당시 민추협에는 현역 국회의원을 포함한 김명윤, 박찬종, 조승형, 신기하, 태윤기, 홍영기, 목요상, 용남진, 이관형, 장기욱, 김광일 등 20여 명의 인권변호사들이 구속학생 등 시국사범을 위해 접견, 법정변호 등의 활동했다. 전국 교도소에서 민주화운동 관련 시국사범에 대한 가혹행위가 행해졌다. 민추협은 현역 의원 변호사를 보내 진상을 조사하고 교도 당국에 항의했다.

고려대 앞 시위현장 방문사건과 서울대 범국민 시국토론회사건

85년 8월 6일 고려대에서 열린 범국민대회에 참석하기 위해 민추협의 국회의원 박찬종·조순형, 부간사장 김병오, 대변인 한광옥, 문교국장 김장곤, 사회국장 원성희, 노동국장 김수일 등이 행사장에 갔다. 이들은 경찰의 제지로 행사장으로 들어가지 못하고, 교문에서 주최 측에게 말을 전달하고, 부당한 방해에 대한 항의의 표시로 교문 앞에서 구호를 외치고 애국가 등 노래를 불렀다. 이 고려대 앞 시위현장 방문사건으로 이들은 구속·기소되었다.

85년 11월 20일 서울대 광장에서 서울대, 고려대, 연세대 등 서울 10여 개 대학 2,000여 명의 학생들은 민정당 중앙정치연수원 점거투쟁보고 및 전국학생총연합이하 전학련 제11차 실천대회를 가진 뒤, 21일 '독재 종식과 제5공화국 헌법 철폐를 위한 범국민토론회'를 가졌다. 토론회 뒤 반정부 구호를 외치며 시위했다. 여기에 31개 재야단체 대표를 초청했다. 이들의 초청을 받은 재야인사들은 대부분 당일 가택연금을 당했다. 연금을 무릅쓰고 참석한 김병오 민추협 부간사장, 서호석 〈민주통신〉 부주간, 유성효 인권부국장, 이협 신민당 인권위원장, 한영애 신민당 인권국장, 이종남 민추협 상임운영위원을 당국은 불법집회 시위선동으로 구속기소했다. 서호석의 경우 내빈 소개 때 일어나 절한 것밖에 없었다. 검찰은 박수를 친 행위를 불법 집회시위를 선동한 것으로 몰아간 것이다. 재판부는 이들의 재판을 이례적으로 서둘러 매주 재판기일을 잡고, 피고인에게 소환장을 발부하지 않고 재판을 여는가 하면, 재판 출석을 통고했음에도 구인장을 발부했다. 이에 항의하여 10여 차례 이상 재판부 기피 신청을 냈으나 받아들여지지 않았다. 김병오는 징역 1년 실형을 선고받았고, 나머지 인사 역시 집행유예 유죄 판결을 받았다.

민정당 연수원 점거

상식적인 사회라면 문제도 되지 않을 일을 처벌하려는 독재정권의 검찰과 사법부를 상대로 22명의 민추협 소속 변호사는 심각한 법리논쟁을 벌였다. 대변인 한광옥의 경우에는 민추협이 사무실을 얻고 옮기는 과정에서 당국의 방해가 있었다는 것에 항의하는 내용의 성명서를 외신기자에게 주었다는 이유로 국가모독죄를 추가해서 기소되었다. 이 사건으로 독재정권이 민추협과 학생의 연대를 두려워하여 자행한 검찰권 남용과 이에 동조한 사법부의 부끄럽고 추악한 모습이 폭로되었다.민주화

국가모독죄

추진협의회 편, 1988, 741~765쪽.

미문화원 점거사건[91]

5월 23일 서울 도심에 있는 미국문화원 도서관을 서울의 5개 대학 학생 73명이 기습적으로 점거·농성하는 사건이 발생했다. 학생들은 워커 주한 미대사와의 면담, 미국의 군부의 광주항쟁 진압 승인 인정과 사과, 미국의 군사정권에 대한 지원 철회, 광주항쟁 진상규명을 위한 국회의 국정조사 등을 요구했다. 양 김과 민추협으로서는 학생과 미국 문제는 실로 외면할 수 없지만, 쉽사리 해결책을 제시하기도 어려운 문제였다. 신속히 정치적 리더십을 발휘해야 할 사안이었다.

광주의 유혈 진압이 미국의 승인 아래 행해졌느냐에 대해서는 광주 진압에 동원된 군부대가 미군의 통제권 아래 있었느냐 그렇지 않느냐 등 여러 논란이 있다. 어쨌든 광주항쟁 이후 반미 감정은 청년 학생층 사이에서 급속히 확산되고 있었다. 민통련, '민주화운동청년연합' 등 재야단체는 곧 지지 성명을 발표하여 입장을 밝혔다. 민추협은 그렇게만 할 수는 없었다. 양 김이나 신민당은 이러한 실상을 미국에 인식시켜야 하기도 하지만, 반미 감정의 확산은 바라지 않는 바였다. 양 김은 공동의장 명의의 메시지를 농성 학생들에게 전달하고, 연세대에 있는 전학련 지도부에 간부들을 보내 직접 설명하는 등 설득에 나섰다. 메시지의 요지는 다음과 같다.

양 김 미문화원 사건 메시지

> 깊은 우려와 우리의 책임을 통감하고, 건강을 걱정하면서 메시지를 보냅니다.

1. 정부의 광주사태와 민주화에 대한 근본적 자세 전환이 있어야 합니다. 근거 없이 용공 반미로 몰려는 데 대해서는 절대 동의할 수 없습니다.
2. 대사관 당국이 대화로 해결하려는 데 대해서는 찬의를 표합니다. 농성 행위 그 자체는 찬성하지 않지만, 광주사태에 대한 미국의 책임과 미국이 한국의 군사독재를 지지해서는 안 된다는 점에서는 많은 국민이 생각을 같이 한다고 믿습니다.
3. 농성은 기대 이상의 영향을 미쳤다고 생각합니다. 인질을 잡지 않고, 폭력을 사용하지 않고, 진지한 대화를 진행한 점은 미국 조야에 깊은 인상을 주었습니다.
이유야 어떻든 우방국의 공관을 점거하고 있다는 점에 국민 일부의 우려가 있고, 28일로 박두한 남북적십자회담을 앞두고 북한 정권이 반미운동으로 선전하고 있는 점을 우려합니다. 더 이상 단식농성은 삼가고 지금이 농성을 중지할 시기라고 믿습니다.

학생들은 72시간 만에 농성을 해산했다. 농성 기간 중 민추협 간부들은 창문을 통해 농성 학생들과 필담을 나누었다. 농성 학생들의 학부모들은 민추협 사무실에서 함께 농성하였다. 민추협 간부들은 학생들과 학부모에게 음식을 제공하고, 농성 해산시 신변안전에도 각별한 관심과 대책을 모색했다. 기관지 〈민주통신 특보〉를 내어 농성 상황을 자세히 알렸다. 학생들은 만족하지는 않았지만, 성의 있는 연대의 자세는 이해되었다.〈민주통신 특보〉 1985년 5월 30일자.

학원안정법 입법 저지

전정권은 83년 12월 21일 학원자율화조치를 발표했다. 제적 학생의 복학을 허용하고, 처벌 위주에서 선도 위주로 바꾸고, 해직교수의 부분적 복직과 학원 상주 사복경찰 철수 및 구속학생 석방 조치가 있었다. 83년 11월의 레이건 미국 대통령 방한, 84년 교황 요한바오로 2세 방한, 86년 아시안게임 등을 앞두고 경제 성장세를 빌어 정권의 이미지를 바꿀 필요가 있었던 것이다.

유화정책의 철회

학원 민주화운동은 넓어진 공간과 총선에 탄력을 받아 더욱 가열되었다. 위협을 느낀 전정권은 학원자율화 등 유화정책의 허울을 벗어 던졌다. 미문화원사건 공판정에서 피고 학생들이 법정투쟁을 했다고 법무부장관과 서울대 총장을 갈아치웠다. 총리에 노신영, 안기부장에 장세동을 임명하여 새 사령탑으로 민주화 물결에 맞서려 했다. 학원안정법이라는 새로운 굴레로 학생운동을 금압하려 하였다. 이에 대해 노태우는 다음과 같이 회고하였다.

> 정부가 감당할 수 있는 구속학생 수는 200명으로 볼 수 있는데, 84년 초에는 400명을 넘어서 구속학생을 전원 석방하지 않을 수 없었다. 학원문제가 심상치 않는 국면으로 치닫자, 청와대 참모 중에는 "학원을 다스리는 방법은 역시 힘에 의존하는 길밖에 없다"고 판단하는 사람들이 있었다. 그들은 학생들을 힘으로 꼼짝 못하게 하기 위한 법을 고안해 통과시키려 했다. 전 대통령은 이 법안을 통과시키라고 지침을 당에 내렸다. 이 법안 역시 허문도 당시 정무수석 작품이었다. 허 수석은 1960년대 말 일본이 대학 내 분쟁을 해결하기 위해 한시적으로 운영했던 '대학 운영에 관한 임시조치법'을 들먹이며 전 대통령을 설득하고, 한편으로는 당과 정부를 압박했다._ 노태우, 2011, 307~308쪽.

7월 25일 학원안정법 입법 시도를 보도한 〈경향신문〉의 정치부장 홍성만 등은 당국에 연행되어 조사를 받았다. 이 법안은 다음과 같은 독소 조항을 담고 있었다.

① '보호위탁'이라는 일종의 보안 처분, '선도' 미명의 수용시설 강제 수용
② 선도위원회가 '보호위탁'과 '선도'를 결정
③ '소요의 요인을 조성하는 행위', '허위의 사실을 날조·유포하는 행위'를 처벌하여 비판 세력 말살 기도
④ '7년 이하의 징역', '5년 이하의 징역' 등 가혹한 처벌 규정
⑤ 집단교육으로 의식을 바꾸겠다는 발상
⑥ 학원 소요를 막는다는 구실로 집회시위 금지 가능

〈민주통신 특보〉, 1985년 8월 10일자

1985년 8월 7일 학원안정법안이 발표되자, 방학 중임에도 각 대학에선 학생운동 탄압 저지를 위한 투쟁위원회가 구성되어 반대 시위를 벌였다. 민통련 등 39개 단체는 학원안정법반대투쟁위원회를 결성하였고, 교수들도 반대 성명을 발표했다. 민추협은 8월 7일 상임위·지도위 합동회의를 열고, 학원안정법 입법 저지 대책위위원장 김명윤를 구성했다. 김영삼은 "학원안정법이 아니라 정권유지법이며 망국법"이라고 비판하였으며, 김대중은 "이 정부는 정치가 아니라 정치 작전을 수행하고 있다"며, 전두환정권을 비판하였다. 민추협은 신민당, 재야 민주운동단체, 사회단체와 연대한 범국민적 공동투쟁을 벌이기로 했다. 이 법은 여권 내부에서도 당 대표 노태우와 원내총무 이종찬 등이 제동을 걸었다. 8월 15일 전두환과 이민우는 영수회담을 열고 시국문제를 논의했다. 전두환은 8월 17일 학원안정법 제정을 사실상 백지화했다.

정권유지법

고문 및 용공조작 공동대책위원회[92]

한국 독재정권들이 정적, 정치적 반대자, 체제비판자를 국민 일반으로부터 이반시키고 합법·비합법적으로 탄압하는 데 일상적으로 활용한 수법은 공산주의자나 용공분자로 모는 것이었다. 공산주의자 또는 용공행위자공산주의자가 아닐지라도 공산주의에 동조하거나 찬양 고무하는 자는 반공법, 국가보안법상 처벌 대상이었고, 그와 관련된 친족이나 친지, 이웃, 친교가 있는 자까지도 가지

연좌제

가지의 불이익을 당하고 당국의 감시 대상이 되었다. 연좌제는 법적으로 허용되지 않았지만, 공산주의자 또는 용공행위자와 관련해서는 사실상 연좌제가 그대로 시행되었다.

공산주의자 또는 용공행위자를 법적 처벌 대상으로 만들기 위해서는 수사 과정에서 고문이 자행된다. 고문은 당사자뿐 아니라 범인이나 용의자를 찾는다는 이유로 그 주변 인물들에게도 무차별적으로 자행되었다. 자백을 받아 내거나, 수사기관이 조작한 내용을 본인의 자백으로 만들기 위해서다. 뿐 아니라 이 과정을 통해 공포심을 심어 줌으로써 정부 비판 행위나 이

고문,
정권 연장 수단

에 동조하는 행위를 못하게 하기 위해서다. 고문은 수사상의 목적뿐 아니라, 독재정권 유지의 효과적 수단으로 상용되었다. 김대중은 공산주의자 또는 용공주의자로 몰렸다. 본인을 탄압하고, 국민으로부터 이반시키기 위해서다. 민청련 의장 김근태에 대한 고문은 수사기관이 조작한 사실을 본인의 자백으로 만들기 위해서 행해졌다. 민추협 간부와 회직자 전원은 재야단체와 연합농성을 한 뒤, 안기부에 불려갔다. 안기부는 "장백산 줄기 줄기……"로 시작하는 북한 노래를 부른 사람을 찾는다며 그들에게 2박 3일 동안 고문을 가했다. 서울대 학생 권인숙은 5·3사

태 관련자의 은신처를 추궁하는 경찰에게 무도한 성고문을 당하였고, 박종철은 서울대 민추위사건 관련자 박종운의 은신처를 추궁당하는 과정에서 물고문으로 참혹한 죽음에 이르렀다. 고문 수사는 수사 그 자체가 아니라 반정부 세력에 대한 반민주정권의 가장 강력한 탄압과 형벌 수단으로 활용되었다. 그 수법 또한 일제 이래 계승 발달되어 왔다. '고문과 용공조작'은 박정희정권 이래 전두환정권까지 민주화운동세력 전체가 당하는 가장 현실적이고 위협적인 탄압정책이었으며, 따라서 민주화운동세력 모두가 맞서 싸워야 할 대상이었다. 성고문

85년 9월 서울대 중심의 학생운동단체인 '민족통일민주쟁취민중해방투쟁위원회'이하 삼민투의 배후로 지목된 민주화추진위원회이하 민추위의 배후를 당국은 민청련이라고 보고, 의장 김근태를 체포하여 공산주의자로 자백 받고자 심한 물고문과 전기고문을 자행했다. 김근태 고문 부인 인재근은 이 사실을 본인으로부터 듣고, 민청련 등 재야단체에 알려 폭로했다. 10월 2일 민추협 의장단회의에서 김대중은 김근태와 고려대 학생 허인회에 대한 고문수사에 대하여 각별한 관심을 가지고, 민추협과 야당 및 재야가 삼위일체가 되어 이 문제에 대처할 것을 강조했다.[93] 민추협은 4일 지도위와 상임운영위 합동회의를 열고 고문사태 긴급대책위원회를 구성했다. 위원장에 태륜기, 위원에 박영록·윤혁표·한광옥·정채권·명화섭·신기하·강삼재·김성식을 선임했다.

11월 4일에는 민추협, 신민당, 민통련, 천주교, 개신교, 불교, 구속자 가족, 언론, 여성운동 관계자들이 고문 및 용공조작 공동대책위원회이하 고문공대위를 구성했다. 11일 혜화동성당에서 보고대회가 열렸는데, 공동의장 김대중은 경찰에 의해 자택에 연

금되고, 민추협 간사장 황명수, 대변인 한광옥, 〈민주통신〉 주간 김도현, 신민당 부총재 최형우와 당직자가 참석을 시도했으나 저지당했다. 문익환, 계훈제, 김병걸 등 재야단체 인사와 구속 학생 학부모들이 근처 제과점에서 약식 보고대회를 가질 수밖에 없었다.

11월 11일부터 3일간 민추협 사무실에서 고문공대위 주관으로 농성투쟁을 전개했다. 오전 8시 문익환, 계훈제, 박형규, 송건호 등 공동대표들이 사무실 입구에서 경찰에 연행되었다. 고문공대위 고문 김대중·김영삼·이민우, 공동대표 최형우·박영록·김명윤, 민추협 회직자 200여 명이 참석한 가운데 보고대회를 가진 뒤 농성에 들어갔다. 농성장 주변을 경찰 1,000여 명이 삼엄하게 차단하여, 신민당 원내총무 김동영과 신민당 국회의원 서석재·박찬종·장기욱·김동주·유성환 등은 농성장으로 들어가지 못했다. 농성은 2박 3일 계속되었는데, 대형 플래카드를 설치하고 옥외를 향해 구호와 노래를 내보냈다. 3일째 대형 옥외 확성기로 구호와 성명, 선언문을 낭독하고, 양 김 의장과 최형우·양순직 신민당 부총재가 참석한 가운데 해산식을 가졌다. 민통련, 민청련, 구속학생학부모협의회, 종교계 인사 등이 함께 농성에 참여했다.

민추협 회직자 감금 조사

치안국 남영동 분실

이 농성과 관련하여 안기부는 회직자, 간부 16명을 차례로 2박 3일간 남산 수사실로 강제로 데려가 철야조사를 벌였다. 12월 19일 김근태는 1차 공판정에서 "치안국 남영동 분실에서 고문 도구를 가방에 넣어 '장의사 사업이 이제야 제철을 만났다.'라고 하면서 나타난 고문기술자에 의하여 물고문과 전기고문을 당했다."고 생생하게 고문 사실을 폭로하여 재판정은 울음바다가 되었다.〈민주통신〉 제12호.

고문공대위의 성명 발표장에는 민추협 부의장 김명윤·박영록, 신민당 부총재 최형우, 대변인 한광옥, 대외협력국장 윤응순 등이 참석하였고, 실무대표회의에도 민추협 대표가 계속 참여하였다. 고문공대위는 '언론자유 및 TV시청료거부 공동대책위원회'와 함께 가장 긴밀한 관계를 맺으며 지속적으로 가동되었다. 권인숙 성고문 사건, 박종철 고문치사사건에까지 이어졌다.

민가협의 산실

아들딸이 민주화운동으로 구속되면, 그 어머니는 얼마 안가 더 굳센 투사가 된다. 그러면 내 자식뿐 아니라 모든 민주화운동가들의 어머니가 되어 옥바라지와 재판 참관, 기도회와 시위동참 등 온갖 힘든 일 궂은 일, 수사기관 감시 등을 도맡아서 하며, 기관원의 모욕을 견디며 싸움도 마다하지 않는다. 민추협은 이들의 피난처, 쉽터, 의지처가 되어 주었다. 85년 6월 서울대에서 열린 범국민대토론회를 주도한 혐의로 구속된 서울대 학생 김민석의 어머니 김춘옥 민주화실천가족운동협의회 공동의장은 이렇게 회고했다. 민주화실천 가족협의회

> 토론회를 마치고 나오던 민석이는 경찰에 잡혀갔다. TV에서는 미문화원사건의 배후인물이라느니 하고 연일 언론 재판을 했지만, 어디에 있는지도 알 수 없었다. 알만한 친지를 찾아다녀보았지만 외면하고 피했다. 참으로 피를 토할 심정이었다. 그때 갑자기 전화벨이 울렸다. "여보세요. 거기 김민석군 집이지요. 저는 '민추협' 부간사장 김병오입니다. 얼마나 심려가 많으십니까? 내 일이라도 '민추협'으로 찾아오면 조금이라도 도움이 되어 드리

겠습니다.” 그 다음날 물어서 서소문에 있는 ‘민추협’을 찾아갔다. 나중에 우리가 ‘빨갱이 삼촌’이라고 별명까지 붙여준 백영기 국장을 만났다. 우리 구속자 가족과 교도소, 법원 어디나 같이 다니며 고락을 같이 했다. 여러 변호사님들에게 감사함은 말할 수 없다. 우리들 다급한 엄마들의 무례도 김영삼 총재, 김대중 고문은 감싸주셨다. 뜻 깊은 것은 85년 7월 12일 올 데 갈 데 없는 우리 구속자가족 50여 명이 모여 ‘구속학생학부모협의회’를 결성한 것이다. 우리 구속자 가족들은 아직도 ‘민추협’ 사무실을 빌려 쓰며 폐를 끼치고 있다.

구속학생
학부모협의회

삼민투사건으로 2년 3개월 옥살이를 했던 고려대 학생 이춘의 어머니이자 구속학생학부모협의회 초대 회장인 이청자의 회고담이다.

민정당사 사건으로 ‘민추협’의 도움을 받은 성대생 김후년 군 어머니 안내로 ‘민추협’을 찾게 되었다. 딸이 수감된 영등포구치소에서 그곳에 수감된 서울대프락치사건, 총선반대시위로 구속된 학생의 가족들과 만나게 되어, 변호사 선임, 접견, 서적 차입, 옥바라지를 의논하며 ‘민추협’을 드나들었다. 박찬종, 조승형, 장기욱, 목요상, 김명윤 변호사님이 참으로 고마웠다. 미문화원사건 재판정에서 “군부독재 타도하자”, “어용검사 물러가라” 등 구호를 외치고, “타는 목마름으로”, “선봉에 서서” 노래를 합창하여 연행되고 구류처분을 받았다. 7월 22일부터 9일간 ‘민추협’ 사무실에서 하루 평균 40여 명씩 농성하는 동안, ‘민추협’ 회직자들이 함께 동고동락했다. 신민당에 들어갔던 고대 고진화 군 등 5명이 12시간도 못 돼 경찰에 연행되자, 이민우 총재를 만나 정치인들의 소극적 태도를 항의했다. 구속자가 기하급수적으로 늘어나 장기수, 노동자, 민청련, 재야 유가족, 재일동포 구속자 가족

> 까지 '민주화실천가족협의회'를 12월 12일 발족시키게 되었다. 진정 조국을 사랑하는 야당 정치인에게 묻고 싶습니다. 민주화에 헌신하겠다며 사리사욕에 눈을 돌리지나 않는지요? 진정 계보나 지방색을 배제하려고 노력하는지요? 이번에는 꼭 통일민주당에 한 표 던져주어도 손색이 없겠구나 하면서 통일민주당을 지지할 수 있을지요?_ 민추협 편, 1988, 957~961쪽.

6월 23일에는 학부모 60여 명과 양 김 공동의장이 1시간 동안 면담을 가지기도 했다.〈회무일지〉 1986.

시청료 거부 및 자유언론 투쟁

5공의 독재는 당연히 정치인과 정치권만이 아닌 언론, 노동, 학원, 종교 등 사회 전체에 작동되고 있었다. 각 부문에서 마찰과 저항이 일어났다. 2·12총선 뒤 특히 86년에 들어오면서부터 사회 각 부문의 저항은 민주화운동과 연결되었다. 이것은 곧 민주화운동의 정치적 중심을 자처한 민추협과 신민당이 관심을 갖고 지원 협력 연대해야 할 대상이 되지 않을 수 없었다. 민추협의 연대 대상은 확대되었고, 연대는 긴밀해졌다.

먼저 TV시청료 거부운동이 연대의 틀을 만들었다. 5공독재정권은 언론 장악과 조종으로 여론을 조작하는 것을 가장 중요한 통치수단으로 삼았다. 특히 대표적인 것이 KBS의 편파·왜곡보도였다. 하지만 지나침은 부족함보다 못하다고, 때로는 이런 편파·왜곡보도가 마치 부메랑처럼 돌아와 자신들의 발목을 잡기도 했다. 2·12총선 뒤 청와대에서 여당이 대도시에서 참패한 원인을 분석하는 자리에서 '땡 전 뉴스'"땡!" 하고 시보를 울린 뒤, "전두환 대통령은……"으로 시작하는 전두환을 향한 아부성 뉴스가 여당에게 역효과를

땡 전 뉴스

냈다는 것이 지적될 정도였다.박철언, 2005, 129쪽 ; 서중석, 2011, 117쪽.

87년 11월 29일 대한항공 여객기가 폭파되어 296명이 죽은 엄청난 사고가 난 날도 9시뉴스는 대통령 전두환이 새마을 청소를 하는 것을 첫머리에 내세웠다. 전두환 스스로 공보수석 정구호에게 이렇게 말했다.

> 요즘 텔레비전에 내가 악수하는 장면을 빼니 보기가 좋더군. 맨날 밥 먹는 장면 아니면 악수하는 것만 나가니 국민들이 식상했는데, 패턴을 달리하는 것도 좋겠지.…… 역시 텔레비전이 제일 중요해. 텔레비전 보유율이 90%가 넘으니까.김성익, 1992, 25쪽.

1985년 4월 농지세 왜곡보도로 전북 완주군 농민들과 천주교 고산성당, 가톨릭농민회가 KBS시청료 거부운동을 시작했다. 그 뒤 재야와 종교단체로 확산되어오던 TV시청료납부 거부운동은 1986년 1월 20일 'KBS - TV 시청료거부 기독교 범국민운동본부'본부장 김지길 한국기독교교회협의회장가 발족되면서 본격적으로 전개되었다.

정치 분야에서 편파왜곡방송이 가장 심했음은 물론이다. 민추협은 진작부터 공영방송의 편파왜곡보도를 심각하게 판단하고, 시청료 거부운동 등 강력한 대책을 강구할 것을 고심해 왔다. 85년 8월 정부 여당이 '학원안정법' 제정을 추진하면서 분위기를 띄우려고 KBS와 MBC가 학생 민주화운동에 대한 비방과 중상을 극심하게 했다. 이에 민추협은 김명윤 부의장과 소속 국회 문공위 의원을 방송사에 보내 엄중 항의하며, 이러한 언론 폭력이 계속될 경우 시청료 거부운동을 포함한 범국민적 방송 공정성 보장운동을 전개할 것이라고 경고했다.〈민주통신 특보〉 1985

년 8월 10일자. 방송의 공정성 보장을 위한 〈민주통신〉 특보를 발행하여, 범국민적이고 장기적이며 지속적으로 신민당을 비롯하여 재야 단체와 연대하는 통일적 연대운동을 주장했다.〈민주통신 특보〉 1985년 12월 5일자. 86년 3월 25일에는 김대중·김영삼 공동의장 명의로 공표한 〈회직자에게 드리는 서신〉을 통해 "정권의 여론조작에 이용당하여 언론의 본질을 망각한 채 왜곡·편파 보도를 일삼는 KBS, MBC TV를 규탄하며, TV시청료납부 거부운동이 범국민운동으로 확산되도록 하기 위하여 서신과 전화를 통한 캠페인의 전개"를 당부했다. 4월 8일에는 신민당 정무회의도 'KBS 뉴스 안 보기'와 시청료 납부 거부운동을 국민운동으로 확산시키기로 결의했다.

이에 대해 전정권은 시청료 거부운동을 정권에 대한 위협으로 받아들여 '반체제적 공세'라고 규정하는 한편, 운동에 대한 범국민적 지지가 있음을 의식하여 KBS 운영 개선 방안을 내놓았다. 김수환 추기경이 시청료 거부운동에 대한 공개적 지지를 밝히자, 이 운동은 더욱 확산되어 갔다. 천주교정의평화위원회와 천주교평신도사도협의회가 가세했다. 민주언론운동협의회, 민중문화운동협의회, 자유실천문인협의회 등도 참여했다. 여성단체들이 'KBS - TV시청료 폐지 여성단체연합'을 결성했다. YMCA연맹, 조계종의 총무원·중앙종회·235교구연합회, 대학생불교연합회가 참여했다. 민추협도 개신교, 천주교, 문화계, 여성계 등 시민운동과 함께 민주화운동에 합류하였다. 86년 1월 민추협은 시청료거부운동 스티커를 제작하여 40개 재야단체에 전달해주기도 했다.

김수환 추기경, 시청료 거부 지지

86년 9월 6일 민언협이 발간하는 〈말〉 특집호는 문공부 홍보 보도지침 정책실이 언론사에 전달한 보도지침을 폭로했다. 보도지침은 85년 10월 19일부터 86년 8월 8일까지 "넣어라, 빼라, 키워라, 눈에 띄게 해라, 표현을 바꾸어라, 1면 톱으로 해라." 등으로 구체적으로 지시하고 있었다. 공공연하게 떠다니던 언론통제의 실체가 드러난 것이다. 보도지침 이행율은 여권 성향의 2개 사서울신문, 경향신문는 92.9%, 4개 지조선일보, 동아일보, 중앙일보, 한국일보는 71.2%에 이르렀다.민주화운동기념사업회 한국민주주의연구소 편, 2010, 552쪽. 688건의 지침 중 민추협에 관한 것이 48건이었다.〈민주통신〉 제20호.

당국은 자유언론을 정면으로 부인하는 생생한 증거물인 보도지침을 폭로한 관련자를 구속·처벌했다. 보도지침을 확보하여 이를 알린 한국일보 기자 김주언, 〈말〉에 폭로를 주도한 민언협 사무국장 김태홍과 조선자유언론수호투쟁위원회 신홍범을 구속·기소했다. 법원은 이들에게 유죄 판결을 내렸다.

9월 29일 민추협 회의실에서 민추협 공동의장 김대중·김영삼, 고문 이민우 신민당 총재, 민주통일민중운동연합 부의장 계훈제, 천주교정의평화위원회 위원장 이돈명, 민언협 의장 송건호가 회동하여 '시청료 거부 및 자유언론 공동대책위원회'를 발족시켰다. 이돈명이 발표문을 낭독하고 기자회견을 가졌다. KBS시청료거부범국민운동본부, 한국천주교정의평화위원회, 신민당, 민언협, 민통련, KBS시청료폐지여성운동단체연합이 참여하였다. 민추협은 당국이 시청료를 전기료, 수도료 세금과 함께 부과하는 통합고지서를 발부하여, 세금 또는 전기료 체납의 부담으로 압박하려 하자, 시청료고지서를 각 운동단체에서 취합하기로 하는 'TV시청료 거부운동 실천방안'을 제시하기도 했다.

구치소 내 고문 폭행

독재정권 아래서 민주인사가 가야 할 곳은 구치소, 교도소가 끝이 아니었다. 신체의 자유가 박탈된 구치소나 교도소 안에서도 고문을 당하는 일이 상습화하고 있음이 밝혀졌다. 민추협 인권위원장 조승형은 86년 3월 17일 〈구치소 내 인권침해 사례 종합보고〉를 발표했다. 85년 12월 23일부터 86년 2월 18일 사이에 서울구치소에서만 구속학생 민병열 등 15명이 장동은 서울구치소 보안과장 이강용 주임 등에 의해 집단폭행을 당했는가 하면, 30여 명의 미확인 피해자가 있었다. 폭행은 ① 5~6명에 의한 집단구타 ② 모욕·희롱·음담패설 ③ 피가 통하지 않을 정도의 잔인한 포박 ④ 징벌을 빙자한 감금 ⑤ 얼굴 가린 상태에서의 구타 ⑥ 얼굴 밟고 문지르기 ⑦ 비녀 꼽기 ⑧ 가죽장갑을 끼고 얼굴 문지르기 등 유형으로 행해졌다. 구치소 폭력으로 고막 출혈, 코 출혈, 안면찰과상 등을 당했다고 증언하는 구속자가 20여 명이었다.

민추협과 재야단체는 구치소 내 인권침해와 고문 만행을 조사하기 위해 고문공대위 안에 '구치소 내 인권위원회'를 설치하기로 하고, 위원장에 신부 김승훈, 위원에 목사 김동완, 변호사 김명윤·홍영기·박찬종 등 13인을 선임했다. 위원회는 서울구치소에 대표단을 보내 조사를 시도했으나, 구치소의 방해로 실시하지 못했다. 법무부에 공동조사를 제의하기도 했다. 서울대 학생 박문식, 최수일 가족은 서울구치소장과 보안과장을 서울지방검찰청에 고발했다. 대한변호사협회도 법무부장관에게 진상규명을 요구했다.〈민주통신〉 14호. 86년 4월 1일 구속학생학부모협의회 80여 명의 학부모가 민추협 사무실에서 회의를 갖고, 서울구치소 여사女舍에서 발생한 재소자 폭행사건에 대해 부소장을 찾아가 항의했다. 인권위원장 조승형도 2일 이 사건을 조사 보고했다. 9일에는 구치소 내 가혹행위사건을 보고했다.

부천서 성고문사건

'부천서 성고문사건'은 독재정권을 유지하기 위해 국가 권력이 한 인간을 얼마나 파괴할 수 있는지, 독재정권의 하수인들이 얼마나 타락할 수 있는지를 보여준다. 동시에 한 가녀린 여성이 수치심을 극복하고 용기 있게 성고문 사실을 고발함으로써, 우리 사회에 여성의 권익과 인간의 존엄을 위한 일대 전환적 계기를 마련하였다. 또한 여성의 수치심을 악용하여 여성을 성적으로 유린하는 우리 사회의 악습을 척결하는 데에도 크나큰 기여를 하였다.

서울대 4학년생 권인숙은 노동자들의 고통을 체험하기 위해 다른 사람의 이름으로 소위 '위장취업'을 했다. 경찰은 86년 5·3인천사태 관련 수배자를 수색하기 위해 권인숙을 연행하였는데, 권인숙은 수사 과정에서 부천서 형사 문귀동으로부터 추악한 성폭력을 당했다. 교도소에서 권인숙으로부터 참혹한 얘기를 들은 70여 명의 양심수들은 문귀동 처벌을 요구하며 단식투쟁을 벌였고, 권인숙도 단식에 들어간 뒤 경장 문귀동을 고소했다. 권인숙은 이날로 구속되고, 문귀동은 권인숙을 명예훼손으로 맞고소했다. 7월 5일 변호사 조영래 등 9인이 문귀동과 부천경찰서장 옥봉환 등 6명을 인천지방검찰청에 고발했다.

위장취업

7월 1일 민추협은 '고문및용공조작저지공동대책위원회'에 참석했던 문교국장 김일범으로부터 '허명숙 양[94] 강간사건조사

위원회'를 민추협 변호사로 구성해야 한다는 보고를 받았다. 2일 민추협 상임위원회는 조사반장에 김동주, 위원에 명화섭, 장기욱, 이철, 안동선, 유성환, 김현수를 선임하고, 이 사건을 조사보고할 것을 결의했다. 민추협의 서호석, 유성효, 유경희, 박의수가 이 사건에 항의하는 '고문 폭력 정권 타도 인천지역 민중투쟁대회'에 참석했다. 구호는 "강간 경찰 사육하는 군사독재 타도하자."였다. 대외협력국장 윤응순과 인권부장 유성효는 실무회의에 대표로 참석했다.

7월 17일 언론에 당국이 만든 〈공안당국 분석〉이란 제하에 권인숙사건을 역선전하는 문건이 일제히 보도되었다. "급진 좌경노선을 신봉하는 권 양이 성을 혁명의 도구로 삼아 허위조작을 한다."는 것이다. 뒤에 밝혀진 바, 당국은 언론에 보도지침까지 보내어 왜곡 보도하도록 했다.

"성을 혁명 도구화"

18일 민추협은 반박 성명을 냈다. 19일 명동성당에서 '고문 성고문 용공조작 폭로대회'가 열리자, 민추협 집행부는 이 대회에 참석하고자 하였다. 1시 30분 미도파백화점 앞에 집결한 뒤, 2시에 도착한 김영삼과 함께 몸싸움으로 전경 저지선을 뚫었다. 2시 45분 경찰은 최루탄을 발사했다. 국장 송재호·오사순·유경희는 타박상을 입었고, 출판부장 이경주, 부장 송경숙·정혜원, 상임운영위원 양순직은 병원으로 실려 갔다. 청년부장 신정철, 이장우, 김현기는 경찰서로 연행되었다. 도저히 대오를 유지할 수 없어 회원들은 사무실로 철수하여 재집결했다. 사무실에서는 오후 1시부터 4개의 옥외 확성기를 설치하고, 〈민주통신〉 주간 김도현을 팀장으로 하여 15명의 회직자가 성고문을 폭로하는 옥외방송을 내보내고 있었다. 당시에는 언론에 보도되지 않은 정권의 죄상을 폭로하는 것이어서, 많은 시민들이 걸음을 멈추고 귀를 기울였다. 회직자들은 농성에 들어갔다. 밤 10시 김영삼이 농성장을 찾았다.〈회무일지〉 1986. 민추협과 신민당은 고문공대위와 함께 신민당사에서 '고문 성고문 용공조작 폭로대회'를 가졌다. 김영삼, 이민우 등 당원, 회직자 400여 명이 참석했다.

인천지검은 문귀동을 기소유예 처분했다. 검찰은 사실을 충분히 파악하고 나서도, 문귀동이 폭언·폭행만 하고 성적 모독은 하지 않았다고 문귀동을 감쌌다. 대한변협 인권위원회 소속 변호사 전원을 포함한 166명의 변호인단이 재정신청을 냈으나 기각됐다. 변호인단은 대법원에 재항고했다. 재정신청 → 재판부기피 → 선고기일 연기 등 곡절 끝에 문귀동은 징역 1년 6월의 유죄판결을 받았다.

이름 없는 유명 인사

"권 양, 우리가 그 이름을 부르기를 삼가지 않으면 안 되게 된 이 사람은 누구인가? 국민이 그 이름을 모르는 채, 성만으로 알고 있는 이름 없는 유명 인사, 얼굴 없는 우상이 되어버린 이 처녀는 누구인가? 그녀는 무엇을 하였는가? 그 때문에 어떤 일을 당하였으며, 지금까지 당하고 있는가?"라고 시작하는 변호사 조영래의 문귀동 재정신청변론서는 권인숙사건의 전말과 문귀동의 범죄 그리고 문귀동을 처벌하기는커녕 싸고도는 검찰과 법원의 타매할 행태를 법리와 사실을 갖추어 준열히 고발하고 있다.

3. 민주개헌운동

민주화운동과 개헌

민주화가 곧 개헌은 아니며, 개헌 역시 민주화의 전부는 아니다. 그러나 개헌은 민주화의 입구다. 유신체제와 5공이 민주화운동의 대상이 된 것은 정부와 권력 운용이 권위주의적이고 비민주적이라서만이 아니고, 그것이 준거하고 있는 기본법인 헌법이 대통령 곧 정부선택권을 국민으로부터 박탈하여 통대와 선거인단에 의한 이름만의 선거인 형해화된 선거, 즉 간접선거로 결정하도록 규정하고 있었던 까닭이다.[95] 그러므로 이 헌법을 개정하여 대통령, 정부선택권을 국민이 탈환하는 헌법개정은 박정권 유신체제와 전두환정권 5공체제에서 민주화로 진입하는 필수적 절대적 관문이다. 따라서 개헌이야말로 당연히 최우선 절대의 투쟁 목표가 될 수밖에 없다. 또한 개헌은 모든 민주화운동을 빨아들이는 블랙홀이 되고 만다. 유신헌법은 국민으로부터 대통령 직접선거권을 박탈하여 '통대'에게 주었다. 5공헌법은 국민의 대통령 직접선거권을 대통령선거인단에게 주었다. 유신과 5공 모두 국민의 직접투표가 아닌 간접선거에 의한 선출이었다. 말만 선거였지 집권자가 국민의 이름을 빌어 자의로 선택한 '통대'와 '선거인단'이 치른 '체육관선거'유신 때는 장충 체육관선거

체육관, 5공하에서는 잠실체육관에서 투표로 대통령을 뽑았다. 소위 '통대'는 정보기관 등이 지역유지 등에게 직접 출마를 권하거나 자발적으로 출마하여 선거를 통해 당락이 결정되었지만, 박정희 아닌 딴 인물을 대통령으로 선출하는 것은 원천적으로 막혀 있었다.

5공 때의 '선거인'은 정당이 추천하였지만, 민정당 이외의 정당은 추천 선거인 후보 수가 당초부터 정원에 미달하였다.[96] 따라서 전두환 이외의 인물이 대통령에 당선되는 것은 원천적으로 불가능했다. 따라서 국민이 직접선거를 통해 정부를 선택하기 위해서는, 즉 대통령제에서 대통령을 선택하기 위해서는 헌법개정이 그 관문이었던 것이다. 민주화운동의 목표는 유신체제에서는 유신헌법개정이었고, 5공에서는 5공헌법개정이었다. 더구나 정치권에서는 대통령제에서 대통령을 선출할 권리를 찾아오는 것이 민주화의 전부로 인식되었다.

정치권 민주화운동의 지도자인 김대중과 김영삼에게는 자신이 대통령이 되는 것이 바로 민주화이다. 그 추종 세력과 조직에게는 김대중이나 김영삼을 대통령으로 만드는 것이 바로 민주화인 것으로 신념화되어 있었다고 해도 지나치지 않다. 5공하에서 김대중, 김영삼을 지도자로 하여 그 추종 세력이 민추협을 조직하였고, 그 민추협이 중심이 되어 조직한 신민당이 선거투쟁을 통해 국회에서 제1야당이 됨으로써 5공헌법개정운동은 국회 안으로 들어왔다. 5공 안에서 5공을 붕괴시킬 트로이목마가 된 것이다.

5공헌법은 성립 과정에서 정당성에 치명적 결함을 가지고 있었고, 그 내용에서는 국민의 자유로운 정부선택권을 박탈하였다. 민주화 물결과 함께 개헌론이 일어나는 것은 필연이었다. 5

공에서도 민한당에 의해 대통령선거제도 개선의 필요성이 제기되었지만, 개헌론으로 발전하는 것은 체제와 정권이 정한 엄격한 금기를 벗어나는 것이었다. 84년 5공체제를 부정하면서 출범한 민추협은 처음부터 개헌을 과제로 삼았다. 민추협 주도로 창당한 신민당은 대통령직선제개헌을 총선 공약으로 내세웠다.

백화제방의 개헌론

정치권의 개헌론

민추협 공동의장 김대중은 유신 이전의 헌법, 즉 3공화국헌법으로의 환원이 민주 회복이라고 진작부터 주장하고 있었다.

김대중의 직선제 주장

> 내각책임제는 일장일단이 있으나, 어느 제도가 국민에게 더 친숙하며 국민이 바라는가에 따라서 결정되어야 한다. 뿐 아니라 앞으로 집권할 민간정부는 군을 잘 통솔할 수 있느냐가 가장 큰 숙제가 될 것이다. 우리의 경험에 비추어보아도 대통령제 아래서 대통령이 군에 대해서 전권을 장악해야만 효과적으로 군을 이끌어 갈 수 있었다. 이점 내각책임제에서는 문제점이 있다. 더욱이 현재와 같이 얼마든지 부정선거가 가능한 여건 하에서는 정부는 국회의원선거를 조작해서 쉽게 과반수를 확보할 수 있다. 국민 전체가 총궐기해서 선거붐을 조성하고, 한 사람 후보 앞으로 표를 몰고 갈 수 있는 대통령선거만이 뜻대로 정권을 교체할 가능성이 보장될 수 있다. 제3공화국 헌법체제로의 환원이 무엇보다 헌법개정안 작성에 소요되는 많은 시일을 절약하고 신속한 개헌을 이룰 수 있다. 〈민주통신〉 3호.

김영삼의 직선제 합의

김영삼은 개헌에 대해 보다 폭넓은 주장을 했지만, 결국 대통령직선제에 합의했다.

> 개헌안의 내용은 80년 5월에 이르기까지 국민적 합의였던 대통령직선제를 우선적인 것으로 생각할 수밖에 없지만, 나라의 민주화를 총체적으로 다시 논의하는 것이라면, 내각책임제에 대한 논의도 배제할 수 없다고 생각한다. 그러나 최근 나는 김대중 의장과 대통령직선제에 합의했다. 따라서 김대중 의장과의 협력을 존중하여 나의 의견을 후퇴시키기로 한다. 〈민주통신〉 3호.

이민우의 정부선택권 주장

신민당 총재 이민우는 85년 5월 20일 국회 연설에서 직선제 개헌 특위 구성을 제안하고, 31일에는 신민당의 결의안을 발표했다. 이민우는 이렇게 말했다.

> 민주화의 핵심은 평화적 정권교체에 의한 민주세력의 집권을 최종 목표로 삼는 것이며, 이를 이루기 위해서 정부의 선택권을 국민에게 돌려주기 위한 개헌과, 공정한 선거를 보장하기 위한 중립적 선거내각의 구성, 그리고 전두환 대통령의 퇴진이라고 요약할 수 있다. 〈민주통신〉 3호.

이철승의 내각제 주장

신민당 내 비주류의 이철승은 10월 30일 신민당의 대통령직선제개헌안에 대해 비판하면서 다음과 같이 내각제를 주장했다.

> 우리의 과거 역사를 통해 대통령제는 대통령 독재로 헌정의 시련만 되풀이 할 뿐이라는 사실을 뚜렷이 보아왔다. 설익은 대통령제는 무책임한 정부와 국민간의 불신과 갈등만 심화시키고, 승자 독식, 지역감정 극치, 정치 조작으로 정치적 가치가 독점될

뿐이다. 반면에 내각제는 책임정치제도로서 지구상 민주 국가의 절대 다수가 내각제를 선택하고 있다. 내각제는 정당정치, 여론정치, 책임정치의 순기능을 제도화한 것으로, 중앙 정치권력의 독재화 방지, 지방정치, 이익단체의 자율화를 보장한다. 5·16쿠데타정권에 의해 매도당한 내각제는 잘못 인식된 것이며, 대통령직선제만이 정권교체의 길이라는 주장은 현실을 직시하지 못하는 낙관론일 뿐이다. 이철승, 2011, 217쪽.

정치권 민주화운동세력의 개헌론은 결과적으로 대통령직선제로 귀일되는 것이 부동의 대세였다. 이에 합류하지 않은 세력을 배제한 채 분당하여 87년 통일민주당 창당으로 귀결되었다.

운동권의 개헌론

재야민주화운동권이 개헌에 본격적 관심을 가진 것은 1985년 2·12총선으로 신민당이 국회의 제1야당이 되고 그해 9월부터 국회에서 대통령직선제개헌을 제기하면서 부터이다. 당초 재야민주화운동은 독재 권력의 타도 퇴진을 민주화운동의 목표로 삼았다. 따라서 그 개헌론도 당초에는 민추협·신민당의 개헌론과는 결을 달리했다. 개헌이 민주화투쟁의 목표가 아니라 군사독재를 타도하고 민중민주정부를 수립하는 개헌운동이 되어야 한다는 것이다. 그 흐름은 다음과 같다.

민중민주정부 수립론

운동권의 개헌론은 다음 몇 갈래였다.

1) 군사독재타도퇴진를 위한 민주제 개헌론: 민통련민주통일민중운동연합, 청년종교운동세력민주화운동청년연합(민청련), EYC과 종교계, 학

민통련의 군사독재타도

생운동, 민주화운동세력 등의 주장으로 군사독재를 타도함으로써만 쟁취될 수 있음으로 개헌투쟁은 군사독재 타도종식 퇴진을 기본적 내용으로 해야 한다. 신민당 등 정치세력과 연대하되, 민중민주화세력이 우위에 서서 주도해야 한다. 신민당의 직선제 중심과는 달리 민중생존권 기본권 획득을 주요 내용으로 해야 한다. 현 정권의 퇴진을 전제로 해야 한다.

삼민헌법

2) 삼민헌법쟁취투쟁론: 노동운동세력과 일부 학생운동세력의 주장으로 삼민헌법쟁취 삼민정부수립을 목표로 하고 군사정권 퇴진, 매판헌법, 분단헌법철폐를 주장했다. 대통령직선제에 대해서는 부정적이었다.

3) 민중민주권력수립투쟁론: 학생운동권 일부 주장으로 개헌운동은 군부독재를 타도하고 민중민주권력을 창출하는 하는 것을 목표로 해야 한다.

4) 개헌투쟁 무용론: 학생운동세력 중 반제론反帝論 주장자들의 주장으로, 민간파쇼정권 등장이승만정권의 경우도 가능하므로 군사독재정권의 본질적 존재인 미국에 반대하는 투쟁에 집중해야 한다는 주장. 노농운동 일부는 개헌운동은 부르주아 민주주의자 간의 갈등에 불과하다는 주장도 있었다.한국기독교사회연구원, 1986, 13-35쪽,

민청련의 헌법제정회의 소집론

5) 헌법제정회의: 민청련은 85년 8월 '민주제 개헌운동'을 제시했다. '전두환정권 → 민주적 과도정부 → 대통령직선제 헌법 확정 → 직선대통령 선출 민주민간정부 수립'을 주장하다가, 86년 3월 이를 철회하고 '헌법제정회의' 소집을 채택했다.

대통령부터 이장까지

6) 정권퇴진·대통령직선: 민통련은 85년 11월 '민주헌법쟁취위원회'를 구성하고, "대통령부터 이장까지 내 손으로 뽑자"는

구호로 대통령직선을 주장했다. 그러나 개헌 과정에 대해서는 정치권과는 다른 인식을 가졌다. 즉 "국회에서 야당이 개헌을 주장해도 현행 헌법의 틀 안에서는 관철될 수 없으며 오히려 저들의 장기집권음모에 들러리 설 수도 있음을 분명히 인식해야 한다. …… 우리는 군사독재의 퇴진을 전제로 한 민주헌법을 쟁취하고자 하는 것이다. ……"라고 하며, "청산되어야 할 전두환 정권과 개헌협상을 한다는 것은 사리에도 맞지 않을 뿐 아니라 현실적으로도 불가능하리라는 정세인식을 가졌다." 신민당에 대해서는 "군사정권과 타협을 통한 민주화의 환상을 포기하고, 국민이 바라는 민주헌법 쟁취투쟁에 동참하라."고 요구했다. 전 정권 퇴진이 선행되어야 한다는 것이다. 성유보, 2017, 88쪽.

서울노동운동연합이 주도하여 결성한 '전국노동자민중·민주·민족통일헌법쟁취위원회'는 "현 정권이 장기 집권의 속셈으로 개헌을 이야기하는 것은 용납할 수 없으며, 신민당의 직선제개헌도 우리의 목표가 아니다. 민중·민주·민족통일헌법 쟁취만이 우리의 나아갈 길이다"라고 선언했다.

학생운동권도 개헌을 민주화운동의 핵심 과제로 삼기는 했지만, 보다 '선도적 전위적 정치투쟁'을 주장하며 민족적 민중적 관점을 중요시했다. 1985년 11월 18일 전학련 산하 '군부독재타도및파쇼헌법철폐투쟁위원회'의 김의겸 등 서울시내 14개 대학 학생 191명은 민정당 중앙연수원을 점거하여 "군부독재타도", "파쇼헌법 철폐" 등의 구호를 내걸고 농성하다 연행되었다. 12월 18일 전학련의 '군부독재타도및파쇼헌법철폐투쟁위원회'와 '삼민운동탄압저지투쟁위원회' 소속 남녀 대학생 7명 서울대 1명, 연세대 1명, 중앙대 2명, 숙명여대 1명, 단국대 1명 등이 민추협 사무실

대학생 민추협 농성

에서 4일간 농성했다. 이들은 전학련 대표라고 밝히면서, 고문 공대위 고문과 공동대표들에게 헌법제정국민회의 구성에 대한 입장을 밝히라고 요구했다.〈회무일지〉 1985.12.18. 개헌에 대해서 민추협이나 신민당과는 다른 입장을 밝힌 것이다.

학생운동권은 국회에서 진행 중인 제도권 내 개헌 논의는 무시되어야 하고, 민중이 민주헌법 제정 주체가 되어야 한다고 주장했다. 1985~1986년의 학생 민주화운동세력은 이론적으로 실천적으로 더욱 분화되었다. 한 계열은 개헌투쟁도 반미투쟁, 반제직접투쟁, 반전반핵투쟁이어야 한다고 주장했다. 나아가서 '민주기만 헌법특위신민당이 참여한 국회 내 개헌기구 분쇄'를 주장하기도 했다. 미제국주의의 한국의 신식민지 파쇼체제 재편을 위한 파쇼체제 안정화 음모를 저지해야 한다고 주장했다. 또 다른 계열은 "외세와 전두환정권은 물론 신민당 등 보수세력까지도 민중의 변혁 의지를 왜곡하고 체제 안으로 끌어들이려 한다. 개헌 문제를 국회 안에서만 해결하려는 것이 그 본보기다. 운동세력이 헌법 내용을 거론하기보다, 정치권의 개헌 논의를 무시하고 군사독재를 타도하고 민중주체 민주헌법을 제정해야 한다. 신민당 같은 개량주의적 정치세력의 굴레에서 해방될 투쟁조직으로 헌법제정민중회의를 구성해야 한다."고 주장했다.[97]민주화운동기념사업회 한국민주주의연구소 편, 2010, 258~259쪽.

신식민지 파쇼체제 재편 저지

개헌이 극복해야 할 과제들

민추협, 신민당 등 정치권 민주화세력의 개헌운동이 성공하기 위해서는 넘어야 할 장애물이 몇 겹으로 있었다.

1) 정치권 내부의 의견 통일: 민추협 안의 의견 통일을 이루고 강고한 단결을 유지하는 과제를 해결해야 했다. 양 김의 차이, 즉 김대중의 확고한 대통령직선제 고수 입장과 김영삼의 "내각제도 논의할 수 있지만 단결을 위해 후퇴한다."는 입장 사이에는 견고한 결합이라고 하기에는 틈이 있었다. 또한 당권을 공식적으로 대표하고, 따라서 현실적으로 집권 여당과 상대하며 부딪히는 현장에 있는 신민당 총재 이민우의 독자적 활동 영역도 무시할 수는 없다. 나중에 소위 이민우 구상으로 돌출하여 신당 재창당에까지 이르게 되었다.

2) 신민당의 의견 통일: 신민당 안에는 장외의 간섭 양 김의 영향력을 강력히 거부하는 이철승 등 비민추협 세력이 있고, 이들은 대통령직선제가 아닌 내각제 주장을 굽히지 않았다. 결국은 이민우 구상 파동과 함께 신당재창당 요인이 되었다.

3) 운동권과의 간극: 개헌에 대한 운동권 민주화운동세력과의 내용 과정에 대한 현격한 거리가 있었다. 이들과의 연대는 필수불가결하지만, 운동권 내부는 여러 갈래로 조직과 주장이 나누어져 있었다. 민통련이 그중 융통성이 있다고 하지만, 정치권에 대한 신뢰가 확고한 것은 아니었다. 민청련의 정치권에 대한 불신은 더 깊었다. 학생운동권은 개헌에 관하여 워낙 차이가 큰 주의 주장으로 나누어져 있었다. 노동계, 천주교·개신교·불교 등 종교계, 학계, 문화계도 정치권 민주화운동세력과 연대투쟁에 밀착되어 있지는 않았다.

4) 민추협·신민당과는 정면으로 대립되는 집권세력: 개헌이 혁명이 아니라면 결국 국회에서 통과되어야 한다. 전두환정권의 협조는 차치하고라도 국회 내 다수당인 민정당의 태도는 결

정적 중요성을 가진다. 민정당의 태도를 변화시키든지, 아니면 민정당의 당론을 분열시키지 않으면 안 되었다. 결국 답은 국민의 여론을 일으켜 움직이는 수밖에 없었다.

1천만 서명운동 선언

85년은 얼어붙은 동토에 민주화의 불길을 솟구치게 한 선거혁명을 일으킨 해였고, 민주화운동세력은 이 해를 그냥 넘길 수는 없었다. 한 해의 마감이 다가오는 12월 4일 민추협 상임운영위원회 정례회의에서 공동의장 김영삼은 또 하나의 승부수를 제안했다. 상임운영위원 55명이 참석했지만, 이날 김대중은 자택에 연금되어 참석하지 못하고, 김영삼이 회의를 주재했다.

회의에 참석한 신민당 원내총무 김동영은 "지난 정기국회에서 예산안을 여당이 기습적으로 통과시켰는데, 이를 막지 못해 죄송하다."고 인사하고, 직선제개헌을 위해 신민당이 일치단결하도록 노력하겠다고 말했다. 이어 김영삼이 등단해서 비장의 승부수를 발표했다. "신민당과 함께 직선제개헌을 위한 1천만 서명운동을 전개할 것을 제안한다." 회의는 이 제안을 전원 만장일치로 채택하고, 구체적 실행 방안을 의장단과 집행부에게 일임할 것을 결의했다. 신민당은 이미 11월 29일 중앙상무위원회의에서 '민주개헌 천만인 서명운동'을 전개할 것을 결의한 바 있다.[98]

청원권 행사

헌법상 보장된 청원권 행사 형식을 빌어 유신헌법개정 청원서명운동을 1973년 12월 장준하, 백기완 등이 전개하여 이듬해 긴급조치 1·2호를 발동하고 마침내 1979년 박 대통령의 죽음으로 끝난 선례가 있다.

다음으로 채영석 기획실장이 "KBS, MBC 보도 반대", "시청료를 내지 맙시다"라고 쓴 스티커를 보급, 부착하는 운동을 설명했다. 대변인 한광옥은 "김대중 의장이 인천 답동성당 집회에 참석하는 것을 막기 위해 경찰이 연금했다. 김도현 〈민주통신〉 주간을 기관원이 3일 연행하여 현재 행방을 알 수 없다. 이러한 재야 민주세력에 대한 탄압을 엄중 규탄한다."라는 요지의 성명을 발표했다. 인권주간을 맞아 85년도 인권상황에 대한 공동기자회견을 위해 고문공대위 실무회의에 윤응순 국장을 참석시키기로 한 것과, 상임위원 김상현이 미국 상원의원 게리 하트가 주재하는 신민주주의센터 세미나에 참석하기 위해 출국했다는 것도 보고됐다.

민추협과 신민당은 직선제개헌을 위한 대중투쟁으로 직선제개헌 1천만 서명운동을 86년 새해의 과제로 설정했다. 86년 신년인사에서 김대중은 "국민은 민주 회복의 실현을 위해서 대통령을 내 손으로 뽑는 직선제개헌을 강력히 요구하고 있다. 정부 여당이 국민적 여망을 계속 묵살하기 때문에 합법적으로 이를 표현할 수 있는 국민이 가진 청원권을 행사하여 개헌서명운동을 전개한다."고 밝혔다. 김영삼은 "작년에는 '선거투쟁'을, 금년에는 '대통령직선제개헌투쟁'을 선언한다. 서명운동은 평화적 비폭력적 운동이며, 전 국민적 양심선언이다. 1천만명이라는 서명자 목표는 세계 민주운동사상 최초, 최대의 것으로 이 서명운동 자체가 세계 사상 초유의 장엄한 비폭력 민주대장정"이라고 했다. 민추협 고문이자 신민당 총재인 이민우는 "민정당이 국회 개헌특위에서 개헌 요구를 수렴할 것을 거부하므로, 직접 국민의 의사를 확인할 수밖에 없으며, 1천만 서명이 달성된다면 그 누구도 민주개헌을 막지 못할 것"이라고 선언했다. 민추협은 기관지 〈민주통신〉에 "개헌서명운동 10문 10답"자료 5을 실어 자세하게 논리적 근거를 보였다.

서명운동 전격 개시

86년 연초부터 야권은 개헌서명운동을 전개할 각오를 밝혔다. 대통령 전두환은 1월 16일 새해 국정연설에서 다음처럼 개헌 불가를 말하면서도, 89년 이후에 논의하는 것이 순서라고 하여 '개헌'이란 말을 처음으로 거론했다.

전두환의 개헌 거론

> 이 시기에 헌정제도 변경을 위한 논의에 골몰하는 것은 국민 여론을 분열시키고 국력을 분산시켜 난국을 자초하는 일이 될 것. …… 대통령선거 방법 변경에 관한 문제는 평화적 정권교체의 선례와 88올림픽이라고 하는 국가적 과제가 성취된 후인 1989년에 가서 논의하는 것이 순서다.

김영삼, 신민당 정식 입당

신민당 총재 이민우는 1월 25일 다시 정부가 구체적인 민주화 일정을 밝히지 않는다면, 2월 중 1천만 개헌서명운동을 시작하여 연말까지 서명을 완료하겠다고 발표했다. 2월 6일 김영삼은 신민당에 정식으로 입당했다. 2·12총선 1주년이 되는 2월 12일 신민당사와 민추협 사무실에서 '대통령직선제 등 민주개헌 천만인 서명운동'이 동시에 시작되었다. 오전 9시 평소보다 30분 일찍 상임운영위원회를 개최하였다. 김영삼은 "민주화의 길은 투쟁과 고난의 길이지만, 용기 있게 나갈 때 누구도 막지 못한다."고 인사한 뒤, 신민당의 개헌 서명행사에 참석하기 위해 신민당사로 갔다. 사회를 넘겨받은 김대중이 "민추협 결의에 의해 서명을 시작하겠다."고 선포하고 서명을 하였다.

서명운동은 20일 신민당 중앙상무위원회 회의에 맞추어 시작할 예정이었으나, 양 김은 10일과 11일 별도 접촉을 갖고 12일 전격적으로 시작하기로 합의했다. 신민당은 종로구 인의동 당사에서 2·12총선 1주년 기념식을 하던 중 총재 이민우가 "서명운동을 시작하겠습니다."라고 말한 데 이어, 김영삼이 간단한 축사를 한 뒤 〈1천만 개헌서명운동에 즈음하여〉란 제목의 성명서를 통해 다음과 같이 개헌서명운동의 취지를 밝혔다.

서명은 민의 직접 확인

> 2·12총선 이후 민주개헌을 비롯한 민주화 일정을 현 정권과 대화와 합의를 통해 평화적으로 마련하기 위해 1년을 기다려왔습니다. 그러나 총선 민의에 대한 현 정권의 왜곡과 거역으로 점철된 2·12총선 1주년을 맞으면서, 민의를 직접 확인하려고 민주 국민의 뜻을 1천만 개헌서명운동에 담고자 합니다.

이민우와 김영삼의 서명 자리는 비워 둔 채, 김대중의 서명이 미리 되어 있는 서명 용지에 이민우와 김영삼이 서명을 시작하였다. 이어 참석한 소속 의원들과 당직자들이 서명했다. 민추협과 신민당은 그동안 실무진에게 민추협과 신민당의 조직을 효율적으로 동원하는 문제, 취지문 구호 등의 준비, 홍보전략 등 서명운동의 실무적 준비를 진행시켜 왔다.

서명이 시작되자 전경이 민추협 사무실과 신민당사를 에워싸고 출입을 차단했다. 이튿날 오후 7시 남대문경찰서장이 수사원 20여명과 함께 압수수색영장을 가지고 민추협에 와서 다음날 새벽 4시까지 압수수색에 들어갔다. 검찰의 압수수색영장

경찰 압수수색

에는 "민추협과 신민당은 집회에 참석한 120명신민당과 상임운영위원 및 집행부 직원을 상대로 서명을 받아내는 등 현저히 사회불안을 야기할 우려가 있는 집회를 개최하여, 범죄 수사상 서명부, 성명서, 서명 관계 서류 일체를 압수수색할 필요가 있음." 이라고 적혀 있었다. 서명 원부는 찾아내지 못하고 서명 용지 등만 압수했다. 신민당사는 밤 10시에 압수수색을 당했다. 곧 행사 주관자와 회직자, 의장단 등이 자택이나 노상에서 경찰에 의해 강제 연행되어 불법 감금되었다. 연금 중인 김대중 자택을 방문한 김영삼은 경찰의 제지로 들어가지 못하자, 11시 민추협 사무실 앞에서 진눈깨비가 내리는 가운데 노상 침묵시위를 하여 5시간의 시위 끝에 강제 귀가 당했다. 사무실이 봉쇄되어 음식점 한일관에서 개최하려던 상임운영위 회의는 경찰의 제지로 무산되고, 김영삼은 신사동 봉희설농탕 집에서 점심식사 중 경찰에 의해 강제 귀가되었다. 15일 계속된 사무실 봉쇄로 차집 밀다원에서 열릴 예정이던 의장단 회의도 경찰에 의해 저지되었다. 민추협은 사무실이 봉쇄되어 인근 다방을 상황실로 이용할 수밖에 없었다. 12일간이나 이러한 상황이 계속되었다. 신민당사 역시 봉쇄되었다.

민추협
사무실 봉쇄

내무부,
개헌서명
부당성 홍보

내무부는 개헌서명운동을 적극 저지하도록 산하 전 공무원에게 지시하고, 간부들에게는 『개헌서명 책동, 그 부당성과 저의』라는 제목의 책자를 배부했다. 또 전국적으로 개최되는 반상회에서 〈개헌서명운동의 부당성〉, 〈정부의 호헌 의지〉라는 글로 홍보하고, 주민들에게 서명운동이 발견되면 신고하도록 주지시키기로 했다. 문교부는 대학교수, 각급 학교 교사와 교직원들이 개헌서명을 하거나 학생들을 자극하는 언동을 하지 않도록 주지시키기로 했다.

3월 5일 민추협은 '대통령직선제 등 민주개헌추진 천만인 서명운동본부' 현판식을 했다. 이 현판은 이튿날 중구청 직원이 몰래 절취해 가서, 민추협은 이를 검찰에 고발했다. 신민당 총재 이민우는 "개헌서명은 책임 있는 정치인과 민주인사의 역량으로 기필코 이루고야 말 것"이라고 말하고, "학생들이 더 이상 희생당하는 일은 없어야 할 것"이라고 하며, 신민당은 학생의 동참을 말리는 자제를 당부하기로 했다. 이날 발표한 〈천만인 개헌서명운동 취지문〉의 요지는 다음과 같이 5공헌법의 비민주성을 구체적으로 지적하고 개헌의 당위성과 개헌의 방향을 주장했다.민추협 편, 1988, 826쪽.

> 제5공화국헌법은 5·17정변 후 비상계엄으로 모든 정치활동을 정지시킨 상황 하에 국민의 찬반토론도 봉쇄하고 형식적인 국민투표에 의해서 일방적으로 만들어졌습니다. 현 헌법은 그 절차에 있어서 비민주적이고 정통성을 결여하고 있을 뿐 아니라 내용이 더욱 문제입니다.
>
> 현 헌법은 첫째, 유신헌법과 마찬가지로 사실상 평화적 정권교체가 불가능한 선거인단에 의한 간접선거로 대통령을 뽑게 되어 있으며
>
> 둘째, 대통령은 유신헌법과 마찬가지로 삼권 위에 군림하는 독재체제의 헌법구조를 특징으로 하고 있습니다.
>
> 셋째, 대통령의 임기가 7년이기 때문에 국민의 신임을 상실했을 경우에도 장기집권이 가능하며
>
> 넷째, 대통령 자신은 불신임 받는 제도가 없는데도, 오히려 일방적으로 국회를 해산하는 권한을 가지고 있습니다.
>
> 다섯째, 유신헌법의 긴급조치를 방불케 하는 비상조치라는 독소

현 헌법으로는 평화적 정권 교체 불가능

조항이 있으며
여섯째, 국정의 책임자들이 모인 국무회의는 심의기관에 불과합니다.
일곱째, 국회의 소집과 국무총리 및 국무위원에 대한 해임 의결은 재적의원 1/3 이상의 발의가 있어야 하며, 국회 회기는 년 150일로 제한하는 등 국회의 기능을 약화시키고 있으며
여덟째, 국회의 행정부에 대한 국정감사권이 없습니다.
아홉째, 국회의 대통령에 대한 탄핵권을 제한하고 있을 뿐 아니라, 대통령의 대법원장 및 판사에 대한 임명은 행정부의 사법부에 대한 지배권을 인정하고 있는 것입니다.
열째, 지방자치제의 순차적 실시로 민주주의의 토착화를 늦추고 있는 등, 이와 같은 헌법 하에서는 국민 모두가 참된 자유와 인권을 향유할 수 없으며, 정치, 경제, 사회, 문화 등 각 분야에서 국민적 합의와 발전을 도모할 수 없는 것입니다.
대통령직선제에 대한 논리와 근거, 지지를 인정한다면서도, 헌법개정을 기피하고 89년 이후에나 개헌을 논의하자는 것은 앞으로 95년까지 10년간은 국민이 원하는 정부를 직접 선택할 수 있는 권리를 박탈하자는 주장이며, 사실상 장기집권의 망상인 것입니다.
우리가 선택하고자 하는 헌법은 민주적 제도 확립으로 인간의 존엄성 실현과 자주경제의 확립으로 국민의 생존권을 보호하고, 최소한의 인간다운 삶을 보장해 주는 정신하에서 첫째, 대통령은 우리 손으로 직접 뽑고, 둘째, 입법, 사법, 행정권의 균형 있고 독립적인 기능을 보장하며, 셋째, 언론자유의 확립을 최대한 중시하며, 넷째, 국민 기본권을 신장하고, 다섯째, 지방자치제의 조속한 전면적 실시를 기하며, 여섯째, 자주적인 국민경제와 부의 공정분배를 기하며, 일곱째, 노동삼권 보장으로 근로자 권익을 옹호하고, 농민의 권익 회복과 농촌경제의 재건을 기하며, 여덟

"대통령은
우리 손으로
직접 뽑고…"

째, 정부의 통일정책 수행은 국민적 합의에 따라 공개적이며 거국적 참여에 의해서 전개되어야 하고, 아홉째, 군은 어떠한 경우에도 정치적 중립을 지킬 수 있도록 하고, 열째, 일체의 정치보복을 금지하는 등 이 시대의 국민적 요구를 대변하고 반영하여 진정 국민으로부터 사랑과 존중을 받을 수 있는 민주헌법이 되어야 할 것입니다.

민주화운동진영으로서는 최대의 승부수를 날린 것이다. 2월 24일 청와대에서 전두환과 민정당 노태우, 신민당 이민우, 국민당 이만섭 3당 대표회담이 있었다. 이 자리에서 전두환은 국회 안에 헌법관계특위를 설치하는 데 동감을 표시하고, 정부에도 특위를 두겠다고 하며, 89년에 국회와 정부의 연구 결과와 국민의 의사를 반영하여 개헌문제를 확정하는 것이 좋겠다고 했다. 전정권이 개헌 논의 절대 불가에서 '논의는 가능'으로 한걸음 물러난 것이지만, 이것은 문제의 심각성을 전혀 인식하지 않은 고식적姑息的 반응이었다.

전두환_
개헌 논의 가능

민주화운동진영은 재차 충격을 날렸다. 3월 5일 신민당은 총재단 회의에서 개헌추진계획안을 확정하였다. 민추협과 신민당은 3월 6일 각각 개헌서명자 1차 발표대회를 갖고 500명과 6,000명의 명단을 공개했다. 3월 7일 이민우, 김대중, 김영삼은 공동기자회견을 갖고, "정부 여당의 89년 개헌 주장은 변형된 영구집권 책동이 그 진의이므로 의분을 금할 수 없다."고 하며, "정부와 민정당이 개헌의 필요성을 인정한 이상 하루속히 개헌에 대한 진지한 협의를 개시하여, 86년 가을까지 민주개헌을 완료하고, 87년 가을 대통령선거를 실시하여 88년 올림픽을 새로운 민주정부 아래 거족적인 협력으로 성공시키자."고 제안

89년 개헌 반대

86년 개헌
87년 선거
88년 민주정부
올림픽

했다. 이 회견은 정치권 민주화세력을 대표하는 신민당 총재 이민우, 민추협 공동의장 김대중, 신민당 상임고문 겸 민추협 공동의장 김영삼 3인의 명의로 발표되어 개헌문제에 대한 전체적 인식과 계획을 밝히고 있다. 이 회견은 민주화세력의 ① 통

현 헌법 하 대선 불참

일된 전체적 민주화 추진 일정 ② 현 헌법하 대선 불참 ③ '87선거, 88올림픽'이라는 과제의 명백화 ④ 민주화세력 3영수 단결과 위기관리 능력 ⑤ '민주화를 위한 국민연락기구'의 토대 등을 제시했다. 요컨대 '민주개헌 없이는 대통령선거 없다.'는 집권세력이 외면할 수 없는 사실을 상기시키고, 국내외와 공무원, 군, 경제계에 민주개헌과 민주화의 현실성을 제시했다. 민추협 기관지 〈민주통신〉은 이 회견 내용을 복사하기 편하게 분할 편집하여 게재했다.〈민주통신〉 14호.

김수환 추기경, 개헌 촉구

개헌서명운동은 재야의 들불로 번져 나갔다. 김수환 추기경은 3월 9일 서울대교구 각 본당이 '정의와 평화를 갈구하는 9일 기도'를 마무리하는 명동성당 정오 미사에서 "현재의 위기를 극복하는 유일한 길은 화해"라고 하면서, "인간다운 삶을 보장하는 민주화의 조속한 실현을 위해 현 정권은 지체하지 말고

개신교 개헌 서명 동참

하루 빨리 개헌을 하라."고 촉구했다. 개신교 연합단체인 한국기독교교회협의회회장 김지길 목사는 3월 31일 내외 기자회견을 갖고, 시국선언을 발표하면서 1천만 서명운동에 적극 동참할 것을 천명했다. 선언은 "차기 정권은 전 국민이 염원하는 대통령 직선제를 비롯한 국민의 자유와 기본권, 민중생존권이 보장되는 민주헌법으로의 개헌이 이루어진 이후에 선출되어야 한다."고 주장하고, "서명운동을 비롯한 범국민적 활동을 초교파적으로 지지 전개할 것을 결의한다."고 밝혔다.

민통련의장 문익환 목사도 3월 5일 사무실이 봉쇄된 가운데 장충동 쌍림다방에서 내외신 기자회견을 갖고, 〈군사독재 퇴진 촉구와 민주헌법 쟁취를 위한 범국민 서명운동선언〉을 발표하면서, 개헌서명운동에 참여한 23개 단체와 303인의 민주인사 명단을 공개했다. 민통련은 이 선언에서 "89년 개헌 논의는 현 정권의 집권연장 음모의 방편에 지나지 않는다."고 밝혔다. 선언과 관련하여 서울 민통련 의장 백기완, 민통련 정책실장 임채정이 연행되었다.

민통련, 개헌 서명 참여

천주교정의평화위원회회장 이돈명와 한국기독교장로회총회장 한상명 목사도 각각 성명을 내고, 민주개헌서명운동에 대한 적극 지지와 참여를 밝혔다. 천주교정의평화위원회는 〈민주화를 위한 시대적 소명〉이란 제목의 성명에서 "국민의 자유로운 정부 선택권이 보장되지 않는 정권 담당자만의 교체는 정권 승계를 통한 일당독재에 불과하다."고 선언했다. 회견에는 대주교 윤공희, 신부 김병상, 변호사 황인철이 참석했다.

천주교 서명 참여

외신들도 개헌서명운동에 비상한 관심을 보였다. 미국의 ABC, CBS, NBC 등 3대 TV와 뉴욕타임스, 워싱턴포스트 등 주요 일간지가 연일 한국 사태를 보도했다.

86년 2월 25일 필리핀의 독재자 마르코스가 미국으로 망명하고, 코라손 아키노가 대통령이 되었다. 민중혁명이 승리하여 필리핀이 민주화되었는데, 이 과정에서 미국의 영향이 중요한 힘이 되었다. 필리핀 민주화는 한국의 민주화운동세력을 고무시켰고, 전정권에게는 매우 불쾌한 위협이 되었다. 귀국길에 저격된 아키노 대통령의 남편 베니그노 아키노는 김대중과 깊은 친교가 있기도 했다. 그래서 김대중은 필리핀 민주화 과정

필리핀 민주화

을 특별히 강조했다. 민추협의 국회의원 박찬종과 부대변인 구자호는 이민우, 김대중, 김영삼의 친서를 가지고 필리핀을 방문, 한국대사관의 방해를 무릅쓰고 아키노 대통령과, 필리핀 민주화의 견인차 역할을 했던 추기경 신을 만났다. 이들은 한국의 민주화운동을 격려하고, 필리핀 민주화 과정에서 군부 개혁파가 큰 기여를 했다고 말하고, 한국군이 부당한 명령에 불복하는 계기를 만들어야 한다고 충고했다. 박찬종 등은 필리핀 민주화운동에 쓰였던 노란색 T셔츠를 가지고 귀국하였는데, 민추협은 상징색을 선택하는 데 이것을 참고로 하였다.민추협 편, 1988, 908~912쪽.

3월 8일 미국 하원의원 포그리어터와 전 주엘살바도르 미국대사 밥 화이트를 공동단장으로 한 '1천만 서명운동 참관단' 일행이 민추협을 방문했다. 이들은 필리핀 민주화 과정을 참관하고 서울에 왔다. 포그리어터는 "아키노 대통령이 필리핀 국민들이 지금 누리고 있는 자유와 민주화가 멀지 않아 한국에서도 이루어진다는 확신을 갖고 있다는 메시지를 전해 달라는 부탁을 받았다."고 말하고, "오늘 아침 워커 대사와 조찬을 같이 했는데, 그가 수년 동안 있으면서 아직도 김영삼, 김대중 선생을 만나지 못했다는 사실을 발견하고 깜짝 놀랐다. 편파적인 만남을 갖지 말고 양 김 씨와도 만날 것을 권고했다."고 말했다.

워커 대사와 양 김 안 만나

교수 서명 동참 성명

3월 28일 고려대 교수 28명이 〈현 시국에 대한 우리의 견해〉를 발표하였다. 전국의 교수들도 서명운동의 정당성을 인정하는 내용의 성명서를 발표했는데, 4월 17일까지 전국복직교수협의회, 한신대, 성균관대, 전남대, 한국외국어대, 이화여대, 경남대, 숭전대, 감신대, 전남대, 영남대, 계명대, 부산여대, 울산대,

동의대, 연세대, 경기대, 서강대, 전북대, 인하대 교수들이 참여했다.〈민주통신〉 1986년 5월 9일자. 4월 3일 이태영 한국가정법률연구소장, 전 서울여대 교수 이우정 등 여류 인사 13명은 '민주헌법쟁취범여성추진위원회' 발족식을 갖고, 헌법개정을 바라는 각계 여성 서명자 325명의 명단을 1차로 공개했다. 4월 28일 예수교장로회총회총회장 이종성도 개헌은 가급적 빨리 이루어져야 한다는 내용의 성명을 발표했다.

3월 17일 이민우, 김대중, 김영삼은 외교구락부로 박형규, 이돈명 등 재야인사를 초청하여 오찬을 하며, 민주화운동세력을 포괄한다고 할 수 있는 '민국련' 결성에 대해 합의했다. 신민당, 민추협, 민통련, KNCC, 한국천주교정의평화위원회 등 5개 단체가 참여했다. 김영삼은 "이 기구는 상설은 아니지만 가입 단

민국련 결성

개헌추진본부 현판식 지방대회는 민추협 · 신민당이 제도권 정당만이 할 수 있는 민주화운동을 국민적으로 확산하는데 가장 큰 기여를 했다. 1986년 4월 27일 청주대회에서 이민우, 김영삼, 김덕룡, 이원종, 김도현 등이 보인다.

체가 더 늘어날 수 있으며, 각 단체가 2명의 대표를 내서 개헌 서명운동 등을 협의하게 된다."고 밝혔다.

전국적 서명본부 현판식

정당 집회 대중 투쟁

개헌투쟁은 민주화운동을 이념투쟁에서 현실적 정치투쟁으로 전환시킨 것이다. 그 현실적 정치투쟁은 정치권 - 민추협 - 신민당의 몫이었다. 그 투쟁방법은 개헌청원 서명운동이었다. 그리고 여기에 바로 대중을 참여시키는 방법으로 민추협과 신민당은 대중을 동원할 수 있는 합법적 명분을 가진 집회를 선택했다. 그게 바로 신민당 조직을 활용한 개헌서명운동지부 결성식이었다. 그 지역에 알려진 국회의원과 정당 지도자를 간판으로 내세워 사람을 모으는 것이다. 여기에 나서는 국회의원 또는

현판식이 끝나면 지역에 개헌의지를 확산하기 위해 지역순회도 있었다. 독립운동의 성지로 알려진 안동 내앞 마을을 방문한 이민우, 김영삼, 박용만, 서석재, 김찬우, 김도현 등.

지역 인사는 그게 바로 다음 선거에서 본인의 득표를 위한 선거 운동이기도 했다.

민추협과 신민당은 개헌서명운동을 대중적으로 확산시키기 위해 전국 시도에서 '개헌서명운동지부' 결성대회와 현판식자료6을 갖기로 하고, 서울3월 11일을 시작으로 부산3월 23일, 광주3월 30일, 대전4월 19일, 청주4월 27일, 경남5월 30일에서 가졌다. 5월 3일 인천대회는 '인천사태'로 무산되었다. 대회는 서울, 대구, 부산, 광주, 청주, 전주, 인천에서 모두 2·12총선 때와 맞먹는 또는 능가하는 대중적 열기와 환호를 불러일으켰다. 그동안 눌려왔던 시민들의 정치적 욕구가 분출되어 모인 것이다.

여기에 학생·노동운동권의 적극적인 동참이 가세했다. 정치권은 크게 고무되었다. 운동권 또한 이러한 운집한 대중집회를 놓칠 수 없는 자기선전 확장의 기회로 삼았다. 온갖 유인물, 깃발, 연설이 난무했다. 갈수록 고조되어 폭발점을 향해갔다. 그리고는 때로 주장끼리 사람끼리 충돌 직전까지 나아가기 시작했다. 5월 3일 인천대회는 영리한 당국의 기획이 가세했다. 혼란을 조장한 뒤, 최루탄을 쏘아 혼란을 파국으로 유도하여 인천사태에 이르렀다. 인천사태는 재야 학생운동권에 혼란의 책임을 전가하여 민추협·신민당과 재야의 균열을 가져온 계기가 되었다. 5·3인천사태

4. 내각제와 직선제

국회 개헌특위 설치

개헌서명운동이 대중투쟁으로 확산 고양되어 가고 있었다. 이 과정에서 전정권은 '89년까지 개헌 불가'를 고집하던 태도를 급전환한다. 개헌을 할 수는 있다는 것이다. 개헌 불가에서 개헌 가능으로 바뀌었다. 그러나 대통령직선제로의 변경이 아닌 내각제 유지를 주장하며, 대통령직선제에는 여전히 반대하였다. 이것은 노태우에 따르면 전적으로 전두환 마음대로였다.

전두환 내각제 거론

전두환은 내각제에 대해 아들 전재국으로부터 건의도 받고, 유럽 순방에서 힌트를 얻었다. 그는 유럽 방문여행 중 경호실장 안현태, 공보수석 정구호, 의전실장 김병훈, 제네바대표부대사 박근, 스위스대사 안재석, 당총재비서실장 이영일 등을 모아 진지하게 내각제에 대해 논의하고, 이 여행 중 대통령제의 과도한 권한 집중을 반성했다고 한다.[99] 전두환, 2017, 594~595쪽 ; 김성익, 1992, 60쪽 등을 종합

개헌 가능은 3당 대표와의 오찬에서, 내각제는 민정당의 개헌안 제안으로 공개 발표되었다. 4월 30일 전두환은 3당 대표와 청와대에서 오찬모임을 가졌다. 이 자리에서 이민우와 이만섭은 임기 중 개헌을 주장했다. 이에 전두환은 "신민당에서는

무조건 직선제를 주장하지만 대통령 선출 방식뿐 아니라 권력 구조 등 여러 가지 점을 검토해야 할 것입니다."라고 하여, 직선제에 동의할 수 없다고 말했다. 하지만 "재임 기간 중에 개헌해 달라고 하는데, 국회에서 여야가 합의해서 건의하면 내 재임 기간에 개헌하는 데 반대하지 않겠습니다."라고 말했다. 이민우가 "후임 대통령은 새 헌법으로 선거하는 것입니까?"라고 묻자, "원내에서 정치 일정과 개헌안 내용 등을 합의해서 건의한다면 반대할 생각이 없습니다만, 개인적으로는 1988년까지 헌법을 지켜 평화적 정부 이양과 올림픽 등 대사를 치른 후에 헌법을 개정하는 것이 바람직하다고 생각한다."고 말했다. 이민우가 "국회 의석으로 봐도 현실적으로는 불가능한 얘기 아닙니까? 89년에 가서 개헌하겠다는 것에서 전혀 진전이 없다고 생각합니다."라고 지적하자, 전두환은 "큰 진전입니다."라고 주장했다.

전두환,
임기 내 개헌
불반대

이후 민정당은 5월 7일 당내에 헌법특위를 설치하고, 야당에 헌법특위 설치를 촉구했다. 신민당은 구속자 석방과 사면 복권을 전제조건으로 내세웠다. 재야와 양 김 관계에서 김대중의 입장을 배려한 것으로 볼 수 있다. 정부에도 헌정제도연구위원회를 만들었다. 그러나 개헌특위는 전제조건에 갇혀 진전을 보지 못했다. 5월 27일 양 김은 전제조건을 후퇴시켜, 구속자 석방은 헌법특위 구성 전에 실현하고, 사면 복권은 헌법특위 구성 뒤 우선적으로 논의한다는 것으로 조건을 완화시켰다. 29일 노태우와 이민우는 이 문제는 전제조건이 아닌 '대타협의 여건 조성'에 필요하므로, 우선적으로 논의한다는 데 합의하고, 6월 임시국회에서 헌법특위를 구성하기로 했다. 6월 3일 전두환은 이민우를 초치하여 배석자 없이 2시간 동안 단독 회담을 가졌다.

신민당,
구속자 석방,
사면 복권
전제 조건

개헌 시기, 구속자 석방, 사면 복권 등 야당이 요구한 사항과 학원문제 등 시국 전반에 걸쳐 논의했다. 이 자리에서 전두환은 "여야가 타협해 합의할 수 있다면, 헌법개정은 빠를수록 좋다."고 하며, 정당간의 '합의개헌'을 강조했다.

전두환, 합의 개헌

6월 24일 국회 본회의는 '헌법개정특별위원회' 구성을 결의했다. 실무 협의를 거쳐 7월 30일 45명의 의원으로 공식적으로 출범시켰다.민정당 23, 신민당 17, 국민당 4, 무소속 1. 활동 시한은 9월 말로 하고, 진전에 따라 정기국회 말까지 연장할 수 있게 했다. 첫 회의에서 위원장에 채문식, 간사로 민정당의 이치호·윤길중, 신민당의 이중재·김수한, 국민당의 신철균을 선출했다. 신민당과 국민당은 8월 8일 대통령직선제를 내용으로 하는 개헌안을 국회에 제출하고, 민정당은 8월 25일 의원내각제 정부 형태의 개헌안을 제출하였으며, 각 당의 제안 설명을 들었다.

양당 국회에 개헌안 제출

민정당의 의원내각제

민정당의 내각책임제 개헌안은 대통령은 상징적 국가 원수, 통치권은 수상에게 부여, 국회는 임기 5년의 단원제로 비례대표제 채택, 수상 불신임과 국회 해산은 2년 내에는 불가능, 비상조치와 계엄 선포는 각의 의결을 거쳐야 함 등을 그 내용으로 하였다. 신민당의 대통령직선제개헌안은 대통령은 임기 4년으로 1차 중임 허용, 부통령제 신설, 국정감사권 부활, 헌법위원회 폐지, 위헌심사권의 대법원 위임 등을 규정했다.

신민당의 대통령직선제

민정당은 노태우의 임시국회 대표 연설과 이치호의 개헌특위 연설에서 '권력 분산'을 강조하고, "우리 헌정사의 반성에서 정통성 시비의 원천인 대통령 1인 권력 구조 자체를 청산하기 위해 의원내각제를 택한다."고 주장했다. 이민우는 "여야 합의를 개헌의 전제조건으로 달아 놓았다는 점은 현 정권이 엉뚱한 퇴로를 준비해 놓은 것이 아닌가 하는 의구심을 버릴 수 없게 한다."고 하면서, "신민당은 개헌특위 설치에 즈음한 여야 간의 합의, 즉 국민의 정부선택권을 보장한다는 목적에 충실하기 위해 대통령중심제 하의 직선제개헌안을 제안한다."고 했다. 국민당의 이만섭은 "내각책임제 개헌은 정통성 논쟁의 여지를 남기기 때문에 직선 대통령제가 시국수습의 유일한 길"이라고 주장했다.

국민당의 대통령직선제

6월 임시국회에서는 또 각계각층의 의견을 반영하기 위해 8월 28일부터 9월 10일까가 전국 7개 도시에서 공청회를 갖기로 했다. 그러나 여야는 공청회 TV 중계 문제로 의견이 대립했다. 신민당은 TV 생중계를 요구했고, 민정당은 방송편성권은 방송사에 있다고 맞서서 결론을 보지 못했다. 헌법특위가 생중계 문제로 실질 논의에 들어가지 못하고 표류하고 있는 동안, 양당은 대국민 직접 홍보활동에 들어갔다. 민정당은 10개 도시 13개 지역에서 대표위원 노태우의 지방순시의 형식을 빌었다. 신민당은 지구당 당원 단합대회로 열기를 일으키기로 했다. 8월 30일 부산시 외곽 낙동강변고수부지에서 열린 부산 5개 지구당 합동대회에는 5만여 명의 당원과 시민이 참석하여 개헌 열기가 식지 않았음을 보여 주었다. 헌법특위는 TV 생중계 문제로 논란 끝에 정기국회 막바지에 활동 시한을 연장했다.

다시 국면 전환 탄압

전두환정권은 민주화운동에 대한 탄압의 좋은 빌미를 잡았다. 민주화운동에 대한 대대적 탄압국면으로 돌입해 간 것이다. 86년 5월 3일 인천사태를 통해 민추협·신민당의 정치권 민주

인천사태

화운동세력과, 민통련 등 재야와 학생들의 민주화운동세력 사이에 틈이 벌어졌다. 일부 민주화운동세력의 구호와 주장에 급진적 용어가 등장하고, 화염병과 보도블록 투척 등 일부 폭력사태가 일어났다. 민정당사가 불타기도 했다. 관제 언론은 5·3사태를 폭력 봉기로 묘사하고, 민정당사와 경찰차가 불타는 장면과 어지러운 인천 시가지 장면을 TV에 연속 방영했다.

민통련 해체 명령

민통련은 배후로 몰려 의장 문익환을 비롯하여 거의 모든 간부가 체포되고, 사무실은 폐쇄되었으며, 해체 명령까지 내려졌다. 노동운동과 학생운동권에 대대적인 체포 검거 선풍이 불었다. 탄압은 더욱 처절한 항거를 불렀다. 김세진·이재호에 이어 서울대 학생 이동수를 비롯하여 박혜정, 이경환 등 젊은 학생들이 연이어 자기 몸을 불사르는 분신으로 독재정권에 항의하는 처절한 비극이 나타났다.

학생들, 분신 항거

독재정권의 반격은 국회로 비화되었다. 개헌 문제를 본격적으로 다루기로 예상되었던 정기국회 초입부터 심상치 않은 집권자의 촉수가 뻗쳤다. 10월 13일 대정부질문 첫날 두 번째 질문자인 김현규가 "존속할 가치가 없는 정권", "군사정권 종식을 위한 국민과의 연대" 등의 발언을 하자, 여당 의원들은 야유를 보내고 일제히 퇴장했다. 여당이 퇴장하는 것은 초유였다. 정회 뒤 유감을 표시하고 정상화된 다음날 유성환의 발언이 소위 '국시발언 파동'이 됐다. 국회 회기 중임에도 경호권을 발동하여 여당 의원만으로 국회 동의를 받아 의원 구속을 강행했다. 초유의 예를 만들었다.

유성환의 국시파동

유성환은 "국시를 반공으로 해두고 올림픽 때 동구 공산권이 참가하겠나? 모든 나라와 무역을 하는데, 반공을 국시로 하는

게 합당한가? 나는 반공정책을 발전시켜야 된다고 보는 사람이다. 그러나 이 나라의 국시는 반공보다 통일이어야 한다."라고 말했다. 발언은 중단되고 마이크가 꺼졌다. 발언 원고가 기자들에게 배포되었는데, 이것이 국가보안법을 위반했다는 것이다. 유성환은 법정 최후진술[100]에서 자신이 구속된 것은 전두환의 동생 전경환의 비리를 언급하였기 때문이라 하였다.

신민당은 의원총회를 열고 항의농성을 했으나, 개헌과의 병행 투쟁을 위해 3일 만에 해제했다. 이 사태를 막지 못한 책임을 지고 사퇴한 원내총무 김동영을 대신하여 김현규가 신임 총무가 되었다. 전두환은 10월 16일 유성환 체포 동의안이 처리되던 날 수석비서관과 점심을 하며 이렇게 말하였다.

> 유성환 문제가 적절한 시기에 잘 터진 셈이야. 내가 정국을 주도해서 긴장시킬 수 있는 방안이 없겠느냐 생각해오던 차였는데, 유성환이가 들어서 도와준 셈이에요._ 김성익, 1992, 198~199쪽.

전두환의 역습과 합헌·합법 개헌

전두환과 민정당은 86년 하반기에 들어서자, 정국 주도권을 잡았다고 판단하고 있었다.노태우, 2011, 320쪽. 주도권은 탄압의 공포와 파국의 위협을 가한 뒤, 다수의 힘으로 개헌과 부수 법률을 '합법적으로' 전두환의 의도대로 밀어붙이는 것으로 행사될 수 있다. '판쓰리', '파국', '국회 해산', '비상조치' 등의 불길한 말들이 유령처럼 떠다녔다. 우리 사회와 국회, 정치권을 때때로 위협과 불안 속에 헤매게 하던 비상조치, 계엄, 국회 해산 등을 한편 실체 있게 준비하면서, 다른 한편으로 야당과 민주화운동세력에게 위협을 주는 고도의 심리전 수단으로 구사되었다. 전두환은 스스로 전략에 우수하다고 자부하고 있었는데, 야당과 민주화운동세력, 그리고 여당을 상대로 이러한 전술을 원용한 것이다.김성익, 1992, 262쪽 ; 노태우, 2011, 322쪽.

주도권의 여건은 이렇게 만들어졌다. 전두환은 합의 개헌에는 반대하지 않는다고 하면서 개헌 문제를 국회 안으로 끌어들였을 때, "야당도 낚싯대에 걸린 것이다."라고 하며 협상 정국으로 전환시킨 것을 자랑했다. 그리고 개헌특위를 구성했다. 8월 16일 민정당은 내각제개헌안을 마련하고, 노태우, 국무총리 노신영, 안기부장 장세동, 경호실장 안현태, 정무수석 허문도, 개헌특위 위원장 채문식, 간사 이치호가 모인 자리에서 이 안을 전두환에게 보고했다. 이 자리에서 전두환은 곧 양 김이 제안하는 선택적 국민투표를 미리 예견하며 걱정하기도 했다.

신보수회 신민 탈당

85년 신민당 내에서 양 김 노선에 불만을 나타내며 신보수회를 구성하고 있던 유한열, 이태구, 임종기, 정재원, 서종열, 황병우, 최운지, 유갑종, 이건일, 신경설, 신병열, 한석봉 등이 86년 1월 1일 신민당을 탈당했다. 신민당 의석은 90석으로 줄어 단독 국회 소집이 불가능하게 되었다. 이들은 신민, 민정 양 당을 한꺼번에 비난하면서 민중민주당을 만들었다. 최대의 쟁점인 개헌 문제에 대해 신민당과는 다른 내각책임제 합의 개헌을 주장했다. 신민당의 전열이 분열된 것이다. 이철승 등 비주류도 양 김과 직선제 일변도 투쟁에 대한 비판을 멈추지 않고 있었다.

비주류의 비판

대검은 8월 30일 학생운동권의 '반제반파쇼민족민주화투쟁위원회', '반미자주화반파쇼민주화투쟁위원회'에 대한 수사 결과를 발표하고, 180명을 검거하여 169명을 구속함으로써 학생운동에 치명적 타격을 주었다. 그리고 1986년 10월 28~31일 전국 26개 대학생 2,000여 명이 건국대에 모여 '전국반외세반독재애국학생투쟁연합' 결성식을 갖고 발대식을 하고 있었는데, 경찰은 2대의 헬리콥터와 학생보다 더 많은 수의 병력 8,000여 명을 교내로 진입시켜 1,525명을 연행하였다. 이 가운데 1,289명이 구속 송치되어 877명이 기소유예로 석방되고, 398명이 구속·기소되었다. 이는 건국 이래 단일 사건으로 최대 규모를 구속한 이른바 건국대사태다. 건국대 사태

전정권으로서는 과시할만한 국면이 있기도 했다. 9월 20부터 열린 아시아경기대회에서 한국은 일본을 제치고 종합 2위를 함으로써, 국민들의 관심을 모으고 한때나마 TV를 보는 즐거움을 안겼다. 전정권이 오래 공을 들인 3S정책의 중요한 한 기둥이 효험을 냈다.[101] 3S정책

경제가 호전되었다. 소비자물가상승률이 3.3%로 잡히고, 성장률은 12%를 넘어섰다. 무역수지는 40억 불 흑자를 내어 흑자 원년을 만들었다. 전두환은 11월 5일 경제인 16명을 청와대로 불러 경제 실적을 자랑하며, "금년도 수출의 날에는 1억 달러를 풀어서라도 파티 한번 해야겠어요."라고 하였고, 28일 수출의 날에는 경제인 152명을 부른 자리에서 "1억 달러를 떼어서 한잔 먹더라도, 39억 달러가 남지 않습니까?"라고 호기를 부려 박수를 받았다.김성익, 1992, 222·247쪽. 경제 호전

그러나 한편에서는 비상조치설이 계속 흘러나왔다. 매우 구체적이고 엄중한 것이었다. 11월 8일 토요일 저녁 11시 국무회의 소집, 자정 국회 해산 및 계엄 선포, 11월 16일 민주발전국민회의 발족, 87년 1월 국민투표 통한 새 헌법 통과, 김대중의 정 비상조치설

계 은퇴와 재수감 및 외국행 등의 일정을 밝는다는 것이었다. 그리고 전두환은 안기부장 장세동에게 "다음 주까지 국회에 개헌안을 제출하고, 11월에 표결을 시도하고, 12월 2일 예산안 통과 뒤 비상조치 준비하라."고 지시하였다. 야당과 여당 전체를 상대로 고도의 심리전을 한 셈이다. 노태우는 이 비상조치를 말렸다고 한다.전두환, 2017, 606쪽 ; 노태우, 2011, 321~322쪽.

전두환은 비상조치를 실제 취하지는 않았다. 대국민, 대야당, 대민주세력 심리전으로 활용했다. 비상조치 계엄령 발동설은 노태우, 박철언 등을 통해 야당과 재야에 전파되기를 바랐고 전파되었다. 10월에는 북한에서 '금강산댐' 착공식이 있었다. 전정권은 이 댐은 북한이 수공水攻용으로 건설하는 것이고, 그 위력은 63빌딩 절반, 남산 기슭까지 물에 잠기게 한다고 설명하고, 이를 막기 위해 '평화의 댐'을 건설해야 한다고 발표하였다. 방송국은 대대적인 국민모금운동을 시작했다. 후일 이 소동은 정보를 조작·과장한 것임이 드러났다.[102]

북한 금강산댐

김대중, 불출마 선언

어떻든 계엄 예정일 3일 전인 11월 5일 김대중은 민추협 사무실에서 성명을 통해 '직선제개헌 조건부 불출마 선언'을 발표했다. 이 선언은 전두환의 제2의 쿠데타 준비를 감지하고, 체포설을 확인하는 시민의 전화를 받는 위기에서 이를 돌파하려는 고민에서 나왔다.김대중, 2010, 466쪽. 전두환의 '심리전'이 효과를 냈다고 할 수 있을까? 민정당 사무총장 이춘구는 직선제 수락이란 전제가 붙었다고 일축했고, 후일 김대중 역시 정부·여당 측이 직선제를 수락하지도, 구속학생을 석방하지도 않았으므로 불출마의 조건이 관철되지 않았다고 하면서 이 선언은 무효화됐다.

개헌 정국의 표류, 실세대화, 선택적 국민투표 요구

개헌특위는 좌초되고 있었다. 어떻게 보면 사소한 TV방송 중계 문제로 나아가지 못하고 있었다. 설사 열린다고 해도 직선제냐 내각제냐 라는 근본 문제에 대한 해결을 도무지 기대할 수가 없었다. 개헌은 절차상 국회 과정을 필수로 하지만, 근원적 해결의 향방을 먼저 결정되어야 한다. 할 것인가 말 것인가, 내각제인가 직선인가, 이 문제의 향방이 먼저 잡혀야 했다. 집권세력의 경우, 모든 것이 전두환의 의중에 달렸다. 따라서 정치권 민주화운동을 대표하는 양 김은 문제해결의 핵심을 정면으로 제기해야 했다. '실세대화'와 국민투표제 제안이다.

'실세대화'와 국민투표제 제안

아시안게임이 열리고 있는 중인 9월 23일 이민우, 김대중, 김영삼은 벽제의 식당 늘봄공원에서 모임을 갖고, 개헌특위 활동이 지지부진한 원인과 그 해결책에 대해 다음과 같은 내용의 성명을 냈다.

> 개헌특위가 그 동안 아무런 진전을 보지 못한 점을 유감으로 생각하며, 그 주원인이 정부 여당의 의도적인 지연 전술과 무성의한 약속 파기에 있다.…… 여야 지도자 간의 회의가 필요하다.…… 합의개헌을 위해서는 개헌 문제의 핵심인 권력구조 문제와 직선제 문제에 대한 전두환 대통령의 결단이 선행되어야 하며, 적어도 9월 말까지는 이 문제가 해결되어야 한다.

김영삼은 9월 16일 관훈클럽 토론회에서 민정당 개헌안에 대하여 일당 독재와 영구집권 의도를 드러낸 것이라 비판하고, 흉기로 사용할 국회의원 선거제도를 베일에 감추어 두고서 수상으로 이름이 바뀐 대통령을 국회에서 간선하려고 하는데, 이 음모가 드러날까 봐 TV생중계를 회피한다고 맹공하면서, 이 때문에 KBS - TV시청료 거부운동을 한다고 주장했다.〈민주통신〉 20호. 그리고 "권력이 먼저 생겼고, 권력의 손으로 만들어진 민정당이 자기 목소리와 걸음마를 갖고 있다고 믿는 사람은 없다. 그래서 대통령과 허심탄회한 대화를 제의해 놓았다."고 말했다.

실세대화 이른바 '실세대화'를 제의하였다는 것이다.

사실상 여권에서는 전두환의 뜻이 전부였다. 개헌불가에서 개헌논의 가능으로, 다시 합의개헌으로 바뀐 것과, 민정당의 당론이 내각제로 바뀐 것은 전적으로 전두환 한 사람의 말 한 마디에 따른 것이다. 야권도 개헌 문제에 관한 한 양 김이 모든 것을 좌우하고 있었다. 거기에 양 김은 단결을 강조하고 있기는 하지만, 한쪽이 다른 한쪽을 대표할 수는 없었다. 3자 실세대화는 전두환, 김대중, 김영삼을 말하고, 5자 대화는 여기에 노태우와 이민우를 추가한 것이다. 9월 29일 양 김과 이민우는 "실세대화 개최를 강력히 촉구하면서, 이 문제가 해결될 때까지 헌특활동을 중단하기로 합의했다."고 발표했다. 헌법특위의 활동시한이 9월 말이기 때문에 개헌에 관한 입장을 밝혀야 했던 것이다. 발표문 요지[103]는 5개 항으로 되어 있다.

10월 2일 김대중, 김영삼, 이민우는 식당 외교구락부로 재야의 함석헌, KNCC 인권위원장 박형규, 기독교사회선교협의회장 조남기, 민통련 부의장 계훈제, 민언협 의장 송건호를 초청하여 회합을 가지고, 9월 29일의 합의와 결의문의 내용을 설명했다. 양 김과 이민우는 "개헌 문제의 핵심인 권력구조에 대한 해결은 전 씨와 우리 사이의 직접 대화를 통해서만 해결할 수 있다."고 3자 합의의 경위와 내용을 설명했다. 또 "현 정권의 수상중심제 등 영구집권 음모를 국민과 더불어 분쇄하기 위하여 앞으로 원내외를 통한 최대의 투쟁을 전개하겠다."는 각오를 밝혔다.

10월 7일 양 김과 이민우는 상도동 김영삼 자택에서 회합하여, 민주세력이 주장하는 대통령직선제와 민정당이 주장하는 내각제를 국민투표에 붙여 국민이 직접 권력구조를 결정하도록 하는 방안을 이민우의 국회 연설에 넣어 제안할 것을 결의했다. 국민투표에 앞서 국민투표법을 개정하여 투개표 과정에 정당이 참여케 하여 공정성을 보장하고, 투표 전일까지 찬반 활동을 보장하는 것을 조건으로 할 것도 결의했다.

선택적 국민투표 제안

김대중은 "정부와 여당은 연말까지 헌특을 끌고 가다가 예산안을 통과시킨 뒤, 겨울방학 동안 동절기를 이용하여 국민투표와 선거를 명년 4월 이전에 끝낼 것동계작전을 획책할 수 있다. 그러나 신민당 지방대회를 통해 고조된 개헌 열기가 확인되었고, 재야와의 관계도 더욱 긴밀해졌고, 학생운동도 개헌 문제에 집중되고 있고, 불교 쪽도 사상 처음으로 민주화운동에 동참하고 있다. 민주화운동에 결정적으로 유리한 여건이 조성되었기 때문에 신민당 내에 양대 조직이 단결하고, 신민당과 재야가 단결하고, 비폭력, 용공 반대, 반미 아닌 미국 비판의 건전노선으로 중산층의 지지를 얻는 두 가지 조건만 확보되면 직선제개헌은 승리할 것이다."라고 말했다.김대중은 지론인 '3비非 - 비폭력·비용공·비반미 노선'을 민주화운동의 주 전략으로 해야 한다고 주장했다.

김대중의 3비노선

김영삼은 "한국에서 야당이 집권하여 정통성을 확립하지 않고는 비판 세력의 과격급진화를 막을 수 없다. 이러한 인식이 국내외로 분명해졌다. 민주세력과 신민당이 집권할 수 있다는 확신과 자신을 갖고, 민주주의를 도둑맞지 않는 깨어있는 국민이 되자."고 역설했다.〈민주통신〉 20호.

이민우는 10월 10일 국회 연설에서 직선제와 내각제가 맞선 상황에서 국민으로 하여금 직접 판단하게 하는 '선택적 국민투표'를 제안했다. 노태우는 이를 받아들일 수 없다고 하며, 내각제개헌을 주장했다. 국민당 이만섭은 개헌합의를 주장했다. 이 모든 것은 진전되지 않았다. 선택적 국민투표도, 실세대화도, 내각제 협상도 메아리 없이 사라졌다.

혼미

전두환은 12월 초까지 내각제개헌 강행 통과를 말하고 있었다. 12월 1일 수석비서관회의에서 정무1수석 김윤환에게 국회의석 3분의 2 확보에 자신이 있는가를 다그쳤다. 또 같은 날 민정당 대표 노태우, 사무총장 이춘구, 총무 이한동, 실장 현홍주, 안기부장 장세동, 안기부장특보 박철언, 비서실장 박영수, 경호실장 안현태, 정무1수석 김윤환, 정무2수석 강우혁 등과 회합한 자리에서도 개헌안의 회기 중 또는 연내 통과가 가능한가를 묻고, 개헌이 안 되면 현행법으로 밀고 가야 한다고 했다. 이어 "국회에서 안 된다면 다른 방법으로 개헌을 해야 되지 않겠어요? 그러면 국회가 없어져야 돼요. 초강경 대처를 강구할 수밖에…… 부득이 한 거야."라고 강박하였다. 이 모임에서 이한동은 "만장일치는 불가능하지만, 3분의 2를 확보하여 공동발의로 국회를 통과시키는 것은 시도해 볼 수 있다."고 말했다.김성익,

전두환, 강경 대처 띄우기

1992, 263·268쪽. 전두환은 86년 후반부터 여당에게 "국회법과 재판법형사소송법"을 반드시 통과시킬 것을 계속하여 강력히 지시하였다. 국회에서 다수결을 방해하는 야당의 활동을 불가능하게 하라는 것이다. 그러면 다수당인 민정당이 어떤 법률이든 통과시킬 수 있을 것이고, 나아가 무슨 방법으로든지 제적 3분의 2를 확보한다면 개헌도 가능할 것이었다.

86년에는 민주화운동 진영에 여러 갈래의 혼류混流가 있었다. 민주화 개헌운동이 민추협 의장 두 김 씨의 대통령 욕심에 좌우된다는 비판이 있었다. 민주화운동의 순탄한 진전을 바라는 순수한 충정과 민주화운동을 교란·좌초시키려는 집권세력과 연결된 정략적 움직임이 상호작용을 했다. 교수 김동길은 〈나의 때는 지났다〉라는 제하의 칼럼을 썼다. "산 좋고 물 좋아 은퇴하여 낚시질하기 꼭 알맞는 곳을 소개해 드릴 수는 있습니다."한국일보 1985년 4월 4일자라고 말미에 3김 씨에게 낚시를 권한 구절이 인구에 회자되었다. 김수환 추기경은 10월 20일 로마에서 한국 특파원에게 "전두환 대통령과 그의 측근들은 88년 퇴임 후에는 어떤 형태로든 권력에 대한 집착을 버려야 하며, 아울러 두 야당 지도자인 김대중 씨와 김영삼 씨는 대통령이 되겠다는 야심을 버려야 한다."고 말했다. 이 두 사람의 말은 그 진의와 관계없이 양김을 불편해 하던 세력과 인사의 필요에 따라 인용되었다.

김동길의 3김 낚시 권유

신민당 내에서도 두 김 씨의 영향력에 대한 반발이 계속되어 왔다. 86년 11월 8일 '정풍운동'이란 이름으로 비민추협 계의 3선 이상의 중진 의원들이 당풍쇄신추진협의회를 구성하고, 〈구당선언문〉을 발표하여 이민우 총재를 중심으로 하나로 뭉칠 것과 양 김씨는 명실공히 당 고문에 충실할 것 등을 요구했다. 총재 이민우 역시 양 김에 대한 불편을 숨기지 않았다. 12월 31일에는 비민추협계의 신보수회 의원 12명이 탈당했다.

신민당의 동요

86년 11월 김대중 대통령 불출마 선언과 김영삼의 서독 방문 뒤 당체제정비론이 일어 조기 전당대회와 이민우 총재의 명예퇴진론이 제기되었다. 이민우는 12월 24일 자택과 송년기자간담회에서 자신의 조기 퇴진을 의미하는, 변칙적 방법에 의한 조기 전당대회와 당체제정비론에 대한 반대 입장을 밝혔다. 그리고 이른바 '선민주화론 - 이민우 구상'을 발표했다. 자택에서는 "정부 여당이 진실로 민주주의를 발전시키겠다는 신념에서 내각제를 주장한다면 협상 용의가 있다. 그러나 민주화 의지를 확인하기 위해서는 지자제, 언론자유, 공무원의 중립, 2개 이상의 정당제도, 공정한 국회의원선거법, 구속자 석방과 사면 복권 등 7개 항의 청사진을 제시해야 한다."는 요지로 말했다.

이민우 구상

간담회에서는 "전두환정권이 내각제를 강행하고, 현 대통령이 임기 후에도 총재로 있으면서 수상을 임명하는 식이라면, 모양만 다른 영구집권 음모다"라고 하며, 내각제 협상보다는 "직선제에 의해 민주화가 이루어지면, 내각제도 할 수 있을 것"이라고 하여 직선제를 강조하는 것으로 말했다. 하지만 언론은 '내각제 협상 용의', '직선제 후퇴'로 기사 해설 사설이 나갔다.

이민우 파동

'이민우 파동'이 되었다. '이민우 구상'은 야합이 아닌가, 노욕인가, 아들의 경제적 곤궁과 관련된 것인가 라는 비판과 함께, 양 김 영향력 하의 처신의 불편함에 대한 동정론도 불러왔다. '이민우 구상'은 혼선을 극대화하였다.

연대의 파열과 복원을 위한 자성

학생운동권과 노동운동권 일부의 과격 급진적 성향에 대하여 정치권은 그 배경을 이해하면서도 우려해 온 것은 사실이다. 특히 독재정권의 운동권에 대한 상투적 탄압 수법이 용공조작이므로, 민주화운동권 전체를 위해서나, 민주화운동의 성패가 달린 국민 일반이나 중산층의 지지를 이끌어 내기 위해서는 걱정하지 않을 수 없는 이유가 있다. 반면 운동권에서는 정치권 민주화운동세력의 일각에 있는 '보수대연합' 움직임에 촉각을 세우고 경계하고 있었다.

연대 파열음

그 시점에서 사단이 생겼다. 86년 4월 29일 한국교회100주년기념관에서 열린 민국련 회의가 끝난 뒤, 김대중은 "최근 일부 소수 학생의 과격한 주장에 대해 참석자들은 심각한 우려를 표명하고, 그와 같은 과격 주장을 지지할 수 없음을 분명히 했다."고 발표했다. 그리고 4월 30일 청와대에서 있은 전두환, 노태우, 이민우, 이만섭 회동에서 이민우는 "소수이겠지만 좌익 학생들은 단호히 다스려야 하며, 민주화운동에 이런 사람이 끼어서는 안 된다."라고 말했다.『동아연감』 1987년판, 49쪽. "학생들의 반미 반핵 민족자주화 투쟁을 지지하지 못한다."고도 했다.

민통련, 민국련 탈퇴

이러한 정치권의 입장에 대해 학생과 재야운동권은 반발했다. 민통련은 5월 1일, 4월 29일의 민국련 선언이 민통련의 입장과 배치된다고 하며 민국련을 탈퇴한다고 밝혔다.서중석, 2011, 154쪽. 민통련 내부에서는 민국련 회의에 참석한 문익환의 책임론을 거론했다. 며칠 뒤인 5월 3일 개헌서명운동 인천대회에서 학생운동권과 노동운동권은 전두환정권 규탄 못지않게 신민당의 기회주의적 속성을 폭로하는 것을 목표로 삼았다. 신민당이 삼반반민주, 반민족, 반민중정권과 야합하여 노동자, 농민, 빈민의 투쟁을 외면하고, 개헌을 사리사욕적 집권 놀음에 악용한다고 규탄하고, 민중의 이름으로 경고한다고 했다. 5·3인천사태로서 민추협과 신민당 등 정치권 민주화세력과 민주화운동세력이 결별의 선을 긋는 것으로 비춰졌다. 이것은 또 독재세력이 노리는 목표였다. 그 뒤 공안 당국의 운동권에 대한 대대적 탄압이 진행됐다.

보수대연합 논쟁

그리고 이른바 '민주대연합'이냐 '보수대연합'이냐의 논란이 제기되었다. 주로 독재세력에 동조하거나 의도적으로 운동권을 흠집 내려는 측에서 보수대연합을 주장하여, 이 기회에 신민당 등 야당은 운동권과 선을 긋고 확실하게 차별화를 해야 한다고 주장했다. 실제 민정당 대표는 신민당에 좌경 세력과 맞서기 위한 보수대연합을 제의하고, 친여 언론 또한 이를 적극 권유 주장하고 나섰다. 한편 운동권에서는 미국이 보수대연합을 후원하고 부추기기 때문에, 친미 성향 또는 미국의 지원과 협조로 민주화를 이루려는 양 김의 민추협과 신민당은 보수대연합에 가담하여 권력분배에 참여하는 대타협에 참가하려 한다고 추정하고, 양 김의 민추협과 신민당을 독재세력과 한 편으로 몰아

민주대연합

정체를 폭로해야 한다고 주장했다. 그러나 민주대연합론자들은 현 단계는 반파쇼투쟁의 시기이기 때문에 모든 민주세력은 단결하여 반독재통일전선을 만들어 투쟁해야 한다고 주장하였다. 민추협 기관지 〈민주통신〉은 이 문제에 대한 민추협의 입장을 다음과 같이 정리하였다.〈민주통신〉 1986년 5월 20일자.

양측민정당 여권 언론과 일부 운동권의 '보수대연합론'은 지금이 군사 쿠데타로 구축한 독재체제에 대항하는 민주투쟁 단계이며, '민추협'과 신민당의 존재의의는 시민민주세력을 주축으로 하는 민주정치세력으로 이 투쟁의 주역을 자임하고 있다는 인식을 결여하고 있다는 데서 나오고 있다. 민정당의 보수대연합론은 쿠데타로 구축한 독재체제의 대중기만적 의회공작의 광대에 불과한 민정당이 자기가 속한 독재체제가 민주세력의 항거에 의해 직면한 위기를 민주체제 내지 자유민주체제의 위기로 오해 또는 동일시 한 허위의식에 사로잡힌 데서 나오는 허황한 발상이다. 한마디로 민정당과 연합할 보수세력은 민주세력 안에는 없다. 만약 민정당 안에 민주인사가 있다면, 먼저 민주체제를 유린하고 있는 독재체제를 붕괴시키는 일에 나서는 것이 민주적 보수주의자의 역사의식과 실천이라는 것을 깨달아야 한다. 또 언론도 민주체제의 당면한 극복 대상은 독재체제이지, 민주화투쟁을 용공으로 보는 상상적 적에 대한 투쟁이 아님을 알아야 한다.

김대중은 민권회 연설에서 재야에서 일고 있는 신민당과 민정당의 보수대연합론에 대하여 이렇게 말했다.〈민주통신〉 20호.

김대중,
민정당은
기생정당

민정당은 보수당이 아니고 권력에 기생하는 단체에 불과하다. 정당이란 여당하다가 야당이 되어야 하는데, 권력이 없으면 소멸해 버리고 말 단체다. 이 박사가 없어지니 자유당이, 박정희가 없어지니 공화당이 없어지고, 전두환 씨 권력이 없어지면 민정당도 없어질 것이다. 신민당은 성격상 보수 정당이라 할 수 있으나, 혁신 정당이 없는 상황에서 반독재투쟁의 총본산이고, 현 정권 하에서 희생되고 있는 노동자, 농민, 중산층, 양심적 지식인 등 모든 계층의 권익을 긴급구조의 형식으로 대변하는 범국민적 정치단체이다.

민주대연합, 민주세력 연대를 복원하는 것은 시급하고 긴요한 과제가 되었다. 정치권과 재야운동권에서 함께 자성과 모색이 진행되었다. 학생운동권에서도 선도적 정치투쟁에 대한 반성이 심각히 제기되었다. 이른바 '선도적 전위운동'이 밖으로는 대중과 유리를 가져오고, 내부적으로는 관료화의 경향마저 보인다는 내부비판이 진지하게 진행되었다. 정치권에서도 인천사태 이후 운동권과 단절된 상태에서 행해진 마산, 서울집회가 성공하지 못한 것에 대한 내성이 있었다. 연대 복원의 구체적 방법이 모색되었다. 최고 수준의 연대기구라고 할 '민국련'은 말하자면 '수장들의 모임'이어서 의견 조율을 할 충분한 시간과 기회를 갖기 어려운 성격의 모임이다. 또 이런 상태에서 의견 충돌이나 차이가 표출되면 수습도 쉽지 않다. 따라서 보다 실무적 차원에서 각자 소속 세력의 입장을 정확히 표현하면서 조율할 수 있는 논의구조가 필요하였다. 연대의 균열에도 불구하고, 고문공대위와 TV시청료 거부운동기구는 여전히 작동되고 있었다.

학생 선도 투쟁 반성

연대 실무 논의기구

인천대회가 무산된 뒤 5월 7일 이민우, 김대중, 김영삼은 회동하여 인천대회 무산경과를 검토하고, 김영삼은 "인천대회는 정부 여당의 치밀하고 조직적인 방해로 무산되었다."고 말하고, "무엇보다 중요한 것은 군사정권의 종식이다. 대통령직선제를 밀고나기로 세 사람은 거듭 다짐했다. 재야 지도자들과 긴밀하게 협의하여 민주화를 위해 힘을 합치기로 했다."고 발표했다. 김대중은 "인천대회에서 나타난 대학생들과 노동자들의 신민당에 대한 비판적 충고를 개헌투쟁 과정에서 수렴해야 할 것"이라고 말했다. 민통련은 5월 8일 성명을 내고 "군사독재 하수인인 경찰은 5·3민중투쟁을 교란하려는 의도로 신민당 대회가 시작되기도 전에 최루탄을 발사하여 투쟁의 현장이 '폭동화'한 듯이 보이게 만드는 데 광분하고, 제도 언론과 미국의 일부 매스컴은 경찰의 음흉한 의도를 외면하고 있다."고 주장했다.

5월 26일 이민우, 김대중, 김영삼은 민통련 의장 문익환을 비롯한 구속된 민주인사를 즉각 석방할 것을 요구하고, 재야 민주화운동단체에 대한 탄압은 민주세력 전체에 대한 탄압이라고 규정하였다. 그리고 정치범 석방을 국회 개헌특위 구성과 활동의 전제조건으로 요구하기로 했다. 민추협도 문익환 구속사태에 대해 긴급의장단회의를 소집했다. 또 민통련 정책실장 장기표 연행과정에 있었던 비인도적 처사를 비난했다. 문익환은 부인 박용길을 통하여 "나의 구속이 재야 민주운동권의 단합과 개헌투쟁의 전기가 되기 바란다."는 의사를 전해 왔다.

민추협과 신민당은 정부 여당이 인천사태를 계기로 재야 민중민주운동권과 민추협·신민당을 이간시키는 공작을 극열화한다고 보고, 재야와 민추협, 신민당이 함께 참여한 고문공대위의 활동을 적극 활성화하기로 했다. 연대를 긴급히 회복하기 위해서는 고문공대위 활동 활성화와 민추협과 신민당의 적극적 참여가 중요하다고 본 것이다.

민주세력 이간책

고문공대위가 활성화되는 가운데, 부천경찰서 성고문사건에 대한 권인숙의 폭로투쟁과 이에 대한 연대투쟁이 있었고, 10월 29일 '시청료거부및자유언론 공동대책위원회'가 구성되어 TV 시청료 거부운동과 자유언론 범국민운동을 전개하였다. 그 과정에서 보도지침이 폭로되고 언론계의 자유언론실천운동이 일어났다.

신민당 서울집회를 앞두고 11월 24일 민추협의 김대중·김영삼, 천주교 김승훈, 개신교 김지길·박형규, 불교 벽우, 민통련 계훈제, 민언협 송건호, 기독자교수협의회 이우정, 가톨릭농민회 서경원, 자유실천문인협의회 이호철, 구속학생학부모협의회 등 재야 민주화운동단체 대표 40여 명이 모임을 갖고, 민주화운동의 목표를 '영구집권 음모 분쇄와 직선제개헌'으로 단일화하기로 결의했다. 그리고 그 의지의 표현으로 29일 신민당 대회를 적극 지지하고 협력하기로 했다. 이렇게 하여 5·3인천사태로 균열된 민주화운동 연대는 복원되었다.

민주화 목표 직선제개헌으로 단일화

민추협은 11월 24일 의장단회의, 26일 상임운영위원회의를 열고, 신민당 서울대회에 적극 협조하여 독재정권의 영구집권 음모 분쇄와 직선제개헌 쟁취에 대한 국민적 합의를 실증할 것을 결의했다. 이 자리에서 공동의장 김대중은 "독재정권의 힘은 물리적 강제력이지만, 이에 맞설 수 있는 민주운동권의 힘은 국민의 힘뿐이다. 민정당의 영구집권 음모의 실행을 위한 내각책임제개헌 대신에 대통령직선제를 쟁취할 수 있는 것은 신민당 대회를 통해 국민적 힘을 보여주는 것"이라고 선언했다. 공동의장 김영삼도 "현재의 난국을 극복하기 위해서, 또 번영과 평화를 누리면서 살아남기 위해서는 민주화하는 길 밖에 없으며, 그를 위해서는 직선제개헌을 쟁취하고, 군사독재를 퇴장시키는 수밖에 없다. 이번 여행에서도 거듭 느낀 것이지만, 민주화가 되면 세계가 우리를 돕는다."고 역설했다.

신민당은 29일 서울대회를 성공시키기 위하여 전 당력을 집중하기로 하고, 21일 의원총회와 대회추진실행위원회의를 열고, "서울대회를 통해 평화적 민주적 방식으로 국민의 직선제

개헌 의지를 거듭 확인코자 하며, 여하한 방해 책동도 단연코 분쇄하겠다."고 선언했다. 신민당은 또 "현 정권이 장소 불허, 교통 차단, 가택연금 등 방해 책동을 한다면 중대한 사태를 맞을 것"이라고 경고했다.

재야 운동권 공동투쟁 결의

재야 민주화운동권은 '영구집권 음모 분쇄와 직선제개헌 쟁취'를 위해 공동투쟁하기로 하였다. KNCC는 10월 30일 시국대책협의회본부장 김지길 목사를 구성하여, 11월 18일 1,000여 명의 목사들이 '나라와 민족을 위한 성회'를 갖고, 150명이 민정당사를 방문하여 연좌시위를 갖는 등 적극적 행동을 실행했다. 가톨릭계도 17일 명동성당에서 천주교정의구현전국사제단 주최로 기도회를 갖는 등 민주화운동진영의 공동투쟁에 적극 참여할 준비를 갖추었다. 불교 측도 해인사대회 이후 민주화 공동투쟁에 적극 동참하였다. 민통련은 사무실 강제 폐쇄를 극복할 대책을 강구하는 한편, 정상 활동을 회복하여 신민당 서울대회에 적극 동참하기로 했다. 하지만 신민당 서울대회는 무산되고 말았다. 신민당과 민추협이 11월 29일 구 서울고 자리에서 직선제개헌 추진 서울시지부 결성대회서울대회를 개최하려고 하자, 당국은 경찰력 3만 2,000명을 동원해서 대회장과 대회장으로 가는 주요 도로를 모두 봉쇄하여, 이를 무산시켰다. 이에 민추협과 신민당은 내각제개헌 단독 처리를 통한 영구집권 음모와 야당말살정책을 분명히 드러낸 것으로 받아들이고, 재야 민주화운동단체, 종교계와 함께 독재정권 종식투쟁을 위해 신민당 서울대회를 조속한 시일 안에 다시 개최할 것을 포함한 새로운 단계의 투쟁을 전개하기로 하였다.

신민당 서울대회 무산

민추협과 재야 연대

민추협은 재야와의 관계를 유지하면서 제기되는 문제에 따라 특별위원회를 만들기도 하고, 문제에 대응하는 실무 부서에서 사안에 따라 소속 회직자와 운영위원이 재야단체와 협의·협력하였다. 인권문제, 구속학생문제, 재소자가혹행위문제 등이 제기되면, 대외협력국과 인권국 회직자와 특별위원회 소속 부의장과 상임위원이 현장조사를 가거나, 해당 단체의 행사나 농성에 참여하기도 하고, 그 가족을 위로하였으며, 구치소, 유치장, 병원, 사건현장 등을 방문·조사하는 데 동참하거나 문병하는 등의 활동을 했다.

인천사태 이후 연대활동에 위기를 맞았던 정치권과 재야 민주화운동세력은 연대 회복과 강화를 위해 다양하고 다면적인

❶ 1986년 8월 17일 장준하 선생 9주기 추모식(왼쪽부터 김대중 민추협 공동의장, 문익환 민통련 의장, 사회 중인 필자)

❷ 1987년 7월 9일 김수환 추기경, 필자, 목우 스님, 지선 스님(오른쪽으로부터)을 이한열 열사 장례식장으로 안내했다.

대책 마련에 노력했다. 7~8월 재야단체 연락사무실 비슷하게 자주 활용되던 종로5가 기독교회관 5층 사회선교협의회총무 이길재 사무실에서 성유보, 황인성, 이명준, 김도현 등이 모였는데, 이 자리에서 황인성이 "민주화운동의 성공을 위해서는 민주화운동세력의 연대, 통일전선의 구축이 절대적으로 필요한 전제이다. 지난 번 인천사태를 반성하고 교훈을 찾아보면, 각 세력 사이의 주장을 사전 조율 없이 어른들이 모여서 결정을 내리고, 이를 발표해서는 운동을 망친다. 앞으로는 각 운동세력의 의견을 사전 조율할 논의 구조가 필요하다. 우선 우리 4명부터 자주 모이자."라고 제안했다. 그렇게 해서 이 4명은 상설적 기구처럼 자주 만나고, 행사 날짜와 시간, 문건 등 관련된 문제를 협의하고 조율 조정하고 각자 일을 분담했다.공식 명칭은 아니지만 '4인 기획팀'이라고 했다. 성유보, 2017, 20쪽. 여기에 그때그때의 역할에 필요한 인원들이 보태어져서 식사도 하고 합숙도 했다. 김도현의 친구 정기용미국에서 언론 활동, 윤길중 민정당 대표 보좌역 역임의 서초동 하숙집, 삼성동의 금성호텔주인이 김도현 친구여서 숙박계를 쓰지 않기 위해을 이용했다. 그 뒤 이 4명 외에 동교동 측을 대표하여 김병오 민추협 부간사장, 한영애 신민당 대외협력국장이 함께 만나는 때도 많았다. 나중에 재야와의 공식 모임에 재야 연대모임의 공동대표 격으로 김명윤·최형우상도동계, 양순직동교동계, 실무대표 격으로는 심완구·이규택·김도현상도동계, 김병오·한영애동교동계가 자주 참석했다.

연대 실무 4인 기구

5. 국민투쟁의 시작

박종철 고문살인사건

87년 초에는 ① 민주화운동세력의 대통령직선제 ② 집권세력의 내각제 ③ '이민우 구상'선 민주화 내각제 협상 용의 ④ 전두환의 비상수단 등의 네 가지 흐름이 뒤섞이면서도, 크게는 민주세력과 전정권이 충돌을 향해 마주보고 달려오는 기차처럼 정면으로 대치하고 있었다. 김대중과 김영삼은 1월 7일 조찬 면담을 갖고, 이민우 구상에 대한 입장을 다시 한 번 정리하여 발표했다. 오후에 잡혀진 이민우를 포함한 3자 회동은 실현되지 못했다. 1월 15일 김영삼과 이민우는 조찬 회동을 하였는데, 여기서 "이민우 구상은 결코 내각제 협상용이 아니며, 대통령직선제 당론은 고수되며, 재야세력과 연대하여 직선제개헌투쟁을 계속한다."는 것으로 의견을 정리하여 발표하였다. 그리고 오후에 양 김이 다시 만나 김대중이 김 - 이 회동 결과에 동의하였다고 발표하고, 기자들과 일문 일답도 가졌다. 부산하게 반복해서 만나고 합의하고 해명했지만, 이민우 구상에 대한 모호한 의문은 가라앉지 않았다.

마주 보고 달려오는 기차

그러한 가운데 전두환의 비상조치 공갈협박이 있었다. 전두환은 1월 12일 시정연설에서 "국회에서 헌법개정특별위원회가 설치되었으나, 반년이 지나도록 실질적 토의와 진전이 이루어지지 않고 있음"을 지적하고, "여야의 심기일전의 결단이 있어야"한다고 촉구하면서, "최근 새로운 대화 노력이 있음은…… 다행스러운" 것이라고 이민우 구상을 빗대어 민주세력 내부를 흔들었다. 이어 "끝내 합의가 이루어 지지 않아…… 국정 최고 책임자로서 중대한 결단을 내려야 하는 그러한 상황이 조성되지 않도록 여야가 최선의 노력을 기울여야 할 것입니다."라고 위협했다. 이 연설을 작성할 때 전두환은 초안을 만드는 비서관을 불러 "정치 부문은 대화에 찬물을 끼얹어서는 안 되겠지. 부드럽고 융통성 있게 해주는 게 좋다."라고 특별히 비수는 감추고 완곡하게 하라고 지시하였다.김성익, 1992, 281쪽.

모든 것을 빨아 들인 박종철 죽음

이처럼 개헌 문제가 표류하고 있을 때, 결과적으로 이 모든 것을 빨아들이는 블랙홀인 박종철 고문치사사건이 일어났다. 그리고 이 사건으로부터 시작한 박종철 군 국민추도운동 그리

1987년 1월 민추협에서는 박종철 고문치사를 규탄하고 박 열사를 추모하는 농성을 했다. 추모 발언 중인 필자.

고 민주헌법쟁취국민운동본부 결성과 6월항쟁, 마침내 6·29선언을 받아내기까지 민추협·신민당 등 정치권 민주화운동세력은 완전히 재야 연대의 일원으로 함께 했다.

1월 15일 중앙일보 가판에 이어 16일 조간신문은 서울대 학생 박종철이 경찰 조사 중 사망했다는 사실을 보도했다.[104] 이 사실을 접한 민추협은 아프고 깊은 충격을 받았다. 이즈음 민추협 사무실에는 매일이다시피 구속자 가족들이 찾아와 구속당한 자식들이 당한 고문 사실을 울며 호소하고 있었다. 그 가운데 터진 사건이었다. 당시 구속자 가족이나 이들을 자주 접하는 민주화운동단체 사람들은 이러한 일이 절대로 일어나서는 안되지만 곧 일어날 것만 같은 예감을 느꼈다. 당시 시국사건과 관련하여 구속 중인 사람은 2,000명이 넘었다.[105]

민추협 간사장 황명수는 기획실장 채영석과 협의하여 청년국 부국장 전현배, 전문위원 김영철, 청년부 차장 시태수를 용

오른쪽부터 계훈제 민통련 부의장, 박영숙 여성단체연합 대표, 진관 불교단체 대표, 인재근(구속 중인 김근태 민청련 의장 부인) 민가협 대표, 필자.

산 중앙대부속병원에 보내 진상을 알아보도록 했다. 이들은 시신이 경찰병원으로 옮겨졌고, 경찰병원에서 오전 6시 30분에 화장장으로 옮겨졌다는 사실만 확인했다. 예정되어 있었던 특별위원장단 회의위원장 정대철에서는 이날 있은 김영삼 - 이민우 회동 발표문 낭독을 들은 후, 박종철 사망사건을 거론하여 추도 묵념을 드린 뒤. 사인규명을 촉구하는 대변인부대변인 구자호 성명을 발표하고, 인권위원회로 하여금 조사활동을 전개하도록 하며, 항의농성에 돌입하는 준비를 갖출 것을 결의했다. 민추협 인권위원회위원장 조승형, 국장 김장곤·김일범·정대성는 민추협 상임위원이며 신민당 박종철군고문치사사건조사단원인 박찬종·장기욱·김동주·신기하와 합류하여 경찰병원, 중앙대부속병원, 한양대부속병원을 방문하였다. 민추협 사무실에서 열린 구속학생학부모협의회는 회의를 마친 뒤 박종철을 고문치사케 한 남영동 대공분실로 몰려갔다.

책상을 '탁'치니 '억'하며 쓰러져

사건의 심각성이 깊이 각인되었다. "책상을 '탁' 치니 '억'하며 쓰러져 숨졌다."는 치안국장 강민창의 사건경위 발표의 뻔뻔스러움, 그것이 연상시키는 냉정하고 잔혹한 고문 장면, 이 사건 자체를 암매장시키려는 정권의 폭압성은 민주화운동에 뛰어든 사람들로 하여금 민주화운동의 대상은 헌법개정과 같은 거창한 것이기보다는 이렇게 자신과 주변에 있는 사람들의 몸에 가해지는 참을 수 없는 모진 아픔과 하나밖에 없는 목숨을 앗아가는 괴물이라는 것을 온몸으로 느끼게 하였다.

17일 김영삼, 홍영기, 용남진, 윤혁표, 최영근, 태윤기, 박종태, 권오태, 김영배, 김창근 김대중은 연금 등이 참가한 가운데 열린 긴급 의장단회의는 인권위원회의 조사활동을 보고 받았다. 신민당과 별개로 민추협 조사위원회를 구성하고, 의장단회의와 상임운영위원회를 19일 소집하기로 결의했다. 그리고 '박종철 고문살인대책위원회'위원장 홍영기, 위원 태윤기·용남진·김명윤·신상우·조승형·김동주·안동선·박왕식·김영배·장기욱·문정수·송천영를 구성했다. 효율적으로 활동하기 위해 기획소집책 김명윤, 위원 홍영기·태윤기·박찬종, 간사 김장곤, 조사소집책 김동주, 위원 조승형·안동선·장기욱·문정수·박왕식·송천영, 간사 김일범, 홍보소집책 김영배, 위원 용남진·신상우, 간사 정봉철 등의 3개 반을 편성했다.

재야 민주화운동단체들은 항의 성명을 내고 농성을 시작했다. 민추협 유성효 부장 등은 한국기독학생회가 기독교회관 708호에서 박종철 고문사에 항의하며 농성에 동참했다. 민추협 대책위원들은 치안본부 남영동 대공분실 앞에서 농성하던 중 용산경찰서로 연행된 인재근민청련 의장 김근태의 부인 등 16명을 면회하러 갔다가, 경찰서 앞에서 훈방으로 나오는 그들을 만났다. 김동영, 박찬종, 문정수, 구자호는 박종철 빈소가 차려진 부산 사찰 사리암으로 가서 분향하고, 양 공동의장의 부의금을 전달했다.

남영동 대공분실

19일 아침 민추협 사무실에서 회직자, 신민당 소속 국회의원, 민가협 회원 등 300명 등이 "근謹 고 박종철 민주열사 조弔"라는 현수막을 앞에 걸고, 김대중과 김영삼이 참석한 가운데 추도식을 가졌다. 그리고 21일까지 3일간 추모와 항의 농성을 가졌다. 두 김 의장도 철야에 참여하였으며, 신민당 총재 이민우도 방문하여 참석했다. 농성장에서는 박종철 고문치사사건에 대한 경찰 발표를 비판하는 민추협의 성명, 박종철 고문살인사건 진상조사 보고국회의원 김동주, 민언협 의장 송건호의 강연, 안기부 불법장기구금자 가족 대표의 경위보고, 분신사건 등 민주열사

사례보고기획부실장 신현기, 실종변사사건 사례보고국장 정봉철, 박종철 고문치사사건에 대한 신민당의 입장신민당 의원 이중재, "고문과 한국의 인권"부의장 윤혁표, "고문과 독재정권의 본질"주간 김도현 등 강연과 발표가 있었다. 농성 참여자 일동은 다음과 같이 결의했다.

열사의 죽음은 우리 자신의 일

> 박종철 열사의 죽음이 우리의 동생, 아들의 일일 뿐 아니라, 우리 자신도 언제 어느 곳에서 이 같은 죽음을 당할지 모르는 우리 자신의 일이며, 이 사건은 인간의 존엄과 가치를 본원적으로 말살하고 있는 현 정권의 폭력성에 연유한 것으로 대통령이 책임져야 한다.

농성 뒤 26일까지 1주일간 '고 박종철 군 추도 및 고문살인 규탄' 분향소를 설치하였다. 농성장에서 모금된 211만 원을 민추협 국회의원 김동주와 인권국장 김장곤이 부산 청학동 고지 양수장에 근무 중인 박종철의 아버지 박정기에게 전달했다. 박정기는 87년 6월에 정년퇴직을 한다고 하며, 두 김 의장으로부터 조의금을 받았는데 또 받아 고맙다고 하였다. 그리고 어머니와 누이가 사찰 사리암에서 매주 화요일 제祭를 올린다고 하면서, "심장마비로 죽었다고 화장을 시켰는데, 다시는 이런 일이 일어나서는 안 되겠다."고 말했다.〈회무일지〉 1987년 1월 20일자. 민추협의 대책위는 그간 조사활동과 경찰과 검찰 발표의 문제점에 대해 1월 17일과 20일, 28일에 보고서로 발표했다.

한편, 신민당은 박종철 고문치사사건을 의제로 1월 23일 국회 소집을 요구하였다. 신민당은 국정조사권 발동을 요구하였다. 민정당이 반대하였지만, 실갱이 끝에 26일 국회를 소집하였다. 법무부장관 김성기와 내무부 장관 정호용으로부터 보고를 받은 뒤, 신민당의 김현규, 박찬종, 장기욱은 질의를 통해 경찰과 검찰이 거짓 발표를 한 점, 박종철의 사체를 검시 전에 이곳저곳으로 옮긴 점, 경찰에게 경찰의 고문사건을 조사하게 한 이유 등과 고문근절 대책에 대해 물었다. 법무부장관은 탄화 현상과 홍반이 없는 점으로 보아 전기고문은 없었다고 말하였다. 그리고 의사로서는 처음으로 사고 현장에서 박종철의 시신을 본 중앙대병원 의사 오연상이 현장에 물기가 있었고, 박종철의 복부가 눈에 띌 만큼 부풀어 있었다고 말하여, 물고문이 있었음을 짐작하게 하는 말을 한 뒤 행방이 묘연해진 것을 추궁 당하자, 병원에 휴가원을 내고 처가에서 대학원 박사 과정 시험 준비를 하고 있었다고 해명하기도 했다. 법무부장관은 대통령이 1월 21일 고문재발 방지와 인권보호를 위해 사회지도급 인사로 구성되는 특별기구를 만들라고 지시했다고 밝혔다. 국회는 신민당이 요구한 국정조사권을 결국 발동하지 못하고 자동 유회되었다.

현장을 본
의사 증언
"물기가 있어…"

신민당 박종철 군 고문살인사건 진상 조사 및 고문근절 대책 특별위원회위원장 노승환, 조사1반 간사 박찬종, 조사2반 간사 허경만는 박종철이 수배자나 피의자가 아닌 참고인으로 강제 연행되었고, 사인은 물고문과 전기고문에 의한 충격사이며, 범인은 밝혀진 2명 이상으로 수사팀 6명 전원을 조사해야 하며, 현장에는 고문 시설이 상설로 설치되어 있고, 검찰은 초동수사와 현장검증을 회피했고, 화장을 서둘러 증거를 인멸했고, 보도지침을 내려 심장마비쇼크사 1단으로 처리하라 했으며, 경찰이 사건을 은폐·축소·왜곡했다면서 국정조사를 할 필요가 있다고 보고했다.신민당 박종철 군 고문살인사건진상 조사 및 고문근절대책특별위원회 편, 1987.

사건 은폐·
축소·왜곡

2·7국민추도회

박종철을 추모하고 고문 살인을 규탄하는 국민적 슬픔과 분노는 넓고 깊게 번져 갔다. 민추협은 22일 KNCC의 기독교회관에서 열린 '고 박종철 형제 추모예배'를 비롯하여 곳곳에서 열린 추모행사 참석 요청에 응하여 회직자들이 참여했다. 부산에서도 신민당과 재야의 합동위령제가 열려 부대변인 구자호가 참석했다. 전국구속학생학부모협의회 가족 20여 명은 박종철 고문치사사건의 범인 조한경과 강진규가 영등포구치소에 수감되자, 이곳에 수감 중이던 학생들이 범인들을 규탄했다고 교도소 측이 가혹 행위와 금치禁置, 구치소에서 수용자에게 고통을 주기 위해 좁은 독방에 가두는 징벌적 조치를 한다고 민추협에 호소했다. 변호사 조승형이 구치소로 진상조사를 나갔다.

정권과 민주화운동의 운명을 결정할 사태를 예감

고문공대위를 매개로 자주 만나던 실무연대모임은 22일또는 23일 박종철 고문치사사건에 어떻게 대처할 것인가를 두고 의논했다. 4인 기획팀 성유보, 이명준, 황인성, 김도현은 이제까지와는 전혀 다른, 형언할 수 없이 무서우리만큼 엄청난 무게와 크기로 다가오는 어떤 사태를 모두가 느끼고 있다는 생각이 들었다. 우선 이 사태가 결국은 이 정권과 민주화운동의 운명을 결정짓고 말 것이라는 예감이 온다는 데 의견이 모여졌다. 그렇기 때문에, 첫째, 서두르지 말고 긴 호흡으로 이 사태에 대한 대처를 운전해 가야 한다. 한두 번의 단발적 행사로 끝나게 해서는 안 된다. 둘째, 그런 운동의 형식과 방법을 찾아야 한다. 그래서 행사를 나누어, 여러 차례, 장기간에 걸쳐 하는 것이 좋다. 지금은 움직이기 어려운 추운 겨울이다. 셋째, 보다 많은 국민이 보다 쉽게 참여할 수 있어야 한다. 이것은 계급이나 계층, 세계관, 출신 지역, 종교의 차이를 넘어 모두가 느끼는 가슴 저미는 통절한 슬픔이고, 분노이며, 벗어나지 않으면 질식할 것 같은 공포에서 해방되고픈 갈구를 표현하는 것이기 때문이다. 넷째, 따라서 구호나 주장이나 문건은 단순해야 하고 쉬워야 하고 누구에게나 와 닿아야 한다. 한마디로 운동권, 운동자, 투사의 운동이어서는 안 된다. 특별한 용기가 없는 사람도 참여할 수 있는 방법을 찾아야 한다. 다섯째, 그래서 나온 방법이 서 있는 자리에서 묵념하기, 자기 자리에서 목표 지점으로 행진하기3·3행진에서 파고다공원을 향해 걷기, 전등끄기6·10 때 밤 10시 소등 등 특별한 용기가 없이도 "나도 참여했다."고 자위·자부할 수 있는 방법을 제시했다. 여섯째, 그리고 '국민'이란 말을 쓰자. 그동안 사실상 '국민'이란 말은 운동권에서는 잘 쓰이지 않는 기피되는 느낌마저 있었다. '민중'이란 말이 더 자주 쓰였다. 아마 특별히 이 대목을 강조하지 않았다면, 또다시 '민주민중장', '민중추도회', '민중행진'이란 말이 '국민장', '국민추도회', '국민행진' 대신 쓰였을 것이다.[106] 일곱째, 마침 1월 29일은 음력설이었다. 특히 야당 정치인들이 구정을 이용하여 귀향활동을 가지는 것과 음력설에 대규모 귀성으로 도시와 농촌 사이에 이루어지는 정보교환과 민심의 흐름을 최대한 활용하기로 했다. 여덟째, 그래서 본격적인 추모행사들은 귀향활동이 끝난 이후가 좋겠고, 이를 3·1절이나 3월 3일까지박종철의 부모가 독실한 불교 신자여서 3월 3일에 절에서 49재를 지낼 준비를 하고 있었다. 이어지도록 하자는 것이었다. 그래서 3·3대행진이 기획되었다.

추모를 '국민'운동으로

추모와 충격 음력설로 전국 전파

이 모임에서 추모 및 규탄 행사의 명칭, 방법, 시기 등을 대체로 결정했다. 명칭은 '고 박종철 군 국민추도회', '고 박종철 군 국민추도회 준비위원회이하 '국민추도회 준비위' 발기인 모임', '고 박종철 군 국민추도회 준비위원회 발족식' 등으로 하고, 발기인 모임은 1월 24일, 준비위원회 발족식은 26일에 하는 것으로 시기를 정했다. '추모의 날'을 정하고, 그날에는 전국적으로 묵념, 성당과 교회는 타종, 자동차와 택시는 경적 울리기크락숀, 모든 국민은 행사장에 꽃 한 송이씩 가져가기, 밤 10시 전깃불 소등땡전뉴스 안보기 등을 하기로 결정하였다. 국민추도회를 발기하는 의미를 다음과 같이 규정하였다.

"우리를 대신한 죽음"

> 우리는 이 시대의 가장 참혹하고, 그러나 고귀한 죽음 앞에서 비통과 분노의 열흘을 보냈다. 고 박종철 군의 육신은 변변한 장례조차 치르지 못하고 언 강 눈보라 속에 차마 못 보낼 먼 길로 날렸지만, 그 죽음의 의미를 바로 깨닫고 실천함으로써 그의 넋을 위로해야 하는 것은 살아 있는 우리의 의무라고 믿는다. 그의 죽임을 당한 것이 오늘 자유와 진실을 찾으려는 우리 모두를 대신한 것이며, 이 비통과 분노가 온 세계의 인간적 양심의 발로라면, 그의 넋을 위로하는 자리는 그의 죽음을 사주하고 가담한 압제자와 하수인을 제외한 온 국민이 참여하고 세계의 양심이 지켜보는 자리여야 할 것입니다._김도현, 2008, 31쪽.

국민장 규모로…

'고 박종철 군 국민추도회 준비위원회' 규모는 정부 주최로 거행하는 국민장 규모로 하기로 했다. 그래서 1차로 민주화운동단체 별로 위원을 할당하여 총 9,782명을 선정했다. 정치권신민당, 민추협은 2,665명의 명단을 만들어 제출했다. 민추협의 명단은 역시 양 김 측이 같은 비율로 들어갔다. 1월 26일 민추협 정례의장단회의에서 부간사장 김병오는 이런 사항을 보고했다.사전에 김병오와 김도현은 양 김 의장에게 설명했다.

이날 4시 기독교회관 2층에서 열릴 예정이던 '고 박종철 군 국민추도회 준비위원회 발족식'은 경찰이 외부인 출입을 막고 최루탄을 발사해서 열리지 못한 가운데, 미리 입장한 인사들만으로 약식 추도회를 가졌다. 김대중은 7시부터 연금당하고, 박영록과 김명윤도 연금되었다. 김영삼, 최형우, 김병오 등은 회의장에 갔으나, 최루탄 발사와 봉쇄로 입장이 막혔다.

이튿날 27일 오전 10시 민추협 사무실에서 경찰이 출입구를 봉쇄한 가운데, 민추협 공동의장 김대중·김영삼, 민통련 부의장 계훈제, KNCC 인권위원장 조남기 목사, 여성단체를 대표한 박영숙, 재야인사, 민추협 회직자 등이 모여 전날 못한 '고 박종

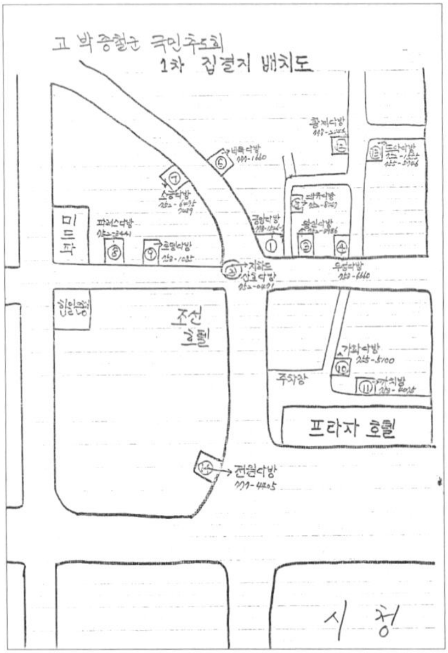

◎ 故 박종철군 국민추도회 동원 및 집결 계획

반	조	위원회	반장	집결지	집결지전화	동원감사
1	1	헌특위	김윤식	중앙다방	778-1526	최주영
	20	재해대책			778-1527	최정진
2	2	통일문제	김창근	산호다방	752-0471	오사순
	19	여성				김영숙
3	3	지방자치	김충섭	왕실다방	752-3986	홍순철
	18	청년				전현배
4	4	인권	박종태	우성다방	753-6660	김장곤
	17	과학기술				유 앙
5	5	국방	신상우	대유다방	752-8467	지일웅
	16	문화				정대성
6	6	국제	용남진	비목다방	777-1660	이진구
	15	자유언론				김동협
7	7	재경	조윤형	소공다방	752-6495	김수일
	14	노동			752-7489	오세각
8	8	교육	최영근	파리스다방	752-3441	김일범
	13	환경				이익균
9	9	농수산	태윤기	로뎀다방	753-1085	이계봉
	12	보건사회				신하철
10	10	상공	홍영기	가화다방	755-5100	김용각
	11	건설				송재호
特		청년국		미도파앞		김형문

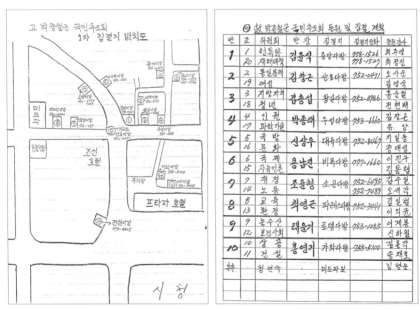

박종철 군 추도회에 참가하기 위해 민추협 회직자는 책임자와 장소를 정해 사전에 다방에 분산 집결하였다.

철 군 국민추도회 준비위원회 발족식'을 갖고, 기자회견을 통해 발족 취지문, 결의문, '고 박종철 군 국민추도회 준비위원회'의 조직과 구성, 국민추도회 개최 및 참가 요령, 준비위원 행동지침 등을 밝혔다.[107]

국민추도회

'국민추도회 준비위'는 2월 7일을 '고 박종철 군 국민 추도일'로 선포하고, 이날 오후 2시 명동성당에서 국민추도회를 갖겠다고 밝혔다. '국민추도회 준비위'의 구성은 고문, 공동위원장, 집행위원으로 하고, 정치권에서는 고문에 김대중과 김영삼, 공동위원장에 김명윤, 박영록, 양순직, 최형우가 들어갔다. 1차로 발표한 준비위원에 이어 더욱 확대될 것이라고 했다. 16개 부문으로 나누었는데, 부문별로 많게는 각각 1,000여 명개신교계, 청년, 학생, 적게는 10명 안팎법조계, 학계이었다. 그리고 다음 5개 항의 결의문을 채택했다.

1. 대통령의 사죄와 책임 있는 인사 조치
2. 국회에 국정조사권을 가진 특별인권기구 설치
3. 고문치사의 개연성이 높은 김성수, 우종원, 신수호 변사 사건의 진상규명 및 백기완, 김근태, 권모양 고문 진상과 책임자 규명
4. 고문 자백을 근거로 구속된 양심범 석방
5. 2월 7일 추도회 참여 호소, 당국의 방해 포기, 평화 추도회 보장

모두가 참여할 수 있는 행동 지침

10개 항의 참가 요령도 결정했는데, 이 요령은 특히 2월 7일 오후 2시 명동성당 추도회에 맞추어 각자의 위치에서 추도 묵념을 할 것, 모든 직장·가정과 해외 동포들도 추도 모임을 가질 것, 모든 차량의 추도 경적과 모든 종교 기관의 타종 등을 호소했다. 누구나 원하는 사람은 전화, 서신, 방문으로 준비위원

이 될 수 있다고 했다. 또 8개 항의 '준비위원 행동지침'을 발표했다. 이 가운데는 보안사, 안기부, 치안본부에 전화, 서신, 방문으로 항의할 것, 신문사, 방송국 등 각종 언론매체에 전화, 서신, 방문으로 공정보도를 촉구할 것, 이 운동에 필요한 기금 마련을 위해 1,000원씩을 내자는 것 등이 포함되었다. 김상근 목사를 예금주로 한 7개의 은행계좌를 밝혔다. 전국 교회 목회자에게는 별도의 참여촉구 서신을 보냈다. 연합기도회와 2월 중 고문철폐 기도회를 가져주기를 호소했다.

28일 민추협 상임운영위원회 회의에서 간사장 김병오는 2월 7일 추도회 개최와 관련하여 재야 연대기구에서 결정된 사항을 자세히 설명했다. 특히 김대중은 "민추협 조사단이 오연상 교수의 증언을 녹취를 한 것이 수사기관이나 정부에서 사실을 은폐하지 못하도록 했다고 본다. 결정적 증언이다."라고 말했다. 31일에는 민추협에서 추천 준비위원 위촉 서한 1,541통을 일일이 본인에게 발송했다. 2월 1일에는 2차 준비위원 추천자 11,550명의 명단을 작성해서 재야 연대기구에 제출했다. 부장 유성효가 부산의 박종철 집을 위로 방문하고 왔는데, 박종철의 아버지로부터 아들이 항상 몸에 지니던 학생증, 주민등록증, 콘택트렌즈, 손가방 등을 경찰에게서 돌려받도록 해달라는 부탁을 받았다고 했다.[108]

민추협 조사단 검안의사 증언 녹취

2월 2일 민추협 양 공동의장은 기자회견을 가지고, "박 군 사건에 대해 정부는 반성하거나 고문을 근절하겠다는 의지를 보이지 않고 있다."고 지적하고, "준비위원회 모임조차 막고 있는 것이 그 증거"라고 하며, "추도회는 평화적 비폭력적 방법으로 할 것이므로, 이를 방해함으로 발생하는 사태에 대해서는 정부가 책임져야 한다."고 정부가 추도회를 막기 위해 국민을 협박하고 있는 것을 공격했다.

검찰과 경찰은 국민추도회를 불법으로 규정하고 원천봉쇄하기로 결정했다고 밝혔다. 민추협은 홍보 전단 16만 장을 만들어 25개 배포조를 통해 배포하고, 〈민주통신〉 23호를 발간했다. 2일 의장단회의와 4일 상임운영위에서는 모처럼 기쁜 소식으로 로이터 통신이 1월 31일 독일 발로 전한 김대중 공동의장이 노벨평화상후보로 추천되었다는 소식을 권노갑이 보고했다. 추모회 원천봉쇄

'국민추도회 준비위'는 2월 2일 회합을 가지고 준비위원 1만 2,282명을 추가하였는데, 이로써 준비위원은 2만 2,064명이 되었다.김도현, 2008, 63쪽. 이 날은 2월 7일 행사의 구체적 준비를 의논했다. 먼저 당국의 방해를 규탄하는 내용의 성명을 내기로 했다. 민추협은 이날 성명을 채택했다. 구호는 "고문 없는 나라에서 살고 싶다." 정도로 단순화했다. 당국이 성당과 교회가 추도회에 활용되는 것을 문제를 삼았는데, 천주교 측은 성당은 '국민의 성당'이라고 반박하는 내용의 성명을 냈다. 당일 1시 반에서 3시 반까지는 현장에서 버티기로 하고, 당일 역할 담당자는 새벽 미사오전 6시 반에 참석하기로 했다. 명동성당 사제단 차는 구내에서 경적을 울리기로 했다. 민추협의 양 김 의장과 이민우 신민당 총재가 추도사를 하기로 했다. 이날 회의에서는 행사에 소요되는 경비 즉, 돈 걱정이 있었다.[109] 돈 걱정

민추협은 추도회 참여를 위해 10개 반으로 조직을 편성하여 반장과 간사를 정하고, 조선호텔 근처 다방을 집결지로 정했다. 역할 담당자는 명동성당이 봉쇄될 것에 대비해 김병오 등의 회직자를 전일 경찰 봉쇄망을 뚫고 사전에 투입시켰다. 5일 오전

8시 40분 경찰은 압수수색 영장을 가지고 민추협 사무실을 압수수색하면서, 〈민주통신〉 23호와 추도회 홍보 전단을 찾았으나 한 장도 찾지 못하고 돌아갔다.

치안본부는 4일 전국 경찰에 비상근무령을 내려 추도회에 대비했다. 2월 7일 명동성당은 봉쇄되어 국민추도회 준비위원이나 시민들이 들어갈 수 없어 정상적인 국민추도회가 불가능했다. 미리 들어가 있던 민추협 부간사장 김병오 등과 전국의 사제단 80여 명, 학생과 시민 수백 명이 모인 가운데 추도 미사와 약식 추도회를 할 수 밖에 없었다. 이날 민추협 두 공동의장은 이렇게 추도했다.[110]

> 그대의 아픔과 죽임을 당한 것은 우리 모두를 대신한 것입니다. 그대는 죽지 않고는 살 수 없다는 것을, 그대의 죽음으로 우리를 살리려 했다는 것을, 우리 자신의 죽음 없이는 우리 이웃과 우리 후손의 삶이 없다는 것을 가르치려 했습니다.

직장인 시위 참여

"고문 없는 나라에서 살고 싶다."

민추협 회직자들은 7일 오전 10시 반부터 미도파백화점과 조선호텔 근처에 분산하여 잠복 대기하다가, 11시 40분부터 1차 집결지 미도파백화점 앞에서 전경과 몸싸움으로 부딪쳤다. 시민들이 모이고, 점심시간이 되면서 근처 사무실에서 직장인들이 몰려 나와 군중은 더 불어났다. 회직자들은 오후 1시부터는 준비해 간 "고문 없는 나라에서 살고 싶다", "박종철을 살려내라"라고 쓴 대형 플래카드와 박종철 영정과 붉은 장미 한 송이씩을 들고, 간사장 황명수를 앞세워 "고문추방", "독재타도" 등의 구호를 외치며 명동으로 나아갔다. 겹겹으로 막아선 전경의 철벽과 대치하였다. 주변을 메운 수천 명의 시민과 함께 밀고 밀리는 대치가 계속되었다. 연거푸 최루탄이 발사되고, 눈을 뜰 수 없고 숨이 막혔지만, 1시간 이상 "임을 위한 행진곡" 등의 노래를 제창했다.

2시 넘어서 김창근, 박영록, 박종태, 안필수, 용남진, 최영근, 태윤기 등 부의장을 앞세우고 회직자가 모여 조선호텔 앞에서 노상 추도회를 가졌다. 무장을 한 100여 명의 사복 경찰이 추도회를 방해하기 위해 뛰어들고, 최루탄이 터지는 속을 밀고 밀리며 추도회를 마쳤다. 상당수 젊은 회직자들이 경찰에 강제 연행되었다. 한편 민추협 사무실에서는 1시 45분부터 1시간 동안 건물주와 다투면서 옥외방송을 하였다. 대형 확성기 3대로 고문추방과 박 군 추모의 구호를 외쳤다. 사무실로 돌아온 회직자들은 지방 추도회 결과를 전화로 보고 받으며 밤 11시까지 당직조를 편성해 대기했다. 9일 회직자들은 9개 조를 편성하여 시내 경찰서에 연행 구금 중인 회원과 시민들을 조사했다.

민추협, 옥외방송

이날 서울시내는 출발 예정지로 지정된 충무로, 3·1빌딩, 중앙극장 앞, 명동입구 등 5개 소와 소공동 일대, 을지로입구, 초동, 돈화문 앞, 종로2가, 종로3가, 광교 등 곳곳에서 추도회로 가려는 학생 시민들과 이를 막는 경찰 사이에 몸싸움이 벌어지고, 최루탄 연기가 뒤범벅이 된 가운데 "고문 없는 세상에서 살고 싶다", "독재타도" 등의 구호가 외쳐졌다. 도로를 점거하기도 했다. 학생들이 모인 곳에서는 투석전이 일부 있기도 했다. 길이 막히자 예정된 10개 소를 비롯한 곳곳에서 노상 추도회를 가졌다. 대부분 평화적인 시민 참여가 있었다. 성당과 교회의 타종과 거리의 추모 경적이 거리를 가득 메웠다. '국민추도회준비위'에 보고·집계된 바로는, 부산, 광주, 전남 완도·목포, 전북

전주·군산·이리, 대구, 경북 안동·포항, 경남 마산·울산 그리고 제주도에서 시위와 타종, 경적 울리기, 추도회가 있었고, 광주 37만, 전주 15만, 부산 2만 7,000 등 전국적으로 100만 명 이상의 국민이 참여하였다.김도현, 2008, 83쪽.

100만 명 이상 참여

당국은 국민추도회를 불법 집회로 규정함은 물론 형법상 소요로 처벌할 것이라고 경고하고, 6일에는 대대적인 검문검색이 있었고, 당일 택시는 명동 일대를 다니지 말라는 지시를 받았다. 전국 경찰 병력의 절반이 이날 추도식을 막기 위해 동원되었다. 경찰은 전국 69개 소에서 추도 집회가 있었고, 798명을 연행했다고 발표했다. 당국은 2·7추도회를 성공적으로 막았다고 보았다.

추도회는 그 이후에도 계속되기도 했다. 예컨대 2월 9일 천주교 안동교구교구장 두봉 주교의 주최로 안동문화회관에서 '박종철 추도식 및 고문 규탄대회'가 개최되었고, 경찰 6개 중대가 봉쇄한 가운데 안동교구 신부 전원과 수녀 50여 명 및 신도들이 참석했고, 시내 4곳에서 1시간 30분 동안 시위가 있었다.

3·3국민평화대행진

9일 민추협 대표도 참여한 국민추도회 준비위 공동위원장단은 이날부터 박종철의 49재 날인 3월 3일까지를 '고문 추방 및 민주화를 위한 국민 결의기간'으로 선포했다. 민추협은 양 김 공동의장이 조찬 모임을 갖고, 이어 정례 의장단회의를 열었다. 2·7추도회는 큰 성공을 거두었다고 평가했다. 민추협 - 신민당과 재야 그리고 시민이 연대에 성공했고, 폭력을 사용하지 않은

민추협·신민당·재야 연대 성공

평화적 비폭력 투쟁으로 '건전 노선'의 '건전 투쟁'이 성공했다고 볼 수 있다는 데 의미를 두었다. 그리고 국민추도회의 '결의 기간 선포'에 함께 참여하고, 추도회 기금 1,000원 모금에 동참할 것을 회원들에게 촉구했다. 이날 '국민추도회 준비위' 고문·공동위원장 명의로 발표된 발표문은 2·7추도회에 대한 국민의 참여와 당국의 방해를 평가하고, 국민결의 기간 동안 국민의 참여 방법을 제시하고 동참을 호소했다. 23일 '국민추도회 준비위'는 공동위원장단 연석회의를 열고 〈고문추방 민주화 국민평화대행진에 즈음하여 국민 여러분께 드리는 말씀〉을 발표하여, "고문추방은 고문정권에 맡길 것이 아니라 민주화와 함께 비로소 실현될 수 있는 우리 국민의 의무여 권리이다."라고 하며, "우리는 왜 행진하는가", "국민평화대행진에 이렇게 동참합시다" 등 국민평화대행진 행동지침을 밝혔다.

민추협은 25일 '고문살인 용공조작 등 인권탄압 폭로 규탄대회'를 개최하고자 했다. 이를 위하여 17개조로 나누어 서울 도심과 지하철역을 중심으로 홍보 전단 3만 장을 배포하기로 했다. 전단 배포 중 회직자들은 경찰에 연행되었다. 24일 새벽 6시부터 경찰은 민추협 사무실을 봉쇄하고 부의장들과 회직자를 자택에 연금했다. 연금을 피해 나온 회직자들은 인근 다방에 모여 대책을 숙의한 뒤, 사무실로 몰려가 경찰과 몸싸움을 벌였으나 입장하지는 못했다. 25일 경찰은 아침부터 수천 명이 동원되어 민추협 사무실과 일대를 봉쇄했다. 9시 반부터 회직자들은 "고문 추방", "살인고문 반대", "용공조작 반대"라고 쓴 소형 피켓을 들고, "독재타도" 등의 구호를 외치며 경찰과 대치했다. 경찰은 회직자들을 강제로 연행하여 4대의 버스에 마구 밀어 넣고, 서울 인근 고속도로로 싣고 가 내려놓고 사라지는 어처구니없고 황당한 방법으로 대회를 무산시켰다. 김영삼 의장도 노상에서 즉석연설을 할 수 밖에 없었다. 근처 민족문제연구소에서 기자회견을 갖고, 경찰의 처사를 비난하는 회견을 가진 뒤 오후에 김대중의 자택을 방문하여 회동했다.

26일 '국민추도회준비위'는 3·3평화대행진 세부계획을 밝혔다. 민추협 공동의장 김대중과 김영삼이 오후 1시부터 파고다공원 정문 앞에서 박종철 군 추도 묵념을 한 후, 고 박종철 군 국민추도회 준비위원회 공동위원장단 이민우 신민당 총재, 계훈제 민통련 의장대행, 박형규 목사, 김승훈 신부, 청화 스님, 박용길 장로, 이우정 교수 등과 함께 '고문 추방 민주화를 위해 국민들에게 드리는 메시지'를 발표하고 〈고문추방 민주화 국민평화대행진 국민결의문〉을 발표하기로 했다.

한편, '국민추도회 준비위'는 26일 내무부장관정호용에게 평화대행진을 보장하라는 내용의 공문을 내무부를 방문하여 전달했다.[111] 그리고 〈우리는 왜 행진하는가〉, 〈국민 평화대행진에 이렇게 동참합시다〉 등 행진의 목적과 참여 방법을 알리는 전단을 만들어 시민들에게 나누어주었다. 그 자체가 고문추방 민주화운동이었다.김도현, 2008, 109쪽.

민추협은 27일 운영위원 전원에게 3·3평화대행진 안내 서한을 발송했다. 28일에는 17개 조로 나누고, 부의장을 조장으로 해서 홍보 전단을 배포했다. 3월 2일 민추협은 3·1절 기념식을 가진 뒤당시 양 김 공동의장은 연금 당했다. 김영삼은 신민당 성북지구당(위원장 이철) 개편대회에 참석한다고 정당행사라는 이유로 연금이 해제되었다. 5개 조로 나누어 집결지를 지정했다.

3월 3일 민추협 회직자들은 유인물, 현수막, 풍선 등을 준비·소지하고, 11시 45분까지 각 집결지에 도착하여 12시 정각에 행진을 시작했다. 경찰의 제지에 막히자, 부의장 김명윤·김창근·조윤형, 간사장 황명수 등과 회직자들은 종로2가 노상에서 추도행사를 했다. 경찰은 회직자들을 강제로 버스에 실어서 동작동 국립묘지 앞에 내리게 했다. 또 다른 회직자들은 남대문서, 종로서, 마포서, 서부서 등에 강제 연행했다가 5시가 넘어서 석방했다. 사무실에서는 대형 확성기 4대를 비상 전원에 연결하여 옥외방송을 했다. 검은 십자 테이프를 붙인 마스크를 한 '국민추도회 준비위' 위원들과 학생·시민들은 종로, 청계천, 을지로 등에서 소형 태극기를 들고개신교 목사들은 나무십자가를 듬 행진하였는데, 이들의 행진을 경찰은 최루탄과 사과탄으로 막았다. 목표 지점으로 정한 파고다공원 입구에는 "내부 수리 중"이란 팻말이 붙어 있었고, 경찰이 겹겹이 막아섰다. 경찰은 '3330작전'이라는 작전명 아래 6만 명이 동원되어 서울시내 곳곳에서 삼엄한 경계로 파고다공원으로 가는 길을 막았고, 전국에서 439명을 연행했다.

정치권, 재야 연대 완전 회복

민추협, 신민당 등 정치권 민주화운동세력은 박종철사건 이후 진상조사, 2·7추도회, 3·3평화대행진까지 재야 민주화운동단체와 함께 슬퍼하고 분노하고 투쟁했다. 이 과정을 통해 5·3 인천사태 이후 생겨난 재야와의 거리나 갈등은 거의 완전하게 해소되었다. 86년 개헌서명운동과 지역 현판식운동을 통해 정치권과 재야의 연대가 이루어질 때 국민적 대중 동원력이 극대화된다는 것은 이미 확인되었다. 민주화운동의 성패는 결국 여기에 있다는 것을 정치권과 재야가 함께 깨닫고 실천해 간 과정이라고 하겠다.

사법부 맹성 촉구 서한

특기할 것은 민추협은 86년과 87년 두 차례 김대중, 김영삼 공동의장 명의로 사법부의 법관 전원에게 필사 편지를 보내어 맹성을 촉구했다. 1986년 3월 25일자로 권인숙 성고문사건과 민추협 개헌청원서명부 압수수색사건 뒤, "시위 학생들에 대한 무차별 대량 구속, 재야 민주인사와 정치세력에 대한 불법 연행, 구금, 압수수색 등 탄압 행위가 사법부의 지원 아래 행하여지고 있다."고 지적하고, 그 "원천적 책임은 독재 권력에 있지만, 사법부도 동반 관계를 맺어가고 있다는 의구심이 확산하고 있다."하며, "법치주의의 수호자로서 사명을 완수하여 줄 것을 기도하는 심정으로 호소한다."고 했다. 다시 1987년 3월 박종철 고문치사사건 뒤 민추협 양 공동의장은 거듭 법관의 맹성을 촉구하는 장문의 서한을 보냈다. "운동권 학생과 민주인사들이 공판정에서 법관들에 대하여 특정 정권의 하수인 앞잡이들이라고 서슴없이 외쳐대고 공판을 거부하는 사례가 비일비재하다."고 지적하고, 현 정권 등장 이래 "위헌 제청이 단 한 건도 없고, 필요적 보석이 시국사범에게는 한 건도 허가된 것이 없고, 야당, 재야단체에는 압수수색 영장이 한 건도 기각된 것이 없다."는 것을 지적했다. 그리고 "국가보안법 위반의 경우, 피고인의 변소에도 불구하고 증거 없이 사실로 인정한다."고 지적하면서, 국민의 신뢰 받는 사법관이 되기를 간절히 바란다고 했다.

이민우 구상과 미국

86년 12월 24일 이민우 구상이 발표된 이후, 12월 26일, 87년

1월 7일, 1월 15일에 김영삼 - 이민우, 김영삼 - 김대중, 김영삼 - 김대중 - 이민우 회동이 이루어지고, 이 자리에서 이민우 구상 철회와 직선제가 재확인되었다. 15일 회동에서 이민우의 임기를 보장하고, 대신 5월 전당대회에서 김영삼을 총재에 추대할 것을 약속했다. 그럼에도 이민우 구상은 소멸되지 않았다.

소멸되지 않는 이민우 구상

신민당 민추협계 주류의 혼선이 부침하고 있는 사이에 민정당, 비민추협계, 미국 등 외부의 충동이 혼선을 더욱 복잡하게 만들었다. 민정당은 86년 이민우 구상이 발표되자, 7개항 요구를 긍정적으로 검토할 용의가 있다고 화답하고, 협상기구 설치를 제안했다. 87년 3월 10일 노태우 대표는 "이 총재의 임기가 5월 전당대회까지로 볼 때 그 이전에 개헌 정국을 매듭짓는 것이 좋다. 그의 민주화 7개항은 우리의 내각제개헌안에도 충분히 포함되어 있다. 이 총재가 선민주화 구상을 재론한 것은 국민 여망과 우방의 의견을 수렴해 이를 관철시키려는 뜻이다."라고 말하는 등 이민우 구상을 개헌 문제의 돌파구로 삼으려는 듯한 분위기를 풍겼다.

민정당의 맞장구

미국은 86~87년에 국무장관 조지 슐츠, 아시아 태평양담당 차관보 캐스턴 시거, 동아시아 태평양담당 부차관보 윌리엄 클라크, 주한미대사 릴리 등을 통해 한국 정치에 영향을 미치는 발언을 쏟아냈다. 슐츠는 86년 5월 이민우가 미국을 방문했을 때 "직선제만이 민주주의는 아니다. 직선제에도 여러 변형이 있다. 대화와 타협이 중요하다."고 말했다고 한다. 1987년 2월 6일 시거는 한미협회 연설에서 한국 정세 전반에 대해 언급하며, '개방적 정치제도', '국민의 여망에 대응하는 정치제도'와 '타협과 합의에서 나오는 헌법'을 촉구했다. CIA 출신으로 아시아에

미국 측 타협과 대화 강조

대한 학식과 경력을 갖춘 주한대사 제임스 릴리는 전임 워커가 야권 지도자를 한 번도 만나지 않을 만큼 정권을 두둔하는 것으로 비친 것과는 달리 김영삼 등 야권 지도자를 만났다. 3월 4일 슐츠의 방한 때 선발대로 먼저 온 클라크는 양 김과 이민우를 만났다. 양 김과의 만남보다 이민우와의 만남이 더 관심을 끌었다. 이 자리에서 이민우의 7개항을 거론하며 집중적 관심을 보이고, 이민우의 역할에 기대를 건다고 하고, 다른 정치인과의 만남에서도 이민우 구상에 대하여 계속 관심을 표시했다. 87년 3월 방한한 슐츠는 "중용과 비폭력적인 정치 변화를 지지", "타협과 대화"를 강조하고, 폭력과 가두 정치에 단호히 대처하겠다는 정부의 입장에 대한 이해를 표시했다. 이러한 미국 측 발언에 대하여 양 김 측은 대체로 부정적이었고, 일반에게는 이민우 구상을 고무시키는 것으로 받아들여졌다.

이민우 구상은 권력구조가 아니라 민주적 개혁으로 비추어져 한국 현실 정치에 밝지 않는 외국인 등에게는 합리적인 것으로 해석될 수 있다. 클라크도 이런 인식을 드러냄으로써 이민우 구상 지지로 해석되고, 나아가 미국의 정책으로 보여지기도 했다.대한민국역사박물관, 2017, 179쪽.

비주류의 이철승은 2월 19일 기자회견을 열어 지론인 의원내각제를 주장하고, 민정당의 내각제는 수상에게 과도하게 권력집중이 되어 있다고 말하고, 선택적 국민투표도 흑백논리를 유발하는 것이어서 반대한다고 했다. 이런 주장이 당론을 위배했다고 양 김은 제명 방침을 굳히고, 23일 당기위에 제소했다. 이에 반발하여 이철승 지구당 당원 등 100여 명이 총재실과 당사를 점거했다. 이미 비민추협계 비주류 의원 8명은 1월 8일

'민주연합'이란 명칭으로 단체를 결성하고 있었다. 제2야당이라고 할 국민당 총재 이만섭은 "개헌은 힘이 아닌 합의로 해야 한다."고 하고, "정국 혼미는 지도자의 책임이며, 정권욕을 버려야 한다."고 총재 재선 회견에서 말하였다. 정권욕은 양 김을 빗댄 것으로 이해되었다.

비민추협계 단체 결성

통일민주당 창당

신민당은 5월 전당대회를 앞두고 3월 초부터 전국의 지구당 개편대회가 시작되었다. 따라서 전당대회에서 나타날 지도체제와 노선이 준비되어야 했다. 양 김은 2월 21일 김영삼을 총재에 추대하는 것에 합의했다. 하지만 이민우는 "특정인 지지보다 경선이 자연스럽다."라고 불쾌한 입장을 나타냈다. 이런 문제를 조정할 3자 모임은 이민우의 회피로 이루어지지 않고, 3월 10일 이민우는 다시 '선민주화론'을 거론했다. 이에 김영삼은 지구당대회 참석 거부를 선언했다. 양 김의 주류는 더 이상 이민우와의 동거가 불가능할 때를 대비하는 결정을 내렸다. 3월 12일 상도동계와 동교동계는 각각 국회의원 모임을 갖고, "① 대통령직선제 고수 ② 양 김의 지도노선을 지지하고 행동을 같이 한다. ③ 직선제를 희석시키는 어떤 행동도 배격한다."라는 요지의 결의문에 양측 의원 70명의 서명을 받았다. 신민당 의원 중 비서명 의원은 20명이고, 이민우의 비서실장과 총재 보좌역들까지 서명에 참여하였다.

직선제 희석 반대 서명

양 김은 다시 6인 소위를 만들어 당무를 주도하기로 했다. 나아가 양 김은 17일 신당 창당에 합의했다. 이에 김영삼과 이민

신당 창당 합의

우의 정치적 인간적 인연을 생각하여 박관용 등이 "인석仁石, 어진 돌이란 뜻의 이민우의 호은 거산巨山, 김영삼의 호 안에 있지 않습니까." 라며 화해를 권유하고, 이민우의 대변인 홍사덕과 김영삼의 비서실장 김덕룡이 마지막 노력으로 이민우와 김영삼의 회동을 마련했다. 이 자리에서 합의문을 내고, 사태를 완전히 수습하는 모습을 보였다. 3월 31일 양 김과 이민우는 3자 회동을 가지고 노선문제를 정리하면서, 내각제를 주장한 이철승과 역시 내각제를 주장하고 양 김의 퇴장을 주장한 이택희를 이민우 총재 책임 아래 징계할 것에 합의했다.

이철승, 이택희 징계 요구

4월 4일 이철승·이택희 징계 문제를 다룰 당기위원회가 열릴 예정인 신민당 중앙당사에 이택희 의원의 충주지구당 당원을 자처하는 청년 200여 명이 몰려와 사무실을 점거하고 멱살잡이와 폭력행위가 있었고 유혈사태로까지 발전했다. 폭력을 휘두른 다수는 충주지구당원이 아니었다. 사무총장 유제연은 공권력 개입을 요청했다. 동대문경찰서장이 현장을 직접 목격하고도 정당 내부 일에 간여할 수 없다고 하며, 경찰은 수수방관했다. 김영삼과 김대중에 관한 극심한 인신공격과 비방을 담은 내용의 유인물이 뿌려졌고, 그 안에는 정보 당국이 아니면 알 수 없는 것도 포함되어 있었다. 양 김 측은 "5공으로부터 패륜아로 몰려 구속된 사람이 그 하수인이 되었다."이택희를 지칭고 비난했다. 당무는 마비되고 당사에서는 회의조차 할 수 없었다.

신민당사 점거

사태가 이에 이르자, 양 김은 6일 민추협에서 회동하여 분당과 신당 창당으로 결론을 냈다. 김영삼은 "대낮에 공당이 불법천지로 변할 수 있는 게 특정 세력의 비호 없이 가능하겠는가? 나에 대한 가처분 신청[112]은 76년 각목대회[113]와 79년 총재직

각목대회

무정지 가처분신청[114]과 같은 공작이 재연된 것이다. 정보정치의 소산"이라고 단정했다. 4월 8일 신민당 상임고문이자 민추협 공동의장인 김영삼은 4개 항으로 된 신당을 창당한다는 내용의 성명을 발표했다. 기자회견장인 민추협 사무실에는 67명의 현역 의원, 민추협 회직자, 신민당원이 모였다. 선거혁명의 돌풍을 일으켰던 신민당을 소멸시키고, 민주화와 민주개헌운동의 정치적 주역을 자임할 새로운 정당을 창당하겠다고 선언하는 기자회견이었다. 연금으로 참석치 못한 김대중과의 공동명의였다. 성명의 요지는 다음과 같다.

신당 창당 선언

> ① 신민당 내분은 당내 사건이 아니라 전정권의 공작정치의 소산이다.
> ② 5월 전당대회를 불가능하게 한 불순 세력과 결별하고, 민주화 대업을 성취할 신당을 창건할 수밖에 없다.
> ③ 긴박한 상황으로 충분한 논의를 거치지 못했지만, 극소수를 제외한 신민당 의원의 동참을 호소한다.
> ④ 기본방침으로 대통령직선제개헌, 비폭력 평화적 민주화투쟁, 근로자와 중산층을 포함하는 국민적 건전노선, 국가안보와 남북평화체제임을 밝힌다.

공작정치

신당을 창당하겠다는 선언에 대하여 민정당은 발작적 반발을 보이는 특별성명을 발표했다. "두 김 씨의 신민당 교살행위"라고 분당을 비난하면서, 신당을 "두 김 씨의 사제私製정당"이라고 매도했다. "신민당이 와해된 것은 민정당의 합의개헌 노력을 말살하려는 기도"라고 하면서, "두 김 씨에 의해 개헌정국의 전도를 풍전등화의 위기로 몰고 가 합의개헌을 좌초시키고, 정치적 파국을 책동하는 것이 아닌가 하는 불안감을 국민에게 안

"신당은 두 김 씨의 사제정당"

겨 주고 있다."고 했다. 합의개헌 파괴와 파국의 책임을 전적으로 떠넘기며, 새로운 강경시대의 도래를 예고하였다.

신당 측은 9일에 주비위원회를 구성하고, 당명을 '통일민주당'으로 정했다. 신민당 국회의원 90명 가운데 74명이 신당에 참여하고, 원외지구당위원장도 다수 가세했다.교섭단체 등록 때는 67명만이 했다. 일부가 정권의 작용으로 입당하지 않았다. 발기인 500명 선정은 민추협 회원과 동교동계의 민권회와 민주헌정연구회, 상도동계의 민족문제연구소와 민주산악회 회원 등 희망자가 넘쳐나서 어렵지 않았다. 기존 신민당 의원수는 하루아침에 국회 교섭단체 구성에도 미달하게 됐다. 창당발기인대회는 당초 장소 계약을 한 명동의 YWCA가 사용을 거부하는 바람에 민추협 사무실로 옮겨 개최했다. 대회에서는 발기취지문과 결의문을 채택했다. 창당준비위원장에 김영삼을 선출하고, 부위원장에 최형우·이중재·양순직·노승환·김수한 등을 선출했다. 김영삼은 "신당 창당은 군사독재 종식투쟁의 새로운 보루를 세움으로써, 마침내 2·12선거혁명의 정신을 우리의 역사적 소명인 평화적 정권교체로 완결 짓기 위한 것"이라고 선언했다.

옥상에서 손 인사

김대중에 대한 연금은 강화되었다. 4월 8일 아침 마포경찰서장은 김대중 자택을 찾아와 형집행정지 중에는 정치활동을 할 수 없으며, 민추협이나 민권회에 출입할 수 없다고 통고했다. 300여 명의 사복경찰이 집을 에워싸고 전경버스 10여 대를 배치하고, 교회 출석, 병원 치료, 친지 방문도 금지했다. 김영삼을 비롯한 외부 인사의 방문, 비서진의 출입을 모두 막았다. 김영삼 등 방문자는 이웃집 옥상으로 올라가 50여 미터 거리를 두고, 김대중과 손 인사를 하고 돌아갈 수밖에 없었다. 김영삼은

"병력을 동원하여 김 의장을 감금하는 것은 김 의장과 나와의 분열과 야당파괴 공작이 실패하자, 창당을 두려워하고 초조한 나머지 나온 공작정치"라고 규탄했다.

김대중은 "감금조치가 정부가 취한 '정치활동 금지 해제'를 스스로 유린하는 것이며, 법을 어겼으면 차라리 감옥에 넣지 2년 동안 53회나 불법 연금을 하는 것은 무엇으로도 변명할 수 없다."고 항변했다. 이후 김대중에 대한 연금은 더욱 강화되어 10일부터는 자택이 봉쇄되고, 13일 이후는 직계 가족과 기자들도 통행이 차단되었다. 그는 연금 기간 동안 워싱턴포스트, 뉴욕타임스, 로이터, 르 몽드, CBS, ABC 등 외신과 전화로 회견을 하고, 계보 모임인 민권회를 통해 정치적 의견을 보내고 있었다. 민권회는 이중재회장, 양순직, 노승환, 이용희, 유제연 등 5인 위원회가 이끌고, 권노갑이 당과 김대중 계보 모임을 총괄적으로 연결하고 있었다.

민권회

신당은 4월 25일까지 48개 지구당을 창당하는 과정에서 21개 지구당 대회가 방해를 받았다. 백주에 당원 아닌 괴청년들이 차량으로 몰려와서 각목과 쇠파이프를 휘둘러 창당을 방해한 것이다. 신당은 정부 권력의 비호 아래 경찰이 방관하고 있다고 규탄했다. 이른바 '용팔이사건'으로도 불리어진 정치 깡패를 동원한 통일민주당 창당방해사건은 안기부장 장세동이 통일민주당 출현을 막기 위해 이택희와 이택돈에게 자금을 지원하고, 이들이 조직폭력배를 동원해서 일으킨 안기부의 대표적 정치공작사건이다.[115] 신당에 참여한 이철은 국가모독죄로 전격 기소되고, 박찬종은 국제회의마저 참석하지 못하게 하였다. 당국이 재판계류 중임을 이유로 출국금지를 시킨 것이다. 김용오는 경

각목 쇠파이프 창당 방해

용팔이 사건

제사범으로 구속되었다. 이렇게 극심한 방해 가운데서도 신당 창당에 참여자가 집결한 것은 민주화에 대한 국민의 열망을 반영하는 것이지만, 참여자들에게는 여기에 편승하는 것이 다음 대선 또는 총선에서 정치적 진출에 유리하다는 판단이 있었기 때문이기도 하다. 2·12총선의 경험이 그것을 말한다. 정치권 민주화세력에 참여한 개인은 정치적 야망과 입신을 민주화와 함께 실현하고자 하는 사람들이기도 하다.

어려움 가운데서 통일민주당은 5월 1일 창당되었다. 〈민주통신〉 24호는 신당통일민주당이 왜, 어떻게 창당되어야 하나를 밝혔다.

4·13호헌조치와 호헌반대 역풍

개헌 논의 중단

4월 13일 정치권 민주화세력이 신당 창당을 선언할 때, 같은 시간에 대통령 전두환은 돌연 TV와 라디오로 중계된 〈특별담화〉를 발표하여 그동안 계속하던 개헌논의를 일방적으로 중단시키겠다고 선언했다. 요지는 다음과 같다.

> 임기 중 개헌이 불가능하다고 판단하고, 현행 헌법에 따라 내년 2월 25일 임기 만료와 더불어 후임자에게 정부를 이양할 것을 천명한다.…… 평화적 정부 이양과 서울올림픽이라는 양대 국가대사를 성공적으로 치르기 위해, 국론을 분열시키고 국력을 낭비하는 소모적인 개헌 논의를 지양할 것을 선언한다.…… 민주 발전의 기반을 넓히고, 사회 안정과 국민 화합을 위하여 단계적 지자제를 실시할 계획이다.

15일에는 민정당 소속 국회의원 전원을 청와대로 불러 "이번 조치는 비상한 의지가 담겨있는 만큼 강력하게 밀고 나가야 한다. 내부 문제를 대화와 타협으로 해결하지 못하는 세력과 개헌 문제를 해결하는 것은 불가능하다. 집단적 개헌 논의는 강력하게 대처하겠다."고 하여, 보다 강경한 자세를 예고했다. 또한 정부 여당은 대통령선거 일자를 12월 15~20일로, 후보 지명은 6월 15일경으로 잡는 등 특별 담화의 개헌유보에 따른 일방적 정치 일정을 밝혔다. 특별 담화는 대통령직선과 내각제로 비록 내용은 달랐지만, 개헌을 향해 함께 가던 개헌 정국을 일시에 역행시키는 충격적인 것이었다.

전두환은 2월부터 개헌을 88년 이후로 미루겠다는 구상을 특별 선언으로 발표하기 위한 준비를 안기부장 장세동에게 지시하여 참모 박철언에게 실무 작업을 하게하고, 대변인실에도 대비하게 했다.서중석, 2011, 107~109쪽. 처음부터 개헌에 본의가 없었고, "작전作戰에 자신이 있다."고 자부하는 전두환으로서는 야당의 분당과 신당 출현은 합의개헌 실패의 책임을 전가할 수 있는 명분이며, 동시에 야당이 선명성 강화가 아닌 분열의 허점을 보이자 야권을 제압할 절호의 기회를 잡은 것으로 파악하여 충격적 공격을 가한 것이다. 여기에 신민당 개헌서명운동이 고개를 숙였고 박종철 추모 분위기도 진압했다는 판단 그리고 미국이 권유하는 대화와 타협도 그 불발의 책임을 야권에 돌릴 수만 있다면 부담을 면할 수 있다는 시각, 이러한 것들이 공격 개시의 시점을 결정하게 했을 것이다.

"작전에 자신 있다."

그러나 이것은 체육관에서 대통령을 뽑고 작전하듯 밀어붙이는 식의 국가 운영이 더 이상 용납되기 어렵고, 이제는 민주화와 개헌으로 진화되어야 한다는 것이 정치적 야망과 권력욕을 가진 야당 정치인만의 요구가 아니라 일반 국민과 시대의 요구임을 간과한 것이었다.

마침 부활절을 맞아 김수환 추기경은 메시지를 발표했다. 김

추기경, "국민에게 슬픔 안겨"

추기경은 메시지를 통해 다음과 같이 분노에 가까운 깊은 실망을 표했다.

> 국민의 여망과 밝은 새 시대를 열 것으로 기대했던 헌법개정의 꿈은 기만과 당리의 술수 아래 무참히 깨졌다. 마지막까지 우리는 통치권자의 마음을 비우는 결단을 기대했지만, 막상 내려진 이른바 고뇌에 찬 결단은 한마디로 말해서 국민에게 슬픔을 안겨 주었고, 생각하는 이들의 마음을 더 큰 고뇌로 가득 차게 했으며, 이 땅 위에는 다시 최루탄이 그칠 줄 모르고 터져 국민의 눈과 마음속 깊은 곳에는 눈물이 마를 날이 없게 됐다.

뿐 아니라 대한변협회장 문인구, KNCC회장 김지길, 민통련이 호헌론을 비판하고 나섰다. 대학가에도 호헌이 장기집권을 위한 것

미 국무성 호헌론 비판

이란 내용의 대자보가 나붙었다. 미 국무성도 부정적 논평을 내고, 미국의 주요 언론도 다투어 호헌조치가 미국의 반대를 부를 것이고, 안정이 아닌 혼란을 초래할 것이란 내용의 보도와 논평을 냈다.

통일민주당 창당에 박차를 가하고 있던 창당준비위원장 김

김영삼 실세대화 제의

영삼은 14일 민추협에서 가진 기자회견을 통해 "개헌을 위해 책임 있는 사람끼리 실질적 대화를 갖자."고 제의하고, "우리의 제의를 거부한다면, 우리가 아무리 대화와 타협 의회주의 원칙을 지키려 해도, 국민적 궐기를 회피할 수 없다."고 했다. 실질

적 대화는 전두환과 양 김 또는 자신과 전두환·노태우의 회담 어느 것이나 좋으며, 연말까지 남아있는 9개월이면 국민투표와 선거에 걸리는 기간을 2개월로 잡아도 개헌 협상에 7개월을 할애할 수 있다고 하면서, "납득할 수 없는 시간 부족을 내세우거나, 자신의 개헌 의지 결여를 남에게 뒤집어씌우지 말고 실질적 대화에 응할 것을 요구한다."고 했다.

통일민주당은 14일 개헌 유보 4·13조치에 대한 공개 토론을 제안하고, 김영삼은 17일 "현 헌법 아래서는 대통령선거에 불참하겠다."고 선언했다. 그러나 민정당 대표 노태우는 18일 "88년 정권교체와 올림픽이 끝난 후 내각제 합의개헌 노력을 하겠다."고 기자회견에서 밝혔다.

29일 통일민주당은 소속 의원 67명으로 국회에 원내 교섭단체 등록을 하고, 5월 1일 서울 종로구 흥사단 강당에서 창당대회를 개최했다. 대의원 701명이 참석하고, 1,000여 명 이상 당원·시민이 거리에서 옥외 확성기로 진행을 들었다. 준비위원장 김영삼이 총재로 선출되었고, 이중재, 노승환, 이용희, 양순직, 박용만, 김동영, 최형우가 부총재에 지명되었다. 상도동계 부총재 지명에 대하여 신문은 "이제부터 양 김씨의 경쟁이 본격화되는 데 대비해서 충성심과 저돌적인 인물을 뽑았다."고 논평했다. 민추협과 마찬가지로 조직은 철저히 양 김계가 50 대 50으로 참여하였다. 김영삼은 취임 인사에서 "민주당은 선명하고 강력한 민주화투쟁과 실질 대화를 현 단계 투쟁노선으로 설정한다."고 하며, "4·13 개헌유보조치는 현 정권과 국가를 불행하게 하는 제1요인이다. 일방적 정치 일정과 체육관대선에는 참여하지 않을 것"이라고 선언했다. 김영삼은 기자와의 일문일답

통일민주당 창당

'체육관선거' 불참

에서 재야와의 연대투쟁에 대하여 "재야인사들은 정치인과 생각이 다르고 정치할 분도 아닙니다. 깊은 유대와 긴밀한 연대감은 갖겠지만, 개헌논의 재개투쟁을 위해 우리 당을 포함한 범야기구 구성은 생각지 않고 있습니다. 당내에 대외협력 기구를 만든 것도 이 때문입니다."라고 말했다.동아일보 1987년 5월 1일자 통일민주당은 단일지도체제 당헌, 창당선언문, 정강정책, 결의문, 국민에게 드리는 메시지를 선택하고, 〈김대중 자택봉쇄 규탄 및 연금해제 촉구 결의안〉을 채택했다. 민통련은 "고난과 시련을 딛고 반독재 민주화투쟁에 국민과 함께 하는 한 끝까지 성원하겠다."고 성명했다.

민정당, "민주당 창당은 폭거"

민정당은 신당 창당에 대하여 극도의 반감으로 대응했다. 대변인 심명보는 1일 〈신당 창당에 대한 민정당의 입장〉이란 제목의 성명을 내고, "양 김 씨가 사욕을 앞세워 국민 여망인 합의개헌을 저버리고, 국회의원을 인질로 잡아 폭력으로 규합하는 등 반민주적 폭거로 통일민주당을 결성한 것은 우리 정치사에 길이 오점으로 남을 것"이라고 하고, "정치 발전에 기여할 것이란 한 가닥 기대를 걸고 앞날을 주시할 것"이라고 했다. 민정당은 김 총재 취임 인사가 현 헌법 하의 선거를 북한의 선거와 비교하고, 88올림픽을 나치스의 베를린올림픽에 비교한 부분과 정강정책의 통일 관련 항목에 대하여 공개질의 형식으로 비난을 퍼부었다. 검찰은 정강정책 작성에 관여한 이협, 안경율, 김경두에 대하여 소환장을 발부했다. 당명이 통일민주당인 만큼 통일 문제에 진취적 기상을 보여주기 위해 '민족사적 제1과제'라고 표현했다.안경율, 2022, 57쪽.

'4·13호헌조치'에 대하여 통일민주당 김영삼 총재가 취임사

호헌철폐운동의 확산

에서 강력히 철회를 요구한 데 이어, 호헌 반대 불길은 사회 각계와 전국으로 확산해 갔다. 신부, 목사, 수녀, 교수, 교사, 학생, 기자, 문인, 출판인, 변호사, 의사, 약사, 연극인, 미술인, 재야인사들이 집회, 시위, 단식기도회, 농성, 삭발, 성명 발표 등으로 호헌반대를 주장했다. 천주교계에서는 5월 30일까지 서울, 광주대교구 등 전국 11개 교구의 신부 343명이 단식기도에 참여했다. 천주교정의평화위원회는 '호헌철폐 민주개헌서명운동'에 6월 4일까지 571명의 신부가 참가했다고 밝혔다. 천주교정의구현전국사제단은 개헌논의 자유와 민주개헌을 촉구하는 내용의 성명을 냈다. 개신교계에서는 9개 지역 250명의 목회자들이 단식기도에, 이중 100여 명은 삭발했으며, 서울 아현감리교회에서 성직자와 신도 1,200여 명이 나라 위한 철야기도회를 열었다. 5월 16일에는 조계종 승려 751명이 '호헌철폐'를 요구하는 내용의 성명을 발표했다. 성당과 교회에서 신도들이 참여하는 기도회도 전국적으로 확산됐다.

대학가는 4월 22일 고려대 교수들의 성명을 시작으로 5월 30일까지 전국 50개 대학 1,531명의 교수가 개헌논의 중단을 비난하고 민주개헌을 촉구했다. 자유실천문인협의회 회원 206인, 화가, 미술평론가, 만화가, 조소공예가, 사진작가 등 202인, 연극연출가, 극단대표, 배우, 연출가, 극작가 등 연극인 105명, 출판사 발행인 37명을 포함한 출판인 359명이 역시 호헌 반대와 민주화를 촉구하는 주장을 발표했다. 작곡가, 가수, 연주인 등 대중연예인 88명도 시국성명을 발표했다. 광주 전남지역문화 예술인들도 민주개헌을 촉구하는 성명을 발표했다. 교육민주화 선언으로 교단을 떠난 해직 교사와 전북 지역 초중등 교사

17명도 정치민주화 없이 교육민주화가 이루어질 수 없다고 하며, 4·13개헌유보조치 철회를 요구했다.

부산 지역의 치과의사, 부산·경남 지역의 약사, 서울 지역의 치과의사, 광주 지역의 한의사, 서울·전북 지역의 의사들도 민주적 개헌이 유보되어서는 안 된다고 성명했다. 이화여대 졸업생 1,274명도 개헌 유보를 비판하는 내용의 성명을 발표했다. 광주 유도회원도 민의에 바탕한 개헌을 주장했다. 함석헌, 계훈제 등 18개 재야단체의 435명은 5월 11일까지 18일간 철야농성으로 '범국민개헌운동'을 했다.

영수회담 제안

통일민주당은 5월 6일 국회에서 김동영의 질의를 통해 "4·13조치는 유신헌법을 복사한 현행 헌법으로 돌아가자는 것으로 대통령을 내 손으로 뽑자는 국민 합의를 배반하는 것"이라고 하고, "난국을 타개하기 위해 전두환 - 김영삼 영수회담을 제안한다."고 했다. 그리고 5월 8일에는 통일민주당 의원 67명이 4·13개헌유보조치 철회 건의안을 제출했다. 그러나 민정당 대표 노태우는 5월 21일 "현행 선거법으로도 야당이 정권 경쟁을 할 수 있다."고 하며, "대통령선거법의 수정보완에는 협상에 응할 용의가 있다."고 비켜갔다.

박종철사건 범인 은폐조작 폭로

'4·13호헌조치'는 '호헌철회 민주개헌'을 국민투쟁으로 촉발하는 반면反面 기폭제가 되었다. 통일민주당 창당과 실세 당수 김영삼의 전면 등장은 호헌반대 개헌투쟁을 피할 수 없는 '국가적 국민아젠다'로 제시하였다. 여기에 정권의 도덕성에 치명적 타격을 주고, 전 국민의 정서적 공분을 폭발시키는 '박종철 군 고문치사 진상 조작' 사건이 다시 나타났다. 이번에는 보다 더 국민을 격분시키는 모습으로 나타난 것이다.

5월 18일 저녁 명동성당, 무거운 분위기에서 5·18광주항쟁 7주기 미사가 김수환 추기경의 강론으로 끝나자, 김승훈 신부가 제단에 나타났다. 떨리는 목소리로 글을 읽기 시작했다. 〈박종철 군 고문치사사건의 진상이 조작되었다〉라는 제목을 읽은 뒤, 곧 바로 고문범인 조작의 내용을 밝혔다.[116]

"고문 범인 따로 있다."

> 박 군을 직접 고문하여 죽게 한 하수인은 따로 있다. 지금 구속 재판 중에 있는 조한경, 강진규는 진짜 하수인이 아니다. 진짜 범인은 경위 황정웅, 경사 방근곤(반금곤의 오기), 경장 이정오(이정호의 오기)로, 이 진범은 현재도 경찰관 신분을 유지하고 있다. 경찰은 처음에 쇼크에 의한 심장마비로 죽은 것으로 하고, 조한경에게만 책임을 물으려 하다가 여론에 밀려 고문을 인정했지만, 범인은 계속 조·강 두 사람에게 뒤집어씌우고 있다. 사건의 진상을 조작한 사람은 치안본부 대공수사 2단장인 경무관 전석린, 과장 경정 유정방, 계장 경정 박원택, 경감 홍승삼 등이다. 검찰은 이런 내용을 알고도 밝히지 않았다.

이 사실은 보도되었고, 점점 대서특필 되어 갔다. 서울지검장은 21일 고문 경찰관이 3명 더 있다고 시인했다. 신문은 범인의 축소·은폐 과정이 사제단 발표처럼 사실이라고 보도했다.동아일보, 1987.05.22. 이후에도 연일 보도되었다. 29일에는 축소·조작을 주도한 대공수사의 대부로 알려진 치안본부 처장 박처원, 과장 유정방, 계장 박원택을 범인도피죄로 구속했다. 치안본부장 강민창은 5시간 조사 끝에 제외됐으나, 1년 뒤 부검의사 황적준의 일기장이 나타나 구속 처벌되었다. 사제단은 6월 다시 진상이 밝혀지지도 않았고 반성도 이루어지지 않았다는 내용의 성명을 냈다. 나중에 밝혀진 바로는 이 사건은 처음부터 안기부장 장세동이 지시하여 안기부 차장이 장관급이 참석하는 관계기관대책회의를 통해 사건고문의 종류, 잔혹성, 범인의 수을 축소하고 은폐시키기로 협의했다. 정권 핵심부의 부도덕한 범죄 모의요, 실행이었다.

관계기관대책 회의

각계에서 박종철 군 고문치사 은폐조작사건에 항의했다. 통일민주당은 처음부터 범인의 수사와 고문의 방법에 대해 검찰의 발표가 조작되었다고 조사보고서를 발표했었다. 사제단 발표 이후의 검찰의 조처 또한 또 다른 은폐조작이라는 내용의 성명을 냈다. 정말이었음이 뒷날 드러났다. 통일민주당 총재 김영삼은 22일 내각 총사퇴를 요구했다. 25일 통일민주당 의원총회는 정권 퇴진을 요구했다. 신민당이 정치문제화함에 따라 계속 쟁점이 되고 확대된 것이다.

26일 대통령 전두환은 개각을 단행, 후계자로 거론되던 총리 노신영을 이한기로, 강경 충성파 안기부장 장세동을 안무혁으로 바꾸고, 재무 내무 등 5개 부처 장관을 경질했다. 한풀 수그러들던 박종철 고문치사에 대한 분노와 추모의 열기가 4·13호헌조치에 대한 반대와 맞물려 민주화 개헌운동을 재점화하고 불길을 치솟게 했다.

〈민주통신〉, 1987.06.09., 제25호.

6. 6월국민항쟁

민주헌법쟁취국민운동본부약칭 국본의 출범과 통일민주당의 합류

통일민주당이 창당되고, 민추협 공동의장 김영삼이 총재, 김대중이 고문으로 취임하면서, 사실상 민추협 회직자와 통일민주당 당직자는 중복되는 경우가 많아 민추협과 통일민주당은 통합된 것이나 마찬가지였다. 이후 민추협의 활동은 곧 통일민주당 활동으로 서술된다. 필자도 〈통일민주당보〉 주간으로 바뀌고, 〈민주통신〉 주간은 서청원이 되었다. 필자는 국본 등 재야 연대기구 활동을 계속하였다. 신민당의 그러나 민추협 부의장단회의, 상임집행위원회의 등 독자 활동도 계속되었다. 완전히 통합되어 민추협이 없어지지 않은 이유를 명시적으로 밝힌 적은 없지만, 이런 이유를 들 수 있다. ① 민추협이 신민당을 만들었다는 자부심 ② 민추협 구성원들은 대체로 정치 지망생 또는 정치 지향생인데, 이들은 선거 때의 공천을 염두에 두고 있어서, 통일민주당에는 이들 전원의 입당을 소화할 충분한 자리가 없다는 점 ③ 김대중이 당의 상임고문이기는 하지만, 사면 복권 되지 않아 법률적 당원은 아니며, 공식적으로는 민추협공동의장이라는 점 등이다. 김대중의 입당 또는 정치적 행보에 대비해서 민추협을 유지시키

민추협, 민주당 사실상 통합

민추협 계속 유지

는 것이 김대중계로서는 예비책이 될 수도 있다.

신민당은 양 김 중심의 민추협세력과 5·17 이전의 구 신민당 최고위원 연합세력이 50 대 50으로 구성되어 출범하였고, 이민우를 총재로 2·12총선에서 돌풍을 일으켰다. 그 뒤 비민추협세력은 축소되었지만, 여전히 비주류로 남아 대통령직선제 대신 내각제를 주장하는 등 마찰을 빚었다. 결국 폭력배를 동원한 당사 점거를 당하자 분당하여 신당을 창당하기에 이르렀다. 총재 이민우는 신민당에 잔류했다. 처음에는 교섭단체 구성 정수에도 부족했지만, 미리 탈당하여 민중민주당을 구성하고 있던 유한열 등과 신민당을 탈당했던 일부 의원이 재입당하여 제3당으로 교섭단체를 유지했다. 이기택계 등 일부는 탈당하여 무소속으로 남았다.

양 김
50 대 50으로
구성 반분

통일민주당은 김대중, 김영삼 양 계보가 50 대 50으로 구성을 반분했다. 통일민주당 창당 작업은 민추협 사무실에서 했고, 당사도 별도로 구하지 못해서 7월 3일 중구 중림동의 새로운 당사로 가기까지는 그냥 민추협 사무실을 사용했다. 중림동 당사 입주에는 김영삼 비서로 활동하던 김무성 등이 재정적으로 기여하였다.

박종철 군 고문치사사건 이후 2·7추도회, 3·3대행진 등은 '국민추도회'라는 재야와 민추협 - 신민당의 연대조직에 의해 전개되었다. 민추협은 국민추도회 고문에 김대중·김영삼, 상임공동위원장에 김명윤·양순직·최형우·박영록·박종태·윤혁표 등이 참여하였고, 상임집행위원과 집행위원으로 각각 정치권에 할당된 수만큼 동교동계와 상도동계가 동수로 참여해 왔다. 상설적인 실무모임에는 동교동계에서 김병오·한영애, 상도동계에서 심완구·이규택·김도현가 참여했다. 이 논의 구조와 연대틀은 2·7, 3·3 이후에도 해산되지 않고 지속되었다.

전두환과 집권세력은 호헌 선언에 따른 일방적 정치 일정을 진행해 나갔다. 3월 25일 전두환으로부터 '정국주도권'을 부여받아 후계자로 가시화된 노태우는 6월 2일 민정당 중앙집행위원을 모은 자리에서 전두환으로부터 준비된 〈추천의 말씀〉 낭독을 통해 대통령 후보로 추천되었다. 노태우는 "그 순간 전 대통령에 대한 고마운 생각과 함께 역사와 국민에 대한 두려운 생각으로 온몸이 긴장되어 무겁게 느껴졌다. 눈물이 절로 나왔다."노태우, 2011, 329쪽. 그리고 민정당 대통령 후보 지명을 위한 전당대회를 6월 10일에 개최하기로 결정되어 있었다.

대통령 후보 노태우 추천

통일민주당 총재 김영삼은 5월 22일 박종철 군 고문치사사건 조작 및 권 양사건과 관련하여 내각총사퇴를 요구했다. 그리고 통일민주당은 5월 25일 확대간부회의와 의원총회를 열어 정권 퇴진을 요구했으며, 28일에는 김영삼 총재가 민정당이 6·10 전당대회를 취소하면 시국 수습방안을 제시하겠다고 하였다. 6월 3일부터 3일간 통일민주당 총재 이하 국회의원 전원이 독재종식과 민주 문민정부 수립을 위한 단식농성에 참여했다.〈통일민주당보〉 1987년 6월16일자.

개헌 대 호헌

개헌 대 호헌의 대회전이 임박했다. 호헌세력은 전두환, 노태우와 정부 여당으로 단일화되어 있었다. 그러나 개헌세력은 고조된 열정과 확대 강화된 연대에도 불구하고 통합되어 있지 못했다. 박종철사건과 4·13조치에 대한 투쟁으로 통합의 경험과 효과를 인식한 각 단위 세력들은 대회전을 위한 통합의 필요를 공감하고 있었다. 여건도 축적되었다. 실무 대표들 사이의 비공식 모임과 협의는 성숙되었다. 성유보민통련 - 김도현민추협, 김도현상도동계 - 김병오·한영애동교동계, 성유보 - 김도현 - 이명준천주교 - 황인성개신교 사이의 거듭된 논의와 협의에서 국민추도회를 민주개헌 투쟁조직으로 발전시켜야 한다는 것에 완전한 의견

최저 강령
최대 참여

일치를 보았다. 이 논의과정에서 김도현은 '최저 강령/주장'과 '최대 참여'가 연대조직/투쟁의 원칙이 되어야 하며, 참여주체

민중에서
국민으로

를 '민중'의 수준과 범위에서 '국민'의 수준/범위로 낮추고 넓혀야 한다는 입장을 강조했다.

정치권과 재야 및 종교계가 연대하는 문제에 종교계개신교와 가톨릭에서는 여러 논의가 있었다. 정치권에서는 공개적인 논의는 없었지만, 84년 민추협을 결성할 때 재야인사들과 정치인이 하나의 조직에 들어오는 것은 능률적 행동을 하는 데 문제가 있다는 의견을 김상현이 김영삼에게 제시한 적이 있다. 김대중은 80년 '민주주의와 민족통일을위한 국민연합'이라는 재야 조직을 자기의 기반으로 하고 있었는데, 이 재야인사들의 신민당 입

양김,
재야에 대한
다른 인식

당 방식을 두고 김대중계와 김영삼계 사이에 갈등이 있었다. 김영삼계가 개별 입당을 주장한 반면, 김대중계는 집단적 일괄 입당을 주장한 것이다. 김대중은 이때 형성된 유대로 재야에 대한 이해도 깊고 우호적인 것으로 알려졌다. 재야는 김대중의 중요한 정치적 자산, 후원 세력으로 알려졌고, 본인도 그렇게 이해하고 있었다. 김영삼은 26세에 국회의원이 된 이후 계속하여 국회의원, 정당인, 직업정치인으로 살아온 의회주의 신봉자였고, 재야인사들은 정치인과 생각도 다르고 정치할 생각도 없다는 인식을 언론에 표현했다. 재야와 정치인이 연대는 하되 하나의 조직으로 통합되는 것에는 부정적이었다. 독실한 개신교 장

로였지만, 그가 속한 교회와 목회자는 보수적 비정치적 성향이었다. 87년 민주개헌투쟁에서 정치권과 재야의 연대 문제는 김대중과 김영삼의 이해와 결단으로 결정될 일이었다. 김대중의 경우, 재야와의 연대는 필수적인 것으로 이해했다. 김영삼의 경우, 정치적 단일 조직이 되는 것에 대해서는 부정적이었지만, 연대투쟁에 대해서는 긍정적이었다. 이러한 분위기 속에서 통일민주당은 '국본'에 참여하게 되었다.

개나리산장 모임

국본을 결성하기 위한 활동이 개시되었다. 보다 광범한 이해를 얻고 합의를 구체화하기 위해 5월 20일 우이동의 식당 개나리산장에서 모임을 가졌다. 주로 황인성이 연락을 맡았고, 15명 내외의 중견 실무급 인사가 참여했다. 각자는 자기가 속한 단체 조직에서 논의된 견해를 가지고 나와 조율한 뒤, 정리된 의견을 자기가 속한 단체 조직에 전하고 설득, 이해시키는 임무를 수행하였다. 문건과 장소 준비, 창립대회 진행 등은 김도현, 성유보, 이명준, 황인성 등 4명의 소위원 - 기획위원에게 일임했다.[117] 이러한 노력 끝에 국본을 결성하기로 의견을 모았다. 전체 발기인은 2,191명으로 했는데, 정치권통일민주당은 215명으로 했다. 고문 - 공동대표 - 집행위원 체제를 가지기로 하고, 공동대표 가운데 상임공동대표와 상임집행위원제를 두기로 했다. 정치권 - 통일민주당에서는 고문으로 김대중과 김영삼이, 공동대표로 김명윤, 양순직상임, 최형우, 박영록, 박종태, 박용만, 김동영, 김충섭 등이 참여했다. 민추협, 통일민주당의 명단 작성은 김병오와 김도현이 각각 동교동과 상도동에 의뢰하여 작성한 뒤 이를 국본에 제출하였다.[118]

국본 창립

5월 27일 중구 향린교회에서 발기인대회와 창립총회를 동시에 가졌다. 장소는 당일까지 비밀에 붙여졌다. 당일 새벽 각 부문 실무 대표자들이 모여 장소를 확인하고, 각각의 단체 발기인들이 모여 기다리는 장소로 가서 이들을 안내 대회장에 참석하도록 했다. 계훈제 민통련 의장대행의 사회로 시작하여 박형규 목사가 개회사를 하고, 선언, 결의문, 국민에게 드리는 말씀을 채택했다. 상임집행위원장은 오충일 목사, 사무처장은 이길재 사회선교협의회 총무, 대변인은 인명진 목사가 맡았다. 국본은 6월 1일 종로5가 기독교회관 312호에서 현판식을 가졌다.

6·10민주헌법쟁취 국민대회

통일민주당 국본 참여

국본은 통일민주당이 참여함으로써 국회의원 67석을 가진 제1야당을 포함한 국민기구가 되었다. 단순한 시민단체나 사회단체가 아닌 것이다. 또한 국본의 입장이 통일민주당과 김영삼 총재를 통해서도 발표되었기에 언론에서 정치적인 중요 기사로 취급하지 않을 수 없었다.[119] 민추협 - 통일민주당의 활동 가운데 국회 내 활동이 아닌 행사나 활동은 곧 민추협 - 통일민주당 - 국본의 활동이 되었다. 정부 여당의 입장에서도 단순한 경쟁 정당 사이의 공방만이 아닌 범국민적 연대 세력과의 싸움이 되지 않을 수 없었다. 민정당이 통일민주당의 국본 참여에 대하여 예민하게 반응하여 성명을 내고 격렬하게 비난한 것도 이를 의식하였기 때문이다.

민정당 대선 후보 지명 대회에 맞서 국본의 호헌철폐 국민대회

국본은 출범과 함께 6월 10일 민정당의 대통령 후보지명 전당대회에 맞서는 또 하나의 '국민대회'를 가지기로 했다. 마침 '박종철 군 국민추도회'를 '박종철 군 고문살인 은폐조작 규탄

범국민대회 준비위원회'로 바꾸어 범국민대회를 6월 10일에 개최하기로 결정하고 있었다. 이 대회를 그대로 국본의 '박종철 군 고문살인 은폐조작 규탄 및 호헌철폐 국민대회'로 개최하기로 했다.

통일민주당은 창당 이래 연일 민정당과 전정권을 향해 강공을 퍼부었다. 민정당은 6월 10일에 대통령 후보 지명 전당대회를 개최하기로 결정하고, '한국의 역사 이래 처음으로 여당이 대통령 재임 중에 차기 후보를 선출하는 대회'라고 자랑하였다. 이에 통일민주당은 이 대회를 훼손하고 무효화시키는 데 공세의 초점을 모았다. 6월 10일이 호헌세력이 주장하는 유사 이래 최초로 대통령 재임 중 대통령 후보를 선출하는 축제의 날이 될 것인가? 개헌세력이 주장하는 고문치사와 진상조작을 규탄하고, 호헌 선언을 철회시키고 여당 후보 선출을 무의미하게 만드는 항쟁의 날이 될 것인가?

민정당 대통령 후보 지명대회

이 두 주장이 전국에서 정면으로 전면적으로 대결하는 대회전의 날이 되었다. 6월 10일 대회전을 두고, 충돌도 마다치 않았던 호헌 대 개헌의 과정을 동아일보 보도를 바탕으로 추적해 보면 다음과 같다.

05.27. • 민주헌법쟁취국민운동본부 출범. "4·13조치는 건국 정신에 위배되는 것으로 법률적으로 도덕적으로 무효"라고 주장.
• 민정당, 서울시당 개편대회를 끝으로 6·10전당대회 준비. 4·13조치를 토대로 정치일정 확정.

05.28. • 김영삼, 총재단회의 석상에서 "4·13은 제2의 유신이다. 이를 기정사실화하는 6·10전당대회는 취소되어야 한다. 그렇지 않으면 국민투쟁에 나서겠다. 국본 결성도 그 일환이다. 취소

하면 수습책 내겠다.”고 발언.

05.29. • 통일민주당 국회의원들, 국회에서 농성. 박종철사건에 대한 국회 국정조사 요구.

• 민정당 대변인, “‘국본’의 불순 책동 주시하며 차단하겠다.”고 발표.

05.30. • 통일민주당, 6·10대회 취소 또는 유보하면 김영삼 - 노태우 회담 가능하다고 발표.이때까지는 김영삼 - 전두환 대화만 요구했다.

06.01. • 국본 인명진 대변인, 6월 10일 대회 개최 공식 발표. 국민 참여요령을 공개. 시간 오후 6시 타종, 경적, 태극기 지참. “더 이상 못 속겠다 거짓 정권 물러나라.” 등의 구호 4종. 2·7추도회, 3·3대행진과 같이 참여는 쉽게 익명으로도 가능했음. 특히 시작 시간을 오후 6시로 정한 것은 이때는 서머타임을 시행해서 밝은 대낮이고, 날씨가 따뜻한 봄이어서 퇴근 이후의 직장인들이 거리로 쏟아져 나와 참여하기 좋은 여건이었기 때문임. 이 점은 추운 겨울이었던 2·7, 3·3과는 여건이 매우 다름.

1987년 5월 27일 출범한 민주헌법쟁취국민운동본부는 6월 10일 민정당 대통령 후보 지명대회에 맞서 박종철 군 고문치사 은폐조작규탄 및 호헌철폐국민대회를 개최하였다. 국본은 전국적으로 진행 상황을 집계했다. 〈사진은 오른쪽 대변인 인명진 목사, 집계를 기재하는 실무자, 국본 내부를 찍은 사진은 이것이 유일하다. 김도현 촬영〉

06.02. • 전두환, 청와대로 민정당 중앙집행위원 전원을 모은 자리에서 노태우를 대통령 후보로 제청할 것을 밝힘.

06.03. • 민정당 중앙집행위원회는 노태우를 6월 10일 전당대회에서 대통령 후보로 제청하기로 확정.

• 김영삼, 민추협 상임운영위원회의에서 민정당의 6월 10일 전당대회를 인정할 수 없다고 발언.

06.04. • 국본은 민정당 6월 10일 전당대회를 즉각 중지할 것을 요구. "민정당 후보가 대통령에 선출되더라도 한 정파의 대표를 뽑는 것 이상의 의미가 없다"고 성명.

• 통일민주당, 국회 소집. 민정당이 불참하자 국회에서 농성. 4·13 철회와 박 군사건 국정조사 요구 결의.

• 정부와 민정당 당정회의, "6·10 '국본'대회를 2·7, 3·3 대회의 전례에 따라 가두방송, 시위 선동, 전단 살포 등은 원천 봉쇄하겠다."고 밝힘.

06.05. • 국본, 10일 대회를 비가 와도 강행하기로 하고, 원천 봉쇄되면 단체별로 행사한다고 밝히고, 10일 오후 9시 10분간 소등해서 TV뉴스 안보기, 8~9일 대회 참여 독려전화 걸기운동 등 대회행동요강을 추가로 발표.

06.06. • 서울시경은 경비대책을 밝힘. 7일과 9일 일제 검문 검색을 실시하고, 9일에는 주요 재야인사를 연금조치. 인쇄업소 주인에게 유인물 인쇄를 금지시키고, 경찰, 의경, 방범대원을 동원하여 1차 집결지와 경로, 대회장 등 3겹 봉쇄로 대회 참여를 막고, 골목길에 주민 신고망을 만들어 기습 시위를 막겠다고 발표.

• 당국, 자동차 경적기를 제거하게 하고, 오후 6시 애국가 옥외방송을 하지 않게 하고, 조기 퇴근하게 하는 등 대회 참여를 막는 여러 가지 지시를 내림.

• 통일민주당 지구당 위원장 회의, 지구당별로 방송. 참여 독려.

06.08. • 정부, 내무부·법무부 장관 합동 담화를 발표. 국본 집회는 국

기를 문란하게 하는 불법 대회로 강력히 원천봉쇄하겠다는 것. 별도 자료를 내어 국본 발기인 2,000명의 상당수가 국사범 전력이 있는 불순성이 있는 인사라고 함.

- 김영삼 총재는 6·10대회 취소를 요구. "이 돌아오지 않는 다리를 건넌다면, 호헌철폐투쟁은 현 정권 타도투쟁으로 바뀔 수밖에 없는 단계가 될 것"이라고 경고. "민정당 대회는 달밤에 체조하는 1인극이 되고 말 것"이라고 함.
- 통일민주당, 경인 지역 당원 5,000명이 10일 오후 5시 30분에 명동 입구와 롯데호텔 앞으로 집결하도록 했다고 발표.
- 국본 전국 20개 지부에서 대회 거행. 대회 식순 발표. 정부의 비방내무부·법무부 장관 담화와 정부 해설 자료 중단 요구.

06.09.
- 경찰, 5만 8,000명 동원하여 대회 봉쇄 계획. 민추협 사무실과 전국 110개 대학 압수수색.
- 통일민주당, 10일 영구집권 반대대회 점검.

이한열 군 최루탄에 중상

- 연세대 학생 이한열 군이 시위 도중 최루탄에 맞아 중상을 입고 입원.

06.10.
- 통일민주당·민추협: 오전 10시 민추협 사무실에서 통일민주당과 민추협이 함께 주최하는 '영구집권 음모 규탄대회'가 김영삼 총재와 40여 명의 소속 국회의원, 당원, 회직자, 기자 등 400여 명이 참석한 가운데 열림. 김 총재는 "4·13조치와 일방적 정치 일정의 추진은 불행해질 수밖에 없는 죽음의 길로 가는 것"이라고 함. 3대의 옥외 확성기를 통해 도로에서는 2,000여 명의 시민들이 방송을 들었음. 오후 5시 반 롯데호텔 앞에 모인 통일민주당 의원들과 당원들은 성공회대성당으로 행진을 시도했으나, 겹겹으로 막아선 경찰의 저지를 뚫지 못하고 승용차로 광화문 쪽으로 가며 6시에 맞추어 경적을 울림. 이들의 경적은 시민들의 경적을 유도함. 7시 반부터 사무실에서 철야 농성으로 들어감. 김영삼 총재는 민정당 대회를 "초상집에서 춤추는 격"이라고 혹평하면서,"용기 있

는 국민임을 확인했다. 2·7, 3·3과는 비교할 수 없는 열기를 느꼈다."고 말함. 김대중 공동의장은 "현 정권은 민의에 역행하는 후보 선출과 평화적 집회에 대한 무한 공격으로 국민과 타협 없는 전투에 돌입했다. 현 정권이 국민의 민주화 결의에 복종할 때까지 평화적 투쟁을 계속하겠다."고 계보 모임인 민권회를 통해 논평을 발표함. 이한열 사태를 중시하여 진상 확인을 위한 조사위문단목요상, 박찬종, 이철, 박왕식, 김득수, 이지옥을 구성함.

- 국본: 대회장인 태평로 대한성공회대성당에서는 연금을 피해 미리 들어와 있던[120] 상임 공동대표들과 상임 집행위원들이 오후 6시 약속대로 국민대회를 개회함. 종루의 종이 42회분단해방 42년을 상징 울리고, 집행위원장 오충일 목사의 사회로 개회선언, 애국가, 묵념, 상임대표 박형규 목사의 대회사, 각 부문별 결의문 낭독, 선언문 낭독김재열 성공회 신부, 전체 결의문김병오, 만세 삼창으로 한 시간 정도 걸림. 양순직과 김명윤이 김대중과 김영삼의 대회사를, 양권식 신부가 김승훈 신부를 대신해서, 진관 스님이 불교를 대표해서 대회사를 읽음. 대회장의 확성기를 타고 덕수궁 담장 너머와 시청 앞으로 울려나갔고, 담장 너머 태평로에서 울리는 경적 소리가 들려옴. 대회를 마친 뒤 박 군 영정을 앞세우고 성당 밖 태평로로 행진을 시도함. 이때 경찰들이 몰려와 앞에 있던 행렬을 봉고차에 태움. 행렬 뒤는 다시 성공회 구내로 들어감. 13명이 구속됨.계훈제는 병원 입원으로 불구속.
- 종로5가 기독교회관 국본 사무실에서도 옥외 확성기로 선언문과 결의문을 낭독하고, 상집위원들이 전국에서 올라오는 보고들을 취합·집계함. 이날 서울을 비롯하여 전국에서 3,854명이 연행되었고, 140명에게 구속영장이 신청됨. 서울과 부산, 대구, 광주, 대전, 전주의 도심에서는 시위와 집회가 있었고, 오후 6시에는 자동차 경적이 이어짐. 전경과 밀고 밀

리는 가운데 "우리의 소원은 민주" 노래가 "호헌철폐", "민주개헌" 등의 구호와 함께 불리어지고, 최루탄이 거리를 덮음. 마산 공설운동장에서 열린 한국 - 이집트 축구대회는 최루가스로 중단되었음. 밤 9시에는 아파트단지에 전등이 켜지지 않은, 따라서 차기 대통령 자리를 주고받는 전두환과 노태우의 얼굴을 뉴스로 보지 않은 집이 많았음. 시위는 밤 9시 이후까지 전국 20개 이상 지역에서 수십만 명이 참여함.

- 민정당, 오전 10시 잠실체육관에서는 조영남 등 가수와 무용수가 춤을 추며 한껏 축제 분위기를 조성하는 가운데, 노태우 후보가 99.3%의 지지를 얻어 대통령 후보로 선출됨. 노 후보는 "양 대사를 치른 뒤 국민의 여망인 합의 개헌을 실행하겠다."고 후보 수락 연설을 함. 대통령 전두환 민정당 총재는 "평화적 정부 이양을 방해하는 세력은 용납하지 않겠다."를 강조함. 오후 서울역 앞 힐튼호텔에서 열린 축하연에서는 노 후보의 애창곡인 베사메무쵸가 울렸지만, 연회가 끝나고 호텔 문을 나선 참석자들은 최루탄가스에 눈물을 흘림.

06.11.
- 국본, 〈국민대회를 마치며〉를 발표. "감금, 독가스탄, 조기퇴근 강요, 경적기 제거, 폭행, 연행 가운데서도 우리의 뜻인 호헌 반대, 우리의 방법인 평화운동 그리고 결코 꺾일 수도, 꺾을 수도 없는 국민의 힘을 보여주었다."고 평가.
- 통일민주당, 6시 10일 저녁부터 시작한 농성 해산식을 마친 뒤, 총재단 회의, 정무위원회의를 개최. "4·13조치의 기정사실화를 거부하는 범국민운동을 지속적으로 전개할 것"을 당론으로 정하고, "최루탄의 무차별 발사 속에서도 국민의 열화와 같은 성원과 지지를 확인했다."고 6·10대회 성과를 발표. 명동성당 시위대책위박용만 단장, 박찬종, 김영배, 김태룡, 안동선, 이한열 군 사고 진상대책위원회김현규 등와 성공회 연행자 대책위노승환 등를 구성. 명동성당에 우유 1,000봉지와 빵 1,000개, 의약품12일을 전달.

6·10대회는 성공이라고 자평할 만큼 이제까지 볼 수 없었던 많은 것을 보여주었다. 우선 참여자의 수가 많았다. 경찰은 전국 20개 도시에서 시위 참여 2만 이하, 모인 사람 4만 이하라고 했지만, 국본 관계자는 22개 지역 20만 이상이라고 했다. 이는 기독교회관의 국본 사무실에서 전국에서 전화로 보고를 받고 집계를 한 것이기 때문에 확실한 근거가 있는 통계라고 할 수 있다. 사실 국본의 의도는 소극적 참여자를 더 많이 만들자는 것이었다. 거리에 나온 참여자뿐 아니라, 차 안에서 경적을 울리는 운전자, 최루탄 가스 마시고 뛰어든 시위자에게 물을 주는 상인, 연행하는 경찰을 나무라는 행인, 집에서 9시에 전깃불을 끈 주부, 이 모두를 대회 참여자로 보아야 할 것이다. 다음으로 참여자가 다양했다. 학생, 시장 상인, 도심의 화이트칼라, 택시기사와 모범운전사, 자영업자, 주부, 지식인, 정치인 등 다양한 계층·직업·연령·신분으로 문자 그대로 전 국민을 아울렀다. 구호나 주장이 '4·13철회', '고문규탄', '민주개헌', '독재반대' 등으로 통일되었다.

6·10대회
22개 지역에서
20만 이상 참여

다수의
소극적 참여자

다양한 직업
직종의 참여자

6·10대회가 이처럼 역사적 규모로 확대된 이유는 다음 몇 가지로 생각된다.

① 통일민주당과 연합함으로써 언론이 수십 일간 10일 대회에 초점을 맞추어, 정부 - 여당과 통일민주당 - 국본의 초강경 대치와 공방을 보도, 논평, 해설, 가십, 여론란 등에 연일 크게 다루어 대중적 관심과 긴장을 극대화시킴. 매일 김영삼 총재가 6·10대회를 거론함으로써 화제를 만들었고, 언론은 제1야당 총재의 말을 다루지 않을 수 없었다.

정부 여당 대
민주당, 국본

② 학생운동이 선도투쟁에서 대중노선으로 선회하여 국본과

학생운동의
대중노선 선회

통일민주당정치권의 4·13철회 민주개헌운동에 적극적으로 동참한 것.

참여 방법 대중화

③ 대회참여 방법을 대중화하여 경적 울리기, 9시 소등, 자신의 현 위치에서 묵념하기 등 위험을 각오하지 않고도 참여할 수 있는 방법이 제시된 것.

보편적 구호

④ '민주개헌', '독재타도', '고문반대' 등 보편적 목표 제시.

김영삼의 강온전략

⑤ 김영삼의 민주화 공동선언, 실세 - 실질 대화 제의, 국회 소집, 10일 민정당 대회 취소 때 정국수습 방안 제시 용의 등 온건 전략과, 대회 강행, 노 - 김 회담 거부, 10일 전당대회 불인정, '달밤의 체조 같은 1인극' 비유 등 강경 전략이 적절히 구사되어 관심을 고조시킨 점. 강온 전략을 교차적으로 구사함으로써 무대안, 무조건 반대의 비난을 피할 수 있었다.

민주당 전국 조직

⑥ 통일민주당의 전국 조직이 참여한 것.

중산층 인식 변화

⑦ 직장인 등 중산층의 인식이 군부통치에서 이반하고, 유신체제나 5공체제를 비정상적 비상식적 체제로 인식하고 더 이상 심정적으로 용납할 수 없게 된 시점에 이른 것.

⑧ 성공회 김성수 대주교를 비롯한 성직자들의 헌신적 협조

명동성당 농성투쟁

6·10대회는 전국에서 밤까지 이어졌다. 서울에서 가장 시위가 격렬했던 을지로 입구 근처의 시위대는 경찰의 최루탄폭우 때문에 명동성당 쪽으로 밀려들었다. 명동성당이 김수환 추기경과 정의구현사제단으로 해서 독재정권 하에서는 도심 속의 피난과 구원의 성소로 각인된 탓이었을 것이다. 처음에 성당은

닫혀 있었지만, 결국은 몰려드는 시위대로 가득 차게 되었다. 이들은 여기서 15일 해산때까지 5박 6일간 자연발생적 투쟁공동체를 이루어 매우 뜻깊은 투쟁을 하게 되었다. 민주화운동 시위 현장에서 처음 만난 학생, 시민들과 함께 성직자가 동참하여 함께 먹고 자고 싸우면서 매사를 거듭된 토론으로 결정했다. 여기에 인근 직장인과 상인이 수시로 참여 협력했다.

명동성당 투쟁공동체

정부 여당은 전두환, 안기부 부장, 서울시경 국장, 민정당이 비상한 관심을 가지고 국기 문란의 좌경세력이 주동했다고 협박했지만, 강제 진압과 체포를 강행하지 않고/못하고 성당 측과의 약속을 지켰다.전두환은 이들이 말리지 않았으면 새벽 2시경 성당에 직접 찾아갈 생각이었다고 말했다. 명동성당은 추기경과 주임신부, 신부, 수녀들이 일체가 되어 민주화를 요구하는 신앙의 양들을 눈물겹게 보호하면서 투쟁에 동참했다. 그래서 '명동성당식 해결'이란 신조어를 만들면서, 한국에서 사회갈등의 평화적 해법이란 드문 사례를 만들었다. 명동성당 농성투쟁자료 13으로 6·10투쟁은 시간적으로 공간적으로 확산되어 전국적 6월항쟁으로 이어졌다.

정권 약속 이행

성당, 신앙의 양 보호

'명동성당식 해결'

사실 통일민주당과 민추협은 이 투쟁을 매우 걱정스런 눈초리로 지켜보았다. 11일 우유, 빵 1,000봉지와 12일 의약품을 전달하고, 대책위원회를 만들어 총리실과 내무부장관을 방문하여 사태의 평화적 해결을 촉구하는 것, 그 이상의 역할은 하지 못했다. 국본도 예기치 못한 일로 당황하여 혼선을 빚었지만, 18일 '최루탄 추방의 날'로 연결하여 6월항쟁으로 이어지도록 했다.

예기 못한 명동성당 투쟁

개헌 시위, 전국으로

15일 명동성당 농성은 해산되었지만, 이날 저녁 천주교 사제단의 '민주화를 위한 전국사제단 미사'는 1만 명 이상의 신부, 수녀, 신도와 시민이 참여한 촛불시위로 이어졌다. 이 자리에서 김수환 추기경은 "우리 겨레 모두의 한恨인 민주화를 위해 4·13 조치를 철회하고 대화로 돌아올 것"을 촉구하고, "정치를 시위 학생과 전투경찰의 대치, 화염병과 최루탄의 대결에 맡겨 두어서는 안 된다. 조건 없이 실질적 차원의 대화를 하라."고 호소했다.

경찰의 방관

전국 각지에서 시위가 전개되었다. 대전, 부산, 진주에서는 격렬한 시위가 있었다. 경찰 페퍼포그차가 불 타고, 파출소를 습격하고, 경찰이 힘을 못 쓰고 시위를 방관할 수밖에 없는 상황이 되기도 했다. 광주, 익산, 대구 등지에서도 학생들이 나섰다. 서울 연세대에서 열린 이한열 군 사건의 책임자를 처벌하라는 집회에서 이한열 군이 쓰러질 때 껴안았던 이종창 군이 다쳐서 입원했다. 경찰은 이날 전국에서 140개 소, 10만 4,000명이란 가장 많은 사람이 시위에 나섰다고 발표했다.

시위는 16일, 17일로 계속 이어졌다. 부산, 진주, 광주, 대구, 공주 등지에서 대학생들이 나섰다. 부산에서는 최루탄과 백골단에 밀린 시위대가 가톨릭센터로 들어가 이날부터 농성에 돌입했다. 시민들이 김밥을 전해 주는 등 호응이 잇달았다.

최루탄 추방의 날

18일은 서울 종로5가 연동교회에서 '최루탄 추방 공청회'가 여성단체 주최로 있었다. 이날을 국본은 '최루탄 추방의 날'로 선포했다. 최루탄은 87년 민주화투쟁의 공적 1호였다. 시위가 있을 때 시위 지역 일대는 글자 그대로 지옥이 되었다. 시위대는 물론 일반 시민에게도 눈도 못 뜨고 숨도 쉴 수 없는 도저히 참을 수 없는 고통을 준다. 특히 총에 장전 발사하는 SY44탄은 그 강력한 위력 때문에 80m의 거리를 두고 포물선을 그리게 40도의 각도를 두고 발사하라는 요령이 있지만, 지켜지지 않는 게 보통이다. 동아일보가 1면에 "최루탄은 위험하다"는 4단 박스 기사를 실었을 정도다.

고려대, 서울대 학생들이 최루탄 추방대회 출정식을 갖고 시위에 나선 것을 비롯해, 서울에서 25개 이상의 대학 학생들이 시위에 합류했다. 이날도 학생들과 시위에 합류한 시민들에게 최루탄을 난사했다. 시위는 저녁까지 계속되어 도심에서 경찰이 포위되기도 하는 등 시위대에게 밀리는 곳도 있었다. 부산에서는 전날에 이어 새벽부터 수백 대의 택시가 경적시위를 하고, 낮이 되자 시위 인파는 놀라울 정도로 불어나 왕복 8차선 도로 4㎞를 6시간에 걸쳐 완전히 메웠으며, 도로는 "호헌철폐", "독재타도" 등의 구호로 넘치게 되었다. 경찰도 한때 진압을 포기했다. KBS사옥과 부산시청이 시위대의 공격에 위기를 맞기도 했다. 서울에서도 경찰이 시위대에게 장비를 해제당하는 일이 생겼다. 대전에서는 격렬한 시위로 경부선 열차 운행이 잠시 중단되고, 파출소가 파괴되었다. 진주 경상대 학생들은 남해고속도로를 장악해 통행을 중단시켰다. 대구에서도 최루탄과 화염병이 공방전을 하는 격렬한 시위가 있었다. 마산, 진주, 울산, 김해, 광주, 목포, 익산, 군산, 순천, 춘천, 수원, 인천, 성남에서도 시위가 있었다. 부산에서는 경찰력이 한계에 달해 군 병력 지원을 요청했다. 최대의 인파였다. 최루탄은 시위와 집회에 참여한

진압 포기,
장비 해제
당한 경찰

최루탄, 시민에게 고통과 대정부 증오감 증폭

사람들에게 고통을 주어 해산의 효과를 노렸지만, 정권에 대한 더 큰 증오를 참여자에게 심어주는 또다른 역효과를 냈다.

시위는 19일, 20일, 21일, 22일, 23일에도 계속되었다. 22일까지 전국에서 883개 소, 22만 7,800명이 시위에 가담했다고 경찰은 발표했다. 대학가의 시위는 691차례, 43만 1,000명이 가담했고, 가두 및 교내시위에 연인원 70만 7,000명이 가담했다. 경찰은 1만 2,686명을 연행하여 336명을 구속하고, 70명을 불구속 입건하였으며, 1,336명을 즉심에 넘겼다고 발표했다. 그리고 21일까지 189개 소의 경찰관서가 불타거나 부서졌고, 경찰과 전경 5,493명이 부상당하였으며, 경찰 차량 78대가 파손되었다고 밝혔다.동아일보, 1987.06.23.

대학, 조기방학

정부는 전국 각지의 대학에서 학생 시위가 발행한 것을 막기 위해 시험을 연기하고 조기방학에 들어갔다. 전국 103개 대학 중 84개 대학이 6월 19일까지 조기방학에 들어갔다. 서울, 부산, 대구, 인천, 대전, 광주, 울산, 청주, 전주, 익산, 목포, 춘천, 원주, 성남, 수원, 안양, 천안, 안동, 제주 등지에서 시위가 계속되었다. 연세대 학생 6천명은 이한열이 회복될 때까지 시위를 계속할 것을 결의했다. 고려대 교수 19명은 연좌시위로 민의에 순응할 것을 요구했다. 서울 새문안교회에서는 목회자와 신도 2백여 명이 기도회 뒤 촛불시위를 했다. 몇몇 도시에서는 상당수의 고교생들이 시위에 나섰다.

치안력 한계

18일, 19일 전국에서 심야까지 시위가 계속되었는데, 이에 정부는 치안력의 한계를 드러냈다. 신문에는 불타는 경찰 장비 사진이 실리고, 비상조치설이 파다하게 퍼졌다. 일본과 미국의 주요 일간지를 비롯한 외신은 한국 사태를 톱기사로 다루었다. 미국 언론도 명동사태로 시민들이 학생 시위에 가담하고 있음에 주목했다. 정권에 통제되고 있던 국내 언론은 "정치인야당이 민중혁명학생, 재야의 종속 집단"에서 벗어나 "대화하는 것만이 난국 타개의 길"경향신문, 1987.06.18. 사설이라고 하는 데서 머물던 보도태도를 바꾸지 않을 수 없었다. 이제는 "지난 6·10 이후 날로 확산되어 온 시위의 양상을 자세히 살펴보면, 경찰이 학생과 시민에게 밀리고 있다는 인상마저 준다."고 조심스럽지만 사태가 진압만으로 넘어갈 수 없다는 것을 말하고, "왜 곳곳에서 민정당 지구당 사무실에 돌팔매가 날아드는지를 깊이 헤아리지 않으면 안 된다. 4·13조치를 기정사실로 밀고 나간다는 것이 얼마나 무모한 일인가를 깨닫고, 민주화를 위한 과감한 단안을 내려야 할 때"라고 쓰지 않을 수 없었다.동아일보, 1987.06.19. 사설. 이 신문 1면에는 "4·13조치를 철회"해야 한다는 김수환 추기경의 회견을 싣고 있다.

언론의 변화

김영삼과 통일민주당의 돌파 노력

15일 민추협 부의장단회의와 통일민주당 확대간부회의가 개최되었는데, 여기서 6·10대회에 대한 탄압을 따지기 위해 국회에 참여하기로 결정하였다. 국회에 국정조사권을 갖는 인권특위를 상설하도록 하고, 박종철 군사건 은폐·조작 조사는 전제가 아닌 노력한다로 양보하여, 4일 소집되었지만 열리지 못하고 있는 국회를 정상화하자는 데 의견을 모은 것이다. 여당 내 온건론자의 입장도 지켜주고, 비상조치의 명분도 없애자는 취지였다. 통일민주당은 대변인 성명으로 6·10대회 관계자 석방,

민정당 내 온건론

명동사태 해결, 최루탄 사용 금지 등을 촉구했다. 동교동계와 소장 층은 재야와의 연대를 의식해야 하고, 지난 해 국회 내 헌법특위 참여로 개헌서명운동 열기가 식고 말았다는 것을 들어, 장내 복귀에 대한 비판적 목소리를 내기도 했다. 민정당은 계속 통일민주당의 통일 관련 정강정책을 수정할 것과 통일민주당과 재야의 결별을 요구하고 있는 상황이었다.자료 14

다음날 김영삼 총재는 민정당이 국회를 여는 데 성의가 없는 것으로 보고, 국회를 구걸할 생각이 없다고 태도를 바꾸었다. 민정당은 여전히 4·13조치의 연장선에서 후퇴하지 않았다. 6·10대회 관계자 석방 요구에도 별 반응을 보이지 않았다.

이처럼 대화 정국에는 진전이 없었지만, 김영삼은 계속 실세대화를 요구하였다. 동아일보 1987년 6월 17일자에는 김영삼 총재의 실세대화를 주장하는 기자회견이 실렸다. 민추협은 17일 열린 상임위원회에서 6·10관련자 석방, 최루탄 사용 금지, 4·13조치 철회, 일방적 정치일정 중지, 김대중 불법 장기 감금 해제 등을 요구하는 결의를 하고, 회직자들이 김대중 자택 앞에서 1일간 농성을 했다.

시위 과격화 자제 호소

18일 시위가 격렬 양상을 보이자, 통일민주당은 폭력 시위 자제를 호소하는 내용의 성명을 발표했다. 6·10대회 등을 최루탄 난사와 야만적 방법으로 원천봉쇄한 데에 시위 과격화의 원인이 있다고 하면서, 시위의 충정은 이해하지만 그 방법에 대해서는 우려할 만한 점이 있다며 폭력과 방화, 고속도로 점거, 철도 점거는 국민 생활에 지장을 초래하기에 걱정스럽다고 주의를 환기했다. 김영삼은 특히 자신이 잘 아는 부산의 격렬한 철야 시위 소식을 현지로부터 자세히 듣고 두 시간 밖에 잠을 자지 못했다.김영삼 3, 2000, 52쪽. 시위의 뜻이 충분히 표출되었다고 하며, 방화 등 예기치 않은 사태에 깊은 우려와 유감을 표한다고 하며, 평화적 방법을 강조했다. 김대중도 "경찰은 최루탄을 쓰지 말아야 하고, 학생은 폭력을 쓰지 말아야 한다."고 하며, 국본의 평화대행진 보류는 잘한 일이라고 계보 모임 민권회를 통해 자신의 의견을 말했다.

김대중, "경찰은 최루탄 쓰지 말고 학생은 폭력을 쓰지 말아야"

19일 김영삼은 난국 타개를 위한 실질 대화로서 전두환과의 회담을 공식적으로 제의했다. 총재단 회의와 확대간부회의를 열고, "현 시국은 엄청난 비상사태로 책임 있는 사람끼리 만나야 하며, 빠를수록 좋으며, 영수회담에서는 오늘날 난국의 직접 원인인 4·13조치 철회와 구속자 석방, 김대중 사면·복권 등 난국 수습을 위한 모든 정치 현안과 처방을 제기하여 논의하겠다."고 하며, 그 전제로서 6·10관련자 석방과 김대중의 연금 해제는 유효하며, 노태우와의 회담은 현 시점에서는 의미가 없다고 하였다. 20일 다시 노태우와의 회담 거부와 영수회담 실현 요구를 거듭 확인했다. 김영삼은 연세대병원을 방문하여 사경에 있는 이한열 군의 부모를 위로했다.

김영삼, 전두환과 회담 제안

이한열 문병

6월 22일 전두환 - 김영삼 회담의 가능성이 보도된 가운데, 김영삼은 김수환 추기경을 만났다. 두 사람은 시국을 평화적으로 풀어야 하고, 정부는 전체 국민의 의사를 받아들여야 한다는 데 의견을 모았다. 국본이 결정하고 있었던 26일 평화대행진도 영수회담에서 4·13호헌조치 철회 등 요구가 받아들여지는지를 보아서 결행하는 것이 좋겠다고 의견을 모았다.

김영삼은 김 추기경과의 요담 도중에 전두환과의 회담이 다음날24일로 결정되었다는 통지를 받았다. 그리고 21일, 22일 국

본의 문동환, 송건호, 성내운, 이우정, 인명진, 김상근을 만나 전

대행진 연기 요청

두환과의 회담 결과를 볼 때까지 평화대행진 실시 연기를 요청했다. 김영삼은 6월항쟁, 특히 6·10 이후 6·29까지 자신의 민주화투쟁 전략과 행동자료 16에는 압박 강화, 파국 경계, 희생 최소화를 위해 대화 요구, 협상 촉구, 협상 재촉구 등 강온을 겸한 전략을 구사하는 각별한 고려가 있었다고 후일 피력하였다.김영삼, 2000, 72쪽.

국본의 고뇌와 결단

16일 오전 당국은 6·10대회로 구속된 국본 관련자에 대한 증거를 보강하기 위해서 국본 사무실을 압수수색했다. 16일 오전 국본 상임공동대표와 상임집행위원회는 18일 여성단체에서 주

최루탄 추방의 날

최하는 '최루탄 공청회'를 계기로 이날을 '최루탄 추방의 날'로 선포하고, 6·10대회와 같은 행동요령으로 참여하기로 결정했다. 특히 최루탄으로 부상당한 이한열 군 등 부상자의 쾌유를 기원하는 의미를 담기로 했다.

6·26대행진

17일 국본 상집회의는 6월 26일 '민주헌법 쟁취를 위한 국민평화대행진'을 하기로 결정하고 있었다. 6·10대회 이후 계속된 전국적 민주화운동을 전체적으로 모아 국민적 힘을 보이는 결정적 대중운동을 하자는 것이었다. 19일 밤 서울 한남동 천주교 꼰벤뚜알 프란치스코수도회에서 비밀리에 상임공동대표와 상임집행위원 연석회의를 가졌다. 이 모임에서 26일 대행진 강행에 대한 논의가 있었는데, 정치권의 연기론과 재야의 강행론을 가지고 오랜 시간 논란 끝에 정치권이 주장한 연기론을 잠정적

으로 받아들여 22일까지 발표를 미루기로 했다. 통일민주당·민추협에서는 상도동계의 최형우와 김도현, 동교동계의 박영록·한영애·설훈 등이 참석했다. 이날 회의에 앞서 정치권에서는 26일 대행진을 연기하자는 데 의견을 모으고 있었다. 상도동계의 이유는 김영삼이 제안한 전두환과의 회담이 곧 열릴 수도 있는 것 같기도 한데, 이를 앞두고 이러한 전국적 장외 대중투쟁을 결행할 것을 결정해 버리는 것은 영수회담에 대한 예의도 아니고, 김영삼의 회담에서의 입지를 좁히는 것이라고 생각했다. 김영삼도 일단 연기를 요청하고 있었다. 동교동계의 이유는 보다 절박한 것이었다. 당시에는 아주 현실성 있고 심각하게 비상조치설이 나돌고 있었다. 비상조치는 곧 장기 연금 중인 김대중의 구속·수감과도 직결될 수 있는 것이었다. 이러한 사정을 동교동측 인사들은 상도동측 대표들에게 절실하게 설명했다. 이것은 상도동계로서는 절대 외면할 수 없는 것이기도 했다.얼마나 절실했는가는 후일 『동행』, 이희호, 2008, 262쪽에도 기록되어 있다. 재야 중 개신교계의 문동환, 이우정 등은 연기론을 함께 주장했다.후일 이들은 양김 분열 이후 김대중과 같은 정치 행보를 보였다. 22일 다시 비밀리에 마리스타수도원에서 열린 국본 공동대표 상집위원 연석회의에는 민추협 - 민주당의 최형우, 박용만, 황명수이상 상도동계, 박영록, 김현수, 박종태이상 동교동계, 김도현, 한영애 등이 참석했는데, 대회강행론으로 결론이 날 것을 염려하여 대거 참석한 것이다. 19일 회의에서와 같은 취지로 연기론을 주장했다. 대행진 강행 여부를 놓고 심각한 토론이 벌어졌다. 이때는 김영삼 - 전두환 회담이 다음날로 결정되어 있었다. 결국 대행진을 강행하되, 정치권의 의견을 최대한 고려하여 24일 전두환 - 김영삼 회담의 결과

비상조치설

대행진 강행론과 연기론

를 보고, 그 성격을 새롭게 규정하기로 결정했다. 전두환이 민주화 요구를 받아들이면, 이를 환영하는 성격이 될 것이라고 한 것이다.

20일 국본은 성명을 내고 4·13조치 철회, 6·10대회 관계자 석방, 집회시위 및 언론자유 보장, 최루탄 사용 중지 등 4개 항을 정부에 촉구하면서, 23일까지 밝히지 않으면 국민평화대행진을 강행할 것이라고 밝혔다.

미국 · 주한미대사관과 민주화

> 미국이 한국 민주화 이행에 개입하는 것은 공개, 은밀한 개입/방조, 불개입의 형식을 취하는데, 공개 개입은 1948년의 이승만 정권 수립, 1963년 박정희 민정이양, 1987년 6월항쟁 때이고, 은밀한 개입/방조는 1961년 장면정권 수립과 1961년 5·16쿠데타, 1979년 박정권 붕괴, 1988년 노태우정권 수립, 1993년 김영삼 정권 수립 때이고, 1952년 부산정치파동, 1979년 12.·12쿠데타, 1981년 전두환정권 수립, 1998년 김대중정권 수립, 2003년 노무현정권 수립 때는 불개입했다.정일준, 2010, 354쪽.

한국 민주화는 당연히 한국민의 몫이고, "우리의 민주화투쟁도 오직 우리의 창조적인 민주적 역량으로 이룩하는 것이어야 하고, 세계의 양심이 우리를 지원할 것이나 그것은 보완적인 관계일 뿐"이다.김대중·김영삼, 8·15공동성명 1983년 서울과 워싱턴에서 동시 발표. 그러나 한국 민주화는 미국 행정부의 대한정책, 주한 미대사관, 미국 의회, 미국 언론, 미국 여론, 주한미군 사령관과의 직접적 관계를 부정할 순 없다.

예컨대, 1979년 9월 19일 당시 신민당 총재였던 김영삼은 뉴욕타임스와의 회견에서 "미국의 공개적이고 직접적인 압력에 의해서만 박정희정권을 통제할 수 있다고 말해도 그들은 내정간섭이라고 안 된다고 한다. 주한미군 3만 명은 내정간섭이 아니란 말인가?"라고 했다. 이것을 사유로 당시 여당인 공화당과 유정회는 김영삼의 국회의원 제명을 강행했고, 당시 중정부장 김재규는 이를 막아 보려고 김영삼에게 부분적, 형식적 사과를 제안하고 김영삼이 이를 거절하여 제명이 강행되고 이것이 부마사태의 한 요인 되고, 김재규의 10·26거사로 이어지게 되었다.

광주사태 진압에 동원된 한국군의 출동에 미국의 동의가 있었나가 쟁점이 되어 5·18 이후의 민주화투쟁에는 미국 비판이 격렬한 반미구호로 발전하고 이것은 정치권과 학생운동권의 민주화운동 동맹의 미묘한 걸림돌이 되고 있었고, 김대중의 기회 있을 때마다 "비반미 용미用美"를 주장하였다.

김대중, "비반미 용미"

10·26 뒤 미행정부와 주한미국대사관이 보는 한국 야당에 대한 시각은 지극히 부정적인 것이었다.

1979년부터 1980년까지 사이에 미국 문서들에 나온 당시 야당과 민주화운동세력을 평가한 단어들은 다음과 같다.박태균, 2006, 359쪽.

> 마늘과 후추를 먹는 전사들의 사회Society of garlic and pepper eating _ 글라이스틴이 국무성에 보낸 전문
> 소수의 기독교 재야 인사들a handful of extremist dissident _ 홀부르크 차관보가 글라이스틴 대사에게 보낸 보고서
> 야권의 완강한 충돌주의자들hard confrontationalist in opposition
> 미국의 환심을 사기 위해 혈안이 된 친구들supplicant 방해주의자들opstructionist

심지어 이들은 재야세력이 일으킨 YWCA결혼식사건을 "비교적 한줌에 지나지 않는 기독교계 과격파 반정부운동가들로 보이는 자들의 행동"으로 규정하고, 반정부인사들이 가두시위를 유발함으로써 계엄당국의 강력한 대응을 초래하고 있다고 판단했다. 즉, 미국의 판단에 따르면 잘못은 민주화운동세력에 있지 계엄 당국에 있는 것이 아니었다.

글라이스틴의 문서에는 다음과 같은 것도 있다.

> 한국의 각 분파는 자신들의 목적을 위해 미국의 영향력을 빌리려 할 것이다. 김영삼과 김대중 진영으로 갈라져 있다. 양 김 씨는 공개적으로 대통령 후보 지명에 최선을 다할 것과 승자를 지원할 것임을 밝히고 있다. 그러나 두 사람 모두 이번이 투표를 통해 권력을 장악할 최초의 진정한 기회라고 여기며 자신이 야당 대표가 될 권리를 가졌다고 확신한다. 야당 세력의 분열가능성을 배제하지 않고 있다.박태균, 2006, 361쪽.

글라이스틴은 훗날 광주에서의 진압부대 투입이 누구의 책임인가가 문제되었을 때 자신은 군 투입을 25일에서 27일로 늦추었다고 증언했지만, 백악관은 5월 22일 시점에서 진압작전을 위한 한국군 20사단 투입에 반대하지 않겠다는 입장을 정리한 상태였다.

> 위컴 사령관은 "20사단 이동을 승인해 달라고 요청해 와 대포 등 중무기는 북한 쪽으로 그대로 놓아둔다는 조건 아래 승인했다. 결국 1980년 상황에서 미국은 야당이나 민주화세력이 정권을 잡을 경우 한국 사회는 위기로 치달을 것이며, 이것이 결국은

미국의 대한정책의 두 가지 목표 - 강력한 반공정권 수립과 이를 통한 안정적인 민주주의 성립이 모두 실패할 수 있다고 보았다. 물론 당시 카터 행정부와 레이건 행정부 내의 적극적 냉전정책이 신군부를 인정하게 한 기본 요인이었지만, 야당과 민주화세력에 대한 부정적 인식이 역시 하나의 중요한 요인이 되었다. 박태균, 2006, 355-361쪽.

민주화세력에 대한 부정적 인식

미국은 12·12나 5·18때 한국 민주화세력이 기대했던 역할을 하지 않았고, 신군부의 반민주적 군대 이동을 방조 승인했다는 평가를 민주화세력으로부터 받았다. 이러한 미국의 태도는 한국 민주화세력에 대한 미국의 기대, 예컨대 양 김의 협력 아닌 분열이 일단의 원인을 제공한 것을 구실로 삼은 것으로도 이해된다. 미국은 한국의 친미체제의 정치적 안정을 최선의 목표로 하는데 양 김의 분열은 안정에 역행되는 것으로 본다.

이러한 미국의 태도는 5·18을 기점으로 한국의 민주화운동이 극단적 반미성향을 띄는 경향을 불러와 급진적 학생운동권뿐 아니라 재야와 일반국민 사이에도 확산되고, 광주미문화원방화, 부산미문화원방화, 서울미문화원 점거사건으로 폭발하기도 했다.

반미성향

6월항쟁과 미국 대사관

6·10 이후 미국은 그들이 말하던 '조용한 외교'에서 벗어났다. 워싱턴, 주한미국대사관, 언론은 변화가 불가피함을 감지한 것이다.자료 17 전정권 측은 민주화운동의 미국비판을 '반미' 때로는 친북 용공으로 선전했지만, 민추협 등 민주화세력은 민주

조용한 외교 벗어나다

민주화가
반미 잠재워

화만이 반미를 잠재울 수 있다고 주장했다. 그 결과 미국의 태도는 6월항쟁 기간에는 그 이전, 즉 12·12와 5·18때 취했던 것과는 현격한 차이를 보인다. 미국, 한국정부 - 전정권, 한국의 민주화세력, 민추협 등 민주화세력양 김 학생운동 종교계 노동운동세력의 상호관계의 학습 효과가 나타난 것이다.

학습 효과

주한미국대사가 리처드 워커Richard L. Walker, 1981년 7월~1986년 10월에서 제임스 릴리James Roderick Lilley, 1986년 11월~1989년 1월로 바뀌면서 대사관과 미국의 전정권과 민주화운동에 대한 태도는 눈에 띄게 변화했다. 워커는 재임 중 양 김을 비롯한 민주화운동권과는 냉담한 거리를 두었지만 릴리는 양 김을 만났다. 미국 의회와 미국언론은 한국의 인권상황과 민주화운동을 자주 거론하고, 결의안이 제출되고, 의원과 언론인의 한국방문이 잦아졌다. 특히 미국의 대한정책의 실무최고책임자 개스턴 시거Gaston J.Sigur,Jr.의 87년 연설은 향후 전개될 대한정책의 기조를 설명하여 주목을 받았다.

미국의
태도 변화

> 새로운 정치체계는 경제, 사회, 정치제도의 균형 있는 안정성과 역동성을 담보해야 한다. 한국의 경제적 성공이 사회를 근본적으로 바꾸었다. 소득, 직업, 도시화, 교육열이 그것이다. 새로운 긴장, 탄력적 정치체제, 공평한 분배, 노동자 인권문제에 직면했다. 국내 정치 성숙과 국가 안보는 밀접하며, 한국은 지금의 정치관행이 현실과 미래 의욕을 충족시키는 데 부적합하다는 데 합의한 것 같다. 한국 지도자의 권력의 평화적 이양과 문민화의 도전에 직면했다. 전대통령은 1988년 2월 평화적으로 정권을 이양하고 더 이상 정치에 몸담지 않고 은퇴한 정치인의 대열에 동참한다 했다. 이것은 찬사를 받아 마땅하다. 대한민국역사박물관,2018, 184쪽.

한국 정치 관행
현재와 미래에
부적합

미국 측은 전대통령 측에는 단임 약속의 실천을 계속 다짐받고, 양 김을 비롯한 민주화운동권에게는 정치적 이행 과정에서의 타협을 강조하고 있다. 타협을 강조하는 것은 당시로서는 개헌을 주장하는 민주화세력과 호헌을 고집하는 전정권 사이에 내각제개헌이 있었고, 내각제의 가능성을 이민우 총재가 제기하여서 미국이 이민우 구상과 내각제를 지지하는 것으로 비추어졌다.

타협 내각제로 비춰져

주한 미국대사관에는 5명의 정무팀이 있었는데, 이들은 모두 한국어 연수를 받았고 국제정치학이나 한미관계를 공부했다. 이들은 민주화운동 시위현장을 직접 관찰하거나 김대중, 김영삼 등을 비롯한 여야 정치인을 만나고 국회의 원내 총무실을 출입하고, 정치인들과는 개인적 친교를 쌓기도 한다. 이들은 미국의 관리와 의회 인사들을 안내하여 한국 정치인과의 접촉을 알선하고 동행하여 참석하여 대화를 확인하고, 외신기자들에게 한국 상황의 자료와 설명을 제공할 뿐 아니라 또한 한국인에게 미국 정책을 설명하는 임무를 수행토록 했다. 이는 결국 87년 6월항쟁의 정치변화를 이루는데 미국이 기여했다는 성공적 자기평가를 내도록 했다.

이들이 직접 말하는 다음과 같은 예를 들 수 있다.

- 2·12총선을 민정당은 낙관적으로 예측했으나 결과에 대하여는 패배로 받아 들였다.
- 신민당 총무실에는 기자들이 모여 있고 모든 정보가 스며들지만 민정당 총무실은 썰렁하다.
- 2·12총선 결과는 놀랍지 않다.
- 전두환 대통령이 인기 없다는 것은 미국도 안다.

• 김근태를 체포 몇 시간 전에 만나 미국방문 초청장을 주었다.
• 독립기념일 행사에 김대중, 김영삼을 초청했더니 전정권은 대사를 불러서 초청취소를 요구했다.
• 워커 대사는 소련을 악의 축으로 보는 냉전적 사고를 가진 분이다.
• 전정권은 미국 대사가 전대통령을 방문하는 것을 TV에 자주 나가도록 하는 것 같았다. 대사에게 TV에 자주 나가지 않도록 하라고 건의했다.
• 호주머니에 동전을 가득 넣고 공중전화로 거리 상황을 보고했다.
• 대학생들의 미문화원 점거 때는 24시간 본국에 보고하고 본국 정부 개입 없이 대사관이 해결했다.
• 학생들은 단식 중이라고 음식을 거절했으나 4시간 쯤 뒤에는 "단식 중이지만 빵과 우유를 조금 주는 것은 괜찮지 않을까요." 라고 했다.
• 한국 방송이 보도하지 않는 데모도 미군방송 AFN은 미군이 외출하지 말아야 할 곳으로 알렸다.
• 김대중은 미국 의원에게 "직선제를 하면 내가 대통령에 당선될 것이고 광주사태 책임을 물을 것이기 때문에 전정권은 직선제를 싫어한다. 나는 전정권 관계자에게 제발 직선제를 하라 나는 대통령선거에 출마하지 않을 작정이다."라고 했다. 그 의원은 걸어 나오면서 "김 선생은 대선후보로 나오는 것 아닙니까?"라고 물었다.
• 미국의 주 관심은 전대통령이 약속대로 임기를 마쳐야 한다는 것이다. 레이건은 미국이 호헌을 지지하는 것으로 비춰지지 않도록 노력했다.
• DJ는 친미주의자였다. "나는 독재정권을 지지하는 미국을 비난해야 하지만 당신들은 내 비밀친구다. 왜냐면 미국은 내 생명을 구해 주었다."라고 말했다.
• 캐스턴 시거는 한국이 군정에서 민정으로 바뀌어야 한다고 했다.
• 시거가 DJ를 만나는 것은 만남 자체가 중요했는데 시거가 탄차

를 경찰임이 분명한 폭력배가 유리창을 깨고 흔들었다.

- 데모 학생은 미국이 남북통일에 나쁜 영향을 주었다고 하며 혁명을 이끌었지만 졸업하면 보스턴대학에 가고 싶다고 했다.
- 군사정부는 시민들에게 패배했다. 군 투입 없으면 경찰인데 경찰도 패배했다.
- 미국은 저자세를 유지하며 대선에 중립을 지켰다. 레이건으로부터 3통의 축하편지를 받아 노와 양 김의 주소를 파악하고 있었다.
- 노를 찍지 말아야 한다는 사람들도 안정을 위해 노를 찍을 것이라고 봤다.
- 한국 정부나 정치인들은 우리를 이용했다.
- 모든 미국외교관들은 "우리는 절대 내정에 간섭하지 않는다"고 말한다. 물론 그 말은 헛소리다. 우리는 당연히 간섭하려고 한다. 우리는 한국 사람이 잘 살 수 있도록 교묘하게 개입한다.
- 한국 측 정치정세를 이해하는데 중심인물은 DJ다. YS와는 매우 대조적이고 매우 정치적이다.

※ 이 내용은 2017년 대한민국역사박물관과 미국 우드로윌슨센터(Woodrow Wilson Center for Scholars)가 공동 주최한 국제학술회의 '1987년 한국 민주화를 회고하다'의 토론자료집에서 발췌한 것임. 발언자 개인의 경험 의견일 수도 있다.

전두환 - 김영삼 회담

김영삼은 전두환과의 회담을 앞두고 하루 전 통일민주당 정무회의와 총재단 회의를 열어 의견을 수렴하고, 24일 오전 김대중을 자택으로 찾았다. 김대중을 방문하여 조반을 함께 하며 의견을 나눈 뒤, 당사로 돌아가 다시 총재단 회의를 하고, 당원 200여 명의 박수를 받으며 김태룡 대변인을 대동하고 청와대로 떠났다. 이날 전두환과 김영삼은 10시 반부터 3시간 동안 예정에 없던 점심을 함께 하며 회담했다. 김영삼은 회담 장소에 들어서기에 앞서 비표를 가슴에 다는 것에 대해 "대한민국에 김영삼 얼굴을 모르는 사람이 어디 있느냐"고 기싸움을 하였다. 점심시간이 되자 점심 약속이 있다면서 회담을 끝내려는 전두환을 붙들고, "오늘 이보다 더 중요한 일이 어디 있느냐." 면서 얘기를 계속하자고 하는 등 김영삼으로서는 총력을 기울인 회담이었다. 김영삼은 합의가 되면 공동기자회견으로 발표하자고 하였지만, 공동기자회견은 없었다. 김영삼은 회담에서 현 사태의 심각성을 4·19, 10·26과 같은 정권붕괴의 사례를 들어가며 설명하고, 해결책은 전두환이 직접 4·13호헌조치를 철회하는 것이라며, 권력구조 문제를 선택적 국민투표에 부치고, 구속자 석방과 김대중에 대한 사면 복권과 연금의 오늘 중 해제 등을 요구했다. 이날 회담자료 21에 대하여 김영삼은 다음과 같이 회고하였다.

기싸움

4·19, 10·26 예를 들어

오늘 중 연금 해제 요구

> 나는 전두환에게 거침없이 하고 싶은 말을 다 쏟아냈다. "만약 이대로 가면 수습할 수 없다. 계엄으로는 수습이 불가능하다. 어떤 비상조치도 자멸로 가는 길이 된다. 민주화만이 나라가 살고 당신이 살아남을 수 있는 길이다. …… 나는 4·13조치 철회 및 선택적 국민투표 실시, 언론자유 보장, 6·10대회 관련자 등 구속자의 석방과 사면·복권, 김대중 가택봉쇄 해제 등을 주장했다. 그러나 전두환은 개헌 논의를 재개하겠다고만 말했을 뿐, 4·13조치 철회와 직선제 수용문제에 대해서는 대답을 회피했다.……"
> "오늘 날 만나자고 했는데, 나만 만날 것이 아니라 김대중을 당장 사면 복권하고, 나와 전두환 당신, 김대중 이렇게 셋이서 식사를 한번 하자. 원한다면 노태우 대표가 참석해도 좋다."고 했다. 점심식사를 하면서도 이 문제를 재차 제의했지만, 전두환은 아무 말도 하지 않았다. 전두환은 어려운 대목에 부딪히면 노태우

와 만나 의견을 절충하라는 태도로 일관했다. 나는 그때마다 "노태우는 만날 필요가 없다. 당신이 책임자인데 왜 자꾸 미루느냐"고 다그쳤다.

김영삼은 회담 뒤 기자들과 당의 간부들이 기다리는 당사로 돌아가 "나는 4·13조치의 철회를 강력히 요구했지만, 전두환은 구체적으로 철회라는 표현을 쓰지 않았다. 회담은 결렬되었다."고 말했다. 기자들이 "정부쪽에서는 4·13조치를 사실상 철회한 것으로 해석하고 있는데, '결렬' 선언을 한 것은 너무 성급한 것 아닌가?"라는 질문에 대해 "그것은 저쪽이 급해서 그러는 모양인데, 철회라는 것을 분명히 밝혀야 한다. 저쪽은 우선 급박하니 시간을 벌려 하겠지만, 국회에서 논의한다는 것으로는 안 된다."고 답했다. 그리고 "26일의 평화대행진은 강행하는가?"라는 질문에는 "회담 결렬을 선언했으니 당연하다. 내일 아침 국민운동본부 간부들과 식사를 하면서 대책을 논의할 생각이다."라고 했다. 김영삼은 전두환에게 4·13조치 철회를 분명히 못 박자고 그토록 끈질기게 요구했으나, 전두환은 이를 회피했다.김영삼, 2000, 58~62쪽. 전두환은 "4·13조치의 철회만을 확인시켜 주었을 뿐, 그가 요구한 선택적 국민투표와 직선제개헌은 수용하지 않았다."라고 했다.전두환, 2017, 613쪽.

"회담은 결렬"

김영삼은 통일민주당 간부회의와 25일 아침 국본의 백기완 서울 민통련 의장, 송건호 민언협 의장, 이길재 교회사회선교협의회 총무, 유동우 기독교노동자총연맹 위원장, 성내운 연세대 교수, 한승헌 변호사, 인명진 목사, 성연 스님 등과의 모임을 통해서도 결렬을 확인하고 평화대행진 강행을 논의했다. 이렇게 하여 전-김 회담은 '김영삼의 결렬 선언'으로 결렬된 것이 되

전-김회담 결렬 선언으로 결렬

었고, 국본의 6·26대행진은 예정대로 강행되었다.

김영삼이 전두환과의 회담을 단정적으로 '결렬'이라고 선언한 것은 매우 순간적인 판단에서 나온 표현이었지만, 아주 중요한 의미를 지니고 이후 정치사의 전개에 큰 영향을 미쳤다. 첫째, 정치인 김영삼은 국민들의 많은 희생을 치르고 민주개헌을 이룩하기보다는 정치인인 자신이 전두환과의 담판을 통하여 민주개헌의 물꼬를 트려 했을 것이다. 전두환이 4·13조치 철회를 분명하게 말하고, 이것을 두 사람의 공동기자회견으로 발표하자는 것이 그것이다. 그렇게 되면 더 이상 최루탄이 난무하는 거리에 젊은이와 시민이 나서지 않아도 되고, 구속 연금도 없어질 것이었다. 전두환은 그러한 선물을 김영삼에게 주고 싶지 않았을 것이다.

둘째, 김영삼과 김영삼이 대표하는 민주화운동세력에게 4·13조치 철회는 단순한 개헌논의 재개가 아니라, 대통령직선제개헌과 이 헌법에 따른 선거를 통해 군부정권 - 민정당이 퇴장하고 민주세력이 집권하는 것을 뜻했다. 김영삼은 회담 전 기자회견에서 "명년88년 2월 노태우가 당선되는 일은 없다."고 거듭 말했다. 또 몇 차례 '민주화 공동선언'을 하자고 한 것의 의미는 "정치보복이 없는 것을 보장하자."는 것이다. 즉 군부정권의 보복 없는 퇴장을 보장하자는 것이다.군부정권이 퇴장한 이후 그 어떤 보복도 행하지 않음을 보장하겠다는 것이다. 그리고 국회에서 개헌 논의를 재개하자는 것은 민정당이 추구해 왔던 의원내각제로의 '합헌개헌'의석수로 보아 무소속과 야당 의원을 포섭하여을 하는 것으로 귀결되거나, 여야 합의가 안 된다고 시간을 끌다가 현행 헌법으로 선거를 치르는 것으로 결말이 날 수도 있는 것이었다. 민정당은 간

합헌 개헌

선제를 유지하면서 대통령선거법을 개정하여 정당 간 경쟁체제가 가능하게 하자는 주장을 해온 바 있다. 또한 민정당에서는 국회 해산과 총선으로 개헌 문제를 돌파하려는 논의도 있었는데, 총선에 대하여는 야당은 선거 과정에서 민의가 왜곡될 가능성이 농후하다고 보고 있었다.

셋째, 김영삼 - 전두환 회담에 대하여 재야는 계속하여 이를 견제 경계하였다. 김대중 측으로부터는 김대중의 연금 상태의 지속과 같은 배제, 소외의 가능성에 대한 경계가 주시를 받아왔다.

따라서 직선제개헌 합의와 김대중에 대한 그 어떤 실질적 해금조치 없이는 '결렬'이란 선언을 하지 않을 수 없는 상황이었다. 김영삼이 결렬을 선언함으로써 전두환과 민정당에게는 직선제개헌 수용 이외에는 퇴로가 없게 만들었다. 전두환은 4·13 조치 철회와 공동기자회견을 하지 않고, '개헌논의 재개=사실상 철회'로 회담을 포장하여, 국민의 요구가 그쯤에서 사그라들기를 기대하고, 그때는 또 다른 구상을 할 수도 있을 것이라 보았을 수도 있다.[121] 그리고 김영삼과의 회담을 윤보선, 최규하, 김수환, 한경직, 이민우, 이만섭 등 정치·종교계 원로, 정당 대표들과의 일련의 연쇄 접촉 과정의 하나로 취급하여 특별한 의미를 삭감시키고자 했다. 김영삼이 회담 결렬과 6·26평화대행진 강행을 선언함으로써 민주 개헌은 다시 국민항쟁의 과제가 되었고, 개헌은 정치의제인 만큼 국회의석을 가지고 실제 개헌 과정을 이끌 당사자는 민주당·민추협이며, 그 성과와 과실은 곧바로 정치세력인 민주당·민추협의 몫이 되는 것이기도 하다. 물론 그 승리 또한 국민의 몫으로 찬양될 것이지만.

김대중 연금 해제

이날 김영삼의 단호한 요구에 전두환이 응하여 김대중의 연금은 해제되었다.

6·26평화대행진

전두환·김영삼 회담에서 극적인 정국 전환은 이루어지지 않았다. 결국은 집권호헌 = 헌법유지세력과 개헌민주세력의 대결로 가지 않을 수 없었다. 민정당은 4·13조치의 개헌논의 유보와 현행 헌법에 의한 정부 이양, 이 두 가지 내용 중 개헌논의 유보만 철회되어도 개헌 논의가 재개될 뿐 아니라 민정당이 말하는 현행 헌법하의 정치일정도 중단된다고 하면서, 개헌 추진 방법 등을 노·김 회담을 열어 논의하자고 했다. 민주당·민추협 그리고 국본은 "영수회담을 통하여 위기에 처한 시국의 해결을 바라는 실낱같은 희망에서 두 차례나 평화대행진을 연기한 바 있었다.

민정당, 노·김회담 제안

그러나 전두환 대통령은 김영삼 총재가 제기하는 시국수습안을 하나도 받아들이지 않고, 개헌논의를 국회에서 재개하라는 일방적 통고로 회담을 끝냈다."고 하면서, '민주헌법쟁취 국민평화대행진'을 26일 전국적으로 결행한다고 선언했다. 국본은 "최루탄을 난사하여 평화적 대회나 행진을 격렬한 시위로 촉발시키는 우를 범해서는 안 된다."고 하면서, "최루탄과 돌이 난무하지 않는 비폭력 평화적 행진이 되도록 하자."고 치안당국에 제안했다. 국본에서는 부산시청, 대구명덕로터리, 광주도청 앞, 인천부평역, 대전역광장, 성남시청 앞, 춘천명동 입구, 청주석교동육거리, 천안역광장, 포항죽도시장 앞, 원주시청 앞, 수원동문, 마산6호광장, 울산옥교동 주리원백화점 앞, 이리창인동성당, 군산시청 앞, 전주금암동로터리, 안동역 앞 등 전국 주요 도시의 집결지를 지정했다. 물론 이 모든 투쟁에는 통일민주당·민추협의 전당력, 전역량이 투입될 것이었다.

민주당·민추협, 전당력 역량 투입

통일민주당·민추협은 평화대행진을 위해 23일 대책위원회위원장 최형우, 위원 김영배·김현규·박찬종·김현수·명화섭·김태룡·이재근·황명수·서석재·박정태·이유형·김영백·한영애를 구성하였고, 25일에는 대책회의, 국장단회의, 총재단회의, 의원총회를 연이어 개최했다. 한편, 각 시도에 국회의원으로 구성된 파견단을 보냈다.〈당무일지〉 1987년 6월 25일자. 이날 김대중 의장의 자택연금이 해제됐다. 전두환·김영삼 회담에서 김 총재가 제기한 요구가 실현된 것이다. 이것은 전·김 회담의 유일한 가시적 성과였다.

26일 중앙당을 비롯하여 전국 지구당에 "국민평화대행진 오후 6시"라고 쓴 현수막을 걸었으며, 국회의원들을 19개 조로 나누어 서울 등 주요 도시에서 홍보 전단을 배포했다. 통일민주당과 민추협은 서울 무교동 사무실에서 오후부터 확성기로 이날의 '민주개헌쟁취 국민평화대행진' 홍보 방송을 했다. 이 방송을 듣고 사무실 앞 도로를 메운 군중들을 경찰이 몸으로 밀어내고 사과탄을 쏘아서 흩어지게 했다. 군중들은 종로 쪽으로 밀려나 구호를 외치며 시위를 벌였다. 경찰은 민추협 사무실을 몇 겹으로 봉쇄하고 출입을 막았다.

경찰, 민추협 봉쇄

'민주헌법쟁취 국민평화대행진' 출정식을 가진 뒤 대형 태극기와 "동장에서 대통령까지 우리 손으로"라고 쓴 현수막을 앞세우고 김영삼 총재가 앞장을 서서 행진에 나섰다. 5분도 안 되어 사복경찰 소위 백골단들이 행진의 가운데로 돌진하여 행렬을 흩트리고, 연행조가 총재단, 국회의원, 당원들을 낚아채서

백골단

닭장차에 밀어 넣었다. 김 총재는 "4·19 때 난폭한 짓을 하던 곽영주가 어떻게 되었는지를 기억하라."고 경찰을 향해 경고하면서, 닭장차에 들어가지 않기 위해 차문을 완강하게 잡고 한참이나 저항했으나, 차안으로 떠밀려 들어갔다.

닭장차

경찰은 닭장차를 고속도로 등 서울 외곽 아무 곳에나 한 시간쯤 몰고 가서 쓰레기 버리듯 부려 놓았다. 김 총재는 이날 김포공항 쪽으로 1시간쯤 가다가 차를 돌려 상도동 자택에 내려놓았다. 어떤 이는 난지도 쓰레기 매립장에 버리듯 내려놓아 차가 다니는 곳까지 한참이나 걸어 나올 수밖에 없었다. 그 모멸감과 분노, 황당함은 겪지 않으면 모른다.

강제로 흩어졌던 통일민주당·민추협 간부와 당원들은 사무실로 다시 돌아와 모였다. 이들은 전국 각 지구당의 이날 행진 실황보고를 들으며, 당국의 폭력 진압에 항의하는 철야농성에 들어갔다. 김영삼은 오후 8시가 넘어 다시 당사로 돌아가 기자들이 있는 앞에서 "정권의 무자비한 폭력에 많은 희생을 내면서도, 전국적 대행진은 대성공이었다."고 평하고, "현 정권이 더 이상 유지될 수 없는 단계에 들어섰음을 보여주는 것"이라고 말하였다. 그리고 "우리는 대화와 투쟁을 병행하는 데 이론이 없다. 지금이라도 현 정권이 결단을 내려 민주화를 이루기 바란다."고 강조했다. 김대중 의장은 이날 다시 연금되었다. 김 의장은 "이날 대행진은 성공이라고 평하면서, 정권은 대통령직선제를 받아들이거나 선택적 국민투표를 위한 결단을 내려야 한다."고 말했다.

김대중
다시 연금

270개 지역
180만 참여

평화대행진은 26일 6시를 기해 전국의 주요 시군이 전부 망라된 33개 도시와 4개 군동아일보 1987.6.25.의 270여 개 지역에서 일어났다. 행진 시작 시간을 오후 6시로 결정한 것은 그때는 서머타임을 시행해서 낮이 길어졌고, 퇴근 시간에 맞추어 직장인의 자연스러운 참여를 기대한 것이었다. 행진은 경찰의 저지에 막혀 시위로 변했고, 여러 지역에서는 27일 새벽 5시경까지 철야로 계속되었다. 6·10대회, 6·18최루탄 추방의 날보다 더 많은 지역에서 더 많은 인원이 참여했다. 경찰은 5만 8,000명이라고 했지만, 국본은 130만, 김영삼 등 통일민주당은 180만〈당무일지〉에는 120만으로 기재, 동아일보는 20여 만이라고 했다.동아일보 1987년 6월 27일자는 "서울역 영등포 등에 4만 집결"이라고 기사 제목을 달았다. 이날 시위로 3,467명이 연행당하였다. 권복경 치안본부장은 경찰 573명이 부상당하고, 경찰관서39개 소, 시청과 민정당사13개 소와 경찰차량20대이 불타거나 파손되었다고 밝혔다.

연행 3,467명
경찰관서 34개소
민정당사 13개소
붙 타

이 많은 도시의 곳곳에서 시민들은 "직선제개헌", "군부독재타도", "동장에서 대통령까지 내 손으로"를 부르짖으며, 경찰과 백골단의 살인적 최루탄 공세와 연행, 폭행에 맞서 행진하며 시위했다. 밀렸다가 다시 돌아와 밀고 나가고, 숨이 막히고 눈을 뜨지 못하며 살갗이 찢기듯 따가워도 맞고 쫓기고 끌려가도 "민주 개헌"을 외쳤다. 곳곳에서 시위 군중이 도로를 완전히 점거하기도 하고, 경찰과 시위대의 공방전으로 교통이 마비되기도 했다. 국본의 박용길문익환 목사 부인, 고은 등 공동대표와 상임집행위원들도 모두 최루탄 쏟아지는 거리에서 혹은 구호를 외치고 연설로 토론에 참여하는 등 시위에 나섰다. 이날 이명준, 황인성, 김도현 등 상집위원들은 수유리 계곡에 함께 모여 대기하다가 봉고버스에 분승하여 서울역 앞과 남대문로에서 소형 확성기로 구호를 외치며 군중과 함께 시위했다. 국본은 26일

대행진에 쏟을 수 있는 최대의 역량을 쏟아 부었다. 한편, 장을병성균관대, 송기숙전남대, 이수인영남대 교수 등 전국 30개 대학 교수 70여 명은 서울에서 '민주화를 위한 교수협의회'를 경찰의 저지 속에 결성했다.

민주화를 위한 교수협의회

26일 평화대행진은 전두환의 전에 없이 강력한 초동 원천봉쇄 지시 아래 강행되었다. 통일민주당·민추협과 국본은 평화적 행진을 거듭 강조했지만, 정권은 최대의 강경 진압작전으로 분쇄에 나섰다. 통일민주당·민추협과 국본이 평화적 방법을 덜 강조하고, 경찰이 조금만 덜 강경했다면, 이날 전국의 주요 도시에서 경찰력은 시위대에 제압당했을 것이다.

국본은 27일 오전 상임공동대표회의를 열고, 6·26국민평화대행진은 "이성을 잃은 경찰의 무차별 폭력 앞에서도 열화와 같은 국민의 참여로 성공리에 끝났다"고 평가하고, "국민평화대행진으로 현 정부에 대한 국민의 도덕적 심판은 이미 끝났으며, 이 정부는 더 이상 사태를 민주적으로 수습할 능력도 없음이 확실히 증명되었다. 현 정부는 국민의 뜻에 승복하여 국민이 원하는 새 헌법에 의한 정부 이양 일정을 구체적으로 표시하기 바란다."고 성명했다.

청와대는 이종률 대변인을 통해 "전두한 대통령은 김영삼 통일민주당 총재 등과의 대화에서 4·13조치를 사실상 철회하는 등 합의 개헌에 대한 강한 의사를 표명했다."고 했으며, 민정당은 "4·13조치는 완전히 철회되었다."는 공식 입장을 밝혔다. 이춘구 사무총장은 "개헌 논의를 재개하면서 현행 헌법에 의해 정권교체를 한다는 생각은 있을 수 없다."고 하며 "개정 헌법에 의해 정부를 이양하는 여권의 의사 표시가 이루어졌다."고 밝

민정당, "4·13호헌 철회"

개정 헌법으로 정권 이양

혔다. 민정당 김정남 대변인은 "우리 당은 6·26시위에 나타난 국민의 한결같은 여망은 민주발전이라는 명제가 성사되어야 한다는 것으로 믿고, 이를 겸허하고 허심탄회하게 수렴하겠다."고 성명했다.

평화대행진은 27일, 28일에도 서울, 부산, 대구, 광주 등 주요 도시에서 계속되었다. 모든 국민이 갈망하는 역사적 대전환大轉換을 위한 결정적 해답을 기다리는 긴박한 시점이 각일각 다가오는 하루하루였다.

6·29선언

마침내 그날이 왔다. 29일 오전 9시가 좀 넘어 통일민주당사이기도 한 민추협 사무실에서는 민추협 정례 의장단회의를 마친 김영삼 총재와 김대중 의장, 통일민주당과 민추협 간부들이 민정당사로부터 전해 올 중대 뉴스를 기다렸다. 집권 여당인 민정당의 당사 9층 회의실에서는 민정당 중앙집행위원들이 노태우 대통령 후보의 모두 인사에 이어 나올 말이 과연 무엇인가에 온 신경을 모으고 있었다. 드디어 노태우는 〈국민대화합과 위대한 국가로의 전진을 위한 특별선언〉을 읽어나갔다. "여야 합의 하에 조속히 대통령직선제개헌을 하고, 새 헌법에 의한 대통령 선거를 통해 1988년 2월 평화적 정부 이양을 실현해야 하겠습니다."라고 선언한 데 이어, 대통령선거법 개정, 김대중 사면 복권, 기본권 강화, 언론자유 창달, 사회 각 부문의 자율 보장과 지방의회 구성, 정당 간의 대화와 타협, 사회 정화 등을 내용으로 하는 이른바 6·29선언을 발표했다. 그리고 이것은 자신의 구상

노태우,
"여야 합의 하에
조속히 대통령
직선제개헌을
하자."

이며, 대통령에게 건의할 작정이며, "만에 하나라도 위의 제안이 관철되지 아니할 경우, 민정당 대통령 후보와 당 대표위원직을 포함한 모든 공직에서 사퇴할 것임을 아울러 분명히 밝혀두는 바입니다."라고 건곤일척의, 비장한 배수진의 각오를 말했다. 이날 이 장면은 그날로 보면 극 중의 극, 정말 역사적 장면이었다. 민주화운동세력이 그토록 요구해 왔고, 자신이 그토록 반대해 왔던 직선제개헌을 자신의 불이익을 감수하고 자신의 직을 걸고 전두환에게 요구하겠다는 자못 극적 형식의 선언이었다.

민추협 의장단 회의 뒤 소식을 접한 김영삼과 김대중은 20여 분간 두 사람만의 회동을 가졌다. 이후 김대중은 자택으로 돌아가고 김태룡 대변인에게 논평을 맡겼다. 김태룡 대변인은 "정부 여당은 이 구상을 즉각 시국수습안으로 확정 발표하라. 개헌 문제와 선거법 협상 정치 일정은 우리와 협의 결정하기를 바란다."고 말했다.

김영삼, "87년은 5천년 우리 역사상 가장 희망찬 한해…"

김영삼은 기자실에 들러 "너무나 오랫동안 우리 국민이 피와 땀을 흘렸고, 지금도 많은 민주인사들이 감옥에 있고, 이 시간에도 수배가 되어 가족을 만나지 못하는 사람도 있고, 고문에 시달리는 사람도 있다. 이런 판국에 나온 희망찬 발표로 전적으로 환영한다."고 말하고, 자신이 24일 전두환에게 말했던 내용을 설명하면서, 시국수습안에 반영되어 있음을 시사하고, 9월까지 직선제개헌과 대통령·국회의원 선거법 개정을 마치고, 대통령선거를 추위가 오기 전 10월 늦어도 11월에는 시행해야 한다고 했다. 10시 통일민주당 확대간부회의에서는 "87년은 5천년 우리 역사에서 가장 희망찬 해가 될 것이고, 정치적 기적을 이루는 해가 될 것이다. 지금부터 우리의 언행을 더욱 겸손하게 하여, 국민들이 눈살을 찌푸리는 일이 없도록 각자가 유념해야 할 것"이라고 말했다. 자택으로 돌아간 김대중은 사람들이 기다리던 방이 아닌 별도의 방으로 가서 TV로 노태우의 선언을 청취하고 나와, "지금까지 여당 대표로서 기대할 수 없었던 중요한 내용이 많다. 국민의 힘에 의한 것이기는 해도 독재와 억압 정치를 해오던 사람들이 이렇게 달라질 수 있는가. 신선한 충격과 인간에 대한 신뢰심이 번쩍 떠올랐다."고 말했다. 국본은 29일 "정부 여당이 늦은 감은 있으나 이제라도 국민의 뜻을 겸허하게 받아들이기로 결정한 것을 환영한다. 이는 오로지 민주화를 위해 온몸으로 싸워 온 전 국민의 위대한 승리로서 민족사에 길이 빛날 새로운 지평을 열었다. 정부 여당은 '시국수습 8개 항'을 말로서만이 아니라 즉각 실천에 옮김으로써, 국민들에게 민주화를 하겠다는 진실성을 보여주어야 할 것"이라는 내용의 성명서를 발표했다. 노태우는 국립묘지를 참배하고, 아산 현충사로 충무공 사당을 찾았다. 청와대는 9시 좀 넘어 박영수 비서실장이 수석비서관 회의를 소집했다. 민정당 중집위와 의원총회는 전폭 지지를 결의했다.

김대중,
"… 인간에 대한
신뢰감이…"

국본,
"말 아닌
실천으로…"

증시는 전 종목이 '사자' 열기로 올랐다. 동아일보 1987년 6월 30일자는 전경이 로마병사처럼 중무장했던 데모저지장비 대신 빗자루를 들고, 격렬한 시위로 최루탄 가루와 돌과 화염병 조각이 어지럽게 남아 있던 서울역 광장을 청소하는 장면을 시위 장면 대신 실었다. 대학가에는 대자보가 사라지고, 법원, 검찰, 문교부 등 시위로 몸살을 앓던 관가도 평상을 회복했다. 서울 민추협 사무실이 가까워 유독 시위가 많았던 무교동 술집 거리에서는 술손님들이 "민주주의 만세"로 건배했다. "오늘 소

"오늘 소주 무료"

주 무료"라고 쓴 대포집, "오늘같이 기쁜 날 커피 무료"라고 붙인 다방도 있었다. 언론은 "그 한마디로 이렇게 달라지는 것을"이라고 하며, "환희의 합창"을 찬양했다."횡설수설" 동아일보 1987년 6월 30일자. 전두환의 부인 이순자조차도 이렇게 쓰고 있다. "단 하루 사이에도 세상은 거짓말같이 달라질 수 있다는 것을 나는 그때 처음 실감했다."이순자, 2017, 472쪽. 대한민국 전국 각지에서 민주주의는 거리와 사람들의 마음에 평화를 가져온다는 것을 실감하게 했다.

쟁취인가? 결단인가? 주역은 누구인가?

6·29선언에 노태우는 '국민 대화합과 위대한 국가로의 전진을 위한 특별선언'이라는 제목을 달았다. 선언에 대하여 "온 나라 안이 환영일색이었다."고 했다. 전두환은 '민주발전 국민화합 조치'라는 이름을 단 노 대표의 발표를 전폭적으로 수용한다는 시국수습 특별담화문을 냈다. 국본은 "민주화를 위해 온몸으로 싸워온 전 국민의 위대한 승리"라고 했다. 김영삼은 "국민의 피와 땀과 눈물로 싸워온 결실"이라고 했다. 김대중은 "이 나라 정치가 새로운 장을 실현해 나갈 조짐"이라고 했다. 노태우와 전두환은 제도적 민주화 안에서 권력 승계와 수성을 향한 새로운 계기를 잡았다. 국본, 민추협, 통일민주당은 제도적 민주화를 통해 민주정부 수립으로의 진입을 서둘렀다.

6·29선언이 민주화운동세력의 '쟁취'인지, 집권세력의 '결단'인지는 현재에서 미래까지 이어질 논제가 되고 있다. 6·29선언이 민주화운동세력의 요구에 굴복한 산물임은 틀림없지

만, 집권세력이 선제적 조치를 취하고 결과로 정권 재창출까지 했다는 점을 들어 집권세력의 결단에서 비롯된 것이라고 주장하기도 한다.[122] 전두환은 "국민의 뜻을 수용하고, 평화적 정권 교체의 단서를 연 것이지, 싸움에 져서 항복한 것이 아니다."라고 하였다.전두환 2, 2017, 446쪽.

전두환, … 싸움에 져서 항복한 것이 아니다.

6·29선언을 누가 발안하고 주도했는가에 대해서는 노태우와 전두환의 주장에 차이가 있다. 당시엔 당연히 노태우 주역설이 압도적이었는데, 전두환 공보비서 김성익의 『전두환 육성 증언』조선일보사출판국이 1992년 출판되어 노태우 영웅설이 훼손되었다. 이에 대해 노태우는 『노태우 육성 회고록』조갑제, 2007.을 통해 반박하였고, 전두환은 『전두환 회고록』전두환, 2017.과 『당신은 외롭지 않다: 이순자 자서전』이순자, 2017.을 통해 노태우 주장을 재반박하였다. 전두환과 노태우 두 사람의 기록에는 상당한 차이가 있다. 기억의 차이인지, 입장의 차이에서 오는 자기중심적 '기억 왜곡'인지 '기록 왜곡 조작'인지는 알기 어렵다. 이만섭과 박철언이 관련 기록을 남겼는데, 부분적으로 전두환이나 노태우 한 편과 일치하기도 하고 다르기도 하다. 말하자면 노태우는 6·10대회 날 이후 이미 직선제를 하지 않을 수 없다고 결심하고 준비를 했다는 것, 전두환이 직선제를 수용하지 않을 것을 걱정하여 이만섭, 김 추기경 등을 만나게 하고, 반어법 등으로 다짐을 받았다는 것, 군 출동은 직을 걸고라도 막을 결심이었다는 것을 말하고 있다. 반면, 전두환은 자신 또한 진작부터 직선제를 생각했고, 반대하는 노에게 직선제를 해도 승산이 있다고 설득하였다고 말하고 있다. 어떻든 직선제는 노태우와 전두환의 합의 하에 결정되고 발표되었다. 전·노 누구의 주장이 더 진

노태우, "6·10부터 준비"

전두환, "노에게 승리 가능 설득"

실에 가깝든지, 그것은 '발안 주도자'에 관한 다툼일 뿐, '사전 계산과 각본'에 의한 것임은 틀림없다.[123]

6·29의 세 조건

6·29선언은 ① 민주화운동세력의 요구가 국민적 요구로 확인된 점 ② 88올림픽, 미국의 압력, 군의 동향 등으로 국민 요구의 강제 진압이 불가능한 점 ③ 김대중과 김영삼의 분열 출마와 경제 실적 등으로 정권재창출 가능성 등을 조건으로 하여 나왔다. 전두환과 노태우는 이 3가지 조건을 정확히 보고 확실하게 활용했다. 그러나 민주화운동세력은 조건 ③에 대한 인식이 불철저했고, 치명적이었던 양 김 분열로 본인들의 약속을 배반했고, 전·노의 예측은 정확했다. 결국 결단은 성공했고정권 재창출, 쟁취는 제도적직선제으로는 성공했지만, 실질적민주정부으로는 성공하지 못했다.

개헌에서 대통령선거로

'6·29선언'으로 민주화운동은 일단 새로운 단계로 넘어갔다. 당면 목표였던 민주개헌은 기정사실이 되었지만, 실질적 관심사는 민주정부 수립이었다. 민주정부 수립은 현실적으로는 정치적 이해관계와 직결되어 있다. 민주화운동진영은 여러 세력으로 구성되었고, 각각의 세력 또한 다양한 부문, 조직, 계파로 구성되었다. 민주화의 다음 단계는 이러한 이해 관계의 전개에서 자유로울 수 없게 되었다. 아니 바로 이해관계 대권쟁취투쟁의 전개과정이 되고 말았다.

개헌에 대하여 통일민주당은 양 김 모두 유신 이전의 제3공화국헌법과 10·26 뒤 국회 개헌특위 때의 신민당 안을 표준으로 쉽게 생각하고 있었다. 양 계보 사이에 이견도 없었다. 국본 등 민주화운동세력 전체가 헌법개정에 참여하는 문제는 정치권이나 운동권 모두에게 거의 문제의식이 없었음이 사실이다. 86년 치열했던 학생운동권, 민통련, 노동운동권 등의 수많은 민주화의 목표와 개헌 담론은 깊이와 현실성은 어떻든 개헌 과정 참여에서 묵살되었다. 국본 주최로 마리스타수도원에서 개헌 모임이 한 차례 있었지만, 이 모임은 의미 있는 내용을 논의하지도, 생산하지도 못하고 끝났다. 결과적으로 박정희정권이 만든 헌법으로의 회귀는 제헌헌법 규정에도 있었던 이익균점권利益均霑權같은 경제민주화조항들을 후퇴시킨 것을 그대로 답습했고, 보다 포용적 의미를 포함했던 '민주주의'를 '자유민주적 기본질서'로 한 것도 그냥 그대로 두었다.[124]

운동권 개헌 과정에서 소외 배제

이익균점권

7월 1일 전두환은 〈시국 수습에 관한 특별담화〉를 발표하여, "노태우 민정당 대표의 6·29제안을 전폭적으로 수용해서, 획기적인 민주발전 국민화합 조치를 취하기로 결심했다."고 밝혔다. 7월 10일에는 민정당 총재직을 사퇴했다. 7월 2일 노태우는 통일민주당사로 김영삼을 방문하여, 김영삼과 처음으로 회동하였다. 구속자 석방, 사면 복권 등 민주화 조치가 조속히 이루어져야 한다는 데 의견을 같이하고, 개헌 협상을 본격 추진하기로 합의했다.

민정당은 이치호, 남재희, 현경대, 현홍주 의원과 장명근 법사위 전문위원으로 실무 작업반을 구성하고, 통일민주당은 7인 특위를 이중재위원장, 박찬종, 허경만, 목요상, 김봉호, 김완태, 홍영기 의원으로 구성해 개헌안의 골격과 시안을 만들어 갔다. 7월 4일 김대중과 김영삼은 '선 민주화 조치 후 대여 협상' 원칙

선 민주화 조치 후 대여 협상

에 합의하고, 구속자 전원 석방과 대상자 전원 사면 복권 실현이 개헌 협상에 앞서야 한다고 요구했다.

이한열 장례식

7월 5일 27일 동안 사경을 헤매며 민주화운동의 꺼지지 않은 불씨가 되었던 이한열 군이 사망하면서, 여야 모두 개헌 공청회 등 대외행사를 중단했다. 9일 그의 장례식에는 1백만 군중이 거리를 메워 민주화 열기를 다시 한 번 확인했다. 정부는 8일 문익환 등 시국 사범 257명을 석방하고, 10일 김대중내란음모사건, 광주항쟁 관련자 등 2,335명에 대한 사면 복권을 단행했다.

석방, 사면 복권

이날 문교부는 시국 관련 제적 학생과 해직 교사 구제방침을 발표했다. 김종필 전 공화당 총재도 서산에서 강연회를 갖고 대통령직선제가 되면 국민의 심판을 받겠다고 하여, 민주화에 편승하여 정계복귀를 선언했다. 14일 이웅희 문공부장관은 언론기본법 폐지방침을 밝혔다.

김종필,
민주화 편승

각 당의 개헌 작업은 속도를 냈다. 통일민주당은 16일 정무회의에서 대통령, 국회의원, 지자제 선거 시기 등과 부칙을 남겨둔 상태에서 개헌시안을 채택하고, 민정당도 20일 대통령 임기 6년 단임을 골자로 한 개헌 요강을 발표했다. 양 당의 개헌안은 전문에 5·18광주의거, 군의 정치적 중립, 국민저항권을 포함시킬 것인지 여부, 대통령 임기, 부통령제 신설, 대통령피선거권 규정에 국내 거주 요건 포함 여부, 선거권 연령, 국정감사권 등에 이견이 있었다. 여기에는 정략적 이해가 관련되어 있었다. 개헌을 위한 민정당과 통일민주당의 8인 정치 회담이 신민당과 국민당이 소외에 항의하여 회의장을 점거하는 바람에 하루 늦게 열렸다. 민정당은 권익현, 윤길중, 최영철, 이한동, 통일민주당은 이중재, 박용만, 이용희, 김동영이 대표였다. 협상이 한때 지지부진하기도 했으나, 9월로 넘어가면 노사분규와 학원 동태의 영향을 받을 것을 우려하여, 8월 31일 부칙을 제외한 130개 조문을 타결했다. 9월 2일 노태우와 김영삼은 회담을 가지고, 9월 10일 임시국회에서 개헌안 발의, 10월 초 통과, 10월 말 전 국민투표, 12월 20일 전 대통령선거 실시 등의 정치 일정에 합의했다. 총선 시기를 가지고 민정당의 2월, 통일민주당의 4월 주장이 맞서다가 새 헌법 공포일 6개월 이내로 대선 결과에 따라 맡기기로 결정했다. 45일 만에 협상은 마무리되고, 10월 12일 국회 의결, 27일 국민투표를 거쳐 확정되었다. 한국헌정사상으로는 4·19라는 혁명적 사태 뒤의 비상시국의 국민압력에 눌린 여야합의의 내각제개헌 말고는, 사실상의 첫 번째 여야 합의 개헌, 평화적 혁명인 민주화운동, 6월항쟁의 제도적 생산물이었다. 헌법 규정 37%를 개정한 헌법 개혁에 해당한다.허영, 1995, 77쪽. 주요 내용은 대통령직선제 임기 5년, 군 정치중립 명시, 국정감사 부활, 헌법재판소 신설, 국민기본권 강화 등 이었다.

첫 여야 합의 개헌

민주화운동의 다음 과제는 민주정부의 탄생이라고 할 것이다. 그 성패는 현실적으로는 민주화운동진영의 대통령 후보로 거론되는 양 김의 후보단일화 실현 여부에 달린 것으로 생각되었다. 양 김은 70년대 후반의 유신반대 1차 민주화운동과 이에 이은 83년 이후의 2차 민주화운동 기간 내내 민주화운동 과정과 민주화 이후까지도 단결하겠다고 공언해 왔다. "마음을 비웠다."김영삼, "대통령직선제 실현만이 목표이고, 대통령 되는 데는 관심이 없다."김대중가 시대의 유행어가 되어 있었다. 6월 29일 기자들은 김대중에게 불출마 선언의 유효 여부를 물었다. 주한 미국대사관 참사관 던롭은 미 국무성 한국과장으로 전임하

김영삼, "마음을 비웠다."

김대중, "대통령 되는 데는 관심이 없다."

는 환송연에서 "김대중의 불출마 선언은 유효한가?"를 물었다. 김대중은 당일 "민주화 실현이 나의 소원일 뿐, 대통령 되는 데는 관심이 없다.", "기자들이 마치 태도 표명 보류처럼 받아들이는 것 같지만, 내 입장은 분명하다."고 말했다.동아일보 1987년 6월 30일자. 86년 11월 5일 건국대사태 와중에서 김대중은 "직선제가 실현되면 출마하지 않겠다."는 내용의 성명을 발표했고, 당시 서독 방문 중이던 김영삼은 전화로 "사면 복권이 되면 당신을 후보로 지지하겠다."고 김대중에게 말했다. 6·29 뒤 양 김은 7월 1일 공개 기자회견에서 "80년과 같은 우매한 짓을 하지 않으며, 국민을 위해 어떤 희생도 감수한다."는 내용의 발언을 4번이나 반복했다.

그러나 7월 17일 김대중 계보 모임인 민권회김대중계 원내모임으로 원외조직인 민주헌정연수회와 나중에 통합는 "전두환이 자발적으로 직선제를 받아들인 것이 아닌 만큼 전제가 달라졌으니, 불출마선언은 무효"라고 공식 결의하고, 김대중도 이를 추인했다. 통일민주당 상임고문인 김대중의 입당을 두고, 김대중계는 김영삼이 고지를 선점하고 있는 상황에서 당내 경선이 이루어지면 불리하다고 판단하여 조기 입당에 반대했다. 그러나 여론을 받아들여 8월 8일 김대중은 입당했다. 당내 경쟁을 통한 후보단일화에 근접하는 듯 했다.

후보 확정 조기 대 선거 직전

그러나 후보단일화의 첫 단계인 입당을 두고 양 김의 태도는 달랐다. 김영삼은 여권의 양 김 분열 전략이 김대중의 입당으로 실패했으니, 국민 불안 해소를 위해 공천을 조기에 확정하자고 주장했다. 김대중은 여권의 집중 공격을 피하기 위해서는 선거 직전에 하는 것이 좋다고 조기 공천에 반대했다. 김영삼계는 35

개 미 창당 지역구를 양 계보가 50 대 50으로 반분하자고 주장하고, 김대중계는 전 지구당을 반분하자고 주장했다. 김대중은 민심을 확인하겠다며 광주를 비롯하여 지방 순회를 시작하고, 김영삼은 전당대회를 서둘렀다. 김영삼은 10월 10일 대통령입후보 출마 선언을 하고, 김대중도 이튿날 출마를 선언했다. 그러면서도 양 김은 단일화 노력을 계속하겠다고 말했다.

양 김, 각자 출마

10월 22일 단일화 최종 회동이 결렬되고, 김영삼 측은 11월 초 후보지명 전당대회 개최 계획을 결정했다. 김대중은 10월 28일 대통령 출마와 신당 창당을 선언했다. 29일 국회의원 25명을 포함 51명으로 주비위를 구성하고, 당명은 평화민주당김대중은 자신이 좋아하는 단어가 평화와 민주라고 했다.으로 정하고, 10월 30일 창당준비위원회, 11월 12일 창당대회를 치르는 등 고속 절차로 당총재와 대통령 후보로 김대중을 추대하였다. 통일민주당은 11월 9일 전당대회에서 김영삼을 후보로 확정했다.

김영삼은 자신이 박정희 시대의 반유신투쟁으로 부마항쟁을 촉발시켰고, 민추협을 결성하고 신민당을 창당하여 2·12선거혁명을 일으켰으며, 통일민주당을 창당하여 6월항쟁을 거쳐 민주개헌을 쟁취하였다고 하면서, "정치인의 정권욕에서가 아니라 오늘이 있기까지 숱한 역경을 온몸으로 부딪치고 헤쳐 온 연장선 위에서"김영삼 3, 2000, 104쪽. 자신이 민주화를 완성하는 것이 역사의 순리라고 주장하였다. 그리고 자신은 전국적으로 모든 계층에서 골고루 지지를 받고 있는 점을 강조하면서, 대통령에 출마하면 당선이 가능하다고 역설하였다. 김대중은 독재정권으로부터 가장 혹독한 탄압을 받았고, "상상을 초월한 국민적 지지와 출마 요구를 확인한 이상, 국민의 여망을 거절하기 어렵다

김영삼, "역사의 순리"

김대중, "국민 여망 거절 못해"

고 생각하니, 김 총재가 이번에 양보했으면 좋겠다고 간곡하게 설득했다."김대중, 2010, 493쪽.라는 주장으로 끝내 출마했다. 10월경

4자필승론

부터는 '4자필승론'노태우, 김대중, 김영삼, 김종필 4자가 출마하면, 경상도 표를 노태우와 김영삼이 나누고, 충청도 표를 김종필이 가져가면, 전라도 표를 몰아서 차지하는 김대중이 승리한다는 주장이 나돌기도 했다.[125]

1987년 12월 16일 시행된 선거결과는 군정세력을 승계하면서 '보통 사람의 시대'를 열겠다고 주장한 노태우 후보의 승리로 끝났다. 선거에 의하여 '민주정부'를 탄생시키지 못한 것이다.

그럼에도 1988년 13대 국회의원 총선에서 김대중-평화민주당, 김영삼-통일민주당의 민추협 계승세력이 김종필-자유민주연합과 함께 여소야대 국회를 만들었다. 민추협 계승세력은 다시 정책연합을 이루어 5공비리 청문회 등 부분적으로나마 과거 청산작업을 진행시켰다.

그 뒤 3당합당의 역설적 연합으로 14대 대통령에 당선된 김영삼은 하나회 해체로 군의 정치개입 가능성을 뿌리 뽑고, 전두환·노태우 구속, 5·18특별법 제정 등을 통해 김대중정권 등장의 비토 세력을 해체하고 동서 갈등의 기본 과제의 해결에 진전을 보았다. 이어 15대 대통령에 당선된 김대중은 동서 갈등의 피해 주역으로 정면으로 지역 갈등 문제 해결에 당면할 수 있게 되었고, 외환위기를 수습하고 김정일과의 남북정상회담으로 남북화해시대로 진일보하여 노벨평화상을 수상했다. 지체되었고 분열의 내상은 안고 있었지만 민주화 정부가 순차적으로 열린 것이다.

7. 유시무종[126]

6·29선언 그동안의 민주화운동 금압에 대한 해방으로 받아들여졌다. 억눌려 왔던 노동계가 거제의 대우조선 파업 등 이른바 '87노동자대투쟁'으로 분출되었다.[127] 그러나 정치권 민주화운동세력은 이를 포용하여 소화할 자세를 갖추지는 못하였다. 오히려 노동운동이 급진화하여 모처럼 온 정치발전 기회가 다시 흔들리지 않을까 하는 우려의 눈초리로 지켜볼 뿐이었다.

노동자대투쟁

민추협과 통일민주당은 통일민주당이 창당이 된 뒤에 사실상 합쳐진 것이나 마찬가지였다. 민추협은 정례 의장단회의와 실국장회의를 계속했고, 조직도 유지하고 있었지만, 공동의장인 김영삼이 통일민주당 총재이고, 김대중은 상임고문이며, 두 계보의 중진은 모두 통일민주당의 간부였다. 정치적 비중과 활동은 자연스럽게 통일민주당으로 옮겨갔다.

6·29선언 뒤 민추협과 통일민주당은 전적으로 대통령 선거 분위기로 질주했다. 양 김은 단결, 후보단일화를 말하고 있었지만, 사실은 두 개의 별개 조직이었다. 양 김은 자신이 대통령이 되는 것이 민주정부의 탄생이요 민주화 실현이라고 주장했고, 양 계파의 구성원들도 이것을 정치적 신념화하고 있었다. 그것은 변하지 않았고 이제는 그 신념을 현실에서 실현하는 일이 과제가 되었다. 따라서 운동의 대상과 투쟁의 대상도 변하지 않을 수 없는 현실이 되었다.

민추협은 민주화운동을 위한 건국 이래 최대의 정치권 민주화운동 연합조직이며, 나아가 우리 역사상 최대의 민주화 대연합인 국본의 중추가 되었다. 그럼에도 민주화투쟁 과정에서 수없이 다짐한 단결과 "다시는 우매한 짓을 하지 않을 것"이란 되풀이된 맹세도, 태생적 한계인 양 김의 '양분 분점 조직'이란 체질을 바꾸지 못했다. 민추협은 결국은 두 개의 조직, 그 태생으로 되돌아가고回歸 말았다. 그 조직 구성원들도 이러한 재분열을 막는 데 아무런 역할도 하지 못했다. 아니 하지도 않았다. 그 내부에서 '명동성당 6월 투쟁공동체'에서 행하여진 과정과 같은 토론이나 토론의 결과에 따른 행동은 있어 본 적이 없었다고 하면 지나칠까.

양 김의 원심력

국본도 결국은 양 김의 원심력을 이겨내지 못했다. 아니 적극적 소극적으로 가담했다. 국본이나 재야와의 관계에 대하여 김영삼과 김대중은 상당히 다른 생각을 갖고 있었다. 김영삼은 "김대중이 재야와 종교계의 지지 성명을 유도했다. 일부 재야인사들의 특정인 지지가 재야의 분열을 가져올 것을 우려하면서, 재야는 엄정중립을 지켜야 할 것이라고 강조했다. 나는 재야가 '설사 나 자신을 지지한다고 하더라도 그것은 바람직하지 못하다'고 분명히 말했다."김영삼 회고록 3, 2000, 106쪽.고 하였다.

김영삼의 재야관

그러나 김대중은 "나를 지지하는 단체와 사람이 하루가 다르게 늘어났다. 한국 재야 운동의 산실격인 민통련이 우리 두 사람을 직접 초청하여 토론회를 갖고, 대통령후보 자질을 평가한 바 있다. 나는 여기서 29대 2라는 압도적 표 차로 야당 단일 후보로 추천 받았"으며, "나를 지지하는 재야인사들이 수유리 안병무 박사 댁에 모여 장시간 논의 끝에신당-평화민주당 창당을 결정

김대중의 재야관

했다."고 하였다. 그리고 "나는 비록 야당의 단일 후보는 아니지만, 이 나라 재야 민주 세력이 지지하는 유일한 후보"김대중, 2010, 494~495쪽.임을 강조했다.

역사상 최대의 민주화운동 연합체인 국본이 양 김의 분열을 막지 못하고, 오히려 양 김을 극점으로 한 두 개의 원심력에 끌려가고 말았다. 이에 대하여 '민중후보'로 독자 출마하였던 백기완의 술회재야를 대표한다고도 볼 수 있으며 평소 친분이 두터운 민통련 의장 문익환 목사에게 하였다는 말를 인용해 보는 것이 사정을 아는데 도움이 될 것이다.백기완, 2009, 372~375쪽.

> "녕감, 우리는 이제 때활기회을 잡았수. 그것도 천 해만에 잡았수. …… 이참 뽑기대통령선거에서 만큼은 내가 대통령을 하겠다고 나서면 안 됩니다. 또 그들 대통령을 하겠다는 사람들 가운데서 누구 하나를 밀겠다고 갈라서도 안 됩니다. 더구나 뽑기로 뭐이 될 줄 알아서도 안 되지만, 뽑기를 하더래도 내가 좋아하는 사람을 뽑겠다고 랭이들민중까지 알기중심를 못 세우고 갈라지면 큰일입니다.…… 그건…… 또 다시 미국과 앞잡이들의 갈라놓기 꽁섐음모에 빠지는 거나 다름없습니다. 그리되면 따끈막들군사독재, 쪼각막들분단독재 그 죽일 놈들이 다시 살아날 수도 있으니, 녕감, 녕감이 앞장서서 바로 옆에 있는 계훈제 선생과 나, 그리고 문 목사부터 하나로 묶으셔야 합니다."
>
> …… 좋다고 헤어지고 나서, 아 그럴 수가.…… 문 목사는 누구를 뽑아야 한다고 하고, 계훈제 선생은 아니다. 이렇게 양 김이 모두 대통령후보에 나서고, 문 목사는 누구김대중을 뽑아야 한다고 나서고, 계 선생은 아니니, 결국 갈라 선 것이고, 음모에 빠져서 그 죽일 놈들이 다시 살아난 것이다.

백기완, '민중후보연립 정부안'

백기완은 선거 이틀 전 김영삼을 만나 후보단일화를 위한 양 김과 백기완 3인 회동을 제안하며, '민중후보연립정부안'을 제시하였다.백기완, 2009, 375쪽. 사실 '후보단일화'를 80년부터 수백 번 말해 왔지만, 실제로 그것을 가능하게 할 '연립정부 구성' 같은 것은 어떤 쪽에서도 한 번도 논의된 적이 없었다.

양 김은 재야에 대해 다른 인식을 갖고 있었다. 김대중은 민주화투쟁에 연대하는 재야인사는 정치적(정당원이 되어서까지) 동반자라고 생각하고 있었다. 김영삼은 각자의 입장에서 민주화를 위해 공동 투쟁하는 연대적 동반자로서 국본과 재야를 생각하고 있었다. 실례를 무릅쓰고 말한다면, 김대중은 재야인사들이 옥중에 있거나 어려울 때 물질적 지원을 하는 경우도 많았다. 또 재야인사 중 상당수는 이미 80년 이전부터 정치적 동반자였으며, 80년도 김대중사건으로 함께 옥고를 겪었다. 이들은 '비판적 지지'라는 표현으로 김대중을 지지했다. 이 재야의 비판적 지지를 표명한 인사는 사실상 강고한 지지자였다. 한편 김영삼 측은 '후보단일화'를 주장하는 인사들을 김영삼 지지자로 생각하고 있었다. 적극적이진 않더라도 김대중에 덜 가까운 대개 김영삼에게 보다 우호적이었다고 생각한 것이다.

'비판적 지지'

'비판적 지지' 대 '후보단일화'

6·29 이후 양 김이 구심점이 되고, 국본과 재야도 사실은 양 김의 원심력에 급속하게 빨려 들어가 어느 한 편으로 기울었다. 아니 사실은 그 이전부터 밀착되어 있은 경우가 많았다. 국본이나 재야가 민주화운동을 계승하는 국민운동으로 발전하지 못한 이유, 또는 기존의 보수, 진보 세력과는 구별되는 독자적 정치세력으로 집결 성장하지 못한민중후보'를 표방하고 입후보 등록을 하고 독자적 선거운동을 하면서 후보단일화를 위해 노력하다가 투표 2일 전 마지막 단일화를 호

소하며 사퇴한 백기완이 있기는 했지만 이유도 양 김의 양 극을 구심점으로 수렴되어 버렸기 때문이 아닐까? 양 김을 지도자로 한 민추협과 함께 국본의 재야세력의 대표 격인 민통련의 의장은 문익환 목사였다. 물론 문 목사는 정치권의 지도자처럼 조직을 장악하지는 않았지만 상징적 대표성은 확실했던 것이 사실이다. 성서신학자 목사에서 민주화투쟁에 가담한 동기를 문 목사는 이렇게 밝혔다. 1976년의 명동성당 민주구국선언사건으로 재판을 받는 법정에서 "죽은 장준하를 이어 그를 대신하여 이 선언을 기초하고 주동했다."[128] 그리고 험난한 민주화 투쟁에 여러 차례 투옥을 마다 않고 헌신했다. 그러나 전통적 정치세력이 아닌 이른바 민중민주세력이 중요한 독자적 역할을 할 절호의 계기를 맞아 그러한 역할보다 문 목사와 그가 수장으로 있던 민통련이 양 김의 한 켠에 미리 가담하는 것이 과연 장준하의 생각을 이은 것인가?[129] 이에 대하여, 장준하와 함께 유신헌법개정운동에 앞장섰다가 긴급조치로 구속되고 5공 때 모진 탄압에도 계속 항거한 백기완의 앞에 인용한 글은 문 목사의 선택과는 결이 같지 않다. 이것은 백기완의 사견에 불과한 것인가? 민통련 등 민주민주세력의 보편적 지향을 대변한 것인가?

문 목사의 선택

이것은 양 김 분열이 가져온 대선 패배 이상으로 우리 정치의 진로에 그 어떤 결과를 초래한 것이 아닐까? 지역분할, 이념분열, 독자적 민중민족세력 정치세력화의 자진 포기, '보수적 민주화'최장집, 2002, 203-251쪽.에의 투항, 그 결과 한국 정치의 건전한 진보 대 보수 구도 형성 기회의 유실 등. 백기완이 그것을 감당하기엔 역부족이었고, 장준하[130]는 1975년 의문투성이의 죽음을 맞아 87년 민주화투쟁현장에 없었는데, 그를 대신할 것을

운동권의 정치 세력화 자진 포기와 보수적 민주화에의 투항

자처한 문익환의 선택은 올바른 것이었을까? 민통련 등 민주민주세력의 보편적 지향을 대변한 것인가? 필자는 1970년 장준하를 거들어 3선개헌 반대 윤보선 선생과 함께 한 신당민주통일국민회의 주비위원회 그리고 3선개헌 반대, 유신반대에 참여한 적이 있었기에 못내 그 어떤 아련함을 지울 수 없다.

민주화운동세력이 후보단일화에 성공하지 못한 것은 양 김씨와 정치권의 책임만이 아니다. 재야운동권도 그 책임에서 자유로울 수 없을 것이다.성유보, 2017, 227쪽. 그것은 민주화운동이 권력의지-독자적 권력의지가 아닌 기생적 편승적 권력의지에서 자유로울 수 없다는 것을 말함인가. 또한 그 구성원들도 내면의 민주화를 실현하지 못한 책임에서 자유로울 수 없다. 따라서 죄의식에서 벗어날 수 없다. 결국은 이듬해 군정의 연장인가 민주정부인가를 판가름할 대선에서 독자적 역할, 직접 정권담당이든 정권의 방향을 결정지을 영향력이든 자진 거세하고 만 것은 아닐까?

이렇게 하여 우리 역사상 최대의 민주화운동 정치연합인 민주화추진협의회는 민주화운동의 목표였던 민주정부수립에까지 나아가지 못하고 사실상 소멸되고 말았다. 그리고 건강한 보수·진보 정치구도 형성의 기회도 유실되고 말았다. 우리 역사상 최대의 민주화운동 국민연합인 민주개헌 국민운동본부도 민주화운동의 목표였던 민주정부수립까지 나아가지 못하고 사실상 함께 소멸을 향해 스러져갔다. 우리 겨레의 현재와 다음의 과제인 복지, 평화, 통일, 선진화에 다시 정치적 국민적 연합이 필요하다면 민추협의 성취와 한계는 무엇을 교훈으로 남길 수 있을까?

정치연합 민추협은 소실되었다. 연합이 가졌던 역사적 의의 가치 여망도 타격과 상처를 입었다. 민주정부 수립을 바란 많은 국민에게 실망을 주고 민추협 회원들도 절망에 가까운 좌절에 빠졌다.

그러나 동양의 지혜서가 겸괘謙卦 다음에 예豫-화락 수隨-따름 고蠱-다시 다스림으로 이어지듯, 민추협 정치연합의 유산은 그냥 유실로 종언을 고한 것은 아니었다. 노태우정권은 '온건' 정책을 펴고, 여소야대 국회에서 민추협 계승세력은 정책연합을 이루어 5공비리 청문회 등으로 민주화를 진전시켰다. 대세 흐름에 '따른' 김영삼은 역설적 정치연합이라고 할 3당통합으로 대통령에 당선되어박명림,2023,44쪽. '문민정부'를 열고 하나회 척결로 군의 정치개입을 차단하고 5·18특별별, 전·노 구속으로 김대중의 비토 세력을 해체하고 보수연합 선례로 김대중의 DJP연합정부 출범의 앞길을 열었다. '국민의 정부'를 표방한 김대중정부는 외환위기 수습과 지역 갈등과 독재의 최대 희생자로서 화해의 모색으로 '다시 다스림'의 역할을 하고 남북화해에 노력하여 노벨평화상을 수상했다.

민추협 성취는 무엇이고 한계와 실패는 무엇인가?

김대중 김영삼을 지도자로 한 민추협·통일민주당은 6·29선언과 대통령 직선제개헌을 쟁취하는데 결정적 역할을 함으로써 대한민국의 운명인 민주주의를 1961년 이후 계속된 민주화운동을 제도적으로 완성시켰다.

1

민주화의 내용은 다양하지만 가장 근본적인 것은 주권재민, 모든 국민이 보통, 평등, 비밀선거의 투표권을 행사함으로 정부를 구성하는 것을 제도화하는 것이다. 국민을 대신한다고 하면서 '통대'와 '선거인'이 체육관에서 치르던 형식만의 선거가 아닌 국민이 투표로 대통령을 직접 선출하는 제도를 유신헌법과 5공헌법을 개정함으로써 확실하고 분명하게 제도화한 것이다. 여기에 김대중, 김영삼을 지도자로 한 민추협·통일민주당이 결정적 역할을 하였다.

2

민주화운동 기간이 길고, 국민 생활 전 부문에 걸친 독재의 결과로, 민주화 목표 또한 국민 생활 전 부문에 걸친 매우 다양한 것이었고 운동주체도 매우 다양한 계층과 직업에 걸친 것이었다. 이 다양한 계층과 다양한 직종이 가진 다양한 목표를 '대통령 직선제개헌'이란 하나의 제도개혁으로 수렴 단순화시킨 것은 양 김의 지도력 아래 있은 민추협·신민당후일 통일민주당이 국본의 중추세력이 되어 6월항쟁과 국회 개헌 과정을 주도함으로써 현실적·제도적 민주화의 성취를 가능하게 하였다. 만약 그렇지 않았다면 과연 현실에서 이 다양한 민주화 요구가 제도화되는 일은 매우 복잡하고 현실적 실현까지는 지난한 과정을 겪어야 했을 것이며, 과연 파탄을 피하고 연착륙할 수 있었을까는 의문스럽다.

3

다른 한편 이것은 민주화와 6·29선언의 쟁취에도 불구하고 민주화의 내용을 대통령직선제로 단순하게 좁혀서狹隘化 개헌과정과 내용에 자유권과 복지권의 확대와 민주화운동권의 노동운동 등 제 세력의 참여를 배제하고 말았다.

4

10·26이후 5공시대의 민주화운동은 민추협 창립과 신한민주당의 2·12선거돌풍까지는 정치규제법이란 실정법 제약은 있었지만 정치권은 선도적 역할을 못했음이 사실이다. 민추협·신민당후일 통일민주당은 2·12총선과 직선제개헌 서명운동 지방 집회 등으로 비로소 전면에 등장했고. 재야세력과 연대를 확장해 오다가 87년 박종철 사건을 계기로 국민운동본부에 참여하여 재야세력과 함께 6월항쟁에 적극 참여함으로써 민주화운동의 주력이 되었다. 이것은 학생 종교계 노동운동이 주도하던 민주화운동의 한계를 돌파하여 전두환 신군부 독재에 항거하는 범국민전선을 형성하였을 뿐 아니라 원내 제1야당의 국회의석을 포

함함으로써, 국내의 정치자원에서 수와 힘에서 집권독재세력에 대등을 넘어 압도할 형세를 이루었다. 그 결과 경제계, 언론, 전문직, 사무직, 봉급노동자, 주부, 교육자, 일반공무원 등 정치적 중립지대의 국민을 민주화운동 쪽으로 견인하였다.

5

이 과정과 특히 전두환 강경조치설 이민우 구상으로 인한 동요를 6월항쟁 과정에서 김대중과 김영삼은 적절한 역할과 기능 분담의 조화를 이루어 6·29를 이끌어냈다.

김영삼은 민추협공동의장으로 김대중과 공고한 단결을 유지하여 국회 내의 김대중계와 그의 지역적 기반을 일체화시켰고, 이민우 신한민주당총재와 원내 김영삼계를 확고히 민주화운동에 동원했다. 나아가 원내전략, 언론 활동, 정부 집권세력과의 관계에서 투쟁과 협상에 강온전략을 신축성과 유연성을 갖추어 능란하게 구사하여, 투쟁일변도가 가져올 국민의 피로 짜증 두려움을 미연에 제거하면서, 민주화목표를 향한 항진을 계속하였다. 특히 국회와 언론을 제일야당 실세 또는 총재로서 최대한 활용하여, 야당과 재야세력의 민주화운동의 한계를 돌파하여 국민운동으로 확장하였다. 또 국민운동본부를 통한 재야세력과의 연대와 김대중과 그 지역기반과의 단결을 배경으로 집권독재세력과의 대치에서는 체제외적인 원군을 동원한 힘을 갖게 되었다. 결과적으로 6월항쟁에서 국민적 동원을 성공시킬 수 있었다.

한편 법적 사면·복권이 되지 않고 계속적 연금·감금 상태에 있었던 김대중의 사면복권 요구를 국민적 국가적 정치의제로 연속적으로 제기하고, 표면적 정치활동을 할 수 없는 '정치인' 김대중의 현실적 입장을 매사에 세심하게 배려해야 하는 김영삼에게 부과된 무언의 숙제를 성실하게 수행함으로써 이 기간 동안 협력과 단결에 차질이 없도록 한 것은 또 하나의 투쟁과 운동이었을 것이다.

6

김대중은 민주화운동에서의 상징성과 영향지역에서의 거의 독점적인 지지도, 동원 가능한 정치권 인적 자원, 종교·문화·청년·학생운동, 노동운동계에서의 영향력으로 민주화운동 주력의 한 축이었다. 80년 5월 17일 투옥되었다가 미국 망명 뒤 85년 귀국하였지만 계속된 정치규제 연금, 감금 아래였고 법적으로는 사면 복권되지 않아 참정권이 제한당했지만 2·12선거 때는 그의 이름과 사진과 인연은 야당 입후보자의 필수 선전수단으로 위력을 보였다. 그는 민주화운동의 부동의 제일의 막후실세였다. 민주화를 대통령직선제와 동의어처럼 만들어 김영삼을 비롯한 모든 정치권 민주화운동을 대통령직선제로부터 이탈하거나 동요하는 것을 집요하게 견제함으로써 이민우 파동에서 보였듯 전두환 및 민정당 집권세력과의 내각제 타협을 확실하게 차단했다. 외부와의 접촉이 극도로 제한된 정치인으로서의 극한상황에서도 민주화운동에 대한 그의 영향력은 조금도 손상되지 않고 계기마다 발휘되도록 그는 비상한 수단으로 활동했다. 그리하여 6월항쟁 정점인 6·29선언은 직선제개헌과 나란히 김대중 사면복권을 내용으로하게 하여, 민주화 쟁취의 1등공신 최고의 개선장군이 되었다.

7

민추협 두 지도자 김대중, 김영삼이 확고하고 독점적인 지역적 지지기반을 가지고 있었기 때문에 민주화운동에 그 지역민을 동원할 수 있었고 나아가 그 지역의 국회의원과 정치지망생을 민주화운동에 동원할 수 있었다.[131] 그러나 이 확고한 지역기반을 가진 양 김이 분열함으로써 양 지역의 정치적 성향의 분열을 확고히 하였고, 나아가 양 김의 정치이념의 편차가 보수, 진보로 나누어진 것으로 포장됨으로써 우리 정치의 이념적 지형을 지역적 지형으로 나누게 되었다. 이것은 경제, 복지, 남북문제 등 국정전반에 대한 정치적 태도를 지역 대립 구도로 정착시키는 고질적 정치지형으로 만들었다. 노태우정권에 이어 김영삼, 김대중 두 민추협 지도자가 순차적으로 이어 집권함으로써 양 김의 소원과 목표는 이루어졌지만 양 김 분열에 의해 만들어진 지역 분열, 지역 대립의 정치지형은 해소되지 못하였다.

8

민추협의 민주화투쟁과정에서 민추협회원들의 활동은 헌신적, 열정적, 희생적이었다. 그러나 양 김의 분열과정에서 민추협의 구성원들의 역할 태도는 어떠했는가? 한국 야당은 전통적으로 내부경쟁, 예컨대 대통령후보, 당 대표, 지구당위원장 선출 등에서는 매우 엄격한 규정과 절차에 따른 민주적 경쟁을 치른다. 민추협이 하나에서 열까지 철저하게 양분 분점된 것은 언제 닥칠지도 모르는 양 김의 대결을 대비하여 지지 않고 이기기 위해서다. 이 경우 대개는 파벌의 대결이 된다. 한국 야당의 경우 독재정권 아래서의 존립과 민주화투쟁을 위한 결속과 보안을 위해 파벌이 형성된다. 민추협도 결국은 파벌의 일종일 수 있다. 파벌 내부질서는 서론에서 언급한 바 가산제적 체제로 수장을 가부장으로 구성원이 자·제子·弟가 되는 가산제적 질서다. 양 김의 분열과정에서 구성원의 대부분은 체념으로 또는 적극적으로 이 사태를 받아들이고 말았다. 내부 토론은 거의 없었고, 한 진영에서는 4자필승론으로 분열에 필승논리까지 갖추기까지 부분적으로는 있었다.[132]

9

양 김의 단결과 협조로 건국 이래 최대의 민주연합 민추협이 만들어졌고, 민추협이 국본에 가담함으로써 건국 이래 최대의 민주화 국민조직이 이루어졌고, 6월항쟁을 통해 평화적으로 민주주의를 제도하는 평화적 민주혁명이 이루어질 수 있었다. 우리 역사에는 물론 세계 민주주의 역사상 자랑스러운 성취였다.

10

그러나 양 김의 분열은 정치세력의 분열로, 다시 국민적 분열로 확대되었고 이 분열의 성격이 지역적 이념적 분열과 중첩되었다. 이 분열은 개개인의 심성의 내면에까지 침투되고 집단적 감정과 이기적 이익으로 굳어져 갔다. 세월이 흐르고 세대가 바뀌고 세계정세와 지구 기후 환경이 변해도 이 분열과 대립은 해소와 통합의 기미가 보이지 않는다. 현재와 미래의 복지 통일 개인적 인격과 국민성의 성숙마저 가로막는 고질적 장애로 남아 있다. 대한민국 민주주의의 운명이 극복해야 할 최대의 장애이다. '87년체제'는 제도의 문제와 함께 더 복합적 문제를 안고 있다.

11

87년체제의 제도적 그리고 양김-민추협 분열이란 한계에도 불구하고, 결과적으로 민주정부는 지체 지연되고 내상內傷과 문제점을 내포하기는 했지만 실현되었다. 이른바 "이성적인 것은 현실적이다; 현실적인 것은 이성적이다."헤겔, J. Friderich, 1953, 224쪽.라는 말을 성찰하게 된다. 그러나 분명한 것은 국민적 역사적 과제를 해결하는 길은 연합 연대와 설득을 통한 화쟁에 있다는 것을 6월항쟁에서 배우게 된다. 지금 우리나라는 큰 과제, 한 마디로 양극화 분열 대립의 태산을 마주하고 있다. 이 산을 오르는 길 역시 민주주의적 절차로, 보다 고도화 공고화된 민주주의로 연대 연합 화쟁의 어깨동무가 답이란 것을 6월항쟁의 실패와 성공에서 찾을 수 있지 않을까 한다.

12

현재에도 미래에도 우리가 마주하는 국민적·역사적 과제를 정치적으로 해결하려면, 민추협-정치연합, 국본-정치 세력과 시민 세력의 연합 그리고 찬반 세력의 화쟁적 합의를 6월항쟁에서 배워야 하지 않을까? 6월항쟁은 멋진 유산이며 미래를 위한 빛나는 자산이다.

필자의 우견으로 생각해 본 잠정적인 것임을 밝힌다.

1. 협의

6월항쟁이란 1970, 80년대 박정희·전두환 독재에 대한 저항운동이 1987년 6월 29일 대통령직선제 개헌6·29선언을 쟁취하여 한국 민주화를 제도적으로 완성한 과정을 말한다.

2. 광의

한국에서 1961년 5·16쿠데타로 집권한 박정희 대통령과 1979년 신군부 내란으로 집권한 전두환 대통령의 대통령직접선거권을 박탈한 유신헌법과 5공헌법과 독재정치에 대한 국민의 계속된 저항운동, 즉 민주화운동은 1987년 1월 박종철 고문살인사건을 계기로 전국적으로 성명·집회·시위운동이 일어나 시민과 재야운동권과 야당정치인이 연합한 민주헌법쟁취국민운동본부국본를 주축으로 한 6월의 봉기에 굴복하여 전두환정권은 6월 29일 직선제 개헌6·29선언을 수락하고 직선제 개헌안은 국회를 통과하여 민주제도를 정착시켰다. 개헌에 사회 여러 세력의 요구가 충분히 반영되지 못하고 민주화운동세력의 분열로 민주정부 수립으로 발전하지 못했다는 한계에도 불구하고, 최대의 민주연합을 이루고 집권세력까지 포함한 평화적 합의를 성취하여 대한민국 건국 이후 계속된 한국 민주주의 발전에 되돌이킬 수 없는 불가역점을 만든 과정을 '6월항쟁'이라고 정의할 수 있다.

후기

이 글을 왜 어떻게 쓰게 되었는지를 말하기 위해 필자의 이 기간의 행적을 약술한다. 필자는 이 글 서두 시점에 영남일보 편집부국장·편집부장으로 있었다. 학생 때 6·3운동으로 현상지명수배 투옥, 민족주의비교연구회사건으로 재투옥, 김지하용공조작을 위한 수배에 시달리다 피난차 이 신문사에 종사하고 있었다. 당시 이 신문 중앙정치 기사는 통신합동동양통신에 주로 의존했는데 취합, 지면배치는 필자의 몫이었다. 중앙정국의 더 자세한 흐름을 알기 위해 동양통신 현소환 정치부장에게 수시로 보충취재를 했다. 1979년 10월 27일 어둠이 깔린 새벽 신문사에 계엄군이 진주하여, 긴급연락 받고 출근하는 차안에서 "대통령유고"란 방송을 듣고 필자는 대통령이 권력에서 실각했다는 것을 금방 확신하고 영문 모르고 신문사에 들어온 계엄군에게 설명해 주고 곧장 호외 준비를 사장에게 주문하여, 경쟁지보다 1시간 이상 빠르게 호외를 찍을 수 있었다.

필자가 당시 날로 긴박해지는 국내외 정세로 보아 무언가 닥칠 것이라는 예감과 기대(?)를 갖고 있었던 까닭이었는지 모른다. 안개정국과 12·12 등 사태 진전과 계엄당국의 언론검열 하의 신문 편집제작을 겪었다. 아직은 서울의 봄 동안인 개헌정국에서 1980년 1월 국회 주최 대구지역 개헌공청회에 공술인으로 나가, 언론검열 상황 때문에 유언비어와 근거/출처가 불분명한 소식을 전하는 것을 '유비통신', '카드라방송'

이라고 말하여, 그 해의 유행어가 되기도 했다. 4월 난생처음으로 외국 여행을 나가 5·18소식을 동경에서 들으며, 동아일보 김중배 논설위원과 같은 호텔에 묵으며, 일본 신문 1면 전면에 마침 중국주석 화궈펑華國奉이 일본을 사상 처음 방문한 기사를 밀어내고 한국 광주사태가 채운 것을 보았고, 위장 결혼식사건으로 신군부에 끌려가 초죽음이 되어 한양대 병원에 입원 중인 백기완 선생으로부터 아내를 통해 귀국하지 말라는 전갈을 받았다. 곧 신군부에 의해 해직되었고, 신상우 민한당 창당 주역의 제의를 받고 방해 가운데[133] 출마했지만 정권의 비호 아래 상대당 후보가 본인 사무장을 매수한 사건을 본인에게 뒤집어씌우고 소복 인파를 동원한 선거운동을 하게 하여 낙선하였다.[134] 1985년 김영삼의 비서였던 친구 김덕룡의 소개로 김영삼 민추협 공동의장을 만나 민추협 기관지 〈민주통신〉 주간 제의를 받아, 민주통신의 편집과 발간을 맡는 한편, 민추협과 재야단체의 연대 활동에 민추협과 김영삼계를 대표하여 참여하면서 1985, 86, 87년 동안86년 통일민주당이 창당하여 당보 주간으로 바뀌었지만 재야연대기구에서의 역할은 그대로 계속 '민주헌법쟁취국민운동본부'의 조직과 투쟁에 국본의 4인 기획위원으로 조직·선언·성명·연설 등 문건 작성, 민추협과의 연락, 국본의 투쟁 일정 기획에 참여했다. 이 기간은 연행, 연금, 감금, 구류, 벌금, 도망 뭐 이런 것이 일상이었다.

金道鉉씨 구류

두金씨·桂勳梯씨등38명 가택연금

이 책의 원고는 이렇게 썼다. 6월항쟁 기간 동안 필자가 작성한 문건, 육필 원고와 유인물 등 자료를 2003년, 2008년2022년 추가로 또 보냄 민주화운동기념사업회에 기증하였다. 그 뒤 이 사업회로부터 국본의 성립과정과 6월항쟁을 다룬 『6월항쟁과 국본』 중 민추협 부분 집필 의뢰를 받아 집필하였다. 그 후 2013년 이 책의 원판본이 된 〈6월항쟁과 민추협〉을 써서 2019년 출간되었다. 이 책은 이것을 보완하여 다시 만든 것이다.

이에 앞서 필자는 고향 안동에서 중학을 다니고 고등학교를 서울 백부님 슬하에서 나와 1961년 대학에 들어갔다. 필자가 들어간 그 대학 그 학과는 바로 전해 4월혁명이 가장 뜨겁게 불붙었던 곳이어서 한 켠엔 열기가 식지 않고 남았고 다른 한 켠은 군사 쿠데타의 검은 그림자가 실감나게 어른거렸다. 필자 역시 이 혼돈을 피해가지 못했다. 1962년 행정협정 촉구시위, 63년 군정연장 반대집회, 64년 한일협정굴욕외교반대 집회시위, 65년 한일협정조인반대운동으로 정학·투옥·제적·현상지명수배·도피, 67년 서울대 민족주의비교연구회 조작사건으로 투옥 1년 6개월. 이렇게 질풍노도에 묻히고 말았다. 책과 사색, 꿈과 낭만에 침잠할 만큼 자신을 다스릴 인격을 갖추지 못했다. 65, 66년 강경 박정희 반대 지도자였던 윤보선 전 대통령의 연설문 작성, 장준하 선생의 3선개헌 반대운동을 거들다가 70년 영남일보 논설위원 입사하였다. 그해 말 유신의 전조인 국가보위법 통과에 실의하여 '민족학교'란 이름 아래 최혜성·유광언·윤무한·장주효·허술·허현·정성헌·최열 등 친구들과 강연회 등을 열고, 문고 '앎과 함'으로 신채호, 본 회퍼 등 논문 요약을 발간하였다. 화다출판사를 설립하여 『백범어록』, 『항일민족시집』, 『도왜실기』, 『문익환』, 『백기완시집』을 발간했다. 그 동안 장준하 선생의 유신반대 개헌청원을 거들고 긴급조치로 연금 등을 겪다가, 75년 재구속된 김지하의 자필 "나는 공산주의자다"라는 당국 발행 홍보물김충식, 『2020, 남산의 부장들』, 603쪽.에 필자의 영향을 받았다고 기재되어 필자의 증언을 확보하기 위한 극심한 수배를 견딜 수 없어, 다시 대구 영남일보로 피신했다. 여기서 79년 10·26을 맞았다. 이 동안 「이승만노선의 재검토」 『해방전후사의 인식』, 「1950년대의 이승만」 『1950년대의 인식』을 쓰고, Robert B. Downs의 『미국을 움직인 책들』 편역을 『독서신문』에 연재했다. 그 뒤 「민족재통합의 길」, 월간 『씨알의 소리』, 「한일협정재협상은 왜 못하는가?」 월간 『세계와 나』, 「헌법은 어디로」 월간 『마당』, '6·3 운동'을 동아일보사 『현대한국을 뒤흔든 60대사건』, 조선일보사 『한국현대사 109대 사건』에 썼고, 석주 이상룡, 일송 김동삼(중앙일보), 심산 김창숙(문화일보), 해위 윤보선, 장준하, 벽사 이우성, 백기완 선생 등에 등에 관한 글을 썼다.

지금은 장애인보호작업장 '행복을 파는 장사꾼'에서 일을 돕거나, 임진왜란 원인일본 측과 경인통신사 보고의 진실에 관한 책과 '애학지교崖鶴之交 류성룡과 김성일의 우정 이야기' 책을 준비하고 있다. 북한 금강국수공장 후원회, 창작판소리 연구원 일을 거들기도 한다.

감사와 아쉬움

이 글은 보잘것없지만, 여러분들의 도움을 받아 만들었다. 민주화추진협의회와 통일민주당 시절1984-87 전문위원으로 있었던 윤응순·김영철 두 분이 간결하지만 매우 정확하게 기록한 〈회무일지〉와 〈당무일지〉, 민추협의 성명·연설·주장·사건과 관련자 명단 등을 기록한 〈민주통신〉, 구자호 전 부대변인이 민추협 자료를 매우 정성스럽게 모아 출간한 『민추사』 그리고 일간지와 연감, 회고록 등을 참고했다. 더 많은 자료 면담 등이 있었으면 좋았겠지만 못해 아쉽다.

김대중 의장에 관한 글의 게재를 허락한 우종창 기자와 전재호 교수의 호의에 감사드린다.

미주

머리말에 대신하여

1 6·3학생운동은 5·16군사독재에 대한 최초의 거대한 저항운동이었기 때문에, 6·3사태로 평가 절하되었지만 2006년 '민주화관련자 명예회복 및 보상에 관한 법률' 국회를 통과함으로써 6·3학생운동은 명실상부한 민주화운동으로 공인되었다. 윤영렬, 2008.07.

2 시인 조지훈은 "옳게 가르치고 행하기는 옳게 행하지 못하는 세상"에서 "사랑하는 젊은이들"은 "붉은 피를 쏟으며 빛을 불러 놓고," 4월혁명에 앞장서서 희생당했다고 했다. 김용호 편, 「늬들 마음을 우리가 안다」, 『4월혁명기념시집』, 〈고대신문〉, 1960.
영국 일간지에 "폐허가 된 한국에서 건전한 민주주의가 소생하기를 기대하기보다는 쓰레기 더미에서 장미꽃들이 피어나기를 기대하는 것이 타당할 것이다. It would be more reasonable to expect to find roses growing on a garbage heap than a healthy democracy rising out of the ruins of Korea."〈더 타임스〉 사설. 1951년 10월 1일자라고 했는데, 1952년 이승만의 정치파동 등 비민주적 처사가 빈발하자, 한국 정치의 민주주의 상황을 조롱하는 말로 그 이후에도 매우 자주 인용되었다. 시인 문병란은 "천년 한을 통곡하는 너 빛부리 우리들의 고향에서"일어난 5·18을 1985년 광주민중항쟁 5주기 추모식에서 시로 낭독했다. 문병란, 「광주에 바치는 노래」, 1987. 시인 김준태는 이처럼 광주항쟁을 절규했다. 김준태, 「아아 광주여 우리나라의 십자가여」, 전남매일신문, 1980. 1979년 김재규는 야수의 심경으로 유신의 심장을 쏘았다고 했다. 춤꾼 이애주는 이한열 노재에서 춤을 바쳤다. 임재해, 「이애주춤의 현장성과 변혁성」, 『이애주춤 학예굿』, 재단법인 이애주문화재단, 2022, 20쪽.

3 "역사가는 자기가 다루는 사람의 마음과 그들의 행위의 배후에 있는 생각을 상상적으로 이해해야 할 필요가 있다." E.H.Carr, 2009, 34쪽.

들어가며題辭

4 필자는 한 글에서 "우리 민족의 역사라는 입지에서 볼 때, 우리가 살고 있는 오늘 이 시대의 가장 기본적인 역사적 사실은 남과 북에서 서로 다른 국가 조직을 이루어 대립하고 있으며 그 가운데서 분단대립을 극복하려는 통일운동이 있었다. … 통일민족국가가 서는 날 이 시대를 '남북이국시대' '분단과 통일운동의 시대' 또는 그 무엇이라고 부르든 …"이라고 쓴 바 있었다. 김도현, 1980, 391쪽. 사학자 강만길 교수는 이 시대를 '분단시대' '통일운동의 시대'라고 하고 있다. 강만길, 1978, 14쪽. 그럼에도 남의 '대한민국시대'를 나름대로 다시 기본 성격을 규정한다면 역시 '민주화' '민주주의'가

될 것이다. 북의 경우, "조선민주주의인민공화국은 1948년 9월 8일에 김일성 수령이 창건하고 영도하고 계신다."고 하고 "사회주의제도를 더욱 공고 발전시키고 사회주의의 완전한 승리를 실현하여야 할 력사적 임무에 나서고 있다."고 했다. 사회주의출판사(평양), 1973, 979쪽. 오늘 우리가 이해하는 민주주의와는 다르다.

미국의 19세기 중후반, 서부로 계속하여 개척 팽창하여 힘·부·자유를 상징하는 광대한 땅을 가지는 것이 미국의 '자명한 운명'Manifest Destiny이라는 이론. 이것은 원주민의 저항을 받기는 했지만 국민의 꿈을 선동하는 이론으로 유행하였다.

5 "전통적으로 소련은 자국의 안보를 영토적 개념으로 받아들이는 반면 미국은 이를 제도적 개념으로 받아들이는 경향이 있다."존 L. 가더스, 『러시아, 소련과 미국』, 1978, 176쪽., 오코노기 마사오, 1980, 147쪽.

"현대 미국의 허상의 참모습을 보여준다."는 노암 촘스키Noam Chomsky는 2차 대전 후 미국 대외정책의 기초논리를 놓았다는 조지 캐넌George Kennan의 보고서 『정책기회연구』 23의 다음 구절을 소개했다. "… 우리는 감상과 몽상을 제거해야 한다. … 인권 생활수준향상 민주화 따위는 비현실적이고 … 우리는 각국 정부가 경찰력을 동원해 이공산주의자를 억누르는데 망설이지 말아야 한다. …만약 집권자가 방종하고 긴장이 풀려있고 공산주의자가 침투해 있다면, 자유주의적 정부보다는 차라리 강권 체제정부가 더 낫다."노암 촘스키 저, 김보경 역, 『미국이 진정으로 원하는 것』, 1983, 23-4쪽.

6 미국이 한국 민주주의를 억제했는가deterring 아니면 증진시켰는가promoting를 놓고 의견이 갈린다. 전자를 지지하는 이들은 미국이 자국의 이익을 위해 이승만의 민간독재정권과 박정희, 전두환, 노태우로 이어지는 역대 군사독재정권을 지지했다고 주장한다. '80년 광주'는 미국이 얼마나 한국 민주주의에 무관심할 뿐 아니라 저해세력인지를 잘 보여주었다는 것이다. 후자는 미국이 한국에 민주주의라는 이념과 제도를 이식시켰을 뿐 아니라 한국의 허약한 신생민주주주의가 뿌리내리고 성장하도록 물심양면으로 또 정치판의 앞면과 후면에서 각고의 노력을 기울였다고 본다. 한국 민주주의가 오늘날처럼 발전하는 데는 미국의 역할이 크다는 것이다. 한국이 민주화될수록 과거 독재정권시기와 같은 '불편한' 관계는 청산되고 한미관계는 더욱 돈독해질 것으로 전망한다. … 미국이 한국에 이식시키고 정착시키고자 했던 민주주의의 성격은 다수 대중의 참여와 합의라는 의미에서의 아래로부터의 민주주의보다는 엘리트 수준의 정권교체라는 경쟁의 규칙을 마련하기 위한 다두제polyarchy를 증진시키고자 했던 것으로 보인다. 다두제는 어느 한 정치세력으로 하여금 과반수의 지지를 확보할 수 없게 만든다. 그런데 다두제는 대내적 권력행사에는 별다른 장애가 없지만, 대외정책 분야에서는 취약성을 드러낸다. 한국의 국가는 국내지배계급에 의해 포획되었다기 보다 미국의 헤게모니에 의해 침투당했다고 볼 수 있다.정일준, 2022, 19쪽.

한국민주화운동에서 최대의 희생자였던 김대중에 관하여 1973년 납치사건 당시 미CIA 서울책임자였고 1980년 김대중 내란음모사건 당시 주한대사였던 도날드

그래그는 "내가 그를 두 번 살렸다."고 말했다. 김충식, 2020, 458쪽.
1982년 8월 5일 미 국무장관 러스크David D. Rusk는 버거 주한미대사에게 전문을 보내, 박정희에 대한 지지를 명시적이 아닌 암시적으로 해야 하고, … 한국민은 실용적 독립적 성격을 가졌으나 정부에 대한 불신감을 가졌음으로 선거조작이 있으면 혁명을 지지할 가능성이 높음으로, 야당지지율을 낮출 수 있는 방법으로 후보자를 탄압하는 것보다 분열시키는 것을 제안하여 박정희의 합법적 집권을 위한 방안을 제시하는 느낌을 갖게 한다. 이완범, 2015, 166쪽.

7 이승만은 대통령 취임사에서 이렇게 말했다.
1948.7.24. 초대 대통령취임사: "민주정부는 백성이 주장하지 않으면 그 정권이 필경 정객과 파당의 손에 떨어져서 전국이 위험한 데 빠지는 법이니 일반 국민은 다 각각 제 직책을 행해서 위선 우리 정부를 사랑하며 보호해야 될"것이다. 1952년 8월 15일 2대 대통령 취임사: "이번에 소위 정치상 파동이 일대위기라고 세계에 전파된 것이 실상은 솥 안의 풍파였든 것입니다. 사실을 말하자면 몇몇 외국 친우들과 외국 신문기자들이 나의 정치적 원수들의 말을 듣고 내가 병력을 이용해서 국회를 해산하고 민주정체를 없이하려다는 괴이한 언론으로 곧이들었던 것입니다. 그러나 나의 평생역사와 나의 주장하는 목적으로 아는 친우들은 이런 낭설을 듣고 웃었으며 혹은 분개히 여긴 것입니다. 다행히 우리 동포가 나를 전적으로 지지한 힘으로 우리가 반대자들과 대립하야 그들을 이기고 그 결과로 오래 싸워오든 개헌안을 통과시켜서 대통령선거권을 국회에 맡겨 주지 않고 민중의 직접투표로 행하게 되었으므로 우리의 민주정체와 주의가 절대 굳건해진 것입니다." 1952년 7월 5일 소위 정치파동 뒤 개헌안을 통과시키고, "그동안 다소 분규가 있었으나 왕사에 붙여 잊어버리고 … 나로서는 여러 번 공포한 바와 같이 후보자 되기를 원치 아니하므로 모든 동포는 양해하여 주시기 바라는 바이다."라고 담화를 발표했지만, 우의 마의까지 동원된 국민의 성화로 출마 당선되었는데, 뉴욕타임스가 "한국에서 민주주의를 바라는 것은 쓰레기통에서 장미꽃 피기를 바라는 것과 같다."라고 쓴 것이 이때이다. 김도현, 1981, 75쪽. 1956년 8월 15일 2대 대통령 취임사: "다음으로 우리나라의 내정을 말하자면 내 생각에는 지나간 첫 8년 동안에 민주정체의 진보를 성취한 것은 실로 역사상 드문 성공입니다."
4·19혁명 주역 50여 명이 이승만 전 대통령의 148번째 생일을 맞아 국립서울현충원 묘소를 참배했다. 63년 전 "이승만 하야"를 외치다 옥고를 치르는 등 고초를 겪은 이들은 "이 전 대통령의 과오뿐 아니라 공을 다시 봐야 한다."고 했다.
대한민국 초대 대통령으로서 이 전 대통령은 자유민주주의와 시장경제의 기틀을 잡고, 김일성의 침략에서 나라를 지키고, 거부하던 미국을 이끌어 한미동맹을 맺었다. 어느 하나라도 없었으면 지금의 대한민국은 존재할 수 없다. 이 전 대통령은 농지개혁의 결단을 내리고, 지금의 교육제도를 정착시켰으며, 황무지 같던 나라에 원자력 연구소를 세웠다. 조선일보, 2023.3.28. 그러나 사실은 이승만은 국민과 직접 교통하고 싶어 했고 대의의 과정을 갖는 자유민주주의에 강한 거부감을 반복해 피력했고, 건국헌법은 산업국유화를 포함한 사회민주주의적 내용으로 가득 차 있었다. 박명림, 2010, 48쪽.

8 "유신통치가 인권침해를 가져온 것은 맞지만 경제적으로 큰 성과를 거두었기 때문에 인권과 민주주의만을 기준으로 평가하는 것은 합당하지 않다는이영훈 견해도 있지만, 유신 이후 박정희는 "국민의 한 사람 한 사람이 나와 국가를 하나로 알고"1972.12.27.라고 하며 연설마다 국가에 대한 충성을 강조했다. 같은 시기에 남북 7·4공동성명이 추진되었다. 국가에 대한 충성요구는 자신에 대한 충성요구요 그가 말하는 국가는 곧 유신정권이었다.김동춘, 2011, 70쪽.

정부가 유신과 박정희 장기집권계획을 북한에 사전 통보했다는 Marshal Green의 보고가 있다. 박영자, 2005, 322쪽

9 현행헌법은 여러 문제점에도 건국헌법 이래 가장 민주적 절차를 통해 만들어 졌기에, 가장 오래 지속되고 있다. … 다양한 의견의 수렴된 합의가 아닌 당시 정치권력의 양대축, 여야 간의 정치적 합의 산물, 국가적 앞날을 생각하며 장기적 차원에서 만들어진 것이 아니라… 군사정치와 양정치의 타협의 산물, 양 김을 전제로 한 한시법에 불과하다고 할 수 있다. … 그럼에도 당시 헌법의 비민주적 요소를 제거하고 민주화요구에 부응하였다. 윤대규, 2001, 339-40쪽.

10 "한국은 자유주의시각에서 보든 민주주의 사각에서 보든 해방직후 미국의 후원을 받아 민주주의를 일거에 도입했다."이정복 2010, 661쪽.

11 마르크스도 "자유는 적대자들조차도 … 자기 것으로 삼으려 할 만큼 인간의 본성인 것이다."칼 마르크스, 1996, 32쪽. "덕있는 사람을 임금으로 모시니 이 이가 박혁거세 왕이었다."『삼국유사』 나랏사람의 추대를 받아 왕위를 계승한 민중형의 재위기간은 3국의 존속기간의 3분의 1을 상회한다.『삼국사기』, 김흥우, 2019.1.9에서 재인용

12 민유방본: 민본주의로 이해되는 이 명제는 '민중을 얻으면 나라를 얻는 것이다.'는 공자의 '득중득국론', 백성은 귀중하고 임금은 가볍다는 맹자의 '민귀군경론' 등과 겹쳐 읽으면 바로 인민 주권론이다. 민유방본은 전봉준의 1984년 동학혁명 격문에 세 번이나 등장한다. 민유방본론은 유럽으로 서천하여 라틴어1658, 불어1696, 영어*The people are the root of empire*, 1761로 번역되어 서구를 뒤집어 놓았다. 황태연, 『퇴계아카데미』 2집, 2022, 327쪽.

"서양 전통의 민주정과 공화정을 민주화한 동력은 공자철학이 유입되지 않고는 형성될 수 없다. … 참정권을 전 국민으로 확대한 것은 그리스 로마로부터 내려온 히브리이즘이나 헬리니즘이 아니고 공자의 자유평등 철학과 유교적 민본주의 유교의 탈 종교적 세속적 현세주의였다. 황태연, 2022, 242쪽. 동아시아 사상 곳곳 - 유가 도가 묵가 불교에 민주친화적 요소를 발견할 수 있다.김철순, 2007, 332쪽.

13 "일본에서는 민유본방이 17세기 말에 널리 알려졌지만 조선에서는 14세기 조선 건국 때부터 일관하여 존중된 개념이다."이노우에 아쓰시. 2021, 283쪽.

14 憲法은 서양법제의 수입과정에서 번역어로 정착되었다고 하지만, 그 단어 자체는 새로 만든 것이 아니라 동양 고전『周禮』, 『管子』, 『淮南子』 등에 진작부터 있었다. … 조

선조에서 윤리적이고 제도화된 것은 아니지만 유교의 왕도에 관한 전통이나 군주답고 신하답고 아버지답고 아들다워야 한다[君君臣臣父父子子]는 명분론은 군신 모두의 가치관 속에 흡수되고 내면화되어 그들의 행위를 좌우했다. 禮治와 法治의 구분은 도덕에 의한 통치와 법에 의한 통치의 구분이 아니라, 자연법주의에 의한 법의 통치와 법실증주의에 의한 통치로 구분해 볼 수도 있다. 김석근, 2001, 60-5쪽.

15 "한 몸의 해害를 위해 기포하는 것이 어찌 남자의 일이라 하겠는가? 중민이 원탄冤歎하는 고로 백성을 위해 제해除害코저 하였다." 최현식, 전봉준 공초록, 1980, 278쪽.

16 코민테른의 집행위원회가 '민족 식민지 문제 테제'를 채택한 뒤, 1922년 1월 22일 모스크바에서 열린 '극동근로자대회'일명 극동 공산주의자 및 혁명단체회의에서 조선대표는 3·1운동올 말하는 서두에서 "1911년 중국혁명, 1914~18년 세계대전, 1917년 러시아혁명, 이 모두는 조선인민 특히 혁명적 농민에게 다시금 큰 충격을 주었다."고 하였다. 이 대회에는 결의권을 가진 대표로 한국인 54명모스크바 학생 2명 포함이 참석했다. 러시아혁명 등 사회주의가 초기 한국독립운동과 민주주의에 미친 영향은 지대하다. 코민테른 편, 1974, 99쪽.

17 한성임시정부·노령임시정부·상해임시정부 모두 "주권은 인민에게 있다."라고 규정하고, 의열단 민족혁명당 김구·김원봉의 전국연합진선협의회 조선독립동맹 등 모든 독립운동단체들도 민주공화제와 자유권을 표방했다. 김도현, 1983, 58쪽.

18 맥아더 사령부는 1946년 일본 松本 내각이 제출한 헌법개정요강을 거부하고 맥아더 안을 일본정부에 제출하여, 이를 약간 수정된 것이 1947년 공포 시행되었다. 이것은 일본정부에 강요된 것은 분명하지만 일본 국민의 의사에 반대되는 것이라고는 볼 수 없다. 이토 마사미, 丘秉朔 역, 1982, 33-36쪽.

19 시진핑 중국 국가주석의 3연임이 확정된 23일, 시 주석은 "사회주의 현대화 국가를 전면적으로 건설하고, 중화민족의 위대한 부흥을 전면적으로 추진하는 관건은 당에 있다."며 중국이 당면한 국내외 정세의 엄중함을 설명하고, 이를 돌파하기 위해 시 주석과 공산당을 중심으로 꾸려진 영도 체제를 더욱 강화하자는 것이었다. 시 주석은 이날 중화민족의 부흥을 뜻하는 '중국몽'과 미국을 넘어선 초강대국 건설을 목표로 한 '전면적인 사회주의 현대화 국가 건설', 분배를 강화하는 '공동부유' 등을 향후 중국의 주요 화두로 내걸었다. 한겨레신문, 2022.10.22.

시진핑은 국가의 근대화는 근대화의 일반법을 따라야 할 뿐만 아니라 자체 현실에 부합하고 고유한 특성을 가져야 한다고 강조했다. 중국식 근대화는 모든 국가의 근대화의 공통된 특성을 가질 뿐만 아니라 자체 국가 조건에 따라 독특한 특성을 가지고 있다. 제5대 중국 공산당 대회 보고서는 거대한 인구의 근대화, 모든 사람들을 위한 공동 번영의 근대화, 물질 문명과 영적 문명의 조화로운 근대화, 인간과 자연이 조화롭게 사는 근대화, 평화로운 발전의 길을 걷는 근대화의 다섯 가지 측면에서 중국의 특성을 명확하게 요약하고 중국식 근대화의 과학적 의미를 심오하게 드러냈다.

시진핑은 중국식 근대화가 우수한 중국 전통 문화에 깊이 뿌리를 두고 있으며 과학 사회주의의 선진 본질을 구현하고 인류 문명의 모든 업적을 끌어내고 흡수하며 인류 문명 진보의 발전 방향을 나타내며 서구 근대화 모델과 다른 새로운 그림을 제시하며 완전히 새로운 형태의 인간 문명이라고 지적했다. 중국식 근대화는 "근대화 = 서구화"의 신화를 깨고 근대화의 또 다른 그림을 보여주며 개발도상국의 근대화 경로 선택을 확대하고 인류의 더 나은 사회시스템 탐구를 위한 중국솔루션을 제공한다. 중국식 근대화에 구체화된 독특한 세계관, 가치관, 역사관, 문명관, 민주적 견해, 생태학적 견해 등은 세계 근대화의 이론과 실천에서 주요한 혁신이다. 중국식 근대화는 개발도상국이 독립적으로 근대화를 향해 나아갈 수 있는 모범을 보였고 새로운 선택을 제공했다. 人民日報, 2023.2.8.
중국공산당은 20차 당 대회에서 '중국식 현대화'를 주창했다. 이는 "현대화는 서구화의 동의어가 아니다."11월 3일라는 시진핑 주석의 발언이 보여주듯, 경제·정치·문화에 있어 '중국 모델'은 서구식 체제와 다르며 더 우월하다는 주장이다. … 10월 22일 폐막한 중국공산당 20차 당대회가 시진핑 주석의 3연임과 권력 강화로 귀결된 점이 전부 맞물렸다. 이에 따라 베이징, 상하이, 광저우, 우한, 청두와 같은 중국 주요 도시들과 중국 전역의 50개 이상의 대학, 홍콩, 대만 및 세계 각지에서의 추모 시위가 이어졌다. 한국에서도 "자유가 아니면 죽음을"이란 구호를 내건 재한 중국인 시위가 처음으로 11월 30일 서울에서 열렸다. 시위의 상징은 아무 것도 쓰이지 않은 종이, '백지'가 되었는데'백지 시위', 'A4 혁명' 그 자체가 표현의 자유가 억압되고 일상이 검열의 영역인 중국 사회의 현실을 드러낸다. … 중국 각지에서 '백지 시위'가 시작되자 홍콩의 라우산과 '국경 없는 운동'無國界社運, Borderless Movement은 「우루무치에서 상하이까지: 중국과 홍콩 사회주의자들의 요구」라는 글을 발표하여 연대를 표했다. 11월 9일, SR, 페미니스트 로지를 포함하여 우크라이나의 페미니스트 단체들은 「이란 여성과 연대하는 우크라이나 페미니스트 선언문」을 발표했다. 지난 8개월 동안 우크라이나 민중이 푸틴의 제국주의적 침략에 저항해왔다면, 지금 이란 민중은 독재적이고 극단적으로 보수적인 자국 정권과 엘리트만 배불리는 경제에 대항하여 투쟁하고 있다는 것이다. 나에 자유를! 우리는 함께 승리할 11월 24일 이후 중국 민중의 시위 속에서도 대만, 홍콩, 우크라이나, 이란 민중을 지지한다는 발언이나 피켓이 목격되었다. 한국에서도, 12월 10일 '세계 인권의 날'을 맞아 전쟁과 푸틴 정권에 반대하는 재한 러시아인 커뮤니티와 이란 반정부 봉기를 지지하는 재한 이란인 커뮤니티, 11월 30일 '백지 시위'에 참가했던 재한 중국인 일부의 공동 집회 〈우리는 연대한다〉가 열렸다. 이들은 비슷한 민주화 요구를 공유하며, 러시아의 우크라이나 침공과 원유 수입, 무기 지원으로 이를 돕는 이란, 중국 정부를 규탄한다는 점에서 연대했다. 김진영, 2022,

20 브루스 커밍스는 한국민주화운동의 고조와 전정권의 반동이 동시에 소용돌이치던 1987년 3월 일본의 월간지 『世界』 3월호에 이렇게 썼다. "'86년 서울을 방문한 슐츠 미국무장관은 '한국에는 민주주의 전통이 없기 때문에 필리핀에서 일어난 황색혁명은 한국에서는 일어나지 않는다.'했다."고 하면서, "미국은 금세기 동안 한

국의 민주주의 실현을 위해 미국의 관리 없이는 독립할 수 없는 나라라는 전제로 정책을 써왔다, 사회불안을 빚을지도 모르고 대북한 관계를 어떤 모양으로 조정할지 모르는 민주화보다 독재정권의 편에 설 것을 잊어서는 안 된다. 한국의 반대세력은 냉정한 눈으로 역사를 보고 대응수단을 강구하지 않으면 안 된다."『민주통신』, 1987.3. 그럼에도 6월항쟁에 의해 미국의 대한정책은 변화했다.

21 임란에서 왜군을 끝내 몰아낸 주력은 민중이 주축인 의병이다. 류성룡은『징비록』 서문에서 "선대임금님들의 어질고 두터운 덕이 백성들에 굳게 맺혀 백성들이 나라를 사모하는 마음이 그치지 않았다."祖宗仁厚之澤固結於民而思漢之心未已라고 하고, 선조가 명에 내부하려는 뜻을 내는 것에 반대하여, "동북여러도가 여고하고 호남의 충의지사가 곧 봉기할 것"今東北諸道如故, 湖南忠義之士不日蜂起선조수정실록, 선조 25년 5월 1일라고 했다. 왕과 명에 대한 치사는 본인의 처지에서 당연한 칭송이지만 민중에 대한 신뢰는 절실한 심중의 표현이다. "류성룡이 임진왜란을 명과 왜의 싸움으로 대치하려 했다."송복, 2007, 53쪽.는 것은 류성룡이 명의 적극적 전의를 유도하려는 전략이었을 것이다. 초유사 김성일은 임란초기에 경상도 '사민'士民에게 초유격문을 내어 의병 봉기를 촉구했다. 격문은 "충의가 분발하고 글의 뜻이 격렬하여 어리석은 백성이라도 내용을 들으면 반드시 모두 마음이 감동하여 눈물을 흘렸다." 선조실록 선조 28년 2월 6일 선비와 민중이야말로 국난극복의 대본임을 말한 것이다. 신채호는 조선혁명선언1923에서 "민중은 우리 혁명의 대본영이다."라고 했다.신채호, 1974.3.

김훈은 소설『하얼빈』에서 이렇게 썼다. "이토는 조선 사대부들의 자결이 아닌 무지렁이 백성들의 저항에 경악했다. 왕권이 이미 무너지고 사대부들이 국권을 넘겼는데도, 조선의 면면촌촌에서 백성들은 일어서고 또 일어섰다. … 농장기를 들고, 꽹과리를 치고 조선의 폭민들은 죽음에 죽음을 잇대어가면서 일어섰고 한 고을이 무너지면 이웃 마을이 또 일어섰다. 기생과 거지까지 대열에 합세했다. … 영국인 배설이 경영하는『신문대한매일신보』가 이 폭민을 의병義兵이라 일컬었고 기세를 부추켰다."김훈, 2022, 18-9쪽. 이 소설에서 안중근과 함께 이등박문 저격을 노렸다가 체포된 우덕순이 일본검사의 심문을 받으며 문답한 것을 이렇게 썼다. "- 안중근은 의병으로서 한 일이라고 하는데, 그대는 의병과 관련이 있는가? - 나는 다만 일개의 국민으로서 했다. 의병이기 때문에 하고 의병이 아니기 때문에 하지 않는다는 것은 있을 수 없다."앞의 책, 232쪽. 일제에 항거한 것은 백성이었다.

22 이 대목은 이홍구 박사의 글에서 그 취지와 표현을 깊이 영향받았다. 이홍구,「대한민국60년, 민주정치60년의 재조명」,『21세기한국정치의 발전방향』, 2009.

23 "12대 국회의원 선거는 '중대선거'critical election의 의미를 가지며. … 유권자에 의한 야권재편이었고 체제변혁을 위한 본격적 움직임의 시작이다."강원택, 정진욱, 2022. "학생운동권은 당시 현실을 권력재편기가 아닌 혁명을 예고하는 상황 혁명적 정세로 나아가는 고양기"백태운, 1997, 87쪽.라고 규정하고, 정치권 민주화운동을 미국이 주도하는 파쇼권력의 재편안정화 음모이며 선거는 이를 위한 요식 정도의 의미를

가졌다고 평가하고 있었지만, "조직과 투쟁에서 선도투쟁에서 대중노선으로 선회하여이인영, 1997, 66쪽. 12대 총선과정에 참여했다."김도현, 2022, 4쪽. 민추협결성 신당창당 총선참여를 현장에서 주도한 김영삼의 리더십에 대하여, "김영삼의 여론중시는 자신의 정치적 자본을 극대화하기 위한 방편이었으며 다른 정치지도자들보다 탁월하였다."김형준, 2023, 24쪽.

24 1987년 9월 13일 현재 노동쟁의 발생은 3,365건인데 그 중 3,2141건이 6·29이후 집중적으로 터져 나왔다.이형제, 2010, 154쪽.

25 서울 중구 한국프레스센터에서 열린 스탠퍼드대의 월터 쇼렌스타인 아시아·태평양연구센터의 '민주주의와 한국 사회' 학술대회에서 신기욱 김호기 교수는 "현재의 한국 민주주의는 1987년 민주화 시대가 열린 이후 결정적인 시험대에 섰다. 한국 민주주의를 위협하는 주된 요인 세 가지는 자유주의의 빈곤을 의미하는 '비자유주의', 반다원주의를 강화시킨 '포퓰리즘', 기성 정치에 대한 불신과 혐오를 낳은 '경제적·정치적 양극화'다. 문재인 정부의 운동권 세력은 법치주의라는 형식적 민주주의는 이뤄냈지만 상호 존중, 권력의 절제와 같은 민주적 가치나 규범을 내재화하지 못하면서 자유주의의 빈곤을 가져왔다. '적폐청산'의 구호로 선과 악을 나누는 도덕적 우월주의를 내세우며 반다원주의를 강화했다. 윤석열 정부의 핵심을 이루는 검찰 역시 민주적 가치와 규범을 이해하고 내재화하지 못 한다면 위기에서 벗어나기 어렵다. 지난 대선은 반엘리트주의가 두드러진 구기득권윤석열 대 신기득권이재명 싸움이며, 유력 후보였던 이재명·윤석열 후보 모두 서로를 기득권 세력으로 규정하고 상대방과의 공존을 거부했다. 윤석열 정부의 안티 페미니즘 역시 일종의 반다원주의이며 제2의 '적폐청산'을 시행한다면 지난 정부의 실패를 되풀이할 수 있다"고 했다.경향신문, 2022.6.14.

26 "우리나라의 정치는 4류, 관료와 행정조직은 3류, 기업은 2류다."이건희의 1995년 베이징 특파원들과 간담회, SBS 뉴스, 2020.10.25. 주호영 국민의 힘 원내대표는 "20여 년 전 어느 대기업 회장이 한국 정치는 4류라고 말해 파문이 인 적이 있었는데 지금에 이르러서도 우리 정치가 여전히 4류임을 부정하기 어렵다."고 반성했다.매일경제, 2023.2.14.

27 2022년 지방선거지역구+비례에서 민주당은 1,285억 2,400만원50.47%을, 국민의힘은 1,224억 6,400만원48.09%을 돌려받았다. 민주당과 국민의힘은 각각 지방선거에서 41.88%와 52.36%를 득표했다. 양당의 득표율 총합94.24% 보다 양당의 선거보전금 비율98.56%이 높다. 반면 지방선거에서 4.14%를 득표한 정의당은 선거보전액의 0.54%에 불과한 13억 8,500만원을 받았다. 소수정당은 득표율의 4분의 1 수준밖에 돌려받지 못한 셈이다.경향신문, 2023.3.21.

28 13대 대선은 한국정치사의 중요한 이정표인 지역주의를 폭발시켰고, 양 김의 동시출마는 망국적 지역주의를 확대재생산하는 역사적 계기가 되었다.강명세, 2010, 670쪽.

29 2023년 현재 여야 사이의 주요 갈등은 대통령부인 김건희의 주가조작사건과 야당

대표 이재명의 범죄혐의에 대한 공격 방어가 쟁점이다.

30 우리의 자유의식에도 문제가 있었다. 우리 민주화운동의 출발은 항일독립운동 부국강병의 근대화 과정과 함께 했고, 대중궐기 대중동원이었고, 유교문화전통이 습합되었고 전민족 전국민이란 전체 단위의 운명에 집중했기 때문에 개인이나 내가 속한 집단을 내세우는 것은 몰지각한 것으로 간주되었으며, 반자유주의적 민주주의의 요소를 가지는 아이러니가 있었다. 이홍구, 1998, 190-192쪽. 우리에게 자유민주주의는 우파는 냉전반공주의의 정당화를 위해 비 자유민주주의로 왜곡시켰고 좌파는 폐기했다. 집단적 운동과는 또 다른 내면의 자유의식은 일본의 예에서 보듯 천황제-국체가 개인과 사회의 내면에 어떻게 침투했나를 살핀다면, 丸山眞男, 1961, 89-91쪽. 오랜 비민주적 체제가 준 영향이 우리 의식 저층에 어떻게 퇴적되어 있는지를 돌이켜 볼 필요도 있다.

31 우리의 근대화과정은 박정권 시대에 본격적으로 추진되었다. 그럼에도 박정권 근대화의 반동적 성격과 식민지 유산은 미청산된 채 의식과 제도로 남아 있다. "박정권 냉전반공주의 개발독재의 사상적 기원을 설명하는데 중요한 것은 일제군부파시즘의 학습과 만주경험이다."이병천, 2012, 56쪽. 박정권의 경제성장은 정권의 불법적인 연장과 안정이라는 부정의한 목표를 정당화하는 수단이었으며 이 과정에서 민주주의는 희생되었다. 전재호, 2000, 121쪽.

32 "포퓰리즘은 잘못된 대의를 가진 사람이 국민의 불안을 도구화하여 펼치는 정책이다."라고 하며, 필리핀의 투데르테, 이탈리아의 실비오 베를루스코니, 태국의 탁신 친나왓, 미국의 도널드 트럼프를 들고 있다. 베르너 페니히, 2017, 262쪽.
2022년 대선에서 허경영후보가 희화적으로 포퓨리스트로 불렸지만 주요 정당 대표적 정치인도 포퓨리스트로 불림으로 포퓰리즘은 한국정치의 지배적 경향이 되었다. 이준석 국민의 힘 대표는 우파 포퓰리즘의 표현으로김만권, 「우파 표퓨리즘의 부상으로의 이준석현상」, 『황해문화』 113호, 2021, 55쪽. 더불어민주당 대통령후보 이재명은 "포퓨리스트정치인으로 불리고 있다."이승원, 「포퓨리즘발흥과 민주적 포퓰리즘의 가능성」, 2021, 92쪽.

33 2023년 '국제 행복의 날'을 맞아 유엔이 발간한 세계행복보고서의 우리나라 주관적 행복도 점수는 10점 만점에 5.9점으로 조사 대상 137개국 57위였다. OECD 38개국 중에서 35위로 최하위권을 기록했다. MBC, https://imnews.imbc.com

34 2000년대 중반부터 2021년까지 세계적으로 정치적 권리와 시민적 자유가 줄어들었다는 것은 사실프리덤하우스 연구이다. 20세기 이후 세계에 번영을 가져다준 자유주의가 좌우 양쪽의 공격으로 위기에 빠졌다. 자유주의 핵심 원칙이 우파와 좌파 모두에 의해 각각 극단으로 치우치게 됐다. 프랜시스 후쿠야마, 자유주의와 그 불만, 2023. 민주주의가 위기에 빠진 이유는 능력주의 때문이다. 능력주의는 불평등을 능력과 노력 차이로 설명한다. 민주주의를 회복하려면 능력주의에 제동을 걸고, 경제가 정치를 지배하는 지금과 달리 정치가 경제를 통제할 수 있어야 한다. 경제적 불평등 앞에서는 우리가 예전에 쟁취했던 정치적 평등은 아무런 의미가 없어졌다. 좌

파 급진주의자가 한 말이 아니다. 루스벨트가 한 말이다. 마이클 샌델, 2023.

35 마르크스의 '생산관계의 토대와 이 토대 위의 상부구조' 논리를 앞세울 수 있지만 이 상부구조는 역사적 제투쟁의 단계에 현저한 작용을 하고 그 형태를 규정한다. 능동 수동이 아닌 상호작용이다. 임원택, 1988, 278-284쪽.

36 이승만·박정희·전두환·노태우정권 시대에는 정치자금에 대한 법적규제가 없었다. 정치자금과 뇌물이 구별되지 않았고, 권력자는 정부 예산과 별개로 통치자금을 운용했다.

37 이승만은 한민당 지도자 김성수에게 "정권에 도전하지 말라."고 하며, "이 대통령이 자신을 어린 아이 다루듯 한다." "천상천하 유아독존이다."라고 신익희에 말했다. 심지연, 한국정당정치사, 2013. 73쪽 재인용.

38 막스 베버는 지배의 형태를 합법적, 카리스마적 전통적 지배로 나누고 전통적 지배의 한 분류로 가산적 지배를 든다. 가산제는 가부장의 일방적 지배와 자子로서의 공순恭順적 복종의 관계이며, 관행 존중과 전통주의적 감정에 지배된다.

39 "6·29선언이 군부독재의 항복선언인지 군부독재의 존속을 보장하는 승리선언인지를 알 수 없도록 만든 데에는 야당의 역할이 지대했다. … 야당은 처음부터 동요했다. 6월 10일에는 당원까지 꽤 동원했으나 야당지도자들은 6·10, 6·26정해진 시간에만 거리에 나와 도보행진 등으로 얼마간 최루탄을 마시다가 들어가거나, 행인지 불행인지 닭장차 등에 모셔졌다. 야당인사로 거리시위투쟁을 이끈 자는 적어도 서울에서는 6월 26일에 김00씨 한 명이었다." 서중석, 1997,180쪽.

"또한 6·29선언이 야당이 강조해온 평화적 시위에 의해 쟁취한 것이라고 판단하는 것은 쉽지 않다. 전두환 신군부가 두려워한 것은 동시다발로 전개된 대규모 시위가 여러 지역에서 경찰력을 마비시켜 치안부재 현상을 나타나게 한 것이다." 서중석, 1917, 49쪽.

40 "6월항쟁을 최소주의적 요구를 수용해서 항쟁을 종결시키고자 했던 군부정권의 전략적 행위, 즉 6·29선언에 의해서 종결된다." 손호철, 2002, 90쪽.라고 보는 견해도 있다.

또한 "한국민주화운동 내부에는 반체제운동, 민중운동, 변혁운동, 사회주의운동 등이 존재한다. … 5·3인천항쟁은 저항권의 정당성 사회정의의 문제에 대한 숙고를 요청한다." 이재성, 2021, 132쪽.는 견해도 있다.

41 "87년체제의 불행한 출발" 조현연, 2017. "6·29가 군사정권의 전략적 선택임을 인식하지 못해 상황을 반전" 정대화, 2005, 「민주화과정에서 민통련과 국민운동본부의 역할에 대한 평가」, 『민주사회와 정책연구』 통권5호, 2005. 등 인색한 평가논의도 있다.

42 미술 분야를 예를 들면 문민정부가 성립하자 1994년 '민중미술 15년 1980-1994'을 개최하였고, 『군사독재 정권 미술탄압사례 1980-1987』 민족미술협회, 1988를 발간했다. 민중미술로도 불려진 이 작품들은 정권에 의해 전시회가 금지되고 작품이 압수되었지만, 우리 고유의 전통을 계승하기도 하고 세계적 사조와 맞닿아 있기도 한 다양하고 실험적 양식으로 표현되어 있어 미술사적으로도 값진 의미를 가진

다. 최민은 "1980년대에 한국미술이 경련적 변화를 보이기 시작했다"고 하고 "이것은 그 이전의 정치적 백치상태에서 기인한 무기력한 정체 상태에 대한 일종의 반작용"이라고 했다. 최민, 2021, 258쪽.
1975년 5월 월간지 『사상계』에 발표된 김지하의 「담시 5적」은 한국전통 판소리 양식을 발전시킨 것으로 독재정권을 통열하게 고발하여 민주화운동에 한 기여 뿐 아니라 문학사적으로도 큰 의미를 가진다. 김지하시인 추모문화제, 2022.6.25.
"88올림픽은 군부독재정권 유지를 위하여 악용"되었다고 비판되고, 86아시안게임은 반대운동에 직면했다. 기독청년올림픽문제연구위원회, 『당신들의 축제』, 1987. 민주화운동세력은 88올림픽이 민주화가 이루어져야 성공적 축제가 될 수 있다고 주장했다. 86년 6·29선언으로 새 정권이 탄생하여 우려와 비판은 상당 부분 극복되었다.

43 1995년 12월 21일 제정된 5·18민주화운동등에관한특별법, 2005년 5월 3일 국회에서 통과된 진실·화해를위한과거사정리기본법에 따른 활동 등이 그러하다. 최근 문제가 되고 있는 한일과거사 문제에 대하여도 민주화되지 못한 정부에 미해결의 원인이 있으므로 "식민지배 피해자 인권 짓밟는 '1965년 체제'-(박정권 때 체결된 한일협정)를 민주화하자"는 논의가 제기되기도 한다. 요시자와 후미토시, 한겨레신문, 2023.3.10.

44 여러 측면에서 오늘 한국의 문화와 경제는 상승작용으로 서로를 성장시키고 있다. 한국 상품의 세계시장 점유율을 높이기 위해서는 상품에 문화이미지를 부가가치로 추가해야 한다. 기소르망, 1995, 13쪽.

45 김진현은 「개화 120년과 21세기 미래개혁-한국혁명 "善"進化는 어떻게 가능한가?」 사상, 1996년 9월호 등에서 '선진화'라는 개념과 개념어를 썼다. 김진현, 2022, 134쪽.

46 신용하 교수는 "최선진 문화국가를 향한 전략은 찬란한 고대중세의 민족 문화와 문명을 되살리고 활성화 활용하는 '최선진국으로의 한국형 발전전략'을 개발실행해야 한다. 이 부분에서 한국을 따라잡을 수 있는 나라는 예컨대 이집트·이란·이라크·팔레스타인·인도·중국·그리스·이탈리아 정도이며, 최선진국으로의 한국형 발전전략을 개발실행하면 미국·일본·독일 등 우리의 준거국가들을 따라잡고 추월하여 그들보다 훨씬 앞선 세계를 선도하는 나라가 될 수 있다."고 한다. 신용하, 1995, 483쪽.

47 예컨대 '대한독립선언서'1919의 다음 구절은 바로 오늘과 내일의 목표가 될 수도 있다. "모든 동포들에 동등한 권리와 동등한 재산을 베풂으로써 남자와 여자 그리고 가난한 자와 부자가 고르게 살 수 있도록 하며 지혜로운 자와 어리석은 자 그리고 늙은이와 어린이 모두가 동등한 지식과 동등한 수명을 누리도록 하여 온 세상의 인류를 바로잡고자 하는 것이니, 이것이 바로 우리가 나라를 세우면서 내세우는 깃발인 것이다."

48 "한국 문제는 본질적으로 민족문제나 남북문제가 아니다. 근본적으로 국제문제이자 동북아문제다." 박명림, 2005, 129쪽.

49 한때 통일문제를 동아시아공동체 논의와 함께 모색하는 시도도 있었다. "정치적

저해 요인이 빈발함에도 동아시아지역경제통합은 더 강력하고 긴밀하게 확대되고 있다."鳩山友紀夫, 2019, 257쪽. "일본은 명치유신에서 시작한 탈아脫亞정책을 지속하고 있어서 동북아지여에서는 일단 분리시켜 서북태평양지역에 속하는 세력으로 보고 관계를 맺어야 한다. … 동북아 블록형성에서 일본은 제외되어야 한다."문익환, 1993, 309-10쪽. "중국의 지식계는 지구화과정 중 기본적으로 아시아적 시각을 상실했다. 주의력을 미국에 집중했고, 미국은 추구해야할 대상이었고 중국과 세계의 관계는 미국 대 중국으로 단순화되었다." "동아시아 현대사에서 중국 한국 일본은 완전히 다른 역사적 위치에 있었다. 일본은 현대문명에 대하여 공동이해의 기초를 가지고 있지 못하다."曠新年, 2002, 78쪽, 82쪽.

이홍구는 민족과 국가체제를 동일시하지 않고 체제는 다르더라도 민족은 하나라는 전제에서 출발한 '민족공동체 통일방안'을 말한다.이홍구, 2010, 17쪽. 조민은 통일 시나리오를 1국체제, 복합국가국가연합 연방제 공연방으로 말했는데조민, 2005, 111-120쪽., "가능성이 큰 흡수통일이 온다면 연방제와 유사한 복합국가나 1국체제 전환 중 어떤 선택을 할 것이지?"라는 문제를 제기했다.민병석, 2005, 128쪽. "일부인사들은 한국정부가 미국과 일본이 북한과 수교하도록 권고하지 못한 것을 후회한다. 한국 미국 일본이 평양에 대사관을 유지하고 있을 경우 북한이 아무리 비밀을 유지한다고 해도 핵개발을 할 수 있을지 의심스럽다.이부영,2017, 216쪽.

"제 생각으로는 한국과 미국 사이에 동아시아 태평양 신문명, 새문명에 대한 한국, 미국사이에 창조적 파트너십을 생각하고 선언하고 실천해 나가야 합니다."김지하, 축사: 광복 60주년 장준하선생30주기 학술심포지엄, 2005.

"한반도 통일은 중국 공산체제 해체 같은 거대한 문명사적, 세계사적 대전환과 함께 성취될 역사적 과업이다."이영훈, 조선일보, 2023.4.1.

50 김진현은 "이 문명의 대전환기에 K-팝 BTS를 넘어서 K-정치, 환경공동체 대학 신문의 등장으로 '제2의 대한민국 혁명이 펼쳐지기를 간절히 바란다."고 했다.김진현, 2022, 47쪽.

51 김우창 교수는 "이 환희가 직접적으로 느껴지는 것은 집단행동 속에서 일 것이다. 집단행위-축제와 같은 집단행위가 사회속의 삶이 받게 되는 압력으로부터 해방되고자 하는 그리고 사회질서를 재구성하고자 하는 인간의 충동에 이어져 있는 사회행위"Victe r Terner, From Ritual to Theater라고 했다.김우창, 2017, 42쪽.

"현대 현재 우리의 인격은 독재의 억압 자본주의가 만든 의사擬似환경에서 합성合成된 욕망에 침윤된 무감동의 일상 가운데 있다."早稻田大學21세기그룹, 1972, 78-95쪽.

52 '매력있는 나라'는 2005년 국회시장경제와 사회안전망포럼의 2015년 국가비전으로 설정되었다.국회 시장경제와 시민사회안전망 포럼, 『매력 있는 한국』, 2015.

1. 민주화추진협의회의 탄생

53 10월 26일은 1909년 안중근 의사가 일본 '명치明治의 원훈'이며 조선침략의 원흉인 이토 히로부미伊藤 博文을 저격한 날이기도 하다. 이 10·26에 대하여 일본과 조선의

인식과 여론은 극명하게 갈렸다. 이규수, 2009. 그로부터 70년 뒤 김재규의 10·26 역시 극명하게 상반되는 평가를 받았다. 김용옥은 "두 사람김재규와 안중근은 같은 심정으로 유신의 심장을 쏘았다고 볼 수 있다."고 했고https://www.youtube.com/channel/UClpQ., 김삼웅은 천주교정의구현전국사제단이 김재규 구명운동에 대하여 "한국 천주교는 70년 전 같은 날 안중근 의사가 국적 이토 히로부미를 처단한 10·26의거에 심한 트라우마를 갖고 있었다."하면서 구명청원서를 소개하고 있다. Oh My News, 2022.03.13 16:21l 최종 업데이트

54 10·26 직전 권력핵심 차지철 경호실장은 별도로 정보를 장악하고 인사와 국정에 관한 권력을 행사하고 김계원 비서실장, 김재규 중앙정보부장과는 상호반목하고 무시했고, 박정희는 절제를 잃은 퇴폐에 탐닉해 있었다. 자정 기능은 박정희 본인과 권력핵심의 무자각과 거부로 마비 상태였다. 박대통령의 최측근의 회고는 이 사정을 말한다. "70년대 말기에 들면서 정치적 동향은 두 가지로 양극화되는 현상이었다. 하나는 왈曰 반체제 저항이 완전히 표면 노출화되고 연계화되고……, 다른 하나는 체제 내부에서의 강경론의 폭주 그리고 거기에 대한 체제 내부인사의 동조화 경향으로 어느 누구도 그들은 밖으로는 어떤 자세를 취했던가, 더구나 10·26이후 완전히 딴소리를 하고 있지만 하나 예외 없이 대통령 앞에서 강경론을 펴거나 동조하는 것이었다. …… 당시 대통령은 무슨 일이 있어도 헌법은 절대 손대지 않는다는 확고한 입장을 가지고 있었다. …… 1974년 유신헌법 신임투표 제안 이유에 시한을 1980년까지로 자구를 넣었다가 내부심의과정 중 기각된 과정에서비서실장 김정렴, 대변인 김성진과 유혁인 본인이 시무룩한데 대하여, 박대통령은 10년간의 체험에서 '언제 끝내고 언제 그만 둔다는 것을 선포하면 그날부터 내 말 듣는 사람은 없어지고 다음 차례는 누구인가 그 사람한테 몰려가 결국 유신체제라는 것이 한 6년 더 해먹기 위해 만든 결과 밖에 안 되는 것이 아닌가.' 라고 한 경험이 있다."유석춘, 2000, 20쪽. "본인은 대통령의 권한이나 임기는 먼저 제기하지 않으면서 81년 유정회 개편기를 유신체제 마무리 작업의 시기로 하는 부드러운 역사적 전환에 극비 연구를 하고 있었다."위의 책, 14-23쪽. 차지철의 월권 사유화는 대통령 권력을 횡취한 상태였다. 박준규 공화당의장은 대통령을 면담하기 전 차지철을 먼저 만나 면담 내용을 사전 보고하고 차로부터 당 인사 등을 지시받았다. 남재희, 2021, 202쪽. "비서실장이 매일 업무보고를 하고 경호실장은 매일 업무보고는 없는 것이 원칙인데 최근에는 아침에 차지철이 먼저 보고하는 경우가 더러 있어 김계원이 기다리기도 했다."안동일, 2005, 258쪽. 박대통령 사생활의 타락상에 대하여 김재규 피고인 상고이유서가 말하는 박선호 의전과장의 진술에 의하면, 대통령이 희생된 연회장소는 대통령의 여인들과의 유락장소로 상대하는 여자는 연예계에 종사하는 처녀들로 200명이 넘고 대행사는 2회 두 사람만의 소행사는 8회 도합 월 10회 정도로 십수 년간 계속되었다. 안동일, 2005, 475쪽. 김재규는 재판부의 반대신문에서 이렇게 말했다. "범행 동기는 자유민주주의 회복이며, 대통령 각하와 자유민주주의 회복은 숙명적 관계로 자유민주주의 회복되려면 각하가 희생되지 않을 수 없었습니다. …… 금년 10월 18

일 부산에 계엄이 선포되고 나서 부산에 가보니 연행자 160명 중 16명이 학생이고 나머지는 일반 시민이었는데 체제에 대한 반대 조세저항 정부에 대한 불신이었고, …… 각하의 생각을 좀 누그러뜨리려고 했지만 역효과가 났습니다. …… 이제부터 사태가 더 악화되면 차지철이 캄보디아에서 300만을 탱크로 밀었다는 말을 듣고서 내가 직접 쏘라고 발포명령을 내리겠다. 자유당 말에는 최인규, 곽영주가 발포명령을 했으니까 총살도 됐지 대통령인 내가 발포명령을 하는데 누가 날 총살하겠느냐고 말하셨습니다."안동일, 2005, 95-96쪽. 박정희 국가관의 결정판이라고 할『국가와 혁명과 나』1964, 향문사의 실제 필자로 박정희를 여러 차례 면담했던 박상길은 "박정희 이념이 얼마나 실현되었나에 대한 평가"를 말하는 글에서 이렇게 썼다. "'혁명의 발생 자체가 국가, 국민, 역사의 요청을 바탕으로 이루어진 것인 이상 이 혁명의 완수는 전 국민적 공동의식 공동노력, 공동책임 하에서 성취되지 않으면 안 된다. 이러한 공감, 공동운명감 없이 혁명의 국민화나 성공은 기대할 수 없다.' 이 구절에 이르러 필자도 착잡한 감정을 금할 길 없다. 바로 박정희 대통령 자신이 3선개헌과 유신체제 추구로 공公에 순殉한다는 국구의 신념이 굴절되었을 뿐 아니라 이로 인하여 국민적 공동책임 - 혁명의 국민화에 실패했기 때문이다. …… 그는 허장을 싫어하고 순박을 사랑했으며 양요리 대신에 소주와 된장에 풋고추를 즐겨먹고 애잔하게 황성옛터를 애창했다. 궁정동 비극의 시바스 리갈과 미녀는 본시의 박정희일 수 없었다." 조선일보사, 1993, 120쪽. 124쪽.

55 〈김재규 전 중앙정보부장 등의 구명을 위한 청원서〉1980.03.26.

56 10·26 뒤 1979년 11월 최규하 대통령권한대행은 헌법개정에 관한 담화를 발표하고 국회는 11월 국회 주도로 개헌을 하기로 하고, 각 정당도 개헌 준비에 착수하여 개헌안을 마련하고, 민간학계도 개헌안을 만들어 발표하고, 국회는 79년 11월 헌법개정특별위원회를 조직해 80년 1월부터 서울을 비롯한 전국에서 공청회를 개최했다. 한편 정부도 79년 말 헌법연구반을 구성하고, 헌법연구반 보고서를 만들었는데 대통령간선제를 강력히 시사한 내용이 있었고, 다시 헌법개정심의위원회를 구성하였으나, 곧 국회·정부 간 개헌주도권논쟁이 일어나 안개 정국과 정국 혼미에 일조했다. 80년 5월 17일 비상계엄과 국가보위비상대책위 설치로 출범 당초와는 다른 성격이 된 5공헌법을 산출하였다.

57 YWCA 위장결혼식사건으로 알려진 이 사건으로, 함석헌, 양순직, 박종태, 백기완, 김병걸, 함석헌, 양관수, 최열 등 96명이 체포되어 혹독한 고문을 당했다. 이 사건 공판에서 피고로 선 윤보선은 "왜 불법집회를 교사했나?"라는 검찰관 질문에 "검찰은 불법이라고 하지만 사리사욕이 아니고 국가와 민족을 위해 거사한 것"이라 하고 "포고령위반을 몰랐단 말인가?"란 질문에 "알아도 해야 하고 몰라도 해야 하오." 라고 답했다.YWCA사건 1심 2회 공판록. 정승화는 이 사건을 보고하는 전두환에게 고문하지 말라고 당부했다고 하며, 김병걸 등의 고문폭로담이 그의 자서전에 실려 있다.정승화, 1987, 132~136쪽. 이 행사에 참여하였다가 구속된 백기완은 죽음의 문턱에까지 갔다 온 고문의 실상에 대해 다음과 같이 썼다. "철컹 문이 열리더니 '이

새끼 이거 빼버려.' 대뜸 손톱을 뺀다. 까무라쳤다. 깨어나니 '꺾어.' 무릎에 몽둥이 끼우고…… 나는 까무라쳤다."백기완, 2009, 317~318쪽.

58 당시 국내 언론에 자주 인용되던 'UPI', 'AP통신'과 발음이 비슷한 '유비통신'으로 '유언비어'의 줄인 말. "라고 하더라."의 경상도식 발음으로 "카더라", "카드라"라고 하여 정보 통제 사회의 근거 불명의 뉴스 소문 소식. 필자가 1980년 1월 23일 대구에서 개최된 개헌공청회에서 공술인으로 참여 발표한 공술에 소개하여중앙일보, 1980.1.23. '그해의 유행어'가 되었다.

59 전두환은 "최규하는 80년 4월까지는 이원집정부제개헌이 이루어지면, 자신이 외교 안보를 맡는 대통령이 될 의지가 있었다.", "경제 등 내정을 책임질 국무총리로는 자신최규하 - 인용자이 신임하는 신현확 총리가 있었다."고 회고하였다.전두환 회고록, 2017, 1권 589쪽. 신현확은 전두환으로부터 대통령 제안을 받았고, 대통령이 되면 군부를 통제할 수 있을까 고민한 적이 있으며, 최규하가 전두환에게 중앙정보부장을 겸직시키자 한 배를 탔다고 생각했다고 한다.신철식, 『신현확 회고록』 출간 인터뷰, 조선일보, 2017.09.21.자

60 정승화는 군의 정치적 중립을 강력히 주장했지만, 정규 4년제 육군사관학교 이전 단기 교육을 받고 임관한 장태완, 윤성민, 정병주 등에게 새 요직을 주었으며, 이들이 육군 지도부를 차지하고 있었다. 전두환은 정승화가 국방부장관 노재현과 함께 정치 문제에 깊숙이 관여하고, 최규하 이후 체제까지 내다보는 구상을 가졌다고 보았다.전두환 회고록, 2017, 1권 163쪽.

61 10·26 뒤 힘의 공백을 메운 것은 최규하 대통령이 아니라, '하나회' 중심의 '신군부'와 정승화 중심의 '구군부'였다.이정복, 2009, 584쪽. 신군부는 정규 4년제를 졸업한 육사 11기 전두환, 노태우 등으로 박정희의 총애를 받았는데, 보직 진급을 두고 구군부와 경쟁하며 알력이 생겼다. 전두환은 10·26 뒤 정승화가 기득권을 지키기 위해 자신을 '동해경비사령관'으로 전출하려 했다고 보았다. 12·12사태 때 정승화 편의 구군부는 수도경비사령부에 모였고, 전두환 편의 신군부는 30경비단에 모여 한때 대치했다.

62 정치권이란 정당과 공직 선거에 참여하기 위해 활동하는 정치인의 활동 영역을 말한다.

63 정승화는 "국군의 총수요 반공 국가의 원수인 대통령직에 공산주의자였거나 그 혐의가 있는 사람이 앉을 수 있겠는가? 김대중 씨가 과거 공산주의자였고, 뚜렷한 전향의 증거가 없고, 그의 정치활동에는 석연치 않는 점이 많다. 이 말은 국군의 입장이라고 볼 수도 있다."고 말했다. 다른 두 김 씨에 대해서도 "한 사람은 무능하고, 한 사람은 부패했다."는 인물평을 하였다고 알려졌는데, 자서전에서는 이를 부인했다.정승화, 1987, 139~142쪽.

64 계엄사령부는 모든 언론을 검열하고, 보도지침을 주었다. 1980년 초 대구에서 발행되는 영남일보 편집부국장으로 재직하던 김도현에게 전달된 계엄 당국의 보도지침은 학생시위 기사는 축소하라는 것이 아닌 크게 내라는 것이었다. 계엄사

의 5월 15일 검열 지침에는 지식인 134명 시국선언문 불가, 김대중 시국수습책 제시 불가, 르 몽드 지의 북괴 남침 가능성 보도 부분 삭제를, 5월 16일 보도지침에는 학생들의 구호 중 "부정축재 환수하라."와 "김일성은 오판 말라, 반공정신 이상 없다." 등은 불가가 포함되어 있었다. 신문방송에 대한 계엄사의 보도금지 지시 사항 유인물 언론검열은 계엄사령부 보도처가 주관했는데, 최종 검열장치인 통제반은 합동수사본부 요원으로 구성되어 있었다. 5·17 뒤 새로운 보도검열 지침이 내려졌는데, "보도처 위반 시 폐간"이란 문구와 "전두환"이란 서명이 있었다. 김기철, 1993, 14쪽·51쪽.

65 미국 해양생물학자 레이첼 카슨의 환경문제에 대한 세기적 반향을 불러일으킨 책 『침묵의 봄』의 서두는 "이상한 정적이 감돌고 있다. 아침이면 희망에 가득한 합창을 들려주던 그 수많은 새들은 모두 어디로 사라졌단 말인가? 이제는 단지 정적만이 들판과 숲과 소택지를 감싸고 있다."라고, '우화의 마을'을 덮친 화학약품이 자연에 가져온 재앙을 말하는 것으로 시작하고 있다. 로버트 B 다운스, 1981, 211쪽. 1980년 5월 18일 신군부가 가져온 정치적 재앙이 '서울의 봄'을 '침묵의 봄'으로 바꾸었다.

66 전두환은 12·12를 김재규에 동조한 정승화를 연행하는 과정에서 생긴 우발적 사건으로 쿠데타가 아니기 때문에, '쿠데타적 사건', '역사상 가장 긴 쿠데타', '결과적 쿠데타', '실질적 쿠데타' 등으로 부르는 것은 모두 갖다 붙이는 '언어 유희'일 뿐이라고 반론을 편다. 전두환, 2017, 1권 265~266쪽. 또 헌법재판소 결정의 소수 의견과 변호인의 변론 등을 근거로 자신의 내란죄는 성립하지 않으며, 법원 판결은 정치재판이라고 주장하고 있다. 전두환, 2017, 1권 2~3쪽. 정승화는 "나는 정권 경쟁을 벌이다가 패배자가 된 것이 아니라, 군의 중립성을 지키려다 '변란'에 의해 나의 임무가 중지된 것"이라고 하고 있다. 정승화, 1987, 286쪽. 존 위컴 한미연합사령관은 본국에 올린 보고서에서 12·12세력을 '쿠데타세력'으로 규정하고, 미국은 "이미 일어난 사태를 받아들이는 일련의 조치를 취해야 한다."고 했다. 윤성이, 2016, 306쪽 재인용.

67 후일 신현확은 당시 계엄 선포에서 제주도를 제외한 것은 내각의 계엄 관여를 위해 자기가 주장했다고 회고했다.

68 노태우, 2011, 244쪽; 전두환, 2017, 1권 319~330쪽 등을 종합. 미국 국무부 대변인과 일본 내각조사실은 이러한 북한남침설을 부인했었다. 위키피디아, 2017.06.23.자 한미연합사는 "'북한의 남침이 임박했다.'imminent invation는 정보는 갖지 않았다."고 했는데, 이것이 '가까운 시기'까지 배제한 것은 아니라고 전두환은 주장했다. 전두환, 2017, 1권 328쪽.

69 5·17은 화투판의 비속어인 '판쓰리'로 표현되었다. 신상우, 1986, 14쪽. 당시 시국을 빗대어 화투판 용어가 유행했다. 마음대로 패를 가져가는 '전두환 고스톱', 가져가고 싶어도 상대의 허락을 얻어야 가져가는 '최규하 고스톱' 등이 그것이다.

70 헌법학자들은 "10월유신은 서구 민주주의 기성 제도의 일률적 이식을 지양하고, 우리의 처지와 우리의 꿈에 입각한 민주주의의 한국화 토착화를 위한 결단을 의미

한다."갈봉근, 1976, 427쪽.고 하는 등 사실상 헌법파괴과정을 통해 만들어진 유신헌법과 5공헌법에 대하여 법 논리를 입히려 안간힘을 썼다. 5공헌법은 "개정의 형식을 밟고 전문에도 '개정한다.'는 문구를 쓰고 있지만, 새로운 정치세력에 의해서 추진되고 국민이 참여해서 이루어진 헌법의 제정이라고 보는 것이 이론상 무리가 적다."허영, 1995, 75쪽.

71 5공헌법의 초안 작성에 간여한 박송규 전 법제처 차장은 94년 가을 당시 문체부 차관으로 군부대 위문 차 동승한 필자에게 전두환이 '임기 5년, 6년, 7년'의 초안 가운데 직접 7년 안을 선택했다고 말했다.

72 dominant party system이란 중화민국 장제스 시대의 '국민당', 인도 네루의 '국민회의' 등과 같이 계속적으로 제1당의 지위를 유지하는 정당체제를 말한다.위키피디아 심지연 교수는 "패권 정당은 사실적이든 공식적이든 권력을 둘러싼 경쟁을 허용하지 않는다."고 하며, 패권정당제란 용어를 사용했다.심지연, 2013, 325쪽. 민한당 총재 유치송은 "창당 후 야당 총재들이 전두환 대통령의 초청으로 청와대에서 조찬을 한 적이 있다. 전 씨 앞에서는 '야당'이라는 용어를 쓸 수 없는 상황이었는데, 대화 중에 '야당 총재와'라는 말을 무심코 썼더니, 전씨가 '야당이 지금 어디 있습니까? 1, 2, 3 당이지요.'라면서 정색을 했다. 전 씨의 이 말에 아무런 반론을 제기할 수 없었고, 또 그러는 야당 총재도 없었다."라고 말했다.한국일보 정치부 편, 1994, 320쪽. 당시 자칭 '개혁세력'의 논리는 "민정당은 북의 노동당에 대응되는 이 쪽의 대표정당"이라는 것이며, 민정당 원로 정치인들은 "민정당은 기함旗艦, 그 외 정당은 보조함"이란 말을 자주 썼다.신상우, 1986, 64쪽.

73 5·16 뒤 중앙정보부가 중심이 되어 정치활동을 금지시킨 가운데 비밀조직으로 집권당 민주공화당을 만들었다. 그러나 야당은 정치활동이 허용된 뒤 정치인들이 자율적으로 조직했다. 5공에서는 여당은 물론 야당까지 보안사 또는 정보부가 직접 관여하여 '외생 정당'을 창당하도록 했다. 3공화국의 정당체제보다 5공의 정당체제가 하나의 집권 여당이 다수의 위성 야당을 거느린 더 인위적이고 공작적인 정치체제다. 민한당 창당 주역인 신상우는 민한당 창당 경위와 운영 실태를 자세하게 기록으로 남겼다.신상우, 1986.

74 민정당 대표위원 이재형은 자신의 역할이 민정당의 "카키색을 지우는 것"이라고 말하였다.삼신각 편, 1997, 29·85쪽.

75 '우순경 난동사건'은 경남 의령에서 경찰관의 총기 난사로 민간인 56명이 죽고 34명이 중경상을 당한 사건을 말한다.

76 『겨울공화국』양성우, 1977, 화다출판사.

77 5월 21일 설악산 반달곰이 총상을 입고 빈사 상태에 있다는 신고를 받고 수색대가 출동하여 수색했으나, 끝내 숨졌다는 기사가 신문 사회면 머리기사로 실렸다.

78 70년대 후반부터 80년에 걸쳐 '양 김'을 민주화운동의 양대 산맥으로 부르는 것이 세론이다. '참여하의 투쟁'을 주장한 이철승으로 대표되는 이른바 중도파도 자신들의 활동을 민주화운동이라고 주장하였다.

79 어디에도 명시되어 있지 않지만, 조직의 철저한 대원칙은 김대중, 김영삼 양 계보가 무엇이나 똑같이 반분, 반점, 양분, 양점해야 한다는 것이다. 그 이유를 명시적으로 설명한 적은 한 번도 없다. 추측해 보면 양 김이 정치활동을 해 왔던 야당은 당수, 대통령 후보, 지구당위원장 등 매사의 최종적 결정은 표결을 통한 다수결이었다. 그래서 언제나 표결에 대비하기 위하여, 그렇게 되지 않았나 생각이 든다. 반면 여당은 대통령 등 권력자의 뜻으로 결정되었다. 원내총무 등 특별한 경우가 아니면 표결로 결정되는 일은 없었다.

80 김대중, 김영삼 양측의 민추협 결성 과정의 합의문요지: ① 양 김계 정치인의 민주화공동투쟁연합체 ② 단일 조직이 아닌 이원적 협의기구 ③ 모든 행동은 양측의 충분한 협의로 결정된 사항에 한함 ④ 김대중이 고문이며 고문은 1인에 한함 ⑤ 의장은 공동의장 2인, 김영삼계는 김영삼, 김대중계는 김대중계 합의에 따라 선출된 공동의장권한대행이 담당 ⑥ 명칭은 민주화추진협의회 ⑦ 회칙은 불문율, 회칙에 준하는 모든 것은 수시 양측이 협의 결정 ⑧ 문익환, 이문영, 예춘호도 상기사항에 동의한다.

81 민추협 발표 주요 성명1984년: '민추협 인사에 대한 불법연행'07.14., '민정당 대표최고위원 정래혁 부패사건'07.04., '박형규 목사 테러사건'10.05. 그리고 8·15기념 '민주화된 사회의 건설만이 참다운 해방의 완결이다.', '김대중의 옥중서한' 판매금지08.22., '전두환 방일반대'09.19., '민주화일정제시 언론통제중단 학원자율화 보장'10.05., '학원에 대한 경찰 개입규탄'10.24., '정치풍토쇄신특별조치법 폐지 전면해금 요구'11.24., '민추 민주화일정 제시 요구농성'11.14., '학생들의 민정당사 농성사태에 즈음하여'11.15., '민주인사에 대한 정치규제 철회하라'11.30., '전면해금을 위해 끝까지 싸운다.'민추 3차 해금자, 12.03., '택시기사 박종만 분신에 대해'12.05.

82 김대중 귀국에 즈음하여 발표한 민추협 발표문요지: 김대중 선생은 현 집권자들이 일으킨 군사 쿠데타의 이용물이 되었다. 5·17군사 쿠데타의 과정에서 김대중 선생은 계엄당국에 체포되고 60일 간의 지하실 수사를 거쳐 군사재판에 회부돼 끝내는 사형의 위기에 처했다. 많은 민주인사들이 처참한 고문을 못 이겨 김 선생의 내란죄 및 반국가활동을 입증할 진술을 강요받고 허위자백을 하여 사형 언도에까지 이르게 하였다고 통회의 양심선언을 했다. 김 선생 본인은 학생의 데모나 군부를 이용한 집권은 정치인이 취할 길이 아니란 평소의 신념을 갖고 있으며 비폭력저항주의자로서 내란죄혐의를 받을 아무런 행위도 한 적이 없다고 진술했으나 받아들여지지 않았다. 광주에서의 본격적인 충돌은 김 선생이 체포된 훨씬 뒤의 일이었음으로 광주사건과 김 선생을 연결시킬 수 없다.

2. 선거혁명

83 우리 정치사에서 선거참여를 거부한 사례는 다음과 같다. ① 1948년 '남한단독정부 참여' 논란으로 백범 계열 등이 참여를 거부하거나 또는 소극적 참여를 했다. ② 1965년 한일협정 인준 파동 뒤 야당 강경파가 의원직을 사퇴한 지역에서 치러진

보궐선거에 강경파는 참여하지 않았다. ③ 1971년 유신헌법 국민투표 때 참여거부론이 있었으나 효과는 없었다. ④ 유신 뒤 1973년 10대 총선에서 재야와 민주통일당총재 양일동에서 거부론이 있었으나 참여를 통한 민주투쟁을 결의하고 참여했다. 민주통일당보,1978.08.25. 1980년 총선에는 소위 규제에 묶여 강제 불참이 있었다. 많은 규제대상자들은 자기연고자의 공천을 정당에 청탁하였다. 신상우, 1986, 40쪽. 48년 선거의 경우, 국무총리를 지낸 변영태는 "백범 계열이 선거에 전력을 기울였다면, 국회를 지배했을 것"변영태, 1956.이라고 하고, 이승만 비서 윤석오도 "김구의 한독당이 선거에 참여했으면, 이 박사의 국민회 못지않는 의석을 차지했을 것"이라고 했다. 윤석오 등, 1973, 69쪽; 김도현, 1981, 59쪽 재인용. 한국에서 선거 또는 투표 거부론은 성공하기 어려웠다고 하겠다.

김영삼은 선거참여 거부를 주장한 문익환 목사에게 이렇게 말했다고 썼다. "2·12총선을 앞두고 나는 문 목사를 자주 만나 선거대책을 의논했다. 문 목사는 선거보이콧을 주장했고, 나는 선거참여를 주장했다. 나는 "언론자유가 없는 상황에서 그런 운동을 시작했다는 1단기사가 신문에 실리는 것으로 사실상 끝난다. 선거를 민주화투쟁의 장소로 활용해야 한다."고 문 목사를 설득했다. 민주통일민중운동연합, 1986, 61쪽.

급진주의자들의 선거불참여주의abstentionism는 선거를 부르조아민주주의의 제도 또는 형식적 지배도구로 해석하며, 선거에 소극적 태도를 갖게 하는 데, 이는 사회로부터 고립시키고 현실을 경험적으로 보지 못하게 하고 정치세력화의 장애 요인이 된다. 최장집, 2002, 119쪽.

84 권노갑의 경우, 본인은 선거 참여를 준비하고 공천까지 확정한 상태였지만, 미국 체류 중인 김대중의 의견에 따라 불참했다. 권노갑·김창혁, 2014, 156쪽.

85 개정정당법 43조 2항은 인위적으로 정치를 5공 이전과 단절시키기 위해 5공 이전의 당명을 못 쓰도록 규정하고 있었다. 신한민주당은 약칭 '신민당'으로 법망을 피하면서 5·17 이전의 신민당을 연상시켰다.

86 장영자 사건: 1982년 장영자, 이철희 부부가 저지른 정부 예산의 10%에 가까운 액수의 건국 이래 최대 규모 어음사기 사건, 이철희는 중앙정보부 차장을 지냈고 장영자의 형부 이규광은 전두환 대통령 부인 이순자의 3촌이었다.

명성사건: 명성그룹 회장 김철호와 상업은행 대리가 불법수기통장으로 예금의뢰인의 돈으로 1,000억대의 사채자금을 조성하여 1983년 구속된 사건이다.

87 필리핀 상원의원 아키노가 1983년 8월 21일 귀국길에 저격당했다. 김대중과 아키노는 미국에서 만나 조국 민주화에 대해 함께 의논하였다. 김대중은 아키노 암살에 충격을 받고 필리핀 정부를 규탄하는 내용의 성명서를 발표했다. 이와 관련하여 김대중의 귀국길에 생명의 위협이 따르는 것으로 인식되었다. 김대중, 2010, 436쪽.

88 상임운영위원의 명단은 다음과 같다. 김대중, 김영삼, 김상현, 강삼재, 김덕룡, 김도현, 김동영, 김명윤, 김성식, 김현규, 김창근, 김충섭, 명화섭, 문부식, 박종태, 박

찬종, 손주항, 신상우, 안필수, 양순직, 예춘호, 용남진, 유성환, 이중재, 이철, 이협, 조순형, 최영근, 최형우, 홍영기, 황명수.

89 김대중은 〈국민에게 드리는 글〉에서 1980년 5월 17일 저녁 무장 군인에 의해 체포되어 중앙정보부 지하실에서 50여 일간 감금되어 겪은 일과, 53일째 되는 날 군부 지도층이 찾아와 협력하면 살고 불응하면 죽이겠다고 했다는 것, 미국에 있은 2년 1개월 간 쉬지 않고 강연하고 미국 각계를 상대로 한국민주화운동을 전개한 사실 등에 대해 썼다. 〈민주통신〉 2호. 김대중은 5·17이후 국내에서 직접 말이나 글을 발표할 기회가 없었다.

90 삼민투는 '민족통일민주쟁취민중해방투쟁위원회', 전국학생총연합전학련 산하의 학생운동 조직으로 1985년 서울 미국문화원 점거농성사건을 주도하였다.

91 미국의 입장에서 한국은 '냉전 문화정치'의 성공작임에 틀림 없다. 정일준, 2011, 16쪽. 미문화원 방화사건은 미국의 광주항쟁에서의 책임과 관련해서이다.

92 '용공조작'은 민주화진영에게 치명적이다. 따라서 이에 대한 경계, 불안, 반대, 규탄도 치명적 중요성을 가진다. 이승만, 박정희, 전두환정권의 반공주의는 공산주의자를 감소키는 것이 아니라 계속 생산했다. 정권의 실질적 도덕적 기반이 취약했기 때문에 반정부특히 민주화 주장를 공산주의로 몰아 탄압했다. 분단과 전쟁으로 공산주의자는 '빨갱이'로 몰려이념이 탈색된 살인마, 악마, 죽여도 될 사람이었다. '용공조작 저지'란 말조차 민주화운동 측의 자격지심에서 나온 부적절한 말이다. 공산주의는 금압되어야 한다는 것을 용인하는 것을 묵시적 전제로 하고 있기 때문이다. 공산주의라 할지라도 명백하고 현존하는 위험이 아닌 한, 헌법상 보장되는 사상의 자유라는 것을 암묵적으로 양보하고 있는 것이다. '용공분자'는 공산주의자라고 할 수도 없는, 공산주의에 동조하는 정도의 사람을 말하는데, 이렇게 몰려도 처벌, 탄압이 당연시 되었다. 독재정권 아래서 고문은 수사 과정에서 실체, 진실을 알아내는 과정에서 나오는 가혹행위가 아니라, 그 자체를 탄압, 징벌의 수단으로 쓰고 있었다. '부천서 성고문사건'의 경우, 수사관 개인의 일시적 충동적 음욕이 아닌 수사기법상 가학행위 고문으로 썼다는 점에서 독재정권의 체제적 잔혹성을 잘 드러내 준다.

남북한 정권과 체제 사이에는 적대적 긴장, 대립, 충돌, 위협, 침투가 계속되었음은 사실이므로 양측 모두 엄격한 체제와 수단을 가졌다.

필자의 경우, 1964년 8월 14일 김형욱 중앙정보부장은 김중태, 현승일, 김도현 등이 인민혁명당 하부조직으로 학생 시위를 했다고 발표했고, 1967년 7월 11일에는 동백림간첩단사건을 발표하며 황성모, 김중태, 현승일, 김도현, 박범진, 이종률, 박지동 등이 반국가단체 민족주의비교연구회를 조직하여 학생 시위에 참여했다고 발표했다. 국정원과거사진실규명을 통한 발전위원회, 2006, 690쪽. 학생 시위에 공산주의 색깔을 입히기 위한 용공조작이다.

그러나 남북 정권 사이의 적대 관계는 사실이다. 북한 스웨덴 주재원이 미국 교포로 한국민주화운동을 하던 『한민신보』 발행인 정기용에게 1976년 "가짜영주권으로 미군 입대한 자를 포섭해서 서울대 학생운동 주동자에게 전달해 주면 좋겠다는 끔직한 제안을 했다."정기용, 2023, 127쪽.

93 민추협 공동의장 김영삼은 당시 미국 방문 중이었다.

94 당시에는 권인숙의 본명은 알려지지 않고 가명만 알려졌다.

3. 민주개헌운동

95 유신헌법에 대한 2가지 입장이 있다. "유신헌법은 당면한 우리의 헌법 현실에 맞춘 헌법이며 유신체제는 난국에 처한 우리 국가와 민족이 살아가기 위한 단 하나의 길이다."갈봉근, 1976, 1쪽. "아마도 전 세계에 걸쳐 그리고 인류의 헌법사에 이처럼 헌법의 이름 아래 한 개인이 자신의 권력을 이토록 거침없이 추구한 사례는 없을 것이다."김선택, 2007, 176쪽.; 엄지봉, 2001, 유신헌법의 불법성 논증, 「유신헌법과 한국민주주의」, 5·16쿠데타 50년 학술대회, 2001 재인용.

96 헌법학자들이 5공헌법에 대하여 "과거 헌법의 전철을 밟지 않기 위하여 많은 예방 조치를 하고 있다."고 하며, "단임제도와 권력집중을 막기 위해 대통령 국회 정부 법원의 각 기관에게 권력을 분산 상호견제 균형토록하고 있다."고 하면서,김철수, 1986, 322쪽. 대통령선거제도가 원천적으로 사실상 정당 간, 후보 간 경쟁이 불가능하다는 근본적 반민주성을 지적함을 외면하고 있음은 기이하다. "이 헌법은 프랑스 제5공화국헌법에 가까웠으나 실제운영은 유신헌법과 별 차이가 없었다."김철수, 1998.07.17., 중앙일보.

선거인 선거 정원과 입후보자 및 당선자

지역	정수	민주정의당	민주한국당	한국국민당	민권당	민주사회당	무소속
합계	5,278	4,928	1,165	137	101	1	2,951

지역	민주정의당	민주한국당	한국국민당	민권당	민주사회당	무소속	계
전체	3,667	411	49	19	0	1,132	5,278

97 성균관대학교 민족민주투쟁위원회 선전위원회는 "우리는 제헌의회 소집투쟁으로 민중의 의사를 분명히 밝혀, 군사파쇼를 고립시키고 보수세력을 견인하여 민중의 권리를 보장할 새로운 체제를 만들어야 한다."고 했다.〈민족민주선언〉, 제4호.

98 청원서명운동 형식의 투쟁 방안은 공식회의에서 발안된 것이 아닌 김영삼 자택의 사적 모임에서 처음 나온 것이라고 김덕룡은 필자의 질문에 회고 답변했다. 김영삼 자택에는 항상 아침 7시경이면 비서를 비롯하여 민추협회직자, 당직자, 측근 또는 면담을 바라는 인사들이 모여든다. 개중에 아침 식사를 못한 이들은 지하식당에서 시래깃국으로 아침식사를 한다. 응접실에서 모여 있는 동안 시국담이나 의견이 있고, 개별적으로 또는 몇 명이 함께 김영삼과 만나 의견을 나눈다. 매일 공식회의에 앞서 이 자리에서 이른바 상도동계의 의사가 정리되고 김영삼의 의견이 형성되거나 전달된다. 김대중의 동교동 자택은 잦은 연금과 출입통제로 측근, 당직

자, 외부인의 출입이 제한 통제되는 경우가 빈번했지만 역시 공식적 회의 이전에 자택모임에서 김대중의 의사가 형성되고 전달된다.

4. 내각제와 직선제

99 한 재야단체 신문에는 〈88년 정권교체 준비 연구〉라는 제목의 84년 쯤 작성된 문서가 청와대 비서실에서 나왔는데, 이 글에는 '각하'가 직접 후계자를 육성하고, '각하'는 대통령을 그만 둔 후에도 민정당 총재 자리를 맡으며, 내각책임제 수상을 내세워 2000년까지 계속 '각하'의 지도 아래 집권하는 것으로 서술되어 있다.〈기노련 신문〉, 1987.03.22.자 이러한 여러 형태의 장기집권설이 유포되어 있었다. 16절지 40쪽의 이 문건은 1984년 당시 경향신문 정구호 사장의 주도로 장연호 씨, 윤상철 주필, 양동안 논설위원이 극비리에 작성했고, 5부밖에 제작되지 않았다고 한다.한겨레신문, 2020.05.25. 필자는 87년 경 이 문건을 입수했다.

100 유성환 의원이 밝힌 구속의 뒤 사연, "전두환의 심기를 건드려 구속되었다." 나는 새마을 운동본부장 전경환의 비리와 독립기념관 화재의 도의적 책임이 대통령에게 있다는 발언을 하였다고 기관에 연행 조사를 받은 사실이 있다. 이것을 신민당 의원총회에서 신상 발언을 통해 공개했다. 여당중진이 이 발언을 하면 구속된다고 전화해 준 적이 있다. 발언한 그날부터 7백여 명의 경찰이 우리 집을 포위하고 낫과 곡괭이를 든 청년 천여 명이 나와 가족을 연금했다. 그리고 구속됐다."유성환 의원의 최후진술", 민주화추진협의회 편, 1988, 768~774쪽. 국시는 비법학적 비헌법적 개념으로, 법적 개념이 아니므로 형사 처벌 근거로 사용하면 법치주의 죄형법정주의에 어긋난다.권형성, 중앙일보, 1987.04.02.

101 3S정책은 운동경기Sports, 성Sex, 영상Screen의 영어 머리글자를 딴 3S, 이것으로 대중의 사회적 관심을 돌리게 하는 우민정책을 말한다. 80년대 5공정권이 광주항쟁과 정치에 대한 관심과 독재에 대한 비판을 3S로 돌리려 한다는 비판이 언론 야당으로부터 나왔다. 전정권은 81년 88올림픽과 86아시안게임을 유치했고, 82년과 83년에 프로야구, 프로축구, 프로씨름, 프로농구를 시작했다. 80년에는 컬러TV가 방영을 시작했고, VTR 등이 널리 보급되어 포르노와 에로영화가 대중화되었고, 82년 통금해제는 환락문화를 확산시켰다. 3S정책에 이은 신군부정권의 대표적 우민정책의 한 사례로 꼽히는 '국풍81'이 여의도에서 열렸다. 한국신문협회 주최 KBS 주관의 행사장에 대통령 전두환이 문공부 장관 이광표, KBS 사장 이원홍의 안내로 들러서, "남녀노소를 막론하고 민족문화에 관심을 갖는 계기가 되기 바란다."고 격려했다.동아일보, 1982.05.28.자 이 행사는 5·18광주항쟁에 대한 관심을 돌리기 위한 행사라고 비판받기도 했다. 1982년 3월 27일 프로야구 개막식에서 전두환이 직접 시구를 했다. 이러한 정책에 대한 비판에 대하여 전두환은 개방화, 자율화 조치는 국민의 일자리 여가문화 국가브랜드에 도움 되는 일이라고 했다.전두환, 2017, 2권 110쪽.

102 당시 정부는 금강산댐 저수량을 최대 200억 톤으로 추정하고, 이를 수공에 사용한

다면 12~16시간에 수도권이 수몰할 것이라고 했다. 1993년 3개월간의 감사원 감사는 전두환정부가 금강산댐의 수공 위험을 3~8배 과장한 것이라고 했다. 금강산댐은 2002년 붕괴 위험이 제기되면서 88년 1단계 사업 뒤 14년 만에 2단계 증축, 2005년 10월에 완공되었다. 현재 댐은 높이가 80m에서 125m로 높아지고, 저수 용량도 5억 9,000만 톤에서 26억 3,000만 톤으로 증가하였다.

103 이민우, 김대중, 김영삼 성명의 요지: 1. 수상중심제 영구집권음모 분쇄를 위한 원내외투쟁 2. 야당파괴 공작 즉각 중단 요구 3. 직선제합의만이 난국타개의 길, 이를 위한 실세대화촉구, 헌특 활동 중단 4. 정기국회에서 직선제관철 투쟁 5. 민주회복 위해 봉사 다짐〈민주통신〉, 1986.10.10.

5. 국민투쟁의 시작

104 이 사건의 최초 보도는 중앙일보 1987년 1월 15일자 가판 사회면에서 〈경찰에서 조사받던 대학생 쇼크사〉라는 제하의 2단짜리 기사였다. 이후 고문으로 인한 사망을 경찰이 인정하고, 다시 후속 기사들이 쏟아졌다.

105 1월 27일 박종철 고문치사사건으로 열린 국회 내무위에서 국민당 의원 신철균은 구속 중인 시국 사범은 2,600명이라고 발언했다.『동아연감』, 1988년판, 63쪽.

106 이 모임 전날 필자와 성유보는 별도로 만나 이야기를 나누었는데, 성유보가 "호흡을 길게 해야 한다."는 것을 강조하였고, '국민'이란 말을 써야 한다는 것은 필자가 많이 강조했다. 이 일이 그 뒤에도 잊혀지지 않았다. 그동안 '국민'이란 말은 일제의 국가주의를 연상시키는 것, 그 연장선에서 이승만, 박정희의 국가주의적 독재의 영향으로 민주세력, 특히 운동권에게는 꺼리는 말이 되어 '국민', '한국' 대신에 '민족', '민중', '전국'이 쓰였다고 필자는 생각했다.

107 당시에 기자회견 형식으로 이러한 발표를 했지만, 언론통제와 보도지침으로 기사화되는 일은 불가능해서, 참석한 각 단체 대표들이 소속 단체에 알리고, 소속 단체가 조직을 통해서 일반에게 알리는 것이 보통이었다.

108 박종철의 아버지는 "종철이는 입학식 때 찍은 사진이 실수로 찍히지 않아, 그 뒤 사진 찍은 것이 없었다."고 하였다. 영정 사진은 동네 사진관에 보관되어 있던 것이다.〈회무일지〉, 1987.02.01.자

109 당시 소요 경비를 참여 단체들이 얼마씩 분담을 하는 식으로 조성했다. 정확한 내용은 모르겠지만 이날 돈 이야기를 한 것으로 기록되어 있다.김도현, 2008, 65~66쪽.

110 민추협 공동의장 명의의 추도사와 민추협 김명윤 부의장이 발표한 〈우리의 다짐〉은 필자가 작성했다.김도현, 2008, 75쪽.

111 이날 오전 '국민추도회 준비위'는 직접 내무부를 방문하여 공문을 전달했다. 내무부장관 면담을 신청하고 상당 시간 기다렸으나, 만나지 못하고 공문만 전달했다.

112 당시 이택희가 '김영삼 당무방해 배제 가처분' 신청을 법원에 제출하고 있었다.

113 1976년 5월 신민당 전당대회에 청와대 경호실장 차지철의 지원을 받는 조직폭력배 김태촌 일당이 각목을 들고 대회장에 난입하여, 강경파 김영삼의 총재 당선을

방해하였다. 이 사건 뒤 다시 치른 대회에서 '참여 하의 개혁'을 주장한 이철승이 대표최고위원으로 당선되었다.

114 1979년 5월 30일 신민당 총재 선출 전당대회 대의원 중 3명의 자격에 문제가 있다고 신민당 지구당위원장 조일환, 윤완중, 전기준 3명이 총재단직무정지 가처분신청을 제기하였고, 법원은 이를 받아들여 정운갑을 총재권한대행자로 선임했다. 김영삼은 "권력에 의한 조작극"이라고 승복을 거부했다.

115 이 사건은 정권이 바뀐 뒤 올림픽 열기가 한창이던 88년 9월에 '용팔이'본명 김용남와 이선준 당시 신민당 청년부장이 경찰에 체포되었다. 검찰은 양 김 반대진영에 있던 이택희, 이택돈신민당 두 의원이 배후임을 밝히고 관계자들을 구속한 뒤 수사를 종결했다. 김영삼 정권 때인 93년 재수사 결과, 장세동 당시 안기부장이 전정권에 협조적이었던 두 의원에게 5억 원을 주었고, 이들이 '용팔이'에게 폭력 창당 방해를 사주했던 것으로 드러났다. 장세동이 건넨 5억 원 중 일부가 '용팔이'가 동원한 폭력배들의 숙박료로 지불된 물증도 나왔다. 장세동 등은 징역형을 선고받았다.

116 1987년 2월 5·3인천사태 배후조종 혐의로 수감 중이던 민통련 사무총장 이부영전 국회의원이 구치소에 구속 중인 범인들로부터 범인 발표가 조작되었다는 사실을 알아냈다. 그는 편지를 작성하여 친분 있는 교도관을 통해 대학 동창 김정남전 청와대 교문수석에게 전달하였고, 이는 다시 천주교정의구현전국사제단에 전달되어 폭로에 이르게 되었다. 최환 서울지검 공안부장 검사는 박종철의 시신 보존명령을 내리고 부검을 실시하여 진상 은폐를 막았다. 박종철 추모행사를 준비한 성유보, 김도현과 사건 진상규명에 앞장선 이부영, 김정남은 모두 같은 대학, 같은 과 동기동창이었다. 한겨레신문, 2017.06.11.

6. 6월국민항쟁

117 대회에서 사용할 문건은 필자가 작성하였다.

118 정치권에서는 상임집행위원에 포함되기를 희망하는 사람이 많았다. 그래서 필자는 공식적으로는 국본의 상임집행위원에 이름이 올라 있지 않은 채 상임집행위원회의 등 각급 각종 회의에 참석하여 역할을 했다.

119 당시의 언론 - 신문은 1면을 '정치면'으로 할당했다. 따라서 1면 기사는 훨씬 효과가 큰 정치기사로 국본의 활동과 행사가 기사화되었다.

120 성공회 김성수 주교와 박종기 신부는 3일간 잠자리와 음식을 제공하고 성당을 대회장으로 사용하도록 허가하였다. 국본 상임집행위원들은 7일 오후 5시 태평로에 있는 식당에서 회의를 가지고, 7일 밤이나 8일 새벽 미사 시간에 성당으로 들어가기로 하였는데, 통일민주당과 민추협 쪽은 김명윤, 양순직, 김병오, 한영애, 이규택, 김도현이 들어가기로 하였다. 김도현은 7일 대회장 인근 여관에서 이규택과 함께 자고, 8일 새벽 성당 입구에 도착했으나 얼굴이 알려져 경찰의 제지로 들어가지 못하고, 이규택만 미사에 온 신도로 가장하여 입장했다.

121 전두환은 후일, "그때 이미 직선제 수용을 준비하고 있었다."고 회고하였다.

122 어느 학자는 '쟁취-항복설'을 '밑으로부터의 시각'이라며 '6·29전통주의'라 부르고, '수용-결단설'을 '국가 권력과 미국의 역할을 강조하는 입장'이라며 '6·29수정주의'라고 부른다.정일준, 2017. 서중석은 "이러한 주장의 배후에는 '6·29선언으로 우리도 민주화에 큰 공을 세웠다.'는 전두환·신군부와 수구 냉전 세력의 후안무치하고 철면피한 궤변, 견강부회가 자리 잡고 있다는 것이다. 그 점을 잊지 말아야 한다."고 하였다.프레시안, 2017.03.15.

123 뉴욕타임스가 최장집 교수의 말을 빌어 '노태우의 쿠데타'라고 보도했다고 하는데 정일준, 2017, 265쪽., 학자의 순진함과 전·노의 전략의 노련함이 드러난다.

124 제헌헌법 제18조에는 근로자의 이익균점권이 명시되어 있었다. 이 조문은 1962년 5·16 뒤 헌법에서 삭제되었다. 현행헌법 제119조에 '경제의 민주화'란 한 마디를 넣은 것이 얼마나 의미가 있을까? 1948년 7월 제헌헌법심의과정에서 기업주는 "기업의 이익일부를 근로자에게 균점시켜야 한다."는 주장이 경영참가권과 함께 제기되어 경영참가권은 부결되고, 이익균점권은 가결되었다. 경향신문은 사설에서 "이것은 노동도 자본이라는 인식에서 나온 것으로 이론화하면 고전경제학 마르크스 학설을 승화시킬 수 있을 런지도 모를 것이다. 실로 의의 심절하다고 아니할 수 없다."김기협, 『해방일기, 1948년 7월 8일』, 프레시안, 2013.7.8.

제헌헌법에서는 '민주주의 제諸 제도'였는데, 초안자 유진오는 한국의 민주주의를 자유민주주의 보다 폭넓게 해석했고,유진오, 헌법해외, 1949, 10~18쪽. 4·19 뒤 개헌에는 '민주적 기본 질서'라고 했고, 유신헌법에서 '자유민주적 기본 질서'라고 했다. 1972년 유신헌법으로 개정 때 '자유민주적 기본질서'the basic free and democratic order/Freiheitliche demokratische Grundordnung가 들어갔다. 헌법재판소 판례집 해석은 "최고 가치로 모든 폭력적·자의적 지배를 배제하고, 다수를 존중하면서도 소수를 배려하는 민주적 의사결정과 자유·평등을 기본원리로 하여 구성되고 운영되는 정치적 질서를 말하며, 구체적으로는 국민주권의 원리, 기본적 인권의 존중, 권력분립제도, 복수정당제도 등이 현행 헌법상 주요한 요소라고 볼 수 있다."헌법재판소 판례집 제2권 59쪽, 64쪽. 독일 본 기본법의 규정을 옮긴 것으로, 독일 연방헌법재판소가 1952년 사회주의국가당 사건과 독일공산당 사건 판시에서 확인되는 이데올로기적 실체는 "자유의 적에게는 자유를 허용하지 않는다."라는 전투적 민주주의 원리이다.김민배, 1997, 74-75쪽. 전투적 민주주의는 국가권력이 억압과 배제를 헌법의 틀 안에서 조직하는데 있다.국순옥, 1997, 60-70쪽. "헌법재판소가 국가보안법 제7조 제1항 및 제3항의 헌법재판소 합헌결정의 기준으로 자유민주적 기본질서를 제시했다. … 자유민주적 기본질서가 군사파시즘으로 가는 길목에서 그것도 박정희의 피 묻은 손을 빌어 헌법 전문 가운데 자리잡게 된 것은 상징성이 풍부한 의미 있는 대목이라고 아니할 수 없다."김태일, 2001, 322-3쪽. 제헌헌법의 "민주주의 제제도"는 보다 포용적 개념이었다.

'자유민주적 기본질서'는 유신헌법 때, 4·19는 군사혁명 뒤 삽입되었다. "한국민주주의 역사와 정신에서 헌법상 4·19는 삽입과 동시에 시작부터 죽은 것이다."박명림, 2010, 47쪽. '자유민주적 기본질서' 역시 삽입과 동시에 같은 운명일 것이다.

125 양 김은 왜 본인이 후보가 되어야 하며, 단일화가 실현되지 못하였는가를 각자의 회고록에서 자신의 입장에서 자세히 말하고 있다. 한화갑은 4자필승론을 자신이 비로소 주장했다고 말했다.

7. 유시무종

126 동양의 지혜서 주역周易 겸謙[지산겸地山謙]괘卦는 "겸謙은 형亨하니 군자유종君子有終"이라 했다. 산이 땅 아래 있는 모습이니 겸손하면 군자는 끝이 있다. 민추협의 양 김 모두 땅 아래 있는 산이려 하지 않았다. 주역이 "대유[화천대유]괘大有[火天大有]卦 바로 밑에 겸괘를 둔 것은 주목할 일이다. 대유는 성대하고 풍유한 것을 말한다. 풍유하면 격이 팍 벌어지고 사회는 불안정하다. 겸이란 겸손, 겸허한 것이다. 내 몸을 낮추어서 남을 존경한다. 사욕이나 자만심을 버리고 남을 좇는다. 가득 찬 달은 기울기 마련이다."이가원, 1986, 133쪽. 계사에서 공자께서는 "애쓰고도 자랑하지 않고 공로가 있어도 자기의 덕이라 하지 않으니 후덕함이 극치이다."라고 했다. 이원재, 2019, 130쪽.

127 1987년 8월 거제도에서 발생한 대우조선 노동쟁의에서 노동자 이석규가 최루탄에 맞아 사망하자 전국민주노동자장으로 광주 망월동에 매장하러 가는 장의 행렬을 경찰이 막고 시신을 탈취하여 강제로 그의 선산에 매장하고, 망월동 장례식장을 봉쇄 후 전국적으로 933명을 연행해 변호사 이상수, 노무현 등 10명을 구속했다. 이상수, 필자 등 국본 관계자가 파업 현장에서 천주교 양 신부 등과 함께 노조와 당국, 회사의 평화적 수습을 위해 노력했으나 성공치 못했다.

128 문 목사가 민주화운동에 가담한 계기와 3·1구국선언사건과 재판 과정은 평전 중 『장준하충격』 등에 자세히 기술되어 있다.김형수, 『문익환평전』, 2004. 문익환 목사의 시집 『꿈을 비는 마음』의 첫 출간은 필자가 운영한 대구 소재의 화다출판사1978에서였고, 장준하는 1975년 12월 필자가 대표였던 민족학교가 주최한 항일민족문학의 밤 강연장에서 개헌청원서명운동 발표 성명을 공개했다.

129 민통련이 '비판적 지지' 결정에 이르게 된 과정에 대하여 『문익환 평전』에 비교적 간단히 기술되어 있다. "고민 끝에 나온 대안이 두 김 씨를 상대로 정책세미나란 일종의 공개심사를 해보는 것이었다. … 여러 사람이 질문공세를 퍼부었다. 결과는 너무도 분명했다. 김영삼은 대답도 제대로 잘 못할 뿐 아니라 사안마다 시각의 차이를 보였지만 김대중은 조목조목 대답할 뿐 아니라 … 질문자를 쩔쩔 매게 하기도 했다. … 민통련은 중앙위의 결의에 따라 김대중을 지지키로 최종결론을 내릴 수밖에 없었다."김형수, 2004, 668-9쪽. 이러한 절차, 형식, 과정이 역사적 기로에서 대통령후보를 선택하는 최선의 방법이었다고 문 목사 본인은 생각했을까?

130 장준하1918-1975는 광복군 유격작전으로 한반도 진입 직전에 해방을 맞아 김구 임정 주석비서로 입국했다. 월간 『사상계』를 창간 자유의식과 보편 교양을 전파하는

언론을 창달 4월 민주혁명의 사회교육교사 역할을 했다. 5·16 뒤 군사정권의 반민주·반통일 노선과 투쟁하는 반유신의 핵심 역할로 정권의 제거 표적이 되어 1975년 약사봉 계곡에서 등산추락사로 위장된 죽음을 맞았다. 당국 발표와는 달리 타살은 확실하지만 공권력이 개입한 직접 증거가 밝혀지지 않아 진상규명 불능으로 잠정 결정이 내려졌다. 저서에 『돌베개』1971가 있고, 생애와 죽음에 대해 장준하선생 20주기추모문집 『광복50년과 장준하』1995, 고상만 『묻지 못한 진실』2011, 박경수 『장준하-민족주의자의 길』2003이 있다. 추기경 김수환은 "참 애국자", 함석헌 목사는 "무외無畏의 사람"이라고 평했다.

결어에 대신하여

131 김대중·김영삼의 지역기반과 민추협 통일민주당의 구성원이 너무나 뚜렷한 지역적 구별을 가진다는 것은 잘 알려져 있듯이 사실이다. 지역감정은 1987년 대선 1988년 총선으로 폭발적 확산되었다. 정치적으로는 박정권 때 경북 대구권 중 인맥이 호남 출신 배제와 짝을 이루며 정권의 핵이 되었다. … 경제적으로는 산업화가 호남을 배제하며 진행되고 호남지역에서 이출한 농촌인구가 도시하급중산층과 노동자 계급을 이루게 되었다. … 1971년 대선 때부터 박정권에 대한 도전자 DJ가 집중탄압을 받음으로써 유신체제의 구조적 모순과 비리를 집약하는 정치적 사회적 표현이다. 최창집, 1989, 284-286쪽. "1987년 양 김의 단일화 실패는 지역주의의 전국화에 기여했고, 1988년 선거도 한국은 물론 세계에서도 보기 드문 지역감정의 선거로 기록된다." 강명세, 2010, 65-67쪽.

132 진보정당에 있어서도 내부 민주성보다 효율성, 기동성 그리고 강한 정파 중심의 운동문화를 정당 내부로 이전했다고 한다. 손우정, 「진보정당 내부의 민주주의 제도연구」, 『기억과 전망』 여름호, 2015, 276-277쪽.

후기

133 "김도현 씨에 대해서는 너덧 가지도 넘는 사유를 붙인 채 정부당국에서의 제동이 여간 아니었다." 신상우, 1986, 47쪽.

134 구속된 그 후보는 정보부의 비호 아래 경찰서와 검찰사무실을 선거사무소처럼 쓰며 소복여성읍소부대를 동원하여 선거운동을 하고, 의원직상실징역형을 받았지만 대법원 확정 판결은 임기 말까지 미루어졌다.

6월항쟁과 민추협 관련 자료

1983년 8월 12일 김영삼의 단식투쟁 뒤 맞은 광복절에 국내의 김영삼과 미국에 있던 김대중은 공동성명을 발표하였다. "민주화투쟁은 민족해방을 위한 투쟁이며 그것을 완결하는 투쟁"이라고 하며, 1980년 당시 야당이 하나로 되는 데 실패함으로써, 민주 국민이 무참히 살상당하는 데 이르고 민주화의 길을 더욱 멀게 한 사태를 막지 못한 데 대한 책임을 면할 수 없다."고 하며, "우리 두 사람은 백의종군하는 자세로 하나가 되어 손잡고 함께 나가려 한다."고 했다. 이 성명은 서울의 봄을 파탄시킨 양 김 분열에 대한 각각 자기반성이자 대국민 사과이며, 민주화운동과 정치 활동 재개의 신호탄이었다._ 필자 주

민주화 투쟁은 민족의 독립과 해방을 위한 투쟁이다
- 38번째의 8·15를 맞으면서 -

친애하는 국민 여러분.

우리는 이민족의 지배와 탄압으로부터 벗어나 해방의 기쁨을 만끽했던 8·15기념일을 서른여덟 번째 맞습니다. 과연 해방의 감격과 그 진정한 의미가 오늘에 되살려지고 있는지에 대하여 국민여러분과 함께 살펴보고자 합니다. 그 해방의 진정한 의미가 오늘에 어떻게 재현되어야 하는지에 대하여 뜨거운 호소의 말씀을 드리고자 합니다.

해방 이후 우리가 맞이하였던 8·15기념일은 한 번도 우리 모두의 축제로 되지 못하였습니다. 8·15의 축제와 그 의미가 날이 갈수록 의도적인 퇴색과 축소의 과정을 반복하고 있는 현실이 우리로 하여금 해방의 진정한 의미를 거듭 되새기게 하고 있습니다. 일제하 그 캄캄한 암흑 속에서 우리 민족이 한결같이 소원했던 해방과 독립은 이민족의 굴레로부터 벗어남은 물론, 민족이 모두 함께 탄압과 수탈이 없이 인간답게 살 수 있는 민족, 민주국가 사회의 진정한 의미와 목적이 있었던 것입니다. 그러나 우리는 해방 후 국토와 민족의 분열이라는 아픔과 동족상잔이라는 비극을 맛보아야 했습니다. 이것이 8·15가 우리 민족성원 모두의 축제가 되지 못하게 한 빌미가 되고 있습니다.

갈라진 국토의 반쪽 저편에서는 장기 공산독재가 민중을 짓누르고 있으

며, 끝내는 세습제까지 운위되고 있어 해방된 민족의 자존심과 영예를 부끄럽게 하고 있습니다. 다른 반쪽 이쪽에서는 민족정기가 간데없이 친일 민족반역자들까지 민중 위에 군림하여 자유당 백색독재를 이룩하다가 마침내 4·19학생혁명으로 붕괴되어 비로소 민족정기와 존엄, 그리고 인간다운 삶을 위한 민주주의에의 전망이 섰지만, 5·16군사 쿠데타로 민주주의에의 희망은 차단되고 같은 민족에 의한 억압이 계속되어 왔습니다.

일제 36년의 절반에 해당되는 18년간의 장기독재에 이 나라 국민은 신음하여 왔습니다. 1979년의 10·26사태로 오랜 억압의 세월이 가고 민주화의 밝은 날이 다가오는가 싶더니 80년 5월 27일의 군사 쿠데타로 우리 국민은 또 다시 동족의 독재정권에 짓밟혀야 했습니다. 저 처참했던 광주의거는 민족분단 후 이 민족이 겪은 최대의 수난이었고, 그것이 동족에 의한 것이었다는 데서 유린과 국민탄압의 역사가 해방 이후의 역사를 축제의 역사로 되지 못하게 하고 있습니다.

이민족의 탄압에 못지않은 독재권력에 의한 민중탄압이 계속되는 상황 속에서 우리 국민은 진정한 해방의 기쁨과 그 의미를 확인할 수 없었던 것입니다. 그뿐만 아니라 우리를 지배하고 탄압했던 일제는 지금도 이 땅을 활보하고 있으며, 그들의 지지와 지원으로 독재권력의 자기 유지를 획책하는 세력이 우리를 지배하고 있습니다. 해방의 의미가 의도적으로 축소되고 퇴색되는 원인과 독재권력의 성격과는 이와 같은 함수관계에 있는 것입니다.

친애하는 국민 여러분.

치욕의 역사는 일제 36년으로 끝난 것이 아니라 해방 후 38년 동안 계속되고 있습니다. 인간의 기본적 인권과 자유, 인간다운 삶이 보장되는 사회를 우리의 손으로 건설하지 못하는 한 우리는 진정한 해방을 결코 맛볼 수 없는 것입니다. 그런 의미에서 민족의 해방과 독립을 위한 투쟁은 지금도 계속되어야 하고 또한 계속 되고 있는 것입니다. 민주화투쟁은 바로 민족의 해방을 위한 투쟁 그 자체이며 그것을 완결하는 투쟁입니다.

우리는 독재권력의 민중에 대한 탄압이 그 질이나 양에 있어 일제 시대보다 더하다는 얘기를 듣는 경우가 많습니다. 일제가 우리 민족을 탄압하기 위해 동원하였던 법과 제도와 그 수법이 오늘의 독재권력에 의하여 그대로 재현되고 있으니 그 말이 결코 과장이나 거짓이 아닌 것입니다. 권력의 획일성과 국민에 대한 추종의 강요가 그러하며 국민에 대한 기만정책이 또한 그러합니다. 자유와 정의와 진리를 외치는 사람들에 대한 탄압이 그러하며 농민소외 정책과 근로자와 노동운동에 대한 억압이 또한 그러합니다. 일제의 민중탄압의 체제와 독재권력의 그것을 비교 연구한다면 아마도 그 내용과 수법이 동일한 데 놀라지 않을 수 없을 것입니다.

여기에 우리의 민주화투쟁이 민족의 해방과 독립을 위한 투쟁의 연장선위에 서 있어야 할 까닭이 있습니다. 우리의 민주화투쟁은 독립과 해방을 위한 투쟁이 민족을 위한, 민족에 의한, 민족을 위한 전체 민족의 투쟁이어야 했듯이 전체 국민의, 국민에 의한, 국민을 위한 투쟁이 되어야 하는 것입니다. 오직 민족의 해방과 독립이 우리 민족의 절대적인 목표였던 것과 마찬가지로 민주화 그 자체가 투쟁의 목표요 대안인 것입니다.

독립운동가들의 해방과 독립을 위한 투쟁이 자신을 버리고 더 큰 나, 즉 민족과 나라를 위해 자신을 바치는 투쟁이었듯이 우리의 민주화투쟁도 나를 버리고 조국의 민주주의를 위해 자신을 던지는 투쟁이어야 합니다. 민주주의를 위해서는 나 자신을 버리고, 나의 모든 것, 나의 욕망, 나의 생명까지도 던질 수 있어야 합니다.

민족의 독립을 위해서는 전체 민족이 하나가 되어 투쟁하여야 했듯이 민주주의를 위한 투쟁에서 우리는 혼연일체 하나가 되어야 합니다. 해외 투쟁과 국내 투쟁이 하나가 되어야 하며, 또한 국내와 해외에서 하나가 되어야 합니다. 독재권력에 의하여 희생당하고 있는 모든 사람들의 고통을 나의 것으로 해야 하며, 그 고통을 기꺼이 떠맡아지거나 나누어져야 합니다. 우리는 자기희생과 헌신적인 이해와 긍휼히 여기는 정신을 통하여 올바른 도덕성으로 하나가 되어야 합니다.

민족의 독립과 해방이 어느 누구의 도움보다도 바른 민족성원 자신의 주체적인 힘으로 쟁취되어야 하듯이 우리의 민주화투쟁도 오직 우리의 창조적인 민주역량으로 이룩하는 것이어야 합니다. 세계의 양심이 우리를 지원할 것이나 그것은 보완적인 것일 뿐, 이 나라의 민주화를 이룩하여 인간다운 삶의 터전을 만들 수 있는 것은 바로 우리 자신뿐임을 명심해야 할 것입니다.

민주투쟁의 승리의 날에 우리는 민주투쟁에서 숨지거나 자신의 모든 것을 던진 사람들을 민족의 해방과 독립을 위해 투쟁했던 애국선열들의 반열에 올려놓아야 할 것입니다. 앞으로 이룩될 민주주의는 민주주의를 위해 싸웠고, 싸우다 죽어간 모든 사람들의 피나는 고통 위에서 이룩되는 것이 될 것입니다. 이 모든 것이 우리의 확고한 신념이 되고 몸에 밴 덕성이 되어야 합니다.

친애하는 국민 여러분.

우리는 이와 같은 원칙 위에서 독재권력에 결연히 맞서야 합니다. 현 독재정권은 입으로는 민주를 말하나 뒷전으로는 자신들의 권력의 강화와 영구화를 획책하고 있습니다. 그들은 겉으로는 화합을 말하나 속으로는 분열을 음모하고 있습니다. 그들은 앞에서는 정의를 말하나 뒤로는 엄청난 불의와 부정을 자행하고 있습니다. 장영자 사건이나 삼보증권 사건, 그리고 권력 주변에서 일어나고 있는 불의와 부정이 그것을 말해주고 있습니다. 최근의 대형사건, 사고들의 폭력성이나 잔인성은 목적을 위해서는 수단과 방법을 가리지 않는 현 정권의 속성과 깊은 연관이 있습니다.

그들은 오직 권력의 유지를 위해서만 존재하고 거짓과 폭력으로 지탱하며 독선과 불의로 자신들의 특수한 이익만 도모합니다. 그들은 권력의 유지를 위해서라면 어떠한 일도 저지를 수 있는 비이성적 집단이며, 반민족, 반민주 집단인 것입니다. 현 정권은 유신체제하에서 민중을 탄압했던 중추세력으로 구성되어 있습니다. 그들에게서 권력의 장악과 유지에만 그 목적이 있을 뿐 나라의 안보도, 국민의 안전도, 나라의 위신과 민족의 존엄도 그들의 안중에는 없습니다.

우리의 민주화 투쟁이 결코 정권투쟁이 아니라 민주구국의 투쟁이 될 수밖에 없는 것도 이 같은 현 정권의 성격에서 연유하는 것입니다. 지금 나라와 겨레의 운명과 존엄은 독재정권 아래서 전례 없는 위기를 맞고 있습니다. 이러한 위기의 절정에서 과연 우리가 할 수 있는 일이 무엇인지에 대하여 각자 냉철한 반성과 점검이 절실히 요청되는 것입니다.

정치인 여러분.

우리는 얼마나 오랫동안 국민의 기본권과 자유가 숨 쉬는 민주주의를 갈망하여 왔습니까. 진실로 나라와 겨레의 운명을 걱정하고 국민의 아픔을 같이하고자 한다면 현 정권의 자기 합리화를 위해 분배된 특권에 편승하여 안일을 탐하고, 자신의 양심을 팔거나 속여서는 안 될 것입니다. 어떠한 입장, 어떠한 상황 속에서도 민주주의자로서의 늠름한 정치인의 모습을 보여 주어야 할 것입니다. 현 정권이 강요하고 있는 그 규격과 틀로부터 탈출하여 민주화를 향한 시대적 사명에 함께 합류하여야 할 것입니다.

민주주의가 움직일 수 없는 우리들의 신념이요, 사명이며, 시대적 요청임을 군사독재권력의 눈과 귀로 하여금 똑똑히 보고들을 수 있도록 외쳐야 합니다. 나의 침묵이 독재권력에 굴종이 되고, 그것이 자손만대에 걸쳐 자신의 치욕이 된다는 사실을 똑똑히 기억합시다. 독재적이며 비민주적인 규범, 예컨대 정치풍토 쇄신에 관한 특별조치법 같은 것에 얽매여서는 안 됩니다. 그 법은 정의와 양심에 반하는 소급입법이며 그것이 반민주주의적인 것은 유신독재 아래 고난을 겪었던 수많은 동지들, 즉 애국적 민주인사들이 피규제의 대종을 이루고 있는 것으로도 충분히 증명되는 것입니다.

지금 여러분은 정의와 양심의 편에 서느냐, 아니면 불의와 폭력의 편에 서느냐 하는 준엄한 선택의 기로에 서 있습니다. 민주주의를 갈망하는 국민과 함께 자랑스러운 역사의 편에 서주시기 바랍니다.

언론인 여러분.

여러분은 언제부터인가 관제언론의 하수인으로 전락하였습니다. 여러분은 한 마디 정의의 목소리를 싣지 못하며 사회의 구석구석에서 들려오는 민중의 신음소리를 취재하지 못합니다. 한마디로 진실을 기록하지 못하고 있습니다. 그리하여 민주주의와 정의와 양심을 외치는 사람들 앞에서 여러분은 주눅 들어 있습니다.

그러나 여러분과 우리를 갈라놓은 것은 독재권력이지 여러분 자신이 아닙니다. 우리는 그것을 압니다. 그렇다고 여러분의 책임이 면제되는 것은 아닙니다. 자유언론은 그것을 실천하고 지키려는 사람들의 끈질긴 집념과 투쟁과 자유언론에 대한 신앙으로써만 가능합니다. 자유언론을 스스로 실천하고 쟁취했을 때만 여러분은 양심의 평화를 얻을 수 있을 것입니다. 또한 비록 쓰지는 못하더라도 고통 받는 형제들이 있는 곳에 항상 여러분의 모습이 있어 여러분의 취재 수첩으로 뒷날 역사의 증언을 할 수 있도록 준비해야 할 것입니다.

법관 여러분.

최근 민주주의를 외치는 정의로운 학생들에 대하여 중형을 선고하고 선량한 학생과 시민을 국가보안법 위반으로 단죄하는 여러분의 마음이 결코 평안치 못하다는 것을 잘 압니다. 여러분의 아픔에 앞서 시대의 아픔과 피고인들의 통분이 있다는 것을 알아야 합니다. 사법권의 독립은 모든 유혹과 위협을 극복하고 정의에 따라 판결할 때 비로소 수호되는 것입니다. 정변이 있거나 정권이 바뀌어도 의연히 흔들림 없이 존재하는 사법부이기를 바랍니다. 그러나 그렇게 될 수 있게 하는 것은 여러분이 정의롭게 사법권을 보위하고 법의 존엄과 정의를 스스로 지킬 때 비로소 가능한 것입니다.

친애하는 국민 여러분.

민주주의만이 이 나라를 위기에서 구해 줄 수 있습니다. 민주주의의 실현만이 갈라진 민족이 함께 합쳐지는 통일로 가는 길입니다. 이산가족의 만남이 슬픔으로 끝나는 것이 아니라 환호로 끝나기 위해서는 한국의 민주화를 통해 통일을 앞당기는 길이 있을 뿐입니다. 관제 공산주의자가 만들어져 남편과 아내가, 자식과 아버지가 헤어져야 하는 비극이 지금 이 순간도 속출하고 있습니다. 법정과 감옥에 가보면 그 슬픈 참상이 거기에 벌어지고 있는 것입니다.

민주정부를 수립함으로써만이 농민과 근로자가 소외되고 억압받지 않는 나라의 경제를 이룩할 수 있습니다. 가진 사람과 없는 사람의 위화감과 분열을 없게 할 수 있습니다. 민주체제 아래서 만이 학생들과 노동자와 농민이 인격적 주체로서 자신의 권익을 주장하고 발양할 수 있습니다.

민주주의를 실현시킴으로써만이 나라의 위신과 민족의 존엄을 국제 사회에서 회복시킬 수 있습니다. 불의하고 부도덕한 정권은 남에게 얕보일 뿐만 아니라 국제 사회에서 부정과 불의를 저지르게 되는 것입니다. 지금도 계속되고 있는 쌀 도입과 관련된 추문이 그것을 밑받침하고 있습니다.

유신정권 이래 국제 사회에서 저질러지고 있는 추태로 인하여 한국국민이 국제 사회에서 얼굴을 들 수 없는 것도 바로 독재정권의 현실적 존재로 인한 것입니다. 민주화로써만이 이 사회에, 지역에 내재하는 모든 불균형과 그릇된 감정을 씻어낼 수 있습니다. 오직 민주화로써만 화해의 정치를 이룩할 수 있고 사랑의 사회를 건설할 수 있습니다. 민주화로써만 교육의 비인간화가 시정되고 야만적 고문이 영원히 청산될 것입니다. 민주화를 통해서만 자유, 정의, 진리, 양심을 지키는 모든 사람들의 고통이 치유될 수 있으며, 삼켜졌던 말을 되찾아 인간답게 말하고 살 수 있습니다.

우리의 민주화투쟁의 제일의 과업은 어떠한 법률로 처벌되었건 모든 정치범과 양심범의 석방과 복권, 제적된 학생과 교수의 복학과 복직, 유신시대 이래 언론계에서 타의로 추방된 모든 언론인의 복직과 통폐합된 언론의 원상회복과 언론 자율성의 회복, 그리고 정치활동 규제에 묶여 있는 모든 정치인과 민주시민이 자유스럽게 정치활동을 할 수 있도록 하는 일입니다.

또한 소위 국가보위 입법회의에서 제정 또는 개정된 반민주적 악법 및 유신체제 이래의 독재적 법률의 철폐와 개정을 이룩하는 일입니다. 우리는 이러한 민주화와 동시에 헌법을 국민적 합의에 따라 개정, 자유로이 선거를 통하여 국민에 의한, 국민의정부를 선택하고 구성할 수 있어야 합니다. 비록 독재의 사슬에 묶여 있어 오늘의 현실이 암담한 것처럼 보이지만, 전체 다수 국민이 뜻을 다하고 마음을 다하여 민주화를 향하여 단결하여 투쟁한다면 우리는 이러한 민주화의 과업을 이룩할 수 있습니다. 하느님의 정의와 세계와 인류의 양식이 우리와 함께 있으며, 역사와 진리가 또한 우리와 함께 있습니다.

지금 이 시점에서 제일 두려워해야 할 것은 독재와 억압 그 자체가 아니라 민주화에 대한 우리의 희망을 포기하는 일입니다. 내일에의 꿈이 없는 민족은 가장 불행한 민족입니다. 우리는 확고한 신념으로 민주조국에의 희망과 튼튼히 결합되어 있어야 합니다.

민주주의를 위해 하나되고 그 희망으로 뭉친다면 우리는 마침내 이 땅에 모두의 환호 속에 민간정부를 우리의 손으로 세우게 될 것입니다. 억압은 전멸되고, 우리 모두는 새로운 민주적 인간상으로 구원될 것이며, 그것이 민족해방과 독립을 위한 투쟁을 오늘에 다시 계승시키며, 그것을 완성하여야 하는 시대적 사명에 부응하는 일이 될 것입니다. 우리 국민은 이미 이승만정권이나 박정희정권과 같이 민주주의에 대한 국민의 염원을 배반한 독재정권을 결코 용납하지 아니한 민주역량을 가진 국민입니다. 이같이 자랑스런 국민 앞에 우리는 정치인으로서 부끄러운 마음 금할 길이 없습니다.

1980년 봄 온 국민이 한결같이 열망하던 민주화의 길에서 우리는 당시 야당 정치인들로서 하나로 되는 데 실패함으로써 수백수천의 민주국민이 무참히 살상당하는 사태에 이르게 되고, 계속 국민의 수난이 연속됨은 물론 민주화의 길을 더욱 멀게 한 사태를 막지 못한 데 대한 책임을 면할 길 없습니다. 이제 국민 앞에 자책과 참회의 뜻에서, 그리고 온 국민의 민주화에 대한 열망 앞에서 우리 두 사람은 백의종군하는 자세로 하나가 되어 손잡고 우리 민족사의 지상과제를 향하여 함께 나아가려 합니다.

국민 여러분. 우리들의 부족하였음을 너그러이 용서해 주시고 여러분의 민주전열에 전우로 받아 주시기 바랍니다. 우리 두 사람은 오로지 국민의 한 사람으로서, 국민과 함께 그 뜻을 받들어 민족과 민주제단에 우리의 모든 것을 바칠 것을 엄숙히 맹세하는 바입니다. 그 성스러운 싸움과 승리의 현장에서 뜨겁게 만납시다. 우리는 승리할 것입니다.

1983. 8. 15.
워싱턴에서 김대중
서울에서 김영삼

1983년 8월 13일 김대중 김영삼 공동성명은 국내에서는 보도되지 않았으나 일본 유력지 아사히신문(朝日新聞) 동일자 석간 머리기사로 보도되었다._ 필자 주

朝日新聞（夕刊）　1983年(昭和58年)8月13日　土曜日　35062号　（日刊）

朝日新聞 夕刊

金大中氏と金泳三氏
連帯し民主化闘争
共同声明発表

政治活動の自由要求

13日、ソウルの自宅で、民主化闘争への共同声明を発表する金泳三氏　＝AP

金大中氏

日本の全政権支持続けば 韓国民の反発招く
金大中氏警告

お盆休み いらいら
海水浴場 相次ぎ遊泳禁止
東名高速 "帰省渋滞" 70キロ

海辺閑散　台風の前ぶれの高波で遊泳禁止の海水浴場。砂浜で遊ぶ人の姿が目立つ＝13日午前10時30分、神奈川県逗子海岸で朝日新聞社ヘリコプターから

1984년 5월 18일, 민주화추진협의회 발족과 투쟁 목표를 밝히는 선언이다. 전문은 〈민주통신〉 1호에 게재되었다._ 필자 주

민주화투쟁 선언

우리는 이 땅에 민주주의를 실현하는 것이 우리 국민 모두에게 지워진 절대적 사명임과 민주주의는 오직 국민의 투쟁에 의해서만 이룩될 수 있는 것임을 선언한다.

우리는 유신독재에 대한 전민중적 항의와 열망의 표현으로 나타난 10·26 사태를 민주주의에로 수렴 승화시키지 못한 것이 12·12사태, 5·17비상계엄 조치와 광주의거, 그리고 그 후에 전개된 현 정권 폭력과 기만에 의한 것으로써 그 정당성과 정통성을 상실한 민족사의 치욕임을 국민과 더불어 확인하는 바이다.

…… (중략) 현 정권은 소수의 부패한 특권층만을 위해서 절대 다수 국민들을 핍박하고 수탈해 오고 있다. 우리는 국민의 긍지와 자존심을 회복시키고, 국가의 존엄을 해치는 군부독재를 청산해서, 국민이 자신의 정부를 선택할 수 있고, 시민의 참여가 보장되는 민주정부의 수립을 위하여 민주화는 더 이상 지체할 수 없다는 판단 아래 이를 위한 민주화추진위원회를 발족하고 다음과 같이 투쟁할 것을 결의한다.

1. 우리는 군인의 정치개입이 민주헌정을 후퇴시키고 민족사의 불행과 안보상의 불안을 초래한다는 역사적 경험을 토대로 군인이 본래의 사명인 신성한 국방의무로 복귀할 것을 주장하고 시민 민주주의를 실현시키기 위해서 투쟁한다.

2. 우리는 국민이 자신의 정부와 정부 형태를 선택하고 결정할 수 있을 때만 민주주의가 실현된다고 믿는다. 우리는 민주주의로 가는 길을 봉쇄하고 있는 현행의 모든 제도적 장치와 제약의 개폐를 위해서 투쟁한다.

3. 현 정권의 존속을 위한 선거제도 등 규격화된 정치제도와 비민주적 법령이 민주적 방향으로 개선되지 않는다면 선거는 오직 요식행위에 지나지 않을 뿐이다. 우리는 국민의 참정권 보장을 위해서 투쟁한다.

4. 우리는 학원과 청년층에서 전개하고 있는 민주화운동과 그 과정에서 희생된 분들에 대해서 경의의 뜻을 전하면서 그들의 애국적 충정에 동참하기 위해서 그 고난의 짐을 떠맡아 지고 투쟁해 나갈 것이다.

5. 우리는 노동자, 농민, 도시 소시민들의 기본적 인권과 생존권 보장을 위한 운동을 적극 지지하며 정치적·경제적으로 소외된 계층의 고통과 추방당한 교수, 언론인, 근로자들의 아픔을 우리의 것으로 하여 연대하여 투쟁한다.

6. 우리는 정치 피규제자 99명의 전원 해금과 복권 그리고 김대중 씨의 조속한 귀국 및 자유로운 정치활동 보장을 위해 투쟁한다.

7. 우리는 역사에 비추어 한 점 부끄럼없이 정당한 것임을 믿는다. 우리는 인간의 양심에 기초하여 비폭력 저항의 평화적 방법으로 투쟁할 것이다.

8. 우리는 민주화를 위해서라면 그 누구와도 대화할 수 있으며, 또한 그 어느 집단 또는 개인과도 연대할 것이다.

9. 우리는 마침내 쟁취할 민주주의의 영광은 역사와 국민에게 그리고 고난과 희생은 우리의 것으로 하는 헌신을 우리 활동의 기초로 삼고 투쟁한다.

1984. 5. 18.

민주화추진협의회

민추협은 1985년 12대 총선 참여에 대해 참여와 거부의 논란 끝에 선거 투쟁을 선언하며 신당 참여와 민주세력의 연대를 주장했다. 김대중은 귀국 이전이어서 고문으로, 공동의장 김영삼, 공동의장권한대행 김상현 3명의 공동명의로 발표되었다. 당시 필자가 육필로 작성했던 앞부분의 원고가 없어져 현장에 배포되었던 〈기자회견문〉에서 해당 부분을 옮겨와 함께 싣는다._ 필자 주

군사독재의 종식을 위해 선거투쟁을 전개한다.

- 12.11 記者會見文

우리는 오늘 민주화추진협의회 전체운영위원회 및 상임운영위원회의 결의와 그 위임을 받아 이번 총선에 임하는 민주화추진협의회의 기본입장을 천명하고자 합니다. 이에 앞서 우리는 국내외의 여러 민주동지 그리고 민주화투쟁을 전개하고 있는 재야 민주단체의 인사들과 허심탄회한 의견교환을 한 바 있읍니다.

잘 아시다시피 민주주의 정치에 있어서 선거는 국민으로 하여금 자신이 주권자라는 사실을 확인하고 그 권리를 행사하는 거룩한 의식입니다. 그러나 민주주의가 정착하지 못했거나 민주주의가 유린된 곳에서는 선거가 독재를 합리화시키기 위한 들러리 장치로서의 요식행위가 됩니다. 지금 우리가 앞두고 있는 총선도 단순한 요식행위 이상의 것이 되지 못하고 있읍니다.

오늘날 이 나라에서 총선이 그 본래의 진정한 의미를 획득하기 위해서는 김대중 김영삼 씨 등을 포함한 정치규제의 완전철폐를 통하여 국민이 자신의 대표자를 선택할 수 있도록 하는 것을 보장하고, 제1당이 비례대표의석의 3분의 2를 차지하는 비민주적 선거방식을 비롯하여 정당 또는 개인 연설회의 제한, 정치권력이 특정인의 당락을 좌우할 수 있는 제도적 및 현실적인 제약의 철폐 등 선거제도 자체의 비민주성과 불합리성이 먼저 개선되어져야 합니다.

또한 각 정당의 자생력을 가지고 그 후보를 선정하며, 또 누구나 평등한 입장에서 선거에 참여할 수 있는 조건과 기회, 그리고 선거운동기간이 똑같

이 보장되어야 하며, 또한 국민이 자유스럽고 구체적인 판단과 선택을 할 수 있도록 충분한 언론의 자유가 선행되어 보장되어야 합니다.

이러한 여건들이 갖추어지지 않은 가운데서 선거는 단지 독재를 합리화하기 위한 현 정권의 음모에 불과한 것입니다. 더욱이나 2월의 혹한기를 기하여 선거를 치루고자 하는 것은 국민의 선거참여를 배제시켜 민의조작과 선거부정을 획책하는 술책임이 분명합니다. 만약 현정권이 민주적으로 참다운 선거를 하고자 한다면, 이와 같은 여건을 먼저 보장할 것을 촉구하는 바입니다.

총선 여건을 갖추지 않고 강행되는 총선은 결과적으로 현정권의 정당성과 정통성을 계속 부정할수 밖에 없게 하는 것입니다. 이러한 총선은 거부되어야 한다는 주장이 민주진영 내부에서 강력하게 제기되고 있습니다. 그러한 견해는 논리적으로 지극히 타당한 것입니다. 우리는 이런 논리적 타당성에 직면하여 갈등과 고민이 있는 것 또한 숨김없는 사실입니다.

그러나 현정권이 노리는 것을 보다 엄밀히 분석할때, 현정권은 정권을 합리화 하고 나아가 군사독재의 강화와 영구화를 획책하려함이 명백한 것입니다. 정치군인의 대거 진출등 시민 민주주의를 압살하고 유린하려는 조짐들이 그것을 반증하는 것입니다.

이에 우리는 이러한 음모에 맞서 민주화 운동의 국민운동 기구로서 민추협의 조직을 계속 유지·확대·강화하면서 다른 한편으로 반국민 세력의 강화와 영구화를 저지하는 범국민적 민주화 추진의 일환으로 「선거투쟁」을 전개하기로 하였읍니다. 우리의 선거투쟁은 독재의 창구 역할을 하는 민정당에 대한 반대투쟁을 그 핵심으로 합니다.

이러한 관점에서 민주화추진협의회는 이번 선거투쟁에 적극적으로 대처할 것을 선언하며 민주화투쟁에 대한 결연한 의지를 내걸고 국민의 적극적 호응을 호소합니다. 이와 아울러 민주화추진협의회는 민주화 촉진을 위하여 국민이 납득할수 있는 민주적인 자생정당이 창당된다면 전폭적인 지지와 성원을 보낼수 있음을 밝혀 두는 바입니다. 이를 위해 민추협 소속 정당추진 인사들에 원칙과 전제조건이 제시될 것이며, 우리는 온국민과 함께 그 추이를 주시할 것입니다

또한 우리 민추협은 이와 같은 민주화 작업을 계획하고 집행하기 위한 기구로서 총선대책특별위원회를 구성하여 대처해 나갈 것입니다.

우리는 5.18 발족과 더불어 발표한 민주화투쟁선언의 정신에 따라 모든 민주세력과 튼튼히 연대하여 정권적 차원이 아닌 구국적 차원의 민주화 투쟁을 이땅에 민주화가 이루어지는 날까지 더욱 강화해 나갈 것임을 국민앞에 약속드립니다.

1984년 12월 11일

민 주 화 추 진 협 의 회

고 문 金大中

공동의장 金泳三

공동의장 권한대행 金相賢

1986년 2월 신민당은 직선제개헌 1천만 서명운동을 전개하면서 다음을 밝혔다. 당시 주요 내용은 ① 개헌운동의 필요성 ② 5공헌법의 비민주성 ③ 개헌의 내용 ④ 호헌론의 잘못 ⑤ 개헌 추진 방법 ⑥ 서명운동의 필요성 ⑦ 서명의 합법성 ⑧ 개헌과 국민 생활 이익 ⑨ 서명운동 방법 ⑩ 개헌과 통일 등이다 . 필자가 작성하였다._ 필자 주

대통령 직선제 개헌으로 독재통치 종식하자! (2)

민주개헌 서명운동10문10답

국민의 정부선택권 되찾는 대통령직선제

민추협과 신민당은 현헌법을 민주헌법으로 개헌하자는 1천만서명운동을 시작한다.
왜? 어떻게? 개헌은 필요하며 할 수 있는가?
개헌을 하면 무슨 이익이 국민에게 돌아올 수 있나를 국민과 함께 알아본다.

〈문1〉 왜 개헌운동을 하나

〈답〉 현재의 독재헌법을 민주헌법으로 바꾸기 위해서이다

나라선지 40년, 아직도 안정된 국가기본법인 헌법을 갖지 못한 것이 이 나라 민주주의의 가장 큰 불행이지만 속일수 없는 사실이다. 그 가장 큰 이유는 집권자의 재집권과 정권연장 그리고 집권합리화를 위해 민주헌법의 기본 원칙들을 짓밟고 파괴했기 때문이다. 1950 년의 발췌개헌 1954 년의 사사오입개헌1969년의 3선개헌 1972년의 유신헌법 1980년의 현행헌법이 그것이다.

국민으로 부터 사랑과 존경을 받을 수 있는 헌법, 국민이 목숨까지 바쳐 지킬 가치가 있는 헌법, 국민을 권력으로부터 지켜주고 국민에게 인간다운 삶을 보장해 줄 수 있는 민주헌법을 갖자는 국민운동이 민주개헌 운동이다. 이것은 자유와 평등을 위해 싸워온 인류의 염원을 이 나라에서도 법규범으로 표현하자는 것이며, 독립운동과 반독재 민주투쟁의 성과를 법적으로 확보하자는 것이며, 가까이는 부산과 마산의 민주항쟁, 10·26의 교훈, 80년 봄의 국민적 비원, 2·12 총선의 합의를 실현하자는 것이다.

또 개헌은 현재의 모든 어려움을 푸는 현실적 실마리요 제도적 근본문제이다. 지금의 정치적 억압 경제적 곤란 사회적 불안은 근본적으로 독재정치를 개헌을 통해 민주화함으로써 개혁의 시작을 찾아야 한다.

개헌은 민주헌법을 찾기위해, 현재의 어려움을 극복하기 위해 필요하다.

〈문2〉 현 헌법을 왜 민주헌법이 아니라고 하는가? 왜 독재헌법을 만들었고 고집하는가

〈답〉 현헌법은 만들어진 과정, 내용에서 모두 정당성과 민주원칙을 파괴한 독재헌법이다. 현 집권자의 집권을 합리화하기 위해 집권당의 일당독재를 계속하기 위해 고집하는 것이다.

현 헌법은1980년 유신헌법을 개정하여 확정되었다. 10·26사태로 유신정권이 무너지자 공화당 유정회 등 과거의 유신세력까지 모두 유신 독재헌법을 민주헌법으로 바꾸어야 한다는것에 합의했다. 유신헌법의 본질 즉 ①「통대」에 의한 간접선거로 대통령을 선출함으로써 국민의 자유의사로 정권을 선택한다는 민주주의의 기본원칙을 파괴한 것, ②소위 대통령의 영도자적 지위를 헌법원칙으로 하여 3권분립을 파괴하고 긴급조치 등 초헌법적 비상대권을 대통령에 집중시키고, ③헌법상 기본권의 법률유보를 악용하여 언론 출판 집회의 자유와 노동자의 권리등을 억압하는 법률제정의 근거를헌법에 규정한 것 등을 민주주의 원칙으로 되돌리자는 것이었다.

이러한 유신헌법의 민주파괴적 독재조항들을 민주화 요구에 따라 개정한 것이 아니라 현행헌법에 그대로 계속 유지되고 어떤 것은 오히려 개악되었다.

첫째, 국민의 정부선택권은「통대에의한 간선」이「선거인단에 의한 간선」으로 바뀌었을 뿐 국민의 정부선택권은 여전히 국민에게 되돌려 주지 않았다.

둘째, 3권분립의 민주원칙을 파괴한 대통령의 영도자적 지위는 대통령이 대법원장 및 판사임명권, 비상조치권, 국회해산권 등을 보유함으로써 여전히 민주국가의 대통령이 아닌 3권 위에 군림하는 대통령을 헌법상 보장하고 오히려 강화했음이 사실로서 지금 증명되고 있다.

셋째, 현행헌법의 기본권에 대한 법률유보는 언론기본법 집회시위법 노동관계법 등으로 자유와 기본권의 본질적 내용을 파괴하고 사상 최악의 상태로 까지 탄압과 암흑이 가중되고 있다. 이제 헌법과 법률은 권력으로 부터 국민의 권리를 보호하기 위해 있다는 민주국가의 원칙을 떠나 국민을 억압하기 위한 그물과 몽둥이와 감옥으로 존재하지 않나를 의심할 지경이다. 곧 현행헌법은 내용에서 민주헌법을 부정한 독재헌법이다.

현행헌법은 개정과정에서도 전혀 도덕적 합법적 절차와 정당성을 얻지 못했다. 현헌법은 형식절차상 유신헌법에 따라취임한 대통령이 유신헌법 절차에 따라 개헌안을 공고하여 국민 투표라는 형식을 빌렸다. 그러나 80년 민주화의 봄 때 국회개헌특위는 이미 민주개헌안을 거의 마무리시켜 놓고 있었는데 국회기능은 5·17조치로 불법적으로 정지되어 있었다. 개헌안의 대통령발의는 형식적 위법은 아니나 엄연히 국회가 존재하고 국회가 개헌에 합의하고 있는 상황에서 독단적으로 국회를 전적으로 무시하고기능을 정지시키고 독자적 개헌안을 발의하는 것은 도덕적으로 합리화될 수 없다. 또 국민투표에 붙쳐 91%의 지지를 얻은 형식을 밟았지만 전국이 비상계엄하에있는 상황에서 반대의 의견을 표시할 기회가 완전히 막혀있고 이 헌법이 아니면 유신헌법을 택해야 한다는 상황에서의 국민투표란 자유의사의 표현이라는 투표본래의 의의를 인정받을 수 없는 것이다. 투표나 개표의 공정성에 대한 아무런 객관적 증거도 없음 또한 물론이다.

이 헌법은 내용·절차에서 국민적 동의를 얻지 못한 헌법이라는 것은 아무리 강변해도 속일 수 없는 사실이다.

다음 이러한 독재헌법을 만든 이유는 10·26 이후의 민주화 열망을 짓밟고 12·12 5·17, 통대선거에 의해 이미 사실상 집권한 현 집권층이 손쉽게 정권을 연장하고 이것을 선거라는 옷을 입혀 합리화하기 위해 이 헌법을 만든 것이며, 다시 집권연장이든지 집권층의 내부교체(소위합법적 정부이양)를 국민들의 의사와는 관계없이도 가능하게 하기위해 고집하는 것은 뻔히 아는 일이다.

〈문3〉 무엇을 고치려 하는가

〈답〉 국민에게 정부선택권을 돌려주고, 3권분립과 국민의 인간다운 삶을 보장할 민주원칙을 살리고 통일을 지향하는 헌법으로 바꾸려 한다.

현재 신민당은 대통령 직선제를 골자로 하는 개헌안을 마련했으며 민통련등 재야민주단체는 민주헌법 쟁취운동 본부를 결성 민주헌법쟁취 운동을 전개하고, 청년민주운동 단체나 학생운동권 등은 민중 민족 민주가 존중되는 개헌을 주장하고, 종교계 노동계 등에서도 민주개헌을 요구하고 있다.

민추협은 민주헌법의 원리를 개헌내용에 넣어야 한다는 원칙 아래 위의 여러 민주개헌안과 함께 민주개헌운동에 동참할 수 있는 여러 단체 개인의 의견과 현 집권층이나 민정당까지도 민주개헌의 마련에 참여한 개헌안을 만들 것을 희망하고 있다. 민주노동운동 단체와 노총 등 노동계, 농민운동단체와 농민, 대한변협 등 전문인, 언론계, 학계, 전경련등 기업인 단체와 중소상공인 등 각계 각층의 의견이 개헌안의 마련에 존중되어야 할 것으로 믿는다.

그러나 다음 원칙은 반드시 지켜져야 할 것으로 믿는다.

1. 국민이 정부를 선택할 권리를 가져야 한다. 그 현실적 방법과 국민적 합의는 대통령직선제다. '대통령을 내손으로 뽑자' '대통령을 국민의 직접 투표로 결정하자'는 것 이상으로 분명하고 쉬운 주권재민의 표현방법이 없다는 것이 현재의 국민적 합의와 지향이라 믿는다.

정치세력의 공존에 의한 정국의 안정이라는 고려아래 의원내각제 주장이 일부에서 있음도 사실이지만 대통령직선제에 대한 국민의 합의 보다는 우세하지 못함이 사실일 것이다.

2. 3권분립에 의한 견제와 균형의원리아래 대통령에 집중된 권한이 제한되어야 한다. 즉 대통령의 법관 임명권 국회해산권, 긴급조치권은 폐지 또는 제한되어야 하고, 국회의 국정감사권 회기일수 등 국회의 권능은 회복되어야 하고 법관 추천회의의 부활등 사법의 독립을 보장할 헌법적 제도를 마련해야 한다.

3. 기본권의 법률유보에 의한 억압이 없어야 한다. 기본권은 법률에 의한다 할지라도 그 본질적 내용을 손상해서는 안된다. 현재의 악법중 악법인 언기법 집시법 노동관계법의 모체가 되고 있는 헌법의 법률유보조항이 재검토되어야 한다. 근로자 농민 빈민 장애자 등 사회적 약자의 생활권이 보장받을 수 있는 국가의 의무를 헌법에 규정해야 한다. 물론 환경권 소비자의 권리 평생교육권 등 사회발전에 따른 새로운 기본권들이 보장되어야 한다.

4. 대한민국이 통일민주국가를 지향할 수 있는 통일정책을 수행할 국가의 의무와 통일운동을 할 국민의 자유를 국가가 보호하도록 해야 한다.

5. 신민당의 개헌안이 군인의 정치불개입을 명문화함으로써 군부독재가 지탄되고 있는 현실에서 군이 명예롭게 국방에 전념하고 문민정치의 전통이 세워질 계기를 만드는 것은 진실로 국가안보를 강화하는 길이 된다.

〈문4〉 정부·민정당은 호헌론(현행헌법은 고칠수 없다는 주장)을 펴고 있는데 그것은 잘못된 것인가? 무엇이 잘못된 점인가? 왜 잘못된 주장을 고집하는가?

〈답〉 호헌론은 논리적 모순과 경험적 사실의 부정과 민주원칙의 외면으로 가득찬 말장난이다. 오직 국민으로 부터 인심을 잃은 현집권층이 일당장기 집권을 위해 호헌을 주장하고 있다.

호헌론의 요점은 이렇다.

①10·26이후의 국민적합의는 1인 장기집권 반대인데 현 헌법은 단임제를 규정하고 있어 평화적 정권교체라는 국민적 염원을 명문화하고 있다.

②현 헌법은 법에 따라 대통령이 발의했고 국민투표에서 90%이상의지지를 얻어 제정 절차상 아무잘못이 없었다.

③2·12 총선은 민정당을 제1당으로 국민이 선택했기 때문에 이것은 민정당의 호헌을 지지한 것이지 야당의 개헌을 지지한 것이 아니다. 다음선거에서 야당이 이기거든 개헌하는 것이 옳다.

④평화적 정권교체가 우리 헌정사의 비원인데 이 헌법에는 단임제를 규정하고 있어 평화적 정권교체를 보장한 헌법이므로 지켜야 한다.

⑤야당이 2·12 총선에 참여한 만큼 현체제를 부정하고 개정하려는 것은 모순이다.

⑥대통령직선제는 지역감정 등 국론을 분열시키고 선거운동의 과열등 국력소모가 많아 우리의 안보여건상 위험하다.

이상의 호헌론에는 다음과 같은 논리적 모순과 경험적 사실의 부정 민주원칙

의 파괴가 있다.

①「1인장기집권의 반대」를 10·26이후의 국민적 합의라고 개념화하고 표현하는 것에는 중대한 고의적 의도적 말장난과 거짓과 잘못(논리의 왜곡과 오류)이 숨겨져 있다.

「1인 장기집권의 반대」라는 말(표현과 개념)은 「국민이 지지하지 않은」「국민이 자기의 손으로 뽑지 않은」「국민이 반대한다는 말을 할 수 없는」「국민의 뜻과는 상관없는」「1인 장기집권의 반대」라는 말로 바꾸어야 한다. 근본적인 전제와 조건이 되는 보다 중요한 말을 쏙 빼 버리고 그러한 조건과 전제 아래서만 성립가능한 말을 참이라고 주장하는 것이다. 말하자면 「아내를 때리는 남편 반대」라는 말을 「아내 때리는」이라는 조건과 전제를 빼고 「남편 반대」라는 말로 바꾸고 이것을 옳다고 주장하는 것이다.

「1인 장기집권」도 민주국가에서 반드시 좋은 것은 아니다. 그러나 국민이 지지하는, 국민의 손으로 뽑은, 국민이 반대한다는 말을 할 수 있었던 1인 장기집권과 국민이 지지하지도, 뽑지도 않은 반대한다는 말도 못한 1인 장기집권과는 하늘과 땅 차이인 것이다.

미국에서 루스벨트가 4선을 한 대통령이라고 그를 독재자라고 하지는 않는다. 그는 국민이 지지해서 뽑았기 때문이다. 일본의 자민당 장기집권을 독재라고 보기는 어렵다. 국민이 투표로 선택했기 때문이다.

물론 우리나라에서는 소위 3선개헌을 "사사오입"이니 '변칙통과'니 하는 부도덕하고 불법적 방법으로 강행하고 유신이라는 일종의 정변을 통해 장기집권을 했으니 국민의 지지없는 장기집권을 했고 이것이 헌정사의 암인 것이 사실이다. 그러나 헌법을 파괴하지 않고 공명선거를 통해 재선 쯤을 했더라면 독재라고 부르지는 않았을 것이다. 장기집권만 하지 않는다면 '국민의 지지없는' '국민이 뽑지 않은' 집권자가 있어도 좋단 말인가? 현헌법은 단임은 규정했지만 비교할 수 없이 중요한 국민의 정부선택권을 빼앗고 있다.

②국민투표와 90% 이상의 지지를 받은 것은 사실이다. 그러나 계엄하에서 유신헌법과 현헌법의 양자택일을 강요받으면서 아무런 반대의 감시가 없었던 투표결과를 지지의 근거로 삼기는 도덕적 합리적으로 어김없이 부족하다. 유신헌법에 대한 두차례의 국민투표도 역시 지지결과로 나타났다. 그러나 그 투표 결과는 현정권도 믿지 않지 않는가? 그렇다면 그 국민투표와 이 국민투표는 무엇이 다른가? 또 이 양자택일의 강요는 살길을 두고 호랑이에 잡히겠나 사자에게 잡히겠나를 선택하라는 식이었다. 왜 제3의 헌법, 민주헌법－죽음의 길이 아닌 살길－을 함께 제시하고 경쟁에 내걸지 않았나?

③2·12총선 결과 민정당이 1당이 된것은 사실이다. 그러나 ○신민당등 야당 인사들이 규제에서 해금된지 1개월도 못되었고 ○압도적 자금열세 관권 간섭등은 그만두고라도 득표비율을 본다면 호헌을 주장한 민정당은 불과 33%, 개헌을 주장한 야당표는 49%를 넘었으나 불합리한 선거제도로 의석배분이 그렇게 되었을 뿐이다. 보다 중요한 사실은 이 선거에도 김대중 김영삼 김종필 등 한국의 가장 중요한 정치인이 현정권의 자의(恣意)에 의해 강제로 선거에 참여할수 없었다는 사실이다. 따라서 2·12총선 결과를 지금 국회에서의 의석수로 해석하는 것은 논리적으로도 사실로도 잘못된 것이다. 민의는 틀림없이 개헌쪽이 다수다.

이와같이 압도적인 개헌민의에 반하여 다음 총선 뒤로 개헌을 미루는 것은 여·야에 함께 옳지 못하다. 민의는 있는데 합법적으로 국회에서 표현되지 못한 다면 그 국회 자체가 부정당하고 말 것이 당연한 논리적 귀결이 아닌가?

④현 헌법의 간선제가 과연 평화적 정권교체를 가능하게 하고 있는 헌법이란 주장은 여당 스스로도 믿지 않는 거짓말이다. 미국도 간선제를 하고 있다지만 미국식 간선제는 사실상의 직선제이다. 2년이상의 대국민상대의 직접적 선거운동, 선거인 투표즉시 개표결과의 집계 강력한 지방자치제로 뒷받침된 경쟁적정당조직에 의한 선거인의 출마 이러한 조건 가운데 한가지도 없는 우리 실정에서 '선거인단에 의한 선거'는 '통대에 의한 선거'의 완전한 재판일 수 밖에 없으며 그야말로 '선거놀이'일 수 밖에 없다. 더 현실적으로는 이러한 '간선'에 집권당아닌 사실상의 경쟁자가 선거인을 출마시키기란 거의 불가능하다. 말하자면 지난번과 같은 꼭두각시 선거가 아니라면 선거자체가 불가능하다. 따라서 현 헌법은 집권세력 내부의 합헌적 정부이양은 가능할지 모르나 경쟁적 정당에 의한 평화적 정권 교체는 그 가능성조차 막고있다.

⑤선거에 참여했다고 해서 현행 헌법과 제도를 반대하고 고치려하는 것이 잘못이라는 주장은 전혀 성립할 수 없는 어거지(억설)이다. 현 헌법도 분명히 헌법 개정조항을 규정해놓고 있다. 또 「유지하려면 개혁하라」라는 말은 철칙이다. 대한민국이 존속발전하려면, 자유와 민주체제가 유지되려면 끊임없이 개혁 되어야 한다. 중공조차도 체제를 유지하기 위해 개혁하는 것이 현실이 아닌가? 나라의 붕괴를 바라지 않는다면 개혁에 동참해야 할 것이다. 이 시점에서 가장 중요하고 긴급한 개혁은 개헌이다.

⑥대통령직선제에 지역감정이 이용되면 좋지 않으며, 국론분열도 좋지 않다.

그러나 대통령직선제 때문에 지역감정이 생긴것이 아니라 국민에 기초하지 않는 정권을 유지하기 위해 집권자가 만들어 내고 이용한 것이 지역감정이다. 오히려 국민적 기반과 전국적 지지를 성립의 절대조건으로 필요로 하지 않는다면 노골적인 지역차별이 가능하고, 지역감정은 지역차별의 결과인 것이다. 대통령 직선을 국력소모로 볼 수도 있으나 선거가 공명하고 자유로운 국민적 정치의사의 표현기회로 확실히 보장된다면 그것은 모든 갈등과 한을 선거를 통해 풀고 화해와 일치로 승화시키는 축제가 될 수도 있다. 모든 민주국가의 선거는 바로 정치적 축제로서 우리의 전통으로 말하면 굿이며 큰 놀이판인 것이다.

〈문5〉 어떤 방법으로 개헌을 추진할 것인가?

〈답〉 민주세력이 주장하는 개헌 방법은 이렇다. 개헌국민의사의 확인(서명운동)→개헌에 대한 국민적 의견종합(공청회 등)→국회의 민의수렴(개헌특위 등 구성)→국회의 개헌심의→민주개헌→평화적정권교체(88년 대통령직선)

이상과 같은 것이 민주개헌에 대한 민추협 신민당의 주장이다. 85년 이래 누차 정부에 촉구한 민주일정을 밝히라는 요구는 이러한 민주개헌에 집권당도 동참하라는 촉구이며 이것이야 말로 파국과 혁명이나 쿠데타를 막는 길이란 것이다. 현재의 국회 구성을 형식논리상으로만 보면 개헌이 불가능하다. 그래서 민주세력 일부에서는 국회에 의한 개헌이 아닌 헌법철폐→헌법제정회의의 구성을 주장하기도 한다. 그러나 현실을 형식논리로만 보면 현실적 개혁의 논리를 찾지 못한다. 10·26뒤 왜 유정회 공화당은 유신폐지 민주개헌에 스스로 동참하려 했는가? 평화적으로 개혁을 이룩하기 위해서 였다. 더이상 헌정중단과 유혈의 비극이 없기를 원한다면 어떤 형태의 혁명도 아닌 선거에 의한 명예혁명 평화혁명으로 독재를 퇴진시키는 것이 정말 피와 눈물로 얼룩진 헌정사의 교훈을 헛되이 하지 않는 것이다.

〈문6〉 개헌서명운동은 왜 하는가? 어떻게 개헌과 연결시킬 것인가?

〈답〉 민주개헌에 대한 국민적 합의를 확인하고 이 합의를 민정당을 포함한 국회의원에게 전달함으로써 개헌을 추진하기 위해서이다.

민정당과 정부는 굳이 호헌을 바라는 민정당이 국회 제1당이라는 것을 내세워 개헌이 다수국민의 의사가 아니라고 주장하고 있다. 개헌이 다수 국민의 의사임을 직접적으로 확인하여 이것을 개헌 발의·심의·표결에 참여할 국회의원에게 분명하게 전달하는 것은 절대적으로 필요한 일이며 당당한 국민의 권리이며 민주헌법 원칙을 지켜야 할 국민의 의무이기도 하다.

개헌서명운동은 진실로 평화적 비폭력적 개혁요구이며, 1천만명의 서명은 전 세계사상 초유의 평화민주혁명의 대장정으로 기록 될 것이다. 이 운동을 성공적으로 해 낼때 우리 국민은 세계에 민주역량을 자랑하고 스스로는 민주자치능력에 대한 자신을 굳게 해줌으로써 진정한 선진국민이 될 수 있다.

〈문7〉 개헌서명운동은 합법인가 불법인가? 법적 근거는 무엇인가?

〈답〉 물론 합법이다.

현행 헌법도 정치적 의견을 표현할 수 있는 언론의 자유, 표현의 자유를 보장하고 있으며, 특히 모든 국민은 관서에 청원할 수 있는 권리를 헌법 제25조에 규정하고 있다. 또 청원에 관한 법률과 국회법이 그 절차를 규정하고 있기도 하다. 정부 여당이 불법시하는 것은 최저 기본권인 청원권을 무시하는 것이며, 그 어떤 근거로서도 이를 막을수 없다.

〈문8〉 개헌이 구체적으로 근로자 농민 기업가 상인 봉급생활자 군인 공무원에게 어떤 이익을 줄 수 있는가?

〈답〉 민주개헌은 국민 각계각층에 구체적 이익을 줄 것이다.

개헌을 하면 밥이 나오나 옷이 나오나 하지만 민주개헌은 직접적으로 국민의 이익과 관계되어 있다.

근로자는 자율적 단결권과 단체행동권을 보장할 노동관계법 개정보완의 헌법적 근거를 가질 것이며, 소득의 균점 경제적 평등을 위한 법적 발판이 될 것이다.

농민들은 민주개헌으로 농민의 자율적 단결권과 토지문제의 근대적 해결과 농가부채탕감등 농민보호의 헌법적 권리가 보장될 것이다.

기업가·상인들은 독재정치의 행정 만능주의에 시달리지 않는 창의와 자유가 보장되는 진정한 자유체제가 보장될 것이다.

봉급생활자들은 부익부·빈익빈이 아닌 경제적 평등과 복지를 위한 헌법조항을 가질 것이다.

군인은 정치적 중립이 보장 됨으로써 국민의 존경속에 국방의 의무에 전념할 수 있을 것이다.

공무원은 정권유지에 이용당하지 않고 정치적 중립이 보장됨으로써 행정의 안정과 신분보장을 받을 수 있다.

무엇보다 모든 국민은 자유롭게 말하고 알 수 있는 권리를 갖게되고 집권자와 정부를 국민의 봉사자로 선택하고 부릴 수 있는 확고한 헌법적 근거를 갖게 된다.

〈문9〉 민주개헌 1천만 서명운동은 어떻게 전개할 것인가?

〈답〉 민주개헌을 바라는 대한민국 국민은 누구나 개헌청원 서명운동에 동참할 수 있으며 이 서명은 민추협과 신민당이 종합하여 국회에 청원의 형식으로 제출될 예정이다.

민주개헌을 바라는 대한민국국민은 민추협과 신민당에서 작성한 양식의 개헌 서명양식에 맞추어 서명한 뒤 이를 민추협과 신민당의 서명운동추진 각급 본부 지부에 제출하면, 민추협과 신민당은 이를 종합 국회에 청원에 관한 법률에 의거 전달할 것이다. 또 민주개헌서명운동에 찬동하는 개인과 단체는 스스로 개헌 서명운동을 전개하여 그 서명서를 국회나 대통령에 전달하고 그 결과를 민추협이나 신민당에 통지해주면 종합에 도움이 될 것이다.

서명운동에 관한 법률적 문제를 포함한 모든 문제는 민추협과 신민당의 본부 지부에 상의 협조할 수 있다.

〈문10〉 민주개헌과 통일문제는 어떤 관련이 있나?

〈답〉 민주개헌은 통일운동의 자유를 확보하고 민주통일의 기초가 될 대한민국의 민주화를 이룩하는 헌법적 기초를 만드는 일이며 분단을 극복하고 통일민족국가를 지향할 헌법적 근거를 마련하는 것이다.

항간에는 남북한 고위접촉이 있었고 곧 모종의 중대 발표가 있을지도 모르며 통일문제와 관련하여 헌법개정을 정부여당이 먼저 내놓을 수도 있다는 말도 나돈다. 이것은 72년 남북통일체제를 빙자한 유신조치에 놀란 체험으로 미루어 매우 주의해야 할 일이기도 하다.

유신 이전의 헌법은 통일에 관하여 아무런 헌법적 근거가 없었다. 북한을 실체로 인정 하고 상대하여 평화적 통일을 위해 노력하는 것은 실정법상 죄가 되었다. 이러한 상황에서 유신헌법이 통일문제에 헌법적 근거를 마련한다는 명분을 갖고 나타난 것이다.

예컨대 같은 분단국인 독일의 경우 서독기본법은 스스로 통일을 위한 잠정헌법임을 규정하고 있었다. 우리도 민주개헌을 통해 통일을 향한 헌법적 근거를 할수 있다.

첫째, 우리 헌법도 통일민족국가를 지향하는 보다 적극적 근거를 헌법에 마련할 필요가 있다.

둘째, 민주개헌으로 이룩되는 민주화는 통일운동에 국민참여의 길을 만들어 민족통일운동에 민족성원 모두의 참여를 보장하는 것이다.

셋째, 대한민국의 민주화는 민족 통일의 선결문제이며 확고히 안보를 보장하며 평화통일의 기초를 닦는 것이다.

만약 민주개헌 아닌 그 어떤 통일율구실 명분으로 한 개헌은 결국은 정권연장이나 재집권의 수단으로 이용될 뿐이다. 또 민주개헌 없는 그 어떤 극적인 통일 논의도 진정한 통일노력이 아닌 정권안보 또는 연장의 수단으로 이용되는 속임수일 뿐이다. 온 민족의 감격과 기대를 모았던 72년 7·4성명이 있은 바로 그 때 이미 유신헌법이 막후에서 음모 준비되었고, 통일을 지향한다는 유신헌법이 채택된 뒤 채 1년이 못가서 남북대화는 돌이킬 수 없이 깨어지고 남은 것은 남북한에 독재적 헌법과 독재체제와 독재자 뿐이었음을 기억해야 한다.

민주개헌이야 말로 평화통일의 기본이다.

자료 6_ 민추협, 신민당 개헌현판식 대회 모습(행사를 준비한 책임자들이 작성)

신민당이 1986년 2월부터 전국을 순회하며 시작한 개헌서명추진본부 현판식 형식의 집회는 합법정당인 신민당과 민추협이 직접 국민을 동원할 수 있는 위력적 행사였다. 이로써 민주화운동이 운동권 운동에서 국민의 운동이 되었다._ 필자 주

서울본부 현판식

신민당의 3월 11일 서울 동숭동 흥사단본부에서 열린 대회는 소속 국회의원 80여명, 일반당원 1,500명이 모여 '직선개헌 쟁취하자'라는 분홍색 리본을 가슴에 달고 구호를 외쳤다. 입장하지 못한 시민 수천 명이 대학로를 메운 채 옥외확성기로 대회진행을 들었다. 지부장 이민우 총재는 "오늘 우리는 개헌추진 서울시지부 결성대회와 현판식을 가짐으로써 올 가을 이전에 완결짓기로 한 개헌투쟁의 가장 중요한 주춧돌을 성공적으로 마련했다. …… 민주화투쟁의 성전은 이미 시작되었다"고 연설했다. 김영삼은 5·17이후 첫 대중연설인 격려사를 통해 "우리나라의 유일 야당인 신민당은 개헌이 이루지지 않는 한, 결코 다음 대통령선거에서 들러리 후보를 내지 않을 것"이라고 주장했다. 김대중은 연금으로 참석치 못했다. 경찰 2천 5백 명이 대회장 주변에 배치되었다. 당원들은 탁자에서 서명을 받고 '신민주전선(신민당 기관지)'를 배포했다. 대회 뒤 참가자들은 이민우, 김영삼을 앞세우고 팔짱을 끼고 대학로에서 인의동 신민당사까지 구호를 외치며 행진했다. 당사가 좁은 관계로 입장하지 못하고 당사 앞에 모여 있던 시민들은 대회 광경을 촬영하던 KBS 카메라맨에게 왜곡보도를 항의, KBS카메라는 급거 철거하기도 했다. '민추협' 공동의장 김대중은 이날 대회에 연금으로 참석할 수 없었다.

작성: 김형래(국회의원, 서울시 개헌추진부지부장, '민추협' 상임운영위원)

대구대회

4월 5일 동대구역에 도착한 이민우, 김영삼 일행이 30여 대의 자동차에 분승 대구 시가 전역을 돌며 가두방송을 통해 열기를 고조시켰다. 대회장소인 아세아극장의 확성기로 "실내체육관, 달성공원은 무료입장인데 왜 하필

중앙공원만 유료입장이냐? (대회를 방해하기 위해 다른 곳은 무료로 하고, 대회장 인근 중앙공원은 돈을 받았음)"등과 구호를 방송. 1시부터는 3만여 군중이 집결하여 재야단체와 함께 '파쇼타도' '파쇼헌법철폐' 등 구호와 '임을 위한 행진곡' 등을 부르고, 전단 인쇄물 등을 배포하며 대회장일대를 가두시위. 이민우는 연설에서 "현 정권이 헌법을 개정치 않고 평화적 정권교체를 운운한다면 우리 신민당은 대통령 후보를 내지 않을 것"이라고 했다. "김영삼!"연호 속에 등단한 김영삼은 "현 정권은 88올림픽 86아시안게임을 무사히 치르는 것이 곧 '큰 정치'라고 말하고 있지만 그것은 '큰 잔치'에 불과하며 큰 정치란 바로 헌법개정"이라고 주장했다. 대회 뒤 오후 5시 반경 옥상, 가로수, 육교를 가득 메워 20여만으로 불어난 군중은 대형 태극기를 앞세우고 8백여 미터를 행진하여, 도지부에 도착, 도지부 옥상에서 이민우는 "이제 개헌열기를 지난 2·12총선시의 강도와 밀도로 올려놓는데 성공했다"고 주장. 김영삼은 "이제 4대도시 결성대회로 헌법개정은 도저히 피할 수 없는 시대적 요청이자 사명임을 확인시켰다."고 선언했다. 이와 함께 반월동 로터리에 4만여 시민이 참석하여 민통련 경북지부 주최로 민중집회를 거행, 학생대표, 노동자대표, 지역대표 등이 나와 민주화대행진에 시민들이 참여할 것을 호소하고 가두시위, 8시경에는 시청입구에 도착, 시청 안에서 대토론회를 갖자고 하여 경찰과 몸싸움이 벌어졌다. 최루탄이 터지고, 141명이 연행되고, 16명이 구속됐다. 38명은 구류처분을 받았다. 두류체육관에서 축구 국가대표전을 개최, 초·중고생 전원 식목행사 개최, 모든 극장은 무료입장이라고 흑색선전 유포, 예비군 비상훈련 소집. 북성로 청과시장 휴무, 시외버스 정류소 등 검문검색 강화, 시민 출입 가능한 진입로에 차량동원 차단 등 가지가지 당국의 대회 방해를 뚫고 이루어진 대회였다. 김대중은 이날 역시 연금으로 대회에 올 수 없었다.

작성: 유성환(국회의원, 개헌추진 대구경북 상임부지부장)

부산대회

일요일인 3월 23일 오후 2시 서면 대한극장에서 열린 대회장은 서울에서 내려온 국회의원 60여 명과 이민우 김영삼 등 신민당 '민추협' 간부, 당원, 시민 3천여 명으로 가득 차고, 대회장 인근 거리와 골목 역시 수만의 인파가 메웠다. 대회 직전 숙소인 문화호텔을 출발한 이민우, 김영삼 등 당 지도부가 '총선승리 부산시민 개헌에서 다시 한 번' 등의 구호가 쓰인 피켓과 플래카드를 앞세우고 도보로 도착하자 "김영삼!" 환호성에 극장이 떠나갈 듯 했다. 과연 부산이 김 총재의 정치적 성장지임을 다시 한 번 느낄 수 있었다. 부산시 지부장 이기택 부총재는 "당국이 느닷없이 오늘 용두산 공원, 해운대 모래사장, 구덕체육관에서 시민 위안잔치를 벌이고, 마산에서 열릴 예정인 프로야구를 부산으로 끌어오고 극장마다 무료입장권을 발부하는 등 방해공작을 하고 장소를 얻지 못하게 했다"라고, 당국의 방해가 극심했음을 밝혔다. 이민우는 "여러분의 열렬한 기상을 보니 이 나라의 민주주의가 부산에서부터 성취되는 과정에 있음을 확신하게 됐다"며 "이러한 열기로 개헌시기를 앞당기자"라고 호소했다. 이어 사회자의 "유신독재를 철폐시키고 5·17 후 23일간의 목숨 건 단식으로 ……"라고 소개와 함께 우레와 같은 박수와 김영삼! 연호 속에 등단한 김영삼은 "78년 이후 7년 만에 부산시민 앞에서 연설할 기회를 가져 감개무량하다"라고 한 뒤, 격려사에서 40여분 동안 전정권의 독재와 비리를 비판했다. "79년 부마사태는 박정희정권을 무너뜨리는 계기가 됐다" "부산 시민은 한국 민주주의의 선구자가 될 것"이라고 부산시민의 민주궐기를 촉구했다. 서울역에서 강제 귀가조치 당한 김대중은 '민추협' 부의장 예춘호를 통해 보내온 녹음연설에서 "우리는 전 세계가 주시하는 이 천재일우의 기회를 놓치지 말고 해방 40년의 숙원인 민주정권을 쟁취해야 한다"고 주장했다. 가랑비가 내리는 속에 10만 군중이 미동도 없이 대회장 확성기에 귀를 기울였다. 이 가운데는 먼발치에서 나마 아들의 얼굴이라도 보려고 왔다는 김영삼의 부친 김홍조 옹도 있었다. 학생들을 포함한 5천여 명의 군중들은 현판식 이후에도 한 시간 이상 구호를 외치며 경찰과 대치했다.

작성: 서석재(국회의원, '민추협' 상임운영위원, 개헌추진 부산시 지부장)

청주대회

4월 27일 오후 청주시에서 열린 개헌추진위 충북지부 결성대회는 이민우 총재가 6선의 국회의원 경력 가운데 제4, 5, 9, 10대 선거에서 당선된 지역이라는 특성 때문인지 결성대회와 가두행진에서 이 총재에 대한 박수와 환호가 전례없이 고조되었다.

행사 직전 이 총재와 김영삼 고문 등 소속의원 30여 명은 「민주개헌」이라는 구호를 써 붙인 승용차를 타고 청주 시내를 누비며 카퍼레이드를 벌인 뒤 무심천변에서 하차, 당원 시민들과 함께 도보로 행사장에 입장했다.

이날 결성대회장에는 신민당 의원 30여 명과 김상현, 홍영기, 계훈제 씨 등 당원 재야인사 시민 등이 극장 안을 가득 메웠다. 대회가 진행되는 동안 5백여 명의 청년들은 극장 앞에서 「독재타도」 등의 구호를 외치면서 연좌시위를 벌였다.

신민당원 30여 명은 개별적으로 서명용지를 들고 다니면서 군중들에게 서명을 권유했고 민통련 등 각종 재야단체에서는 「민주헌법을 우리 손으로」라는 유인물을 돌리기도 하며 이 총재, 김 고문의 연설이 계속되는 동안 「옳소」 등을 연발하면서 행사장 밖의 분위기를 주도하기도 했다.

이 총재는 이날 치사를 통해 「현 단계에서는 1천만 개헌서명의 조기 달성만이 가장 효과적인 개헌투쟁 전략이라는 점을 명심해 주기 바란다」고 당부하고 「우리는 기필코 정부선택권을 국민에게 되돌려 줘야 한다」고 주장했다.

이어 청중들의 열띤 환호 속에 등단한 김영삼 고문은 그동안 자신이 주장해온 전두환 대통령, 김대중 씨와 본인의 3자회담을 다시 한 번 제의하면서 이것만이 정치보복과 국가의 불행을 막는 길이라고 역설했다. 또 「마침내 개헌을 바라는 민심은 큰 물결을 이루었다」면서 「민정당은 역대정권의 비극적인 전철을 되풀이하지 않기 위해서라도 미리부터 야당이 될 각오를 해야 한다」고 촉구하여 많은 박수를 받았다.

이어 김 고문은 「언론의 자유는 모든 자유의 원천」이라고 전제, 「정부는 KBS를 동원한 농촌 및 학원문제에 대한 왜곡보도를 중단하고 공정한 보도를 위해 통폐합된 TBC, KBS를 원상회복시키고 기독교방송의 뉴스보도 기능을 허용하라」고 촉구했다.

이날 역시 경찰의 제지로 대회에 참석하지 못한 김대중 '민추협' 공동의장은 녹음축사를 통해 「그동안의 지방 행사를 통해 직선제개헌을 바라는 민심은 확연히 드러났다」며 만일 현 정권이 국민의 민주화 열망을 외면할 경우 국민의 무서운 심판을 면치 못할 것이라고 경고했다. 또한 KBS '시청료'거부 운동에 대해 「KBS가 국민의 것이 될 때까지 시청료 거부 투쟁은 계속되어야 한다」고 말했다.

오후 4시 30분쯤 대회를 마친 신민당원들은 「민주천하지대본」이라고 쓴 깃발과 「대통령을 내 손으로」라는 등의 각종 구호가 적힌 플래카드, 피켓을 앞세우고 중앙극장 → 수아사4거리 → 상당공원4거리 → 북산파4거리 등 시내 중심가를 우회, 행사장에서 2백여m 떨어진 청주 청원 지구당사까지 도보 행진을 했다.

이 행렬의 뒤편에는 1천 5백여 명의 학생들과 수많은 시민들이 뒤따랐으며 학생들은 「농민가」 「5월의 노래」 등을 부르고 격렬한 구호를 외치며 연도의 시민들이 동참할 것을 촉구, 일부 시민들은 손을 흔들며 열렬한 호응을 보내 주었다.

오후 4시 50분쯤 지구당사에 도착한 신민당 지도부는 현판식을 끝낸 뒤 당사건물 옥상에서 대회 종료를 선언한 뒤 질서 있게 귀가할 것을 종용, 대부분의 시민들은 해산했으나 1천 5백여 명의 학생들은 가두시위를 계속했다.

작성: 김현수(국회의원, 개헌추진 충청도 상임부지부장, '민추협' 상임운영위원)

광주대회

1985년 3월 30일 날이 밝자마자 우리 신민당 소속 국회의원들은 메가폰을 손에 들고 13대의 승용차에 분승하여 광주 외곽까지 골목골목을 누비며, 당일 오후 2시부터 헌법개정추진 전남도지부 결성대회가 예정대로 거행됨을 알렸다. 마침 그날이 부활절인 점을 이용하여, 「부활절 예배로 인하여 대회를 26시간 연기한다」는 전단이 우리 당의 이름을 도용하여 수십만 부가 바로 그 전날 광주 시내 전역에 걸쳐 살포되었기 때문이었다. 정부여당의 방해공작은 여기에 그치지 않았다. 개헌추진대회에 참석할 수 없게 하기 위하여 직장예비군훈련과 일반예비군훈련이 하루 종일 실시되었고 한전을 비롯한 일반직장이나 각종 종친회들이 광주 교외에 있는 증심사, 옥천사 등에서 야유회를 가졌으며, 한낱 정부의 구상일 뿐 아직 국회의 승인을 거치지도 않은 광주직할시 승격문제를 확정된 것처럼 오도하면서 각 직장과 단체에 무료입장권을 배부하여 유명 연예인들이 총출연한 광주직할시 승격 축하쇼와 프로야구를 같은 장소에서 연속 개최하였던 것이다. 위와 같은 갖가지 방해공작에도 불구하고 대회장인 도청 앞은 대회 시작 2시간 전인 정오경에 이미 인산인해를 이루며 광주의 세종로라 할 수 있는 금남로 거리를 완전히 메워 교통이 마비되었고 대회가 시작되는 2시쯤에는 충장로를 비롯한 인근의 골목골목까지 민주 애국시민들의 발길이 입추의 여지없이 들어찼다.

오후 2시, 이민우 총재와 김영삼 고문 그리고 전남 민주화국민협의회 회장인 홍남순 변호사를 필두로 소속의원 70여 명이 대회장에 입장하자 시민들은 떠나갈 듯한 환호와 박수로 우리를 맞아주었다. 한 가지 아쉬웠던 것은 이 지역 출신 민족의 지도자 김대중 선생께서 대회 참석차 내려오시다가 당국에 의해 강제귀가조치를 당하신 일이었다. 대회는 어느 모임보다 질서정연한 가운데 거행되었다. 식순에 따라 진행되는 대회를 지켜보는 시민들의 눈망울마다에 민주화의 의지가 가득했다. 연사들의 연설이 절정에 달할 때마다 시민들은 환호와 찬사도 잊지 않았다.

헌법개정추진 전남도지부결성대회장인 도청 앞에서 현판식장인 신기하 위원장 사무실 까지는 2㎞ 가까운 거리였다. 결성대회를 마친 당 지도부가 태극기를 펼쳐 들고 현판식장으로 향하자, 대회장에 참석했던 20만 시민들이 묵묵히 그 뒤를 따랐다. 결국 도청 앞에서 현판식장에 이르는 길 전체가 민주화를 열망하는 시민들로 가득 차 버렸다. 참으로 장엄한 행렬이었다.

오후 7시, 현판식이 끝나고 나서도 시민들은 집으로 돌아갈 기미가 없었다. 당 지도부가 공식적인 진행을 완전히 마무리하고 난 이후, 시민들은 스스로 스크럼을 짜고 돌아서서 다시 도청 앞으로 향하였다. 그리고 군중집회가 완전히 끝난 것은 자정이 넘어서였다.

이러한 과정에서 69명의 민주애국시민들이 연행되어 그중 32명은 집시법위반 폭력행위 등의 혐의로 구속되었고, 나머지는 즉심에 넘겨져 구류 3~15일씩을 받았다. 나는 구속된 동지들에 대한 무료변론에 최선을 다했지만, 결과는 집행유예 내지 실형선고였다.

작성: 신기하(국회의원, 개헌추진 전남 상임부지부장, '민추협' 상임운영위원)

대전대회

4월 19일 오후 2시 대전시 충무 체육관에서 이민우 총재 김영삼 고문을 비롯한 당 지도부와 40여 명의 소속의원, 김창근 '민추협' 부의장 등 재야인사 들이 대거 참석한 가운데 개헌추진위 충남도지부(지부장 양순직 부총재) 결성대회가 만 이천 석의 관람석은 물론 경기장 플로어까지 가득 메운 채

거행됐다.

대회장 주변에는 입장하지 못한 시민 1만여 명이 체육관 3층에 설치된 대형 스피커를 통해 대회의 진행 상황을 들으며 박수와 환호를 보냈다.

충남도지부에서는 이날 오전 11시 반경부터 확성기를 통해 안내방송과 구호를 외쳐 대회 분위기를 조성했다. 이날 충남대 한남대 등 대학생 800여 명은 「민주정부 수립」 「민중승리」 등의 머리띠를 두르고 체육관 앞 도로에 앉아 반정부 구호와 정의가 등 노래를 부르며 연좌농성을 벌였다. 학생들은 여러 차례에 걸쳐 스크럼을 짜고 체육관 앞 도로를 달리며 가두시위를 벌이기도 했으나 큰 충돌은 없었다.

이 총재는 치사를 통해 「진정한 큰 정치는 민주 토대 위에서만 가능하며 현 정권이 평화적 정권교체 운운하며 호헌을 고집할 경우 우리 당은 88년 차기 대통령선거에 들러리 후보를 내지 않을 것」이라고 역설했으며 김 고문은 격려사를 통해 「26년 전 오늘은 우리 민족에게 가슴 벅찬 희망과 민족적 자부를 안겨준 4·19의 날」이라고 회고하고 「우리 국민은 4·19혁명의 완결을 통해서 모두가 승리자가 될 수 있을 것」이라고 말했다. 「그러나 1년 후 5·16 군사 쿠데타에 의해 좌절된 것은 우리 현대사에 있어 가장 비극적 사태였다」고 말하고, 「만약 또다시 폭력으로 헌정중단 사태가 발생하고 독재권력이 국민을 지배하려 한다면 국민은 불복종운동을 전개, 이 땅에 폭력이 다시는 발붙이지 못하도록 하자」고 제의했다.

김 고문은 이어 최근 잇단 대학교수들의 시국선언과 관련 「이 정권에 대한 국민의 지지 세력이 없다는 것이 완전히 드러났다」고 주장하고 「이제 현 정권은 각계각층으로부터 완전히 고립 포위되고 있으며, 도도히 흐르는 민주화 열기는 어떤 힘으로도 막지 못할 것」이라고 주장하고, 「현 정권은 깊이 회개해야 하며 야당이 될 준비를 해야 할 것」이라고 강조했다.

경찰의 자택 연금으로 대회에 참석치 못한 김대중 의장은 박영록 '민추협' 부의장이 대독한 치사에서, 「현 군사정권은 안보제일주의를 명분으로 독재를 하면서도 평화시의 안보도 못하고 있으니 더 이상 집권할 자격이 없다는 것이 명백해졌다」고 말하고 「파국의 불행을 막기 위해 전두환 대통령과 이민우 총재 그리고 김영삼 고문이 대화를 가져야 한다」고 자신을 제외한 3자 회동을 제의했다.

양지부장은 「현 정권이 들어선 후 6년 동안 우리는 너무도 많은 과오와 실정을 보아 왔으며 현행 헌법은 금년 내로 개정해 국민의 손에 정부 선택권을 되돌려 줘야하는 역사적 당위성도 여기에 있다」고 주장하고 현 헌법을 고집해 군사통치 연장을 꾀한다면 그 후에 오는 국가적 불행과 가공할 사태는 막을 길이 없을 것」이라고 강조했다.

대회가 진행되는 동안 체육관을 가득 메운 시민들은 정부여당을 비난하거나 민주회복을 위한 적극 투쟁을 호소할 때마다 열띤 환호와 기립박수 등을 보내주었다.

한편 대회장 밖에는 1만여 명의 시민들이 옥외 스피커를 통해 흘러나오는 연설을 열심히 경청했고 대회장 주변에는 가두서명대가 곳곳에 설치돼 일부 열성당원들은 서명판을 들고 다니며 청중들에게 서명을 호소하기도 했다.

하오 4시 40분에 결성대회를 마치고 이 총재, 김영삼 고문 등 당 지도부를 선두로 현판식을 갖는 대전 중구지구당까지 가두행진에 들어가 곳곳에서 「민주개헌」 「독재타도」 등 격렬한 구호를 외쳤고 일부는 대형 플래카드를 들고 각종 유인물을 시민들에게 뿌려 지금까지의 결성대회보다 한층 고조된 시위양상을 나타냈다. 행진과정에서 3만여 명으로 불어난 대열이 지날 때 시민들은 옥상 또는 연도에서 지켜보며 박수를 치고 손을 흔들어 호응하기도 했으나 경찰은 전투경찰을 시청 등 건물 안에 포진, 모습을 보이지 않았고 연도에는 교통전경과 모범운전사들이 행진대열의 궤도 이탈을 제지했다.

경찰은 이날 시가행진이 시작되자 기존 시내버스만 다니게 되어있는 노선에 다른 노선의 시내버스를 운행케 하여 도로 절반을 버스로 메워 차단케 했다. 하오 6시 20분께 대전시 중앙로 동양백화점 앞에서 대전역 쪽으로 가던 학생 2천여 명이 길옆에서 저지하던 경찰과 충돌, 집단 난투극을 벌여 경찰 수명과 학생들이 다쳤으며 대신증권 대전지점 셔터문 2개가 부서졌고 많은 학생들이 경찰에 의해 강제 연행되었다.

이를 지켜보던 시민들 일부도 돌과 막대기 등을 던져 시위에 호응했으며 민주화 열기는 식을 줄을 몰랐다. 이날 대회로 24명이 연행, 이중 9명은 구속됐다.

작성: 김태룡(국회의원, 개헌추진 충남지부 상임부지부장, '민추협' 상임운영위원)

마산대회

마산대회는 처음부터, 민정당은 민정당대로 신민당은 신민당대로 당운을 건 대회와 같았다. 민정당은 이것을 최대로 활용, 더 이상 혼란이 있어서는 안 된다며 마산대회를 즉각 중단해 줄 것을 정석모 내무장관을 통하여 촉구하였으며 신민당은 신민당대로 마산대회가 또다시 학생들과 재야로부터 비난의 대상이 되거나 마산시민들로부터 환영을 받지 못한다면 개헌추위결성대회 자체를 재검토해야 될 단계에 이를 지 모른다는 중요 국면에 처해 있는 대회였다. 그러기 때문에 주말의 항도 마산대회는 전국에서 전투경찰 집결, 철두철미한 검문검색과 민정당사 등 주요 건물은 철조망으로 덮어씌우고 또한 구자호 대변인을 안기부에 연행하는 등 처음부터 팽팽한 긴장감 속에서 시작되었다.

민주투사의 상징인 최형우 경남개헌추위 지부장은 정부 당국자의 대회자제 요청에 대해 "여기 지부장은 최형우요 최형우!"하면서 일각에 일축해 버리고 기자회견을

1) 상가, 이발소, 목욕탕까지 휴업토록 하고
2) 수출공단을 8시까지 가동(평소 오후 5시까지 근무)
3) 교사를 5~6시까지 정상 근무시키고 학생 통제
4) 오후부터 택시, 버스 등 교통수단 운행 중지
5) 마산으로 들어오는 외부차량 검문검색 실시
6) 36개동 경로잔치(보조금 각 50만원 지급)
7) 마산과 인근 시·군 투우견대회 개최
8) 구자호 대변인 안기부 연행
9) 경찰병력 약 3만 5천, 사복경찰 5천명 집결
10) 전경을 학생, 근로자로 가장, 5개조로 편성 투입할 것이라는 등의 협박으로 즉각 중단해 줄 것을 경고하며 마산대회는 우리 신민당의 당운을 걸고 비폭력 무저항으로 평화적이고 질서정연한 대회를 진행할 것이며, 만약 마산대회를 또다시 인천대회와 같이 왜곡조작 난투장화한다면 단독으로라도 단식에 돌입 저항할 것이라는 폭탄선언을 한 정도였다.

또 마산시내 철물상회의 망치가 다 팔렸다느니 서울에서 깡패집단이 대거 대회장에 침투된다는 등 유언비어도 난무했다. 그러나 마산대회는 한마

디로 세계와 국내의 관심이 집중된 가운데 20여 만의 군중이 운집한 평화적이고도 질서정연한 우리국민에게 민주화 성취를 기대케 한 열광적이고도 성공적인 대회였다.

작성: 김동주(국회의원 개헌추진 경남도상임부지부장 '민추협' 상임운영위원)

성 명 서

- 당국이 5·10마산대회를 난동화하려는 음모를 규탄한다 -

우리는 정부 당국이 5월 10일 오후 2시 마산에서 열리는 신민당 1천만 개헌서명운동 경상남도지부 결성대회에 온 국민과 세계의 이목이 집중되자, 5·10마산대회를 현 정권의 사활이 걸린 결정적인 대회로 단정하고 전투 경찰과 정보 요원 다수를 학생 또는 노동자로 위장시켜 방화 또는 과격 시위로 난동화하려는 음모를 하고 있다는 정보를 입수 했다.

따라서 우리는 학생과 근로자로 위장하여 당사 방화, 자동차 약탈, 및 극렬 좌경전단 살포자를 적발하여 난동의 주체가 누구인가를 만천하에 밝히고자 한다.

이에 따라 우리는 청년 당원들도 특별 기동반을 편성함은 물론 5·10마산대회가 그 어는 지역보다도 비폭력 평화적으로 행사를 치를 준비를 완료했다.

만약 정부가 5·10마산대회를 인천에서와 같이 또다시 사전 공격, 과잉 단속 등으로 난동화, 좌경용공화하고 신민당과 재야 민주화운동단체 그리고 학생 근로자간의 분열이간을 획책할 경우, 예측할 수 없는 사태가 발생할 것이며, 이에 대한 모든 책임은 전적으로 정부 당국에 있음을 국민의 이름으로 경고해 둔다.

또 우리는 정부가 KBS - TV 등 매스컴을 동원하여 이 같은 간교한 편파적 왜곡보도를 일삼는데 대해서도 전 국민은 더 이상 현혹되지 말고 우리의 5·10마산대회가 진실로 이 나라의 민주화를 위한 구국적 차원의 행사임을 명심하고 적극 동참해 주기를 충정어린 심정으로 호소한다.

1986. 5. 9.

신민당 헌법개정 추진 경상남도 대회장 최형우 신민당부총재

신민당 헌법개정 추진 경상남도 대회 대변인 구자호

전주대회

86년 5월 31일 오후 3시 전주시 학생회관에서 개헌추진위 전북지부(지부장 유제연) 결성대회를 갖고 개헌 현판식을 가졌다. 당초 이날 대회는 오후 2시부터 시작될 예정이었으나 낮 12시 50분부터 대회장 주변에서 「민중대회」 시위를 벌인 재야단체 운동권 학생들이 신민당 지도부의 입장을 방해하여 예정보다 1시간 늦게 시작되었던 것이다.

이민우 총재, 김영삼 고문 등 당 소속 국회의원 60여 명은 「직선개헌」 「독재타도」 등의 구호가 쓰인 어깨띠를 두르고 승용차로 시내 일대를 카퍼레이드를 벌여 대회의 열기를 조성하였다.

이날 대회는 지난 29일 여야 간 국회 내 헌특 설치 합의로 지부 결성대회가 마지막이 될지도 모른다는 추측 때문인지 많은 의원들이 내려왔고 특히 「여·야동행」 분위기에 이 지역 재야 및 운동권이 어떻게 대응하고 있는지에 많은 관심이 모아지기도 했다.

이날 대회를 앞두고 대회 주최 측은 「당국의 대회 연기 요청과 운동권 학생들의 대회 직전에 민중대회 개최 고수」의 2중고 속에 긴급대책 마련에 부심 전주대회는 종전의 다른 대회와는 달리 유제연 지부장이 재야와의 협조관계를, 이철승 전북도지부 고문이 실질적인 대회 준비를 분담 「2원적 체제」로 추진하였고 유지부장은 29일부터 전주에 내려와 재야 지도자, 특히 종교계 인사들을 찾아다니며 신민당 대회가 원만하게 치뤄지도록 자제와 협조를 요청하는 등 분주한 시간들이었다.

그러나 현지 재야 지도자들은 운동권이 대회를 방해할 의사가 없음을 밝히면서도, 당국에 의해 수배중인 운동권 핵심인사들의 동태에 대해서는 장담하지 못하겠다고 밝혔다.

한편 대회준비를 책임지고 있는 李 고문은 보도진과 만나 「당국의 탄압이나 어떤 세력의 방해에도 불구, 우리는 개헌열기를 전주에서 결판내는 계기로 대회를 가장 모범적이며 합법적으로 치룰 준비가 돼있다」고 밝혔다.

오후 1시 45분쯤 대회장 입구인 팔달로터리에 당 지도부 등 대회 임원들이 도착했다. 이때 독자적 시위를 개최하고 있던 학생들은 「신민당은 각성하라」 「이철승은 자숙하라」 등의 구호를 외치며 「전주는 무궁화의 도시이지 사쿠라의 도시가 아니다」고 외치며 지도부의 출입을 막았다.

당 지도부가 저지당하자 인천사태의 재판이 되지 않을까 사태를 예의 주시하였다. 지도부는 오후 2시 20분경 서중로터리의 전북도 교위 건물 현관 앞 그늘로 일단 자리를 옮겨 최형우 부총재 등과 학생들과의 대화결과를 주시했다. 이 총재는 주위의 보도진들에게 「우리는 지금까지 온 국민들의 성원 속에서 대회를 조용히 치르려 노력해 왔으며 지금도 그런 생각으로 타협이 될 때까지 기다리는 것」이라고 언급했다.

대회장 입장을 저지한 시위대를 문정현 신부 등 민주투쟁대회 집행부 측이 설득 오후 2시 50분쯤 시위대가 로터리 쪽으로 나아가 길을 터주자 지도부는 대회장에 입장했다. 이날 대회는 1시간 여 동안 지연된 오후 3시경에 시작되었는데 주최 측인 이철승 의원 측이 입장객을 엄선해 들여보내고 장내 질서를 장악함으로써 예상 외로 질서 정연하게 진행되었다.

대회사에서 이철승 의원은 「개헌추진이란 5공화국 헌법이라는 가건물을 철거하고 민의에 따른 굳건한 새집을 짓자는 것」이라고 했고, 이 의원의 연설이 진행되는 동안 당 지도부는 이 의원이 평소 제창해 온 내각책임제 개헌론을 또 펴지나 않을까 우려했으나 개헌론만을 주장하자 안도하는 표정들이었다.

또한 이 의원은 김영삼 상임고문을 일으켜 세우면서 「나와 더불어 40대 기수 때부터 불퇴전의 용기로 독재타도를 위해 싸운 동지」라고 소개하고 많은 박수를 받은 뒤 김대중 씨에 대해서는 「그가 여기에 함께 오지 못한 것을 참으로 안타깝게 생각한다」고 말했다. 이 총재는 치사에서 「직선제개헌을 통한 민주화는 거역할 수 없는 역사의 순리」라고 했다.

이날 대회는 종래의 식순을 바꾸어 총재 치사에 이어 김영삼 고문이 격려사를 하던 것을 김 고문이 「전주에서만은 김 의장 연설을 먼저 듣자」고 양보하였다.

김 의장은 녹음 축사에서 「대통령직선제만이 빼앗긴 국민의 권리를 되찾는 길이며 내각 책임제 주장은 군사정권의 종식을 포기하는 것」이라고 했다. 이어 우레와 같은 환호 속에 등단한 김영삼 고문은 「대회장 입구를 막았던 학생들이 우리의 진로를 터주었을 때 이제 민주화는 꼭 달성된다는 확신을 갖게 되었다」며 「국회 헌특에서 민주화가 논의될 때 사면 복권의 결단도 병행돼야 한다」고 강조하고 최근의 혁신적인 세력 대두와 관련 「세계는 보수와 혁신이 점차 접근해 가는 것이 시대적 조류」라고 진단한 뒤 「신민당이 집권하면 젊은 층의 혁신사고도 수용할 것이며 그들의 지구당 공천도 고려할 것」이라고 공약했다.

오후 5시 20분경 결성대회가 끝난 뒤 약 30분간 가두행진을 벌인 뒤 전주, 완주 지구당사에서 현판식을 거행했다. 가두행진 중에 운동권 학생들에게 한때 포위되기도 하였으나 우여곡절 끝에 대회를 성공적으로 마친 것이다.

대회가 끝난 후 김영삼 고문은 「신민당 대회가 이루어지지 못했을 때 누가 좋아하겠는가를 현명하게 판단 협조해 준 이곳 종교계 지도자 및 학생들에게 감사한다」면서 「오늘 우리는 민주주의의 위대한 승리 장면을 몸으로 보여 주었다」고 언급하였다.

작성: 김득수(국회의원, 개헌추진 전북도지부 상임부지부장, '민추협' 상임운영위원)

인천대회

2·12총선 1주년을 맞아 시작한 대통령직선제개헌서명운동에 대해 처음에는 제일 야당의 당사를 봉쇄하고 민주국가에서의 기본적 권리인 모든 정당활동의 자유를 원천적으로 억압함과 아울러 수많은 경찰력을 동원, 개헌 분위기의 확산을 막으려고 몸부림을 쳤으나 온 국민의 열화와 같은 민주화 의지와 성원으로 집권층의 음모가 점차 무너지지 시작했다.

마침내 집권층은 민중의 힘 앞에 스스로 무릎을 꿇고 호헌에서 임기 내 개헌으로, 임기 내 개헌에서, 개헌은 빠르면 빠를수록 좋다는 상황인식에 이르게 됐다.

86년 5월 3일로 예정되었던 개헌추진 인천 경기지부 결성대회는 대회전부터 극심한 방해와 탄압이 계속 되고 있었다. 그러나 노승환 지부장과 상임부지부장 겸 대변인인 본인을 포함하여 인천 경기지구 의원과 당원들이 혼연일체가 되어 만반의 준비를 갖추고 대회 당일을 맞았다.

대회당일 11시경 인천 시외 버스터미널에 이민우 총재와 김영삼 고문이 도착한 후 본인의 승용차를 선두로 60여 명의 의원과 당원들이 시가 카퍼레이드 벌였는데 지나는 도로 연변마다 시민들의 열렬한 박수와 환영의 물결은 그야말로 고조에 달했다. 12시 30분경 대회준비상황을 최종 점검하는 한

편 시민 학생, 노동자들의 움직임을 살펴보았다.

수많은 인파가 대회장을 꽉 메우고 있었고 평상시와 다름없이 교통소통이 이루어지고 있는 가운데 주변 골목마다 벌써부터 시민, 학생, 노동자들이 운집해서 대회 개최를 기다리며, 당원들의 성명 권유에 응하기도 하였다.

헤아릴 수 없이 많은 진압복 차림의 전투경찰이 요소요소마다 진을 치고 있는 모습이 비상사태하의 계엄을 방불케 하는 느낌을 주었으나 이를 개의치 않고 대회가 성공적으로 끝날 수 있기를 기도하였다.

잠시 후 민정당사와 대회장 앞에 주차했던 승용차가 불에 탔다는 보고가 들어와 긴장감을 불러 일으켰다. 1시 40분경 총재단과 인천 경기지역 의원들을 선두로 대회장 입장을 위해 도보행진을 시작했다. 이미 최루탄 가스가 자욱해진 대회 장소인 시민회관 근처에 다다랐을 때에는 경찰의 연속적인 최루탄 발사로 숨이 콱콱 막히고 도저히 눈을 뜨고 움직일 수가 없는 상황이었다.

이런 상황에서도 대회장 입장을 강력히 시도했지만 운동화를 신은 정체불명인 젊은이들의 적극적인 방해로 대회장에 더 이상 접근할 수가 없었고, 대회장내에도 최루탄 가스가 꽉 차서 앉아 있을 수도 없는 상황이어서 대회강행이 어렵다고 판단되어 부득이 본인의 지구당사(인천1지구당)로 돌아와 긴급대책회의를 열었다.

총재단 및 많은 의원들과 대회 준비 측은 대회 개최 수일 전부터 민정당의 대표위원과 간부, 그리고 치안본부장 등이 인천대회를 미리 폭력대회로 규정하고 대회 포기 요구 등 협박과 공포에 가득찬 발언과 발표를 거듭함으로써 대회를 무산시키려는 조짐을 보였던 것이 현실로 드러난 사실에 대해 경악과 분노를 금치 못했다. 어찌하여 대회 주최 측과는 한마디 상의도 없이 대회 시작 전부터 다량의 최루탄을 난사하고 제일 야당의 총재를 비롯 수십명의 국회의원들이 합법적인 정당집회에 참가하려는 대회에 수백발의 최루탄을 쏘아 대회장 입장까지도 방해 저지한 것은 결과적으로 인천대회를 무산시키기 위한 계획적인 일이라고 밖에는 판단할 수 없었던 것이다.

장시간의 대책을 마련하면서, 한편 대회장 입장 가능성을 모색하고 치안당국과 수차례의 접촉을 통하여 최루탄 난사 중지 및 경찰의 철수와 주변의 시민 학생들에게 대회 개최에 협조해 줄 것을 간곡히 부탁하였다. 그러나 경찰의 최루탄 발사는 계속되었고 이에 대응하여 일부 학생 근로자들의 저항도 강하게 계속되었다.

오후 5시 20분경, 지구당사에서 장시간 긴급대책을 숙의하던 총재단 및 대회 준비 측은 대회 개최가 불가능하다고 판단하여 공식성명을 발표, 당국의 계획적이고도 조직적인 도발과 최루탄 공격 때문에 대회가 좌절되었다고 비난하고 경찰의 고의적인 방해를 무릅쓰고 대회를 강행할 경우 수많은 청년시민의 희생이 뒤따를 것을 고려하여 부득이 대회를 연기한다고 밝혔다.

본인은 대회연기 사실을 대회장에 알리기 위해 시민회관으로 출발했고, 당 지도부는 서울 중앙당으로 향했다. 정상적으로는 대회장에 도저히 접근할 수가 없어 골목길을 따라 대회장 근처에 도달했을 때에는 시민학생들이 대피하느라 일대 소동을 벌이고 있었고 최루탄의 폭발음이 연속적으로 귀청을 때렸다.

간신히 대회장에 들어가 대회의 무기연기 사실을 발표하는 동안 또다시 대회장내에 최루탄 터지는 소리가 요란하고 장내가 최루탄 가스로 자욱해져 대회연기 성명을 발표하던 홍사덕 대변인은 끝내 성명을 다 낭독하지 못하고 중단해야만 했고 다섯 시간 동안이나 대회 개최를 기다리며 최루탄 가스 속에서 참고 견디던 시민들은 황급히 시민회관을 빠져 나와야만 했다.

정문으로 나오려고 하자 경찰은 군중의 그림자가 보이기만 하면 시민회관 정문을 향하여 최루탄을 무차별 발사해 수천명의 참석자들이 지하 창고와 담을 넘어 혼비백산 도망치 듯 빠져 나가는 그야말로 아비규환의 참상이었다.

작성: 명화섭(국회의원, 개헌추진 인천경기지부 상임부지부장, '민추협' 상임운영위원)

서울대회

大統領直選制 쟁취 및 영구집권음모 분쇄투쟁

- 民推協, 新民黨, 在野, 기독교신구교, 불교계 등 대동단결 -

'민추협'은 11월 24일 의장단회의와, 26일 상임운영위원회의를 열고 신민당 서울대회에 적극 협조하여 독재정권의 영구집권음모분쇄와 직선제개헌 쟁취에 대한 국민적 합의를 실증할 것을 결의했다. 이 자리에서 金大中 공동의장은 「독재정권의 힘은 물리적 강제력이지만 이에 맞설 수 있는 민주운동권의 힘은 국민의 힘뿐이다. 民正黨의 영구집권 음모의 실행을 위한 내각책임제 개헌 대신에 대통령직선제를 쟁취할 수 있는 것은 신민당대회를 통해 국민적 힘을 보여주는 것」이라고 선언했다. 金泳三 공동의장도 「현재의 난국을 극복하기 위해서 또 번영과 평화를 누리면서 살아남기 위해서는 민주화하는 길 밖에 없으며 그를 위해서는 직선제개헌을 쟁취하고 군사독재를 퇴장시키는 수밖에 없다. 이번 여행에서도 거듭 느낀 것이지만 민주화가 되면 세계가 우리를 돕는다」고 역설했다.

신민당은 「29일 서울대회」를 전 당력을 집중하여 성공시키기 위하여 21일 의원총회와 대회추진실행위원회의를 열고 「서울대회를 통해 평화적 민주적 방식으로 국민의 직선제개헌의지를 거듭 확인코자 하며 여하한 방해책동도 단연코 분쇄하겠다」고 선언했다. 신민당은 또 「현 정권이 장소불허, 교통차단, 가택연금 등 방해책동을 한다면 중대한 사태를 맞을 것」이라고 경고했다.

재야민주운동권은 「영구집권음모 분쇄와 직선제개헌 쟁취」에 공동투쟁하기 위하여 한국기독교협의회는 10월 30일 시국대책협의회(본부장 金知吉 목사)를 구성 11월 18일 1천여 명의 목사들이 「나라와 민족을 위한 성회」를 갖고 150명이 민정당사를 방문 연좌시위를 갖는 등 적극적 행동을 실행했다. 가톨릭도 17일 명동성당에서 정의구현사제단 주최 기도회를 갖는 등 적극 민주화운동의 공동투쟁에 참여할 준비를 갖추었다. 불교 측도 海仁寺대회 이후 적극 민주화 공동투쟁에 동참하고 있다. 民統聯은 사무실 강제 폐쇄를 극복할 대책을 강구하는 한편 의연한 정상 활동을 회복 신민당 서울대회에 적극 동참하기로 했다.

그러나 정부여당은 11월 29일 서울대회를 경찰력을 동원 무력으로 봉쇄하고 12월 1일 새해 예산안을 단독 날치기 처리하는 폭거를 저지름으로써 내각제개헌 단독처리를 통한 영구집권 음모와 야당말살정책을 분명히 드러냈다. 이에 '민추협'·신민당·재야민주운동단체·종교계는 「영구집권음모분쇄와 직선제개헌」으로 노선을 통일하고 독재정권종식 투쟁을 위해 신민당 서울대회를 조속한 시일 안에 다시 개최할 것을 포함한 새로운 단계의 투쟁을 전개했다.

『민추사』, 1988, 827~848쪽, 856쪽

자료 7_ 민주개헌의지 전국서 폭발, 〈민주통신〉, 1986.05.09.

대통령은 국민의 손으로!

민주회복투쟁은 특별히
위대한 영웅이 이끄는 것이
아니라 평범한 국민이
모두 영웅이 되어 싸우는 것입니다.
-金大中공동의장-

민주통신

우리 모두 민주개헌투쟁의 승리자가
될 것을 바랍니다. 집권자나
집권당까지도 민주개헌에
동참한다면 국민과 함께 승리자가
될 것입니다. -金泳三공동의장-

발행·편집인 : 金大中, 金泳三, 발행일 : 1986년 5월 9일, 발행처 : 民主化推進協議會, 주간 : 金圭坤, 주소 : 110 서울 종로구 관훈동 151-8 근학빌딩 305호

민주개헌의지 전국서 폭발

10일 마산대회, 서울·부산·광주·대구·대전·청주에 백만인파

인천대회 최루탄 난사로 못열어

남녀노소 모두 참여해서 불구하고 사리를 메운 개헌인의 대행진 (대구결성대회)

"군사정권 종식위해 직선제 개헌을"

종교인들 서명운동에 조직적 참여

민주화를 위한 국민연락기구 결성

대학교수들도 줄지어 궐기

민통련, 변협 민주개헌 촉구

KBS 응징하여 자유언론쟁취

시청료를
내지맙시다
민주화추진협의회
KBS
듣지도보지도
않습니다

兩의장, 법관에 서한보내 -법치주의 수호자 되기를

경찰, 민추 사무실 이전 방해
- 민추회원들 가두농성 -

자료 8_ 통일민주당 창당, 〈민주통신〉, 1987.04.16.

자유 연대 승리

민주화추진협의회

민주통신

발행·편집인 : 김대중·김영삼
발행일 : 1987년 4월 16일 제24호
발행처 : 민주화추진협의회
주소 : 서울시 중구 무교동 7-1 평창빌딩 9층
757-6407~9

주간 : 김도현·副 김수일, 편집국장 : 최주영·副 최정진, 업무국장 : 정대성·副 이장우

"통일민주당 창당으로 독재종식"

민추협 김대중·김영삼의장 신당주도

직선제쟁취위해 4월말에창당
창당준비위원장에 김영삼의장

민추협 김대중·김영삼 공동의장이 대표하는 민주세력은 대통령직선제 개헌쟁취와 선거혁명을 통한 군사독재종식을 위한 전면투쟁을 위하여 4월13일 민추협강당에서 통일민주당 창당을 발기하고 창당준비위원회를 결성했다.

김영삼통일민주당창당준비위원장

통일민주당 창당준비위원장으로 선출된 김영삼의장은 김대중의장이 가택연금된 가운데 5백여명의 발기인이 참석한 가운데 개최된 발기인 대회에서 "군사독재종식 투쟁의 새로운 보루를 세움으로써 마침내 2.12선거혁명의 정신을 우리의 역사적 소명인 평화적 정권교체로 완결짓기 위한 것"이라고 선언했다.

김위원장은 "현정권이 김대중의장을 병력을 동원 가택연금한것은 집요하게 전개해온 김의장과의 분열과 야당파괴공작이 실패로 끝나자 창당을 두려워하고 초조한 나머지 이를 방해하려는 공작정치의 일환"이라고 비난했다. 김위원장은 또 "우리당을 마치 폭력혁명 노선을 지향하는 정치집단인양 매도하고 스스로 선언한 합의개헌을 부정하고 위기상황을 조장하며 폭력사태를 유발할 음모까지 숨기지 않고 있다"고 지적했다.

김위원장은 ① 대통령중심제로의 합의개헌을 위한 대화를 포함한 모든 노력 ② 현정권의 구속자 석방·사면복권·수배자해제등의 촉구 ③ 평화적선거혁명에 의한 정권교체의 실현과 폭력배제 ④ 언론과 자유쟁취 ⑤ 정강정책의 보완과 신진유능인사참여 ⑥ 민족통일주도등이 신당의 원칙이되어야 한다고 밝혔다.

▲ 지난 13일 민추협강당에서의 통일민주당 발기인 대회에서 김영삼 창당준비위원장이 연설하고 있다.

통일민주당은 창당발기취지문을 통해 "열화와 같은 국민의 성원 속에 자란 정통야당을 파국으로부터 건지고, 민주회복을 성취하기 위해, 신민당을 불순한 노선으로 오염시키고 권력의 노리개로 전락시킨 일부세력과 결별하고 진정한 민주화와 평화적 정권교체를 이룩할 수 있는 선명하고도 강력한 국민적 정당을 창건하게 되었다"고 천명했다.

또 창당준비위원회는 ① 야당파괴책동중단촉구 ② 김대중·김영삼 두지도자의 창당노선지지 ③ 현정권의 정치음모중지와 대화와 선택적 국민투표제의 수락 ④ 민주세력과의 연대를 통한 직선제 관철을 결의했다.

서울 명동 기독교여성청년회관 에서 개최될 예정이었던 통일민주당창당 발기인 대회는 당국의 방해로 장소사용이 취소되어 출발부터 탄압에 직면했다.

창당준비위원회는 최형우 이중재 양순직 노승환 김수한 전신민당부총재를 부위원장으로 지명했다. 통일민주당 발기인에는 민추협의 박종태부의장등 간부와 현역의원 71명, 이기홍씨등 변호사·교수·종교인·재야인사등이 참여했으며 4월 25일까지 법정지구당 창당, 4월말까지 중앙당 창당을 마칠 예정이며 임시 당사는 서울 중구 무교동 민추협사무실이다.

창당준비위는 다음과같이 6개분과 위원회 위원장과 부위원장을 선임했다. ( )안은 부위원장.

▲총무 김영배(명화섭, 유준상)
▲조직 서석재(안동선, 김동주)
▲선전 허경구(심완구, 박 실)
▲정책 허경만(김정길, 김봉호)
▲당헌 당규 목요상(김봉조, 장기욱)
▲국회대책 김헌규(김현수, 김정수)

신당창당 방해위해 불법감금
김대중의장자택 완전봉쇄

정부는 민추협 김대중 공동의장을 9일 0시를 기해 불법으로 병력을 동원 완전 봉쇄하고 김의장의 출입을 불가능케하고 일체의 외부인 출입을 금했다. 김의장 귀국후 54번째로 단행된 이번 가택연금은 완전한 봉쇄로 통일민주당창당을 주도하고 있는 김대중의장을 감금함으로써 신민창당을 방해하는 초강경정부방침의 폭거적 집행으로 보인다.

정부는 마포경찰서장을 시켜 "현김의장 정지중에는 정당활동이나 민추협 민권회에 출입할 수 없다고 통고하고 2백내지 3백명의 사복요원이 김의장댁 정문과 정문앞 도로를 차단하고 대로에는 전경버스 10여대를 배치 5백내지 6백여명의 전경이 상시경계하고 있다.

김의장은 이러한 경찰조치로 교회참석 병원치료 친지방문조차 금지당하고 있고 김의장 댁내에 있던 김옥두 남궁진 비서 한영애 이유형등 민추협간부들 10여명도 불법감금상태에 있다.

김영삼 민추협공동의장과 민추협 회직자로 11일과 13일 오전 김의장댁을 방문했으나 김의장은 면담치 못하고 뜰에 나온 김의장과 손을흔들어 민주화결의를 서로 다짐했다.

김의장은 이러한 경찰의 불법감금조치는 85년 3월정치활동금지 해제조치를 정부 스스로가 유린하는 것이며, 법에도 없는 불법연금을 2년동안 53회나 한 것을 변명할 수 없으며, 방문객이나 비서 친척까지 출입을 막는 이유를 알 수 없다고 치안당국자에게 말했다.

최기선부국장·서철용전문위원
3·3 대행진관련구속

3월3일 고문추방민주화국민평화대행진과 관련 경찰에 의해 강제 연행된 본회 박종태부의장등 47명가운데 최기선 농수산 부국장(연행당시 경리부장), 서철용전문위원이 구속되어 4월1일자로 집시법위반혐의로 정식 기소되었으며 이밖에 노육자 여성위원회장·김형문 청년국장이 불구속입건되고 박경수 민주통신차장이 구류3일을 받았다.

25개재야민주단체 신당창당전폭지지

새로 태어나는 「통일민주당」에 대한 민주국민의 참여와 격려가 전국적으로 확산돼 가는 가운데 서울 민통련(의장 : 김병길)과 한국정치범동지회(의장 : 윤반웅), 한국목민선교회(회장 : 고영근), 전북민주헌법쟁취위원회 (공동의장 : 김경섭)등 25개 민주재야단체들은 지난 9일과 10일 각각 통일민주당에 전폭적인 지지를 보내는 성명서를 발표하고 군부독재의 노골적인 기만적영구집권공작을 분쇄하고 진정한 민주화 쟁취를 위해 연대투쟁할 것을 다짐했다.

서민통은 「시련을 딛고 민주화를 쟁취하자」는 성명서를 통해 「현 군사독재정권의 등장과정에서 오늘에 이르기까지 그들의 반민족적, 반민중적, 반민주적 모든 통치행위가 근세 1백년사의 흐름과 궤를 같이하고 있음」을 통렬히 비판하고 『전정권은 지금까지 양심적인 국민을 협박하여 왔던 '중대결단', '국회해산', '비상조치' 등을 가시화할 수있는 명분을 신민당의 분열에서 찾으려고 하고있다」고 예견한 후 이러한 비상시국에서 신민당내의 양심적인 정치세력에 의해 『새로 태어나는 「신당」을 환영한다』고 밝혔다. 서민통은 또한 새로 출범하는 「통일 민주당」을 향해 자주적 평화통일, 반독재민주화쟁취, 민중생존권보장을 위한 정책을 개발할 것등을 당부했다.

한편 10일 오전 기독교회관 인권위 사무실에서 24개 재야민주단체대표 27명은 성명을 통해 정통성을 갖추지 못한 군사독재정권의 폭력성을 규탄하고 이런 정권을 막후에서 지지하는 미국과 이에 내응하는 신민당비주류파의 반민주적 작태를 비난한 후 『조국의 민주화를 열망하는 국민의 뜻을 성취하기 위하여 선명한 기치를 들고 창당하는 쾌거에 전폭적으로 지지한다』고 밝혔다. 27명의 대표들은 또한 『영구집권을 강행하려는 민정당은 이번에 창당되는 신당이 국민의 목소리임을 알고 어서 속히 회개하고 선택적 국민투표로 나타나는 국민의 뜻에 순응 함으로 속죄받길 바란다』고 충고했다.

김대중·김영삼의장, "개헌논의중단은 국민기만영구집권음모작태"

통일민주당창당위원장인 김영삼공동의장은 전대통령의 일방적인 개헌논의 중단선언과 관련 민주화의지가 없는 정부여당의 기만적 영구집권 음모작태를 비난하고, 모든 난관을 극복하고 국민의 염원인 대통령중심직선제를 통한 민주화를 관철하기위해 거듭 여야간의 실질적 대화를 제의했다.

김영삼공동의장은 14일 민추협사무실에서 기자회견을 갖고 전날 전대통령의 개헌약속파기에 대해 이는 『독재정권이 새로이 출범하는 통일민주당에 국민의 기대와 여망이 모아지자 2.12 총선의 민의를 일거에 압살하고 그들 본래의 영구집권음모의 본색을 만천하에 드러낸 반민주적·반국민적 폭거』라고 규정하고 정부여당은 패배주의적 사고방식에서 벗어나 국민적 합의사항인 민주개헌을 위해 『즉각 실질적 대화에 응할 것을 요구』하는 제의를 하는 한편 『전대통령이 진실로 개헌과 관련해서 「정치적 사심」이 없다면 실질대화를 통한 타결에의 길은 넓게 널려있다』고 강조했다.

한편 김대중의장은 이와관련 논평을 통해 『전두환씨의 호헌발표는 그동안 내각책임제개헌을 할 의도가 있는양 위장하면서 마음속에 숨겨왔던 본심을 드러낸 반민주적처사로 이는 국민과 역사의 심판을 면치 못할 것』이라고 비난하고 『도대체 내각책임제를 지지하면 합의개헌찬성이 되고 대통령중심직선제를 주장하면 반대가 된다는 논리는 어디에서 나오는가』라고 반문한 후 난국수습을 위해 거듭 거국적인 중립내각의 구성을 촉구했다.

한광옥대변인등에 중형구형

고대앞방문사건과 관련 구속 및 불구속기소된 본회 임원·회직자들에게 모두 중형이 구형되었다.

한광옥대변인이 지난 30일의 결심공판에서 징역3년을 구형받았으며 이에 앞서 지난 19일의 재판에서 본회상임운영인 박찬종, 조순형의원에게 각각 3년과 2년6개월의 징역이 구형되었고, 3월9일의 재판에서 김병오 부간사장(현상임운영위원), 원성희 조직국장, 김장곤인권인권국장(현상임운영위원), 김수일노동국장(현부주간) 등이 모두 징역2년을 구형받았다.

85년9월6일 발생한 고대앞 사건은 5백70여일동안 23회에 걸친 공판과정을 통해 그간 3차례나 재판부가 바뀌고 10차례의 재판부기피신청이 제기되었으며 특히 박, 조의원에게는 5차례의 구인장이 발부됐다.

한대변인은 작년말 건대사태성명서 발표와 관련 구속되었으나 이 성명서가 이적성이 없다는 이유로 85년 4·5 월에 발표된 「민추협입주방해성명서」와 관련 구속재신청되어 병합 재판을 받아왔다.

김대중의장 노벨평화상수상후보
서독사민당의원73명등 추천

◀ 김대중의장이 지난 84년 미국 에모리대학에서 명예박사학위를 수여받고 있다.

김대중민추협공동의장이 금년도 노벨평화상 수상자 후보로 독일 사민당(SPD)잉그리트·마테우스·마이어의원등 73명에 의해 지난 1월30일 추천되었다.

이 사실은 독일의 DPA통신과 영국의 본 주재 로이터 통신을 통해서 우리들에게 알려졌다.

김의장이 노벨 평화상 후보로 추천된 것은 온 국민에게 긍지와 자부심을 일깨워 준 국가적 경사이며 모든 민주세력에게 민주승리에 대한 확신과 희망을 새롭게 하는 횃불이 될 것이다.

추천자들은 노르웨이 오슬로에 있는 노벨상 위원회에 보낸 추천서에서 김의장을 추천한 이유를 다음과 같이 밝혔다.

① 김대중씨는 남북한 독재정치의 반대자로서 희생자이고, ② 지난 10년간 인권과 시민권을 위해 전력해 왔고, ③ 민주적 자결에 의한 평화적 통일을 위해 진력해 왔으며, ④ 대통령직선제하에 당선 가능성이 큼에도 불구하고 한국의 대통령 출마 의사를 공식적으로 포기하는 선언을 '86년 11월초에 발표하는 등 책임있게 정치적 화해를 이끌어 왔다. 김대중의장을 추천한 독일 사민당의 빌리브란트 당수는 '69년 수상직에 있을 때 독·소 불가침조약체결 등 분단 독일의 비극을 극복하고, 유럽의 평화정책에 기여한 공로로 '71년 노벨평화상을 수상하였는데, 브란트 당수는 김의장이 '71년 대통령후보때 제창하였고 그 이후 계속 지지해온 평화적 조국통일 정책과 비폭력 평화적 방법을 통한 반독재투쟁 및 민주화와 인권을 위한 노력이 그의 동방정책등 평화통일정책과 맥을 같이하는 것으로 이해하고 세계평화와 인권차원에서 김대중의장의 사상과 업적을 높이 평가하여, 사민당의원들이 김의장을 추천하는 것을 성원한 것으로 알려지고 있으며, 지난 10여년간 각별한 유대를 맺어왔다. 한편 기민당출신 본·바이체카 대통령도 김의장의 오랜 친구로서 김의장을 위해 많은 노력을 아끼지 않고 있다.

금년도 노벨평화상 후보 추천은 1월30일 마감되었으나, 추천된 수상 후보들에 대한 추천은 수상자가 결정 되는 10월 초까지 계속할 수 있다. 이에따라 김대중의장에 대한 추천이 계속되고 있는데, 대표적으로 카나다 온타리오주 데이비드 피터슨 수상, 카나다 신민당을 대표한 파울린 쥬엣의원, 미국의 〈남부의 하버드대학〉이라고 불리는 에모리대학의 제임스 레이니총장등이 연이어 추천하고 있으며 이외에도 미국, 카나다, 유럽 등지의 유력인사들이 계속해서 추천하는 대대적인 움직임을 보이고 있어 수상 전망이 한층 밝아지고 있다.

다른 나라에서는 국가적으로 수상을 위해 총력을 기울이기도 한다. 그런데 우리 나라에서는 김대중선생에대한 노벨평화상 후보 추천 소식을 국내 한두 신문에 1단 3-4행으로 짧게 보도를 단 한 번 하는 데 그쳤으며 그래서 국민 대부분이 수상후보로 추천된 소식을 알지 못하고 있으며 이러한 한심한 보도지침에 대해 분노한 국민들의 항의가 빗발치고 있다. 더욱이 현 정부는 김의장의 노벨상 후보 추천을 국가적 경사로 함께 힘모아 수상을 성원하기는 커녕, 방해공작을 하고 있다. 브란트 사무실에서 알려온 바에 의하면 서독주재 한국대사가 김의원의 노벨평화상 후보추천을 한 사민당에 항의했다고 한다. 참으로 개탄할 일이다. 그러나 김대중의장의 노벨상후보추천 소식을 전해들은 수 많은 국민들은 축전과 전화로 무교동 김의장 자택에 감격의 축하와 격려 그리고 위로를 계속보내 오고 있다.

노벨 평화상심사는 노르웨이 국회가 선출한 5인 위원회가 담당하고 후보자 추천은 각 단체에서 의뢰받아 추천권을 갖는 국회의원과 전 수상자, 특정의 대학교수, 노르웨이 노벨상위원회 위원, 국제 평화·사법단체 위원이 할 수 있고, 추천을 받으면 하자가 없는 한, 위원회는 노벨상후보로 지명 공시한다. 노벨상은 생존자에게 수여하기로 되어 있고, 지명자에 대한 심사는 국비리에 구성된 위원회에서 심사한다.

박종철 군 추도를 국민적 규모로 확산시키려는 취지문 초고. 필자가 작성하였다._ 필자 주

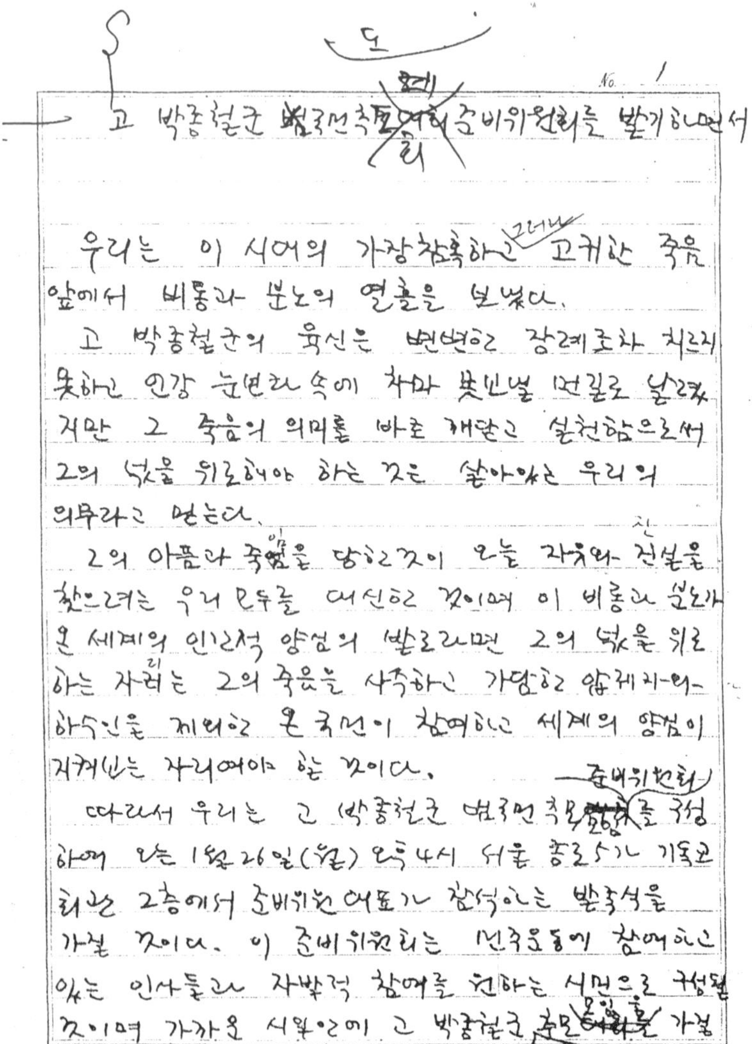
No. 1

고 박종철군 범국민추도회 준비위원회를 발기하면서

우리는 이 시대의 가장 참혹하고 그러나 고귀한 죽음 앞에서 비통과 분노의 열흘을 보냈다.

고 박종철군의 육신은 변변한 장례조차 치르지 못하고 임진강 눈벌판 속에 차마 뿌리지 못할 먼길로 날려졌지만 그 죽음의 의미를 바로 깨닫고 실천함으로써 그의 넋을 위로해야 하는 것은 살아있는 우리의 의무라고 믿는다.

그의 아픔과 죽음을 당한 것이 오늘 자유와 진실을 찾으려는 우리 모두를 대신한 것이며 이 비통과 분노가 온 세계의 인권적 양심의 발로라면 그의 넋을 위로하는 자리는 그의 죽음을 사주하고 가담한 암세력과 하수인을 제외한 온 국민이 참여하고 세계의 양심이 지켜보는 자리여야 할 것이다.

따라서 우리는 고 박종철군 범국민추모회 준비위원회를 구성하여 오는 1월 26일(월) 오후 4시 서울 종로5가 기독교회관 2층에서 준비위원 대표가 참석하는 발족식을 가질 것이다. 이 준비위원회는 민주운동에 참여하고 있는 인사들과 자발적 참여를 원하는 시민으로 구성될 것이며 가까운 시일안에 고 박종철군 범국민추모회를 가질

No. 2

것이다.

우리는 고 박종철군과 같은 말하지 않는 고문의 아픔을 당하고 어느날 변사체로 발견되었거나 아직도 생사를 알 수 없는 수십여명의 학생들, 그리고 지금도 회복불능의 고통에 시달리고 있는 많은 민주인사들, 또 그러한 고문으로 조작해낸 증거로 차가운 감옥에 갇히어 있는 양심범들에게 자유를 찾아주고 아픔을 보상해주고 그 원혼을 달래주고 이나라와 이땅에서 ~~영원히~~ 인간이 만들어 낸 최악의 야만적 범죄인 고문을 영원히 추방하기 위해서 모든 노력을 다함으로써 고 박종철군의 숭고한 희생에 답하는 것이다.

1. 1월 26일(월) 오후 4시 기독교회관 대강당 2층에서 고 박종철군 범국민 추도 모임 준비위원회 발족식 개최
2. 준비위원회는 현재 민주운동에 참여하고 있는 인사들과 자발적 참여를 원하는 시민들로 구성
3.

박종철 군 국민추도회 행사 당일 배포된 유인물로 필자가 작성하였다._ 필자 주

사랑하는 박종철 군이여

이 시대 이 땅에 사는 우리 모두가 사랑하지 않을래야 않을 수 없고, 박종철 군을 추도하는 이 식전에서 우리는 그대의 아버님이 그대의 마지막 육신을 얼어붙은 강의 찬바람 속에 보내면서 "아부지는 할 말이 없데이"라고 절규했듯이, 그대의 참혹한 죽음의 소식이 준 충격속에 온 국민이 말을 잃었듯이 아직도 우리는 그대의 영혼과 그대의 사랑하는 가족과 친구들을 위로할 한조각의 말조차 찾지 못하고 있읍니다.

박종철 군이여

그대는 동포의 아픔을 아파했읍니다. 그대는 쫓기는 이웃을 사랑했읍니다. 그대는 개인적 탈출이 아닌 사회적 구원으로 가난을 이기고 넉넉함을 얻는 위대한 세계관에 그대의 인생관을 일치시키려고 몸부림 쳤읍니다. 그대는 이 아픔과 사랑과 몸부림을 무섭게 거대하고 강고하고 어두운 독재와 분단 불의와 타락의 세대속에서 생명을 다해 밝은 빛으로 싸워 비추려 했읍니다.

그러나 우리는 그대의 이 아름다운 육신과 영혼을 저 독재의 손아귀에 빼앗겨 저 천하와도 바꿀 수 없는 위대한 생명을 죽음에 까지 이르게 하고 말았읍니다. 그래서 우리는 지금 말을 잃고 분에 떨며 울고 있읍니다. 통곡 통곡하고 있읍니다. 마침내 울음의 소리까지 잃고 망연히 우리 자신의 넋마저 잃고 있읍니다.

사랑하는 박종철 군이여

그러나 지금 우리는 우리의 말을 잃은 대신 우뢰와도 같은 그대의 고함을 듣습니다. 섬광과도 같은 그대의 가르침을 봅니다.

"나를 위해 울지말고 너 자신과 너의 민족을 위해 울어라" 그렇습니다. 그대의 아픔과 죽임을 당한 것은 우리 모두를 대신한 것입니다. 그대는 죽지 않고는 살 수 없다는 것을, 그대의 죽음으로 우리를 살리려 했다는 것을, 우리 자신의 죽음 없이는 우리 이웃과 후손의 삶이 없다는 것을 가르치려 했읍니다. 그대는 독재의 주먹에 멍이 들었고, 독재의 손아귀에서 뼈가 으스러 졌고, 죽음의 독수를 퍼먹여 졌고, 창조주가 준 그 아름답고 귀한 생명의 불꽃이 꺼질때 까지 모질고 모진 아픔을 당했읍니다. 그대 죽음의 소식을 듣기 까지는 어리석은 우리는, 우리 국민은 대명천지 밝은 세상에서 천하보다 더 귀한 생명을 소리도 없이 죽어 가는 독재권력의 밀실이 있고, 폭행, 물고문, 전기고문 등 신도 창조하지 않는 악마의 발악이 국가권력의 너울을 쓰고 행해진다는 사실을 정녕 구체적 사실로, 우리 자신의 일로, 우리 자식의, 이웃의 일로 깨닫지 못했읍니다. 내가 안당하면 남의 일 보듯했고, 내가 당하면 겁에 질려 숨기고 말았읍니다.

그대의 불쌍한 죽음이 이 모두를 우리 앞에 드러냈읍니다. 이제 이러한 악마의 손에 우리를 빼앗기지 않게 하려고 위대한 그대의 죽음이 우리 앞에 드러났읍니다. 그대의 어리고 짧은 삶과 죽음이 나이든 우리의 어리석음을 벽력처럼 쳐 우리를 부끄럽게 하고 깨우쳐 주고 있읍니다.

박종철 군이여

그대의 아름다운 육신은 우리의 어리석음과 비겁함과 무력함으로 빼앗기고 말았읍니다만 그대의 빛나는 영혼은 우리가 되찾아 우리와 함께 영원히 영원히 살아야 할 것입니다. 아니 이것은 우리 자신과 이웃과 후세를 지키고자 함이기도 합니다.

박종철 군이여

독재와 분단과 부정과 타락이 없는 그래서 가난도 아픔도 없는 하늘나라에서 편히 쉬십시요.

아니 박군이시어

우리는 그대가 그토록 사랑했던 가족과 친구가 사는 이 땅이 독재와 분단, 부정과 타락이 없는 그러한 나라가 되지 않는 한 그대의 영혼도 안식을 누릴 수 없다는 것을 알며 깨닫기 때문에 이 땅위에서 고문없는

민주화된 세상을 만들기 위해, 그대가 보여주었던 그 아름답고 빛나는 삶과 죽음의 길을 욕되지 않는 싸움의 길로 우리 자신에게 다짐하는 이 추도식과 추도의 말씀을 올립니다.

오늘 이 추도회 마저 치를 수 없게하는 이 악한 세대를 우리는 그대의 위대한 영혼과 함께 마침내 이겨내는 그날이 올 것을 믿고 앞당기기 위해 그대의 영전에 거듭 다짐합니다.

고 박종철 열사이시여

우리가 못한 대신 하늘의 위로가 그대와 그대의 가족 그리고 친구들에게 넘치도록 가득 하기를 우리는 울며 기도 합니다.

1987. 2. 7.

고박종철군 국민추도회 준비위원회 고문

민주화추진협의회 공동의장 김대중, 김영삼

1987년 6월 5일 발표된 6·10 국민대회에 즈음하여 국본 고문 공동대표 회의 발표문으로 당일 행사 현장에서 배포된 유인물이다._ 필자 주

6.10 국민대회에 즈음하여 국민께 드리는 말씀

이 정부는 그 박종철 군을 고문 살인하고 그 범인마저 은폐 조작하였으며, 온 국민과 함께 약속한 민주 개헌을 얼토당토 않는 이유를 달아 일방적으로 파기하고 독재헌법의 옹호와 이에 따른 독재권력자 끼리의 정부이양을 선언하고 행동으로 굳혀가고 있읍니다.

우리는 이 정부의 이러한 용납할 수 없는 부도덕성 기만성 범죄성을 준엄히 규탄하고 그 정권적 책임을 묻고 독재권력의 영구집권에 대한 단호한 국민적 거부를 다짐하기 위해 6월 10일 국민대회를 개최하기로 하였읍니다.

우리는 이 거짓을 일삼은 정부를 대신하여 숨기고 있는 진실을 밝히고 책임을 규명하며, 부도덕한 정권을 대신하여 국가적 도덕성의 회복을 촉구하고, 독재헌법과 이에 따른 독재권력의 영구집권 계획이 가져올 국가적 불행을 막기위한 국민적 결의를 단호히 다짐할것입니다.

이 국민대회는 결코 특정인과 특정 정당을 시기 중오하기 위한 것이 아닌 나라의 주인인 국민이 국민의 생명을 빼앗고 국민의 주권을 박탈하고 국민을 끝없이 속이는 이 정권을 향해서 국민주권을 선포하는 대회입니다.

극소수 정치군인의 정권욕에 의한 정치 개입이 없었다면 이 나라의 안보는 훨씬 튼튼했을 것이며, 권력과 재벌의 독점과 부패가 조금만 덜했던들 국민의 살림은 한결 넉넉하고 세상을 맑을 것이며, 공권력의 속임수와 폭력을 막을 수 있었던들 수천명이 목숨을 잃거나 다치지 않았을 것이며 감옥에 갇히고 공민권을 뺏기고 거리의 가로수 마저 시들게 하는 독가스에 숨이 막히고 눈물 흘리지는 않았을 것입니다.

이제는 우리 국민의 생명과 자유를 위해서 더 이상 뺏기지 않고 죽지 않고 맞지 않고 속지 않고 눈물 흘리지 않기 위해서 발언하고 행동해야 합니다. 우리의 국민대회를 통한 국민주권의 확인은 당연히 민주한국의 국시가 보장하고 있는 바이지만 우리의 방법은 평화적이어서 보다 많은 국민의 감동과 참여를 얻으커야 합니다.

국민여러분의 참여를 간곡히 호소합니다. 대회장에서, 여러분의 일터와 가정과 거리에서, 국민대회 행동수칙에 따른 참여가 있기를 간곡히 호소합니다.

특히 공무원과 군인 여러분께 호소 합니다. 여러분의 국가에 대한 충성이 국민에 대한 봉사가 아닌 독재 권력에 대한 굴종으로 이용당하지 말기를 호소합니다. 민주헌법과 민주화는 군과 공무원의 정권에 관계없는 명예와 신분을 확고히 보장하는 바로 여러분을 위한 것임을 잊지 말기를 당부합니다.

나라의 빛나는 논동자인 젊은이와 학생들께 당부합니다. 여러분의 정의감과 그동안 겪은 온갖 희생은 그 어떤 폭발적 분노로도 오히려 모자람을 우리는 압니다. 그러나 독재자의 폭거에 이용 당하지 않는 슬기를 용기와 함께 잃지 말아야 합니다. 국민 주권의 최종적 승리를 위하여 여러분의 가장 사랑받을 수 있는 행동방법을 여러분은 알고 있을 것입니다.

가장 간곡하게 정보기관 관계자와 치안공무원 경찰 전경들께 말합니다.

권력에 대한 맹목적 충성이 저 박종철 군의 죽음을 가져왔고 오늘날 국민들의 저주와 같은 원망을 여러분께로 향하게 하고 있읍니다. 민주국가에서 주권자인 국민을 짓밟는 그 어떤 공권력의 행사도 그것은 권력에 대한 충성일 뿐 국민에 대한 반역으로 거기에 가담한 개인도 결코 책임을 면할 수 없습니다.

명령일지라도 부당한 것은 거부되어야 합니다. 타락한 공권력은 정당한 일에도 무력해 지고 맙니다.

이것이 오늘의 현상이요 장래를 위해 우려 됩니다.

공권력의 위신은 부당한 명령을 거부함으로써 여러분이 회복해야 합니다. 민주적 기본질서를 파괴하는 것이 아닌 바로 그것을 찾으려는 국민적 행동과 바로 이번의 국민대회에 대한 일체의 방해를 중단할 것을 국민과 함께 요청합니다.

사회를 불안하게 하는 것은 민주화 요구가 아니라 바로 부당한 공권력 행사입니다. 시민 생활을 괴롭히는 것은 바로 독재권력의 명령에 맹목적으로 독가스탄을 쏘고 방망이를 휘두르고 가방을 뒤지는 경찰입니다. 여러분이 국민운동에 함께 참여하는 영광스러운 결단이 있기를 간절히 바랍니다.

마지막으로 민정당과 정부에 바랍니다.

이번 국민대회는 다음 정부와 대통령이 국민에게 손가락질 받지 않고 세계를 향해 떳떳하려면 독재헌법이 아닌 민주헌법에 따라, 독재자의 지명이 아닌 국민의 손으로 뽑혀야 한다는 너무나 분명한 사실을 온 세계와 모든 국민이 알고 있으며 오직 홀로 민정당과 이 정권만이 외면하고 있다는 것을 깨우쳐 주기 위한 것입니다.

따라서 이번 국민대회의 평화적 진행을 적극 보장할 것을 거듭 촉구합시다.

국민 여러분

이번 국민대회에의 국민적 동참을 통하여 진실의 힘을, 국가의 도덕성을, 국민주권의 최고 절대성을 거짓정권과 부도덕한 정부와 교만한 통치권에게 똑똑히 보여주고 함께 확인할 것을 호소합니다.

1987. 6. 5.

민주헌법쟁취 국민운동본부

고문 공동대표 회의

필자가 당시 작성한 6·10국민대회 말씀 초고본이다._ 필자 주

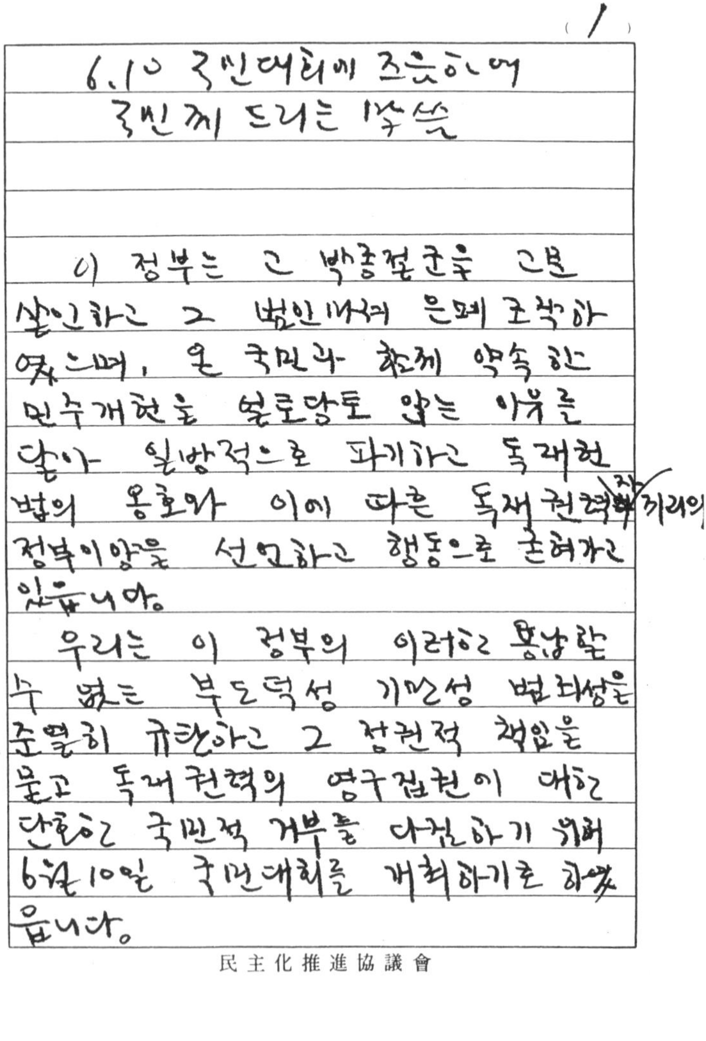

(1)

6.10 국민대회에 즈음하여
국민께 드리는 말씀

이 정부는 고 박종철 군을 고문 살인하고 그 범인마저 은폐 조작하였으며, 온 국민과 함께 약속한 민주개헌을 얼토당토 않는 이유를 달아 일방적으로 파기하고 독재헌법의 옹호와 이에 따른 독재권력자끼리의 정부이양을 선언하고 행동으로 옮겨가고 있습니다.

우리는 이 정부의 이러한 용납할 수 없는 부도덕성 기만성 범죄성을 준열히 규탄하고 그 정권적 책임을 묻고 독재권력의 영구집권에 대한 단호한 국민적 거부를 다짐하기 위해 6월 10일 국민대회를 개최하기로 하였읍니다.

民主化推進協議會

이 국민대회는 결코 특정인이나 특정 정당을 시기 증오하기 위한 것이 아닌 나라의 주인인 국민이 국민의 생명을 빼앗고 국민의 주권을 박탈하고 국민을 끝없이 속이는 이 정권을 향해서 국민주권을 선포하는 대회입니다.

~~우리는 이 국민대회를 통하여 국민의 생명과 자유보다 국가가 지켜야 할 어떤 더 높은 가치도 없으며 국민주권보다 더 우위에 있는 통치권이 있을 수 없음을 결연히 보여 주어야 합니다.~~

~~우리는 극소수의 정치군인의 정권욕에 의한 군의 국가에 대한 충성과 직업적 전문성에 대한 훼손과 오염이 없었다면 아니라~~

극소수 정치군인의 정권욕에 의한 정치개입이 없었다면 이 나라의 안보는 훨씬 튼튼했을 것이며, 권력과 재벌의 독점과 부패가 조금만 덜했던들 국민의 살림은 한결 넉넉하고 세상은 맑을 것이며, 공권력의 속임수와 폭력으로 수천명이 목숨을 잃거나 다치지 않았을 것이며 감옥에 갇히고 공민권을 빼앗기고 거리에 가는 곳마다 시들게 하는 독가스에 숨이 막히고 눈물 흘리지는 않았을 것입니다.

이제는 우리 국민의 생명과 자유를 위해서 더 이상 빼앗기지 않고 죽지 않고 맞지 않고 속지 않고 눈물 흘리지 않기 위해서 발언하고 행동해야 합니다. 우리의 국민대회를 통한 국민주권의 확립은 당연히 민족사의 국시가 선언하고 있는 바이지만 우리의 방법은 평화적이어서 보다 많은 국민의 감동과 참여를 얻어내야 합니다.

국민 여러분의 참여를 간곡히 호소합니다. 대회장에서 여러분의 얼굴과 가정과 거리에서 국민대회 행동강령에 따른 참여가 있기를 간곡히 호소합니다.

~~그러나 이제 국민여러분 행동수칙에 따른~~
~~참여가 있기를 기도 합니다.~~

특히 공무원과 군인 여러분께 호소합니다. 여러분들의 국가에 대한 충성이 국민에 대한 봉사가 아닌 독재 권력에 대한 굴종으로 이용당하지 않기를 호소합니다. 민주화와 민족화는 군과 공무원의 정권에 관계 없는 명예와 신분 보장을 확고히 보장하는 바로 여러분을 위한 것임을 잊지 않기를 당부합니다.

모든 경제인께의 참여를 호소합니다. 자유로운 경제활동을 위해 많은 대가를 권력에 빼앗기지 않기 위해 이제 모든 재산이 존경 속에 지켜질 수 있는 세상을 위해 독재정권과 독재권력과 결연히 결별하는 행동을 결단해야 합니다. ~~세상을 불안하게 하는 것은 독재자이지 주권자인 국민이 아님을 기억 재인식해야 합니다.~~

~~제거하여야 합니다.~~

~~모든 일하는 근로대중은 나라의 주인으로서 누가 우리를 짓밟고 빼앗고 있는지를~~

~~나라의 주인인 일하는 근로자 농민 그리고 서민 여러분들은 이제 당당하게 주인으로서의 권리를 찾아 떨쳐 일어나야 합니다. 더 이상 독재 권력이 우리를 짓밟지 못하도록 힘을 보태야 합니다.~~

나라의 주인인 젊은이와 학생들께 당부합니다. 여러분의 정의감과 그 용기와 온갖 희생은 그 어떤 폭발적 분노보다 ~~더 폭력적~~ 오히려 모자람을 우려는 않습니다. 그러나 독재자의 폭거에 이용당하지 않는 슬기를 용기와 함께 길러 나가야 합니다. 민주주권의 최종적 승리를 위하여 여러분의 가장 ~~정확하고 현명~~ 사랑받을 수 있는 행동방법을 여러분은 알고 있을 것입니다.

民主化推進協議會

가장 간곡하게 정보기관 관계자와 치안공무원 경찰 전경들께 말합니다.
권력에 대한 맹목적 충성이 저 박종철군의 죽음을 가져왔고 오늘날 국민들의 저주와 같은 현상을 여러분께는 당하게 하고 있습니다. 민주국가에서 주권자인 국민을 짓밟는 그 어떤 공권력의 행사도 그것은 권력에 대한 충성일뿐 국민에 대한 반역으로 거기에 가담한 개인도 결코 책임을 면할 수 없습니다. 명령일지라도 부당한 것은 거부되어야 합니다. 타락한 공권력은 정당한 일에도 무력해 지고 맙니다. 이것이 오늘의 현상이요 장래를 위해 우려됩니다. 공권력의 위신은 부당한 명령을 거부함으로써 여러분이 회복해야 합니다. 성숙한 민주적 기본질서를 파괴하는 것이 아닌 바로 그것을 찾으려는 국민적 행동과 바로

(2)

이번의 국민대회에 대한 일체의
방해를 중단할 것을 ~~요구~~ 국민과 함께
요청합니다. ~~독재자의~~ (권력) ~~명령이 있더~~
~~라도 민주인사의 통제를 위해 개방할~~
~~것을 강력히 요구~~
사회를 불안하게 하는 것은 민주화
요구가 아니라 바로 부당한 공권력
행사입니다. 시민생활을 위축하는
것은 바로 독재권력의 명령에 맹목
적으로 독가스탄을 쏘고 방망이를 휘두
르고 가방을 뒤지는 경찰입니다.
여러분 여이 국민운동에 함께 참여하는
영광스러운 결단이 있기를 ~~강력히~~
간절히 바랍니다.

~~따라서 앞으로 우리는 국민과 함께~~
~~행복이 바랍니다.~~
~~건승으로 국민의 뜻을~~ 어디에

民主化推進協議會

(8)

이번 국민대회는 따지 않는 민정당과 정부에
바랍니다.

다음 정부와 대통령이 국민에게
손가락질 받지 않고 세계를 향해
떳떳하려면 독재헌법이
아닌 민주헌법에 따라, 독재자의
지명이 아닌 국민의 손으로
뽑혀야 한다는 너무나 분명한
사실을 외면한 채 민정당과 이
정권은 외면하고
따라서 이번 국민대회의 평화적
진행을 적극 보장할 것을 거듭
촉구합니다.

국민여러분

이번 국민대회에의 국민적 동참을
통해서 진실의 힘을,
국가의 도덕성을, 국민주권의
최고 절대성을 거짓 정권과 부도덕

하고 정부와 교섭도 ~~독재자와~~ 통치권에게
똑똑히 일러주고 함께 확인할
것을 호소합니다.

1987. 6. 5

~~고 박종철군 고문살인은폐조작 규탄및~~
~~독재호헌 철폐 촉구 국민대회~~
~~준비위원회~~

민주헌법쟁취 국민운동본부
고문·공동대표 일동.

민주화추진협의회

6·10대회는 그날로 끝나지 않고 명동성당에서 5박 6일간 계속되었다. 학생, 신자, 성직자, 다양한 시민이 참여한 투쟁공동체를 이루었고, 6월항쟁에 일반 시민이 참여한 대투쟁으로 전환한 분수령이 되었다. 이 자료는 필자가 『6월항쟁을 기록하다』(사)6월민주항쟁계승사업회, 민주화운동기념사업회, 2007.와 김성익의 『전두환 육성 회고록』, 동아일보 등을 참조하여 '명동성당 농성투쟁'의 전말을 종합하여 필자가 정리한 것이다._ 필자 주

명동성당 농성투쟁의 경과

- 명동성당 농성

학생과 시민들로 이루어진 시위대가 성당으로 밀려들어와 기왕에 이곳에서 농성 중이던 상계동 철거민과 합류하여 철야농성이 되었다. 학생시위대는 서대협이 주도했다. 성당 측에서도 김영도 주임신부, 명동성당청년협의회(명청연), 서울교구정의평화사제단이 시위사태에 대하여 대책을 세우기 시작했다. 이들은 농성이 끝날 때까지 시위대를 지지 보호하고 자고 먹고 부상자를 치료하는 문제까지 헌신적 협조를 하게 된다.

시위대는 10일 밤 '농성을 할 것인가? 하지 않을 것인가?'를 토론하여 농성투쟁을 결정했다. 5박 6일 투쟁기간 동안 적을 때는 1백 5명(13일 새벽) 또는 3백 50여명, 많을 때는 1천여 명(10일 밤)이 명동성당에서 자고 먹고 했다. 그동안 매일 몇 차례씩 민주화를 위한 토론회를 열고, 성당을 거점으로 성당 내, 또는 성당 밖으로 진출하는 시위를 했다. 농성자끼리도 했지만, 시민들 또는 미사에 나온 신도들과 함께 토론회와 시위를 가졌다. 경찰의 난폭한 최루탄 발사와 이에 맞선 화염병 투석전으로 최루탄 연기가 앞이 안보일 만큼 자욱하게 덮이고 숨을 못 쉬고 눈을 못 뜨고 직격탄을 맞아 부상자가 속출하는 어려움이 있었다(11일). 또 강경진압 전원연행 비상사태설과 같은 공포와 위협이 계속되었다. 잠자리의 불편함, 먹는 것, 초여름의 날씨와 최루탄과 시위로 더렵혀진 의복 등 등 무척 어려운 여건이었다.

'명동투쟁공동체'는 학생이 다수를 차지하기는 했지만 이들도 각기 학교가 달랐고 각계각층의 시민, 상계동 철거민, 소수의 국본 또는 운동권 인사

들, 명청연 등으로 이루어진 자연발생적 모임이었다. 자체적으로 규율을 만들고 경계조, 순찰조, 의료반 등 필요한 기구를 만들고 인원을 배치를 했다. 부상자를 병원으로 싣고 가고 응급환자를 치료했다. 경찰과의 공방전이 지난 뒤 최루가스를 씻어내고 화염병 투석전으로 더렵혀진 성당을 청소했다. 검찰 경찰이 강경방침을 통고하자 바리케이드를 쌓고 끝까지 싸울 것을 결의하기도 했지만 성당 측과의 협조아래 투쟁을 계속하기 위해 질서를 지키고 과격성을 자제하는 전술전환을 하는 유연성을 보이기도 했다. 무엇보다 토론에 토론을 거듭하여 결론을 이끌어내고 투쟁과정에서도 수시로 시민토론회를 열어 의견을 발표 수렴하는 등 민주적 절차를 잘 운영했다. 토론을 통해 이루러진 결정을 질서 있게 행동으로 옮겼다.

15일 명동성당에서는 밤을 새운 토론에 이어 3차례 투표를 거쳐 아침이 되어서야 해산으로 결정이 났다. 이날 낮 2만여 명의 시민들의 구호, 함성, 애국가, 박수 가운데 시위대는 ① 4·13호헌철회 ② 6·10대회 관련 구속자와 양심수 석방 ③ 미국의 독재 호헌의 조종 지지 중단을 요구하는 성명을 내고 버스를 나누어 타고 해산했다.

- 명동 일대와 명동성당 투쟁 지지 시위

11일 오전부터 명동일대는 성당에서 나오려는 시위대와 성당으로 합류하려는 시위대가 내외에서 호응하여 대규모 시위가 벌어졌다. 규모 뿐 아니라 명동일대의 젊은 직장인들 이른바 넥타이 부대가 '호헌철폐''독재타도' 구호를 외치고 '통일의 노래'를 합창하며 시위대로 돌변했다. 이것은 시위의 성격이 중산층이 가담하고 정부가 자기편이라고 말하는 침묵하는 다수가 시위에 가담했음을 말하는 것이었다. 서울의 여러 대학에서 '명동출정식'을 가지고, 시내로 나와서 명동성당농성 지지시위를 벌였다. 또 학내에서 서울 18개 대학을 포함하여 전국 38개 대학에서 교내시위가 일어났다. 대전 익산 전주 여수 순천 경주 안산 등지에서도 시위가 있었다. 12일에는 명동일대에 더 큰 인파가 시위를 지지했고, 더욱 큰 규모로 서울 도심과 부산 마산 곳곳에서 시위가 있었다. 시민들은 더욱 적극적으로 시위에 호응하였다. 최루탄을 못 쏘게 몸으로 막기도 하고 화장지를 나누어주기도 했다. 13일에도 명동일대는 시민과의 토론회가 열리고, 점심식사를 나온 넥타이부대들이 구호를 외치고 인근빌

당에서 박수와 함성이 터지고 화장지를 풀어 날리게 하는 격려행사를 연출했다. 서울 부산 마산 대전 등지에서 시위가 벌어졌다. 14일 일요일에는 명동성당에서 가톨릭 신자와 시위대가 어울어진 시국토론회가 있었고 이어 촛불행진이 있었다. 인천 전주 광주 익산 등지에서 계속시위가 있었다.

- 명동성당 사제단·추기경의 단호한 지지와 보호

명동성당 농성 기간 중 김수환 추기경, 김영도 주임신부, 천주교 서울대교구 사제단, 정의구현사제단은 시위대를 보호 지지했을 뿐 아니라 기도회, 미사, 행진으로 시위대 이상으로 적극적인 민주화 의지를 행동으로 표현했다.

김영도 주임신부는 11일 낮 성당에 대한 경찰의 최루탄 난사에 강경히 항의했다. "성당에 이렇게 최루탄을 쏘는 것은 예수께 총부리를 대는 것이다. 지금 선전포고 하는 것인가? 그렇다면 선전포고에 응할 용의가 있다." "우리는 학생들이 경찰에 쫓겨 들어왔기 때문에 보호할 의무가 있어서 보호하는 것이다."(『6월항쟁을 기록하다』 3권, (사)6월민주항쟁계승사업회, 2007, 262쪽) 또한 사제단 회의를 소집하여 시위대와 함께 철야 농성을 하고 사태가 끝날 때까지 미사를 하기로 했다. 명동성당청년연합회(회장 기춘)은 성당의 여러 시설을 시위대를 위해 알선하고 의료반 등에 요원을 배치해 주고 지원체계를 갖추어 주었다. 서울교구청 소속 사제 40명은 대책위원회를 만들고 "위험을 피해온 사람들을 쫓아 낼 수 없다. 농성학생들의 민주화투쟁은 정당하다"고 결의했다. 15일 항의기도회를 개최하고 신자들의 동참을 호소했다. 12일 장상수녀회 소속 수녀 2백 명, 사제단 소속신부 1백 명이 경찰의 봉쇄를 뚫고 성당에 들어와 준 일, 특히 김수환 추기경의 단호한 지지와 후견은 절대적 버팀목이 되었다.

12일 한밤 중 김 추기경은 안기부차장 이상연과 서울시경국장이 학생들을 체포하겠다고 하자 이렇게 말했다. "학생들이 민주주의를 세우기 위해 투쟁하고 시위하다가 이곳 성당에 들어왔는데 우리가 그들을 어떻게 내쫓겠는가? 당국이 성당에 공권력을 행사할 수도 있겠으나 당신들이 여기 들어와 학생들을 잡아가려면 나를 밟고 지나가라! 그렇게 되면 전국의 신부들이 명동성당에 모여 구속을 각오하고 맞서는 새로운 국면을 맞게 될 것이다. 가서 지시한 사람에게 내 말을 전하라"(위의 책, 275쪽) 추기경은 농성과 시위대 해산이 결정된 뒤 농성장에 몸소 들어가 "여러분의 투쟁은 여기서 끝나는 것이 아니라 새롭게 전개해 나가는 것이 바람직합니다"라고 하면서 시위대 모두와 일일이 악수하였다.(위의 책, 291쪽)

- 치안당국 자제로 후퇴

치안당국은 10이 낮부터 밤 11일 낮까지는 명동성당에 난폭한 최루탄 공세를 퍼부었다. 성당출입을 봉쇄했다. 11일 심야에는 검찰과 경찰이 명동성당농성에 대한 강경 방침을 확인했다. 12일에는 서울시경국장은 다음 요지의 협박성 특별담화를 냈다. "명동성당집단 난동사태는 6·10폭력시위와 불법집회와 그 성격을 완전히 달리하는 체제전복의 국기문란행위…… 이들 난동분자들은 좌경운동권의 핵심세력으로 추정되며 …… 명동성당은 좌경공산혁명의 '해방구'로 설정하여 경찰의 조치에 완강히 저항하고 있다." 정부 민정당도 심야대책화의를 열고 강경책을 논의했다. 시경국장과 안기부차장이 추기경을 심야에 찾아와 체포를 공언하기도 했다. 그러나 김영도 주임신부의 강경한 항의에 최루탄 발사와 성당봉쇄를 자제하였다. 추기경의 단호한 입장과 사제단의 확고한 의지, 천주교 측의 함세웅 신부 등의 중재를 받아들여 강제연행을 취하지 않고, 해산과정에서 무사귀가의 약속을 지켜주었다. 명동성당이 가진 한국가톨릭의 중심이라는 상징성도 고려되었을 것이다. 함세웅 신부는 명동성당에 공권력을 투입하면 유럽과 남미 가톨릭국가들이 올림픽을 거부할 수 있다는 메시지가 왔다고 외교소식통들이 알려 주었다고 말하기도 했다.(위의 책, 280쪽)

- 감동적 시민 호응

명동 투쟁은 많은 감동적 이야기를 낳았다. 명동성당과 담으로 이웃하고 있는 계성여고 학생들은 도시락을 모아 시위대에게 철제문사이로 넘기면서 "오빠들 원하는 것이 이루어질 때 웃으며 보고 싶습니다. 안녕! 동생들이 보냅니다"라고 쓴 쪽지를 함께 넣어 가슴을 뭉클하게 했다. 많은 시민들과 인근 직장인들 남대문시장 상인들이 2천여만 원이 넘는 현금과 버스회수권 시계 귀금속 약품 양말 내의 생리대 같은 생필품이 들여보내주기도 했다. 미사에 나온 신도들이 성금을 내기도 했다. 명동의 빌딩에서는 시위대가 나올 때

흰색 휴지 두루마리를 풀어 길게 늘어드려 나부끼게 하는 장면을 연출했다.

- 정부 여당

정부여당은 11일 오후에 당정회의를 하고 12일 오후에 행정부 고위대책회의를 하고 저녁에 심야까지 당정회의를 하고 13일 오전 시국대책회의를 했다. 청와대에서도 11일 저녁 전두환은 수석비서관 부부모임에서 명동사태를 언급하고, 13일 오전 9시10분 전두환은 이한기 국무총리 안무혁 안기부장 고건 내무 정해창 법무 이웅희 문공 박영수 비서실장 안현태 경호실장 정무1 · 2비서관 공부수석비서관을 불러 명동성당 사태를 논의했다. 고건은 "명동이 기폭제가 되어 11, 12일 도심시위로 확대되고 있으며 도시게릴라 양상을 보이고 시민들의 호응이 두드러지고 동조 고무하는 것이 심각하며, 경찰은 피로가 쌓이고 군중들의 야유로 사기가 위축되어 있으며 최루탄에 대한 비판이 많다"고 보고했다. 시위에 나선 숫자도 "21개 대학 1만 2천명이 출정식을 갖고 명동에 합류했으며, 12일은 1만 3천명이 교내시위를 하고, 가두시위는 11일 22개소 4천 7백 명 12일 83개소 5만 7천명 참가했으며. 13일은 1만 2천 참가했다"고 보고했다. 또 "명동사태가 장기화하면 시위가 계속될 전망이며, 서울 주요 대학 90%가 시험을 거부하여 소요요인이 계속 잠재하고 있다"고 보고했다.

전두환은 시위대를 "현 정부 타도, 야당 타도, 3단계 공산혁명 전략으로 볼 수 있다. 장기전 되면 우리에게 불리하다"라고 하면서, "쉬운 방법은 계엄을 해서 한 번 싹 쓸어서 국기를 확립시키는 방법인데, 그런 쉬운 방법을 택해선 안 좋지 않느냐"고 하면서도 "사생결단하는 자세"를 가지라고 지시했다.(김성익, 1992, 390-391쪽)

14일 오전에는 안기부장 외무 내무 법무 국방 문교 문공 장관 서울시장 합참의장 육·해·공군 참모총장 한미연합사 부사령관 특전사령관 시경국장 대통령비서실장 경호실장 정무1 정무2 교문 공보 법무수석비서관을 비상소집했다. 참석자로 보아서는 계엄령과 같은 군을 동원하는 비상사태를 선포할 수 있는 준비모임일 수 있다.이 자리에서 전두환은 아들이 말리지 않았으면 자기가 직접 새벽 3시에 명동성당에 들어가 "좌경분자의 거점이 되는 종교적 장소는 보호해 줄 수 없다고 밝히고 능력대로 훈계도 하고, 납치되면 경찰이 구출할 명분이 있게"할 계획도 있었다고 말한다. 명동사태에 대한 나름의 심각성 인식을 말한 것이다. 전두환은 이 자리에서 '초헌법적 조치 비상조치 학교휴교 일부정당해산 헌정일시중지 상태'등을 거론하며 이러한 상황에서 올림픽을 치르는 것을 언급했다. '용공·폭력주도정당해체 육군군법회의 설치 대학별 군 주둔 정신교육 진압교육'도 언급하고 있으며 이미 장관을 통해 지시했음을 말하고 있다. "손쉬운 방법은 대통령의 비상대권발동이지만 고통스러워도 그런 것 없이 나가는 게 내 소망 입니다"라고도 말하고 있다. 군 출동을 포함한 비상조치에의 유혹과 비상조치가 가져올 올림픽을 앞둔 대외신뢰도추락과 군 출동 때의 군부동향에 대한 불안 사이에서 고민하는 모습이기도 하고 야당을 포함한 정치권 재야 학생 국민을 상대로 심리전적 위협이기도 했다. 이 자리에서 이날 자정을 기해 명동성당 농성자를 전부 풀어주라고 지시했다.(위의 책, 397쪽)

12일 문공부장관 이웅희가 발표한 정부대변인 명의의 '6·10불법집회 및 시위에 대한 정부의 견해'성명은 6·10대회와 전국적 시위, 명동성당 투쟁과 함께 전개된 시위에 대한 정권적 시각을 보여주는 것이지만 특히 민주당과 김영삼을 겨냥한 것으로 볼 수 있다. "일부야당이 불법폭력 난동에 깊이 개입해 선량한 시민을 선동하여 사회혼란을 부채질 하고 있는 점을 심각히 유의하고자 한다.…… 앞으로도 불법적 장외폭력을 획책하거나 참여할 경우 정부는 강력한 대응조치가 불가피할 수밖에 없을 것"이라고 하였다. "연 삼일 째 명동선당에서 자격운동권이 주동하고 있는 것으로 추정되는 집단점거 농성사태와 치안질서교란행위를 그대로 방치 할 경우 우리 국가 기본질서가 예측할 수 없는 혼란양상에 빠져들게 될 것"이라고 하였다. 노태우도 "야당이 극열좌경세력에 볼모로 잡혀 있다.…… 폭력적 재야와 하루속히 결별"해야 한다고 회견에서 말했다. 당정협의 뒤 발표된 민정당의 견해도 "민주당과 재야의 결별을 요구"하고 "통상적 공권력으로 사태진압이 불가능할 경우 헌법과 법이 보장하는 모든 조치를 취할 것"이라고 하며 '계엄령 정당해산 최후통첩'등 용어를 거론했다. 유성환 의원구속 → 탈당사태 → 민주당의 통일정강정책입건 → 총재취임사 거론의 연장선상에서 민주당 자체의 존립에 대한 위협을 가한 것이다.

정부는 20일 이한기 국무총리 명의로 담화를 발표하였다. "전국의 과격시위와 집단난동사태에 대처함에 있어서 정부는 물론 온 국민이 서로 자제하고 이성을 회복하고 인내함으로써 난국을 푸는 슬기"를 가질 것을 촉구하고 "법과 질서의 회복이 불가능해진다면, 정부로서는 불가피하게 비상한 각오를 할 수 밖에 없다"고 위협했다.

- 민주당·민추협·노태우

민주당·민추협의 정치권으로서는 명동투쟁은 사실은 뜨거운 감자였을 것이다. 11일 빵과 우유 1,000봉지씩을 전달하고 명동시위대책위원회(국회의원 박용만 박찬종 서석재 안동선 김태룡)를 구성하고 12일 약간의 의약품을 전달하고 대책위원들이 총리실과 내무부장관을 방문하여 명동사태에 대한 최루탄 공세와 연행방침을 항의했다.

민주당 부총재인 양순직 김명윤 등 국본 간부가 구속되고, 이웅희 장관의 성명과 공권력과 학생시위가 정면 대결하는 양상으로 발전하고 이것이 야당의 충동에 의한 것이라는 정부의 시각에 대하여 민주당은 긴장했다. 명동사태에 대하여는 민주당은 "당국 성당 학생 3자가 원만한 수습책을 마련하기 바란다"고 하고, '최루탄문제조사대책위원회'(위원장 김동영)를 구성하고, 당국에게 사용금지를 요구하고, '최루탄사용금지 범국민운동'을 하겠다고 발표했다. 김영삼 총재는 "비폭력 평화적으로 치르려는 국민대회를 인마살상용 최루탄을 난사해서 아수라장으로 만들었다. 우리를 적으로 돌린다면 국민과 함께 전면투쟁을 할 수밖에 없다"고 했다. 민주당은 의원총회를 열고 현재를 '비상시'로 규정했다. 그러나 '비상한'투쟁방법을 찾거나 제시하지는 못했다. 참석한 의원들조차 "왜 소집했는지 모르겠다"(동아일보, 6.13)고 했다.

민주당은 15일 확대간부회의를 소집하고 4일 소집되어 열리지 못하고 있는 국회를 정상화해서 국정조사권을 갖는 '인권특위 상설' '6·10관계자 석방' '최루탄사용의 중단' '박종철 군 사건은폐조작의 국정조사' '이한열 김종필 군 사건진상조사' 등을 다루자는 쪽으로 의견을 모았다. 정부여당내의 온건론자의 입지를 강화시켜 강경책을 완화시키자는 것이었다. 그러나 소장층과 동교동계의 반발도 있었다. 86년의 서명운동으로 달아올랐던 개헌열기가 국회 헌특으로 식은 것을 경계하자는 것이었다. 김영삼 총재는 계속하여 4·13철회와 구속자 석방 등 민주화를 위한 실질대화를 요구하고, 즉 권한과 책임을 가진 전두환과의 회담이 필요하고 그 전단계로 노태우와의 회담도 무방하다는 제의를 하고 있다.

노태우도 대화국면으로 사태를 수습해 보겠다는 노력은 보였지만 여전히 4·13조치의 철회불가의 선을 건드리지 않고 김대중 연금완화 정도를 논의하고, 김대중과의 회담은 미복권을 문제 삼아 만날 상대가 될 수 없다고 하여 실제 대화를 향한 진전을 나아갈 수 없었다.

- 국본

국본은 10일 이후 명동성당 농성투쟁을 계획한 바는 아니었다. 그러나 농성투쟁의 중요성이 인식되어 공식적 회의를 거쳐 결의된 바는 아니지만 천주교 명동성당청년연합회와 그리고 학생운동권과 연결이 가능한 이명준 등이 시위대집행부 사제단 명청연과 긴밀한 접촉과 투쟁의 연속과 사태의 평화적 수습을 위해 노력했다. 이명준 등은 학생들이 성당차량에서 빼낸 휘발유로 만든 화염병을 수거하기도 하고 사제단 집행부와의 협의에 참여하기도 했다. 국본의 인명진 대변인 명의로 발표된 "대회는 6월 10일로 끝났고 명동농성은 국본과 관련이 없다"는 논평은 국본의 공식적 회의를 거치지 않은 것으로 농성장을 자극했지만 국본 관련자들이 서둘러 "국본은 농성투쟁을 지지한다"는 것으로 설득하였다. 국본은 13일 상임공동대표회의를 열고 성공회참석자들의 구속에 항의하는 철야농성을 가졌다. 국본은 15일 상임공동대표회의를 열고 가까운 시일 안에 민주헌법쟁취를 위한 국민적 투쟁을 평화적으로 전개할 것을 결의했다.

여기서 자제와 타협 그리고 설득에 의한 해결이란 '명동성당식 해결'이란 용어가 나오게 되었다.

이 자료는 전두환 회고록, 노태우 회고록, 박철언 회고록 등을 참조하여 명동성당 농성 이후 전두환과 노태우의 움직임을 필자가 정리한 것이다._ 필자 주

전두환의 입장

이때의 전두환의 동향은 후일 결과적으로 발표된 6·29선언을 생각한다면 매우 중층적인 것으로 나타났다. 전두환과 노태우 둘 중 누가 6·29를 선도하고 주도했는가는 아직 분명하지 않지만 어떻든 두 사람 사이의 교감과 중층적 태도와 판단이 혼재되어 있다. 전두환은 시위가 확산되는 16일 국무총리와 국무위원 전원을 청와대에 초청한 자리에서 경제호황 물가안정 무역흑자와 올림픽유치에 대단한 자부심을 가지고 이때가 국운 융성의 호기임을 강조하고 있다. 군부동원은 준비는 다되어 있지만 바람직하지 않아서 비상대권 발동을 안 하려고 노력한다고 말하고 있었다.(김성익, 1992, 403쪽)

17일 저녁 노태우의 후보선출을 축하하는 명목의 모임이 있었다. 이 자리에서 전두환은 시국에 대한 판단을 말했다. "우리가 지금 밀려가고 있는데 정부에서 할 것은 꽝하는 것 밖에는 없어 나는 카드를 다 썼어요. 이제 없어" "이제는 전부 노 대표를 중심으로 해야 된다는 얘기야. 그래서 내가 안기부장을 오라고 한 것은 비서실장과 긴밀히 협조해서 뭔가 만들어야 한다는 거야"라고 말하고 있다.

즉 당시 현상의 단순한 연장으로는 시국수습이 불가능하고 비상사태로는 바람직하지 않으니 노태우가 중심이 된 정치 정치적 결단으로 해결책을 찾아야 한다는 것을 비친 것이다. 이 자리에서는 전과 노가 서로를 치켜세우면서 서로가 후일을 의탁하는 말들이 오고 갔다. 전두환이 "나라를 위해 우리 모두 동지로 뭉쳐야지 배신을 하면 되겠어. 내 일생 내 좋아하는 사람들을 위해 바쳤어. 노태우 대통령 후보께서는 나 보다 정말 훌륭한 분이다. 내가 신뢰하고 존경하는 노 후보. 이 나라를 구출하고 발전시킬 수 있는 분이 노대표시다."라고 말하고, 노태우는 "우리가 진짜 통일을 해야 합니다. 통일은 내 소명입니다. 영광은 각하께 돌리고. 각하는 늘 민심 한가운데 계십니

다."라고 화답했다. 6월 19일 오전 10시 반 전두환은 안기부장 국방장관 3군 참모총장 수방사령관 보안사령관 등을 소집했다. 서울을 비롯한 전국의 지역별 비상시 병력배치계획을 보고 받고(이미 국방장관에게 지시하였음), 부산 마산 대구 광주 전남 등에 구체적으로 1개 사단 1개 여단 등을 보낼 것을 지시하고, 내일 새벽4시까지 진입하고, 농성자와 배후자를 검거하는 것, 계엄령에 플러스알파를 하는 비상조치로 군법회의 정당해산까지 가능하다고 하며, 10·26 4·19로 보아 부산 마산 대구의 영남삼각형이 문제라고 하며, 내일 새벽4시까지 부산에 병력을 보내라고 까지 말했다. 이러한 조치는 이날 아침 구수회의에서 군을 동원해서라도 사태를 진압해야 한다는 건의를 받고 군 고위 간부를 소집하여 지시한 것이다.

그러나 이날 오후 4시 반경 군 출동지시는 보유하기로 결정했다. 애초부터 군 동원을 할 수 없었거나 실제 할 생각이 없으면서 대국민 대정치권 또는 미국을 향한 심리전을 구사 것으로 보였다.(위의 책, 418-420쪽) 전두환 22일 노태우의 건의를 받고 김수환 추기경 한경직 목사 서의현 조계종 총무원장 윤보선 최규하 전 대통령을 만난데 이어 24일 이만섭 국민당총재를 만났다. 이만섭은 충무공의 '필사즉생(必死卽生)'을 인용하며 "대통령직선제를 수용하고, 상도동 동교동이 머리 처박고 싸우게 하고 물가안정 올림픽 가지고 정정당당하게 심판 받으라"고 건의했다. 전두환은 이에 직선제를 해도 업적이 많아서 전혀 질 염려가 없다고 하며 노태우에게 비공식으로 만나 얘기해 보라고 말한 것으로 되어 있다.(위의 책, 423쪽, 424쪽) 노태우는 20일 이만섭이 직선제를 권하자 전두환에게 말해 달라고 한 것으로 말하고 있다. 이날 저녁 7시 넘어 전두환 노태우가 만나 직선제 얘기를 하였다.

민정당과 노태우

민정당은 명동사태의 심각성으로 13일 14일 15일 당정회의와 시국대책회의를 가졌다. 사태가 더 확대되지 않는다는 전제에서 평화적 수습책을 찾기로 하고 노태우·김영삼 회담 국회정상화 종교계 지도자와의 대화 등을 시도해 보기로 방침을 세운다. 그러나 여전히 민주당의 통일정강정책의 수정을 조건으로 하는 등 사태의 심각성 보다는 기싸움을 벗지 못했다. 15일 명동농성이 해산되자 시위가 약화할 것으로 기대했을 것이다. 그러나 시위는 더욱

격화되었다. 국회로 민주당을 끌어 들이려는 노력도 쉽지 않았다. 민주당이 요구하는 박종철사건의 은폐조작의 국정조사, 구속자 석방, 김대중의 복권 같은 전제조건도 수용하기 어려웠지만, 4·13조치의 철회를 요구하는 민주당의 주장은 금기였고, 민주당으로서는 4·13철회가 논의되지 않는 선에서는 응할 수 없기 때문이다.

노태우의 행적과 입장은 결과적으로 6·29선언을 한 당사자이므로 이 기간 동안 밖으로 보인 모습이나 행보 보다는 복잡하고 중층적인 것이었다.

노태우 본인의 회고록을 요약해 보면 이렇다.

10일 후보확정의 날부터 '현행헌법으로는 대통령선거를 치를 수 없다'고 결론을 내리고 11일 기획팀에게 심중을 털어놓고 방안을 마련해 보라고 지시했다. 17일 청와대에서 전두환과 당 핵심이 모인 축하연에서 전두환으로부터 '노 대표를 중심으로 시국을 해결하라'는 지침을 전달받은 다음날 박철언을 불러 "다른 방법이 없다. 직선제로 하는 수밖에 없겠다. 준비를 해 달라"고 하면서, '직선제로 한다는 것과 김대중을 사면 복권한다는 것' 두 가지 지침을 주고 선언의 초안을 마련하라고 했다. 18 19일 당사에서 당직자와 의원들의 의견을 듣고 20일에는 이만섭 이민우와 김수환 추기경을 만났다. 고민을 털어놓고 허심탄회하게 의견을 들으니 그들은 직선제 받아들이라고 했다. 이만섭은 "국민의 저항을 이길 수 있는 길은 직선제 밖에 없는데, 노 대표는 직선제로 나가도 당당히 이길 수 있지 않겠소?"라고 했다. "현행 헌법은 당론이자 전 대통령의 강한 의지이므로 꺾을 수 없다고 하자 이 총재는 "그렇다면 전 대통령을 만나 설득해 볼 용의가 있다"고 제안하여, "내가 전 대통령에게 야당총재와 종교계 지도자를 만나달라고 건의할 테니 청와대에 가서 그대로 말씀해 달라"고 했다. 이 총재는 그렇게 하겠다고 약속했다. 김수환 추기경 역시 "직선제를 해야 국민들의 마음을 달래고 돌이킬 수 있을 것"이라며 "노 대표, 마음을 비우는 자에게 하나님은 복을 주십니다."라고 말했다. 김영삼 총재도 만나자고 제의했지만 영수회담을 고집하여 못 만났다.

박철언은 18일 노태우로부터 지시를 받고 직선제 수용 관련 선언문 기초작업에 들어가 20일과 22일 두 차례 노태우에게 보고를 하고 수정작업을 하고 있었다고 한다.

4. 18 자정 전두환이 고명승 국군보안사령관에게 전화로 20일 부산지역

에 위수령발동을 전제로 새벽 4시에 군 출동준비를 하라고 지시했다는 소식을 듣고 직감적으로 '이번에 군이 출동하면 이 정권이 무너질 수밖에 없다는 생각이 들었다. 군 간부들도 '군이 출동하면 불행한 사태를 맞게 될 것'이라는 의견들이었다. 군이 누구 편에 설지 알 수 없다는 사람도 있었다. 이기백 국방장관 안무혁 안기부장에게 '어떤 일이 있어도 군의 출동만은 불가하다는 점을 건의해 달라'고 했다. 전두환이 이들의 건의를 받아들이지 않을 경우 나의 모든 직위를 걸고라도 군 출동을 막아야겠다고 결심하고 있었다.(노태우 회고록 상, 2011, 336-342쪽)

6·29선언

6·29선언 - 직선제 수용결단에 대해서는 전두환 노태우의 증언에는 차이가 있다. 전두환은 직선제가 여당에게 반드시 유리한 것은 아니며 오히려 돈이 많이 들고 불리할 수 있다고 85년 말경부터 생각해 왔다고 했다. 87년 6·10대회 뒤 국민들의 반발과 직선제 공세의 강도가 매우 높았고 직선제를 하면 여당이 이긴다는 확신을 가졌다고 했다. 6월 15일경 노태우를 안가로 불러 얘기를 했다는 것이다. - 이 사실은 노태우의 회고에는 나오지 않고 있다. 박철언의 회고에는 23일 노태우가 불러 갔더니, 노태우가 전두환으로부터 직선제를 하자는 말을 받아왔다고 하고 있다. - 노태우 회고에는 18일 박철언에게 직선제 선언초안을 만들라고 지시했고 22일에는 초안을 수정 작업 중이었다고 되어 있다.(김성익, 1992, 450쪽; 노태우 상, 338쪽, 343쪽; 박철언 회고록, 261쪽)

전두환이 6월 15일 경 노태우에게 직선제를 받자고 얘기했다고 회고했지만, 노태우는 6·10대회 날 이후 이미 직선제를 하지 않을 수 없다고 결심하고 준비를 했다는 것, 전두환이 직선제를 수용하지 않을 것을 걱정하여 이만섭 김 추기경 등을 만나게 하고 반어법 등으로 다짐을 받았다는 것, 군 출동은 직을 걸고라도 막을 결심이었다는 것을 말하고 있다.

민정당은 21일 장시간 긴급의원총회를 열어 시국에 관한 광범한 의견을 모았다. 4·13수정과 개헌논의의 재개는 피할 수 없다는 것이고, 국민투표로 정치일정 권력구조를 물어 보자는 것, 내각제개헌, 국회 해산 등 다양한 의견이 나왔다. 노태우는 22일 전두환을 만나 이러한 의원총회의 의견수렴결과와 정당대표 종교계대표와의 회담을 건의했다. 여기에 김영삼과의 영수회담이 포함되어 결정된 것이다. 24일 다시 노태우 전두한의 만남에서 노태우는 전두환의 직선제개헌의지를 '반어법을 쓰면서까지' 다시 다짐하고, 전두환은 노태우에게 직선제를 하더라도 승산이 있다고 설득했다는 것이다. 직선제는 이렇게 노태우 전두환이 합의하고 결심했다고 한다.

노태우는 27일 최종안을 확정하고 29일까지 청와대에 조차 내용을 알리지 않고 보안을 지키며 자기책임아래 29일 선언을 했다는 것이다.

자료 15_ 전두환의 직선제 결단을 촉구하는 김영삼의 주장

김영삼 총재는 6·10 민정당 노태우 대통령후보 지명과 민주당·국본의 국민대회가 가져온 위기 상황에 대하여 책임자인 대통령 전두환이 결단해야 한다고 주장했다._ 필자 주

난국을 수습하려면 책임 있는 전두환 대통령이 직접 나서야한다. 책임 없는 노태우와 얘기하라는 것은 말장난이다. 6·10대회 관련자들을 대거 구속한 상황에서 대화를 말하는 것은 진실성이 없다. 6·10대회에서 국민들이 엄청난 호응을 보인 것은 박종철 군 사건, 4·13조치, 국민과 관련 없는 민정당의 노태우대통령 후보 지명대회가 그이유다. 여당 스스로 4·13조치와 노태우 후보지명을 철회하고 개헌으로 돌아와야 한다. 현행 헌법 아래서는 민주당은 대통령 후보를 내지 않는다. 민정당의 단임 실천이 더 중요한 민주화라는 주장에 대하여 그것은 노태우가 대통령이 된다는 것으로 영구집권이다. 재야와 너무 깊이 연관되어있다는 주장에 대해서는 6·10대회를 계기로 재야와 가까워진 것은 사실이지만 재야가 정당에 간섭하지 않는다. 실질대화의 협상결과에 대하여는 책임을 진다.

동아일보 1987년 6월 17일자

자료 16_ 6월항쟁 기간의 김영삼의 민주화투쟁 전략과 행동

대중운동으로 6월항쟁의 전개에는 김영삼의 역할을 주목해야 한다. 국회 제1야당의 총재가 가지는 대언론·국민·국회 및 외국에 비치는 비중 때문이다. 여기는 행위자 김영삼의 전략·전술·태도·인성·평소 이미지가 복합적으로 중요한 영향을 미치기 때문이다._ 필자 주

나는 십여 년이 지난 지금도 6월 민주항쟁의 나날들에 대해 선명한 기억을 가지고 있다. 긴장과 분노, 흥분과 감동의 순간들…… 무엇이 우리 국민을 그토록 포악한 독재의 공포로부터 해방시킨 것일까? 작렬하는 최루탄 속에서 나는 과연 무엇을 생각하고 행동했던가?

1987년 봄, 전두환은 군과 경찰에 의존해서 막강한 권력을 행사하고 있었다. 그러나 우리 국민은 독재에 대해 궐기했고 민주주의의 메아리로 전국을 물결치게 했다. 참으로 위대한 국민이었다. 나는 6월항쟁 기간 중 단 하루도 최루탄이 터지는 투쟁의 현장에서 떠나 본 적이 없었다. 격렬한 시위와 대규모 집회를 통해 야당과 재야, 학생과 시민, 그리고 국민 모두의 용기가 하나로 결집되었고 시간이 흐를수록 그 힘은 커져 갔다. 나는 그런 역사의 현장에서 국민과 함께 눈물과 흘렸고, 국민의 힘에 감동했다. 우리 국민은 민주주의를 향한 역사의 고비에서 참으로 놀라운 용기를 보여 주었다.용기는 인간을 독재에 항거하는 투쟁으로 이끈다. 그 투쟁을 승리로 이끄는 데는 지혜가 필요한 법이다.

나는 국민의 사랑을 받는 민주야당의 총재로서 1987년 6월항쟁의 전 기간 동안 거의 뜬 눈으로 밤을 지샜다. 하루하루 상황은 급변했고, 그때마다 새로운 투쟁전술이 필요했다. 나는 지도자로서 생각에 생각을 거듭했다. 우리 국민의 용기와 힘은 하루가 다르게 성장했으며, 동시에 독재자 전두환에 대한 국민적 분노와 증오는 더욱더 커져갔다. 시간이 흐르면서 학생과 시민, 재야는 물론이고, 내 주변 사람들조차 흥분한 상태가 되어 갔다 궁지에 몰린 독재자 전두환이 어떤 무모한 행동으로 나올지도 알 수 없는 일이었다. 실제로 그 해 6월 전두환은 쿠데타를 다시 할 생각까지 했다. 나는 절대로 군인들에게 또다시 기회를 주어서는 안 된다고 생각했다. 지혜가 필요했다.

나는 책임 있는 지도자로서 민주화투쟁을 단계적으로 강화해, 전두환을 압박하면서 동시에 파국을 경계하고 국민의 희생을 최소화할 수 있는 방법을 생각해 내야 했다. 내가 전두환에게 '실질대화'를 요구했던 것이 그 첫 시도였으며, 이어서 나는 노태우와의 대화용의 '노태우의 후보선출 방식에 반대' 전두환에게 직접협상 촉구, 전두환과의 회담결렬 후 대화 재촉구 등 상황에 따라 전술의 변화를 꾀했다. 국민들이 나와 국민운동본부의 행동지침에 동조해 준 것은 참으로 고마운 일이었다.

김영삼, 2000, 72-73쪽

자료 17_ 6·10 이후 6·29까지 미국의 동향

이 자료는 동아일보, 외신 등을 참조하여 6·10 이후 6·29까지 미국의 동향을 정리한 것이다._ 필자 주

6·10이후 미국은 한국 사태와 관련하여 매우 바삐 움직였다. 미국의 백악관 국무성 의회 주한미국대사 주요언론들이 모두 바쁜 움직임을 보였다. 그들이 말하던 '조용한 외교'에서 벗어났다.

10일 미국무성 필리스 오클리 부대변인은 "경찰과 시위자들의 폭력충돌 사태를 혐오한다"고 하고 "압제보다는 대화 폭력보다는 타협하겠다는 의지에 의해 한국의 정치발전이 촉진될 것"이라고 정례브리핑에서 말했다. 또 10일 미 하원 외무위 아시아태평양 소위 위원장 스티븐 솔라스는 워싱턴 주재 아시아태평양 언론인간담회에서 "한국의 사태는 잠재적으로 폭발적"이라고 분석하고 "미국은 빨리 대화를 재개토록 촉구해야 할 것"이라고 말했다. 오클리는 11일 브리핑에서 "명동성당 사태가 평화적으로 해결되기를 기대한다."고 말했다.

11일 미국의 주요 언론들(뉴욕타임스, 크리스천 사이언스 모니터, 워싱턴 포스트)은 한국 시위 사태를 1면 또는 외신면 사진과 함께 크게 다루고, 한때 경찰이 시위대에게 밀린 사실과 현 정부 이래 최대 규모라고 보도했다. 뉴욕타임스는 온건한 한국인들이 강경반체제 인사들이 군사독재라고 부르는 현 정권에 대해 반감을 공유하고 있다"고 보도했다.

15일 말린 피츠워터 백악관대변인은 백악관 정례브리핑에서 "미국은 한국 사태를 예의 주시하고 있으며 폭력을 우려한다"고 말했다. 오클리 국무성 부대변인도 "명동성당 사태는 토의와 협상 합의의 유익함과 필요성을 잘 보여 준 것"이라고 말했다. 미국의 주요 신문들은 한국 사태를 다루며 중산층이 공개적으로 정부에 반감을 표시했다고 보도했다. 크리스천 사언스 모니터는 미국의회에서 솔라스 의원의 '대한민주화촉구결의안'과 에드워드 케네디 의원의 '민주화 관련 대한 경제보복 법안'을 다룰 것이라고 보도했다. 일본 영국 프랑스의 주요 언론도 한국 시위를 크게 보도했다.

16일 뉴욕타임스는 레이건 미국대통령이 한국 사태를 우려하는 친서를

전두환 대통령에게 보낼 것을 고려하고 있다고 보도했다. 오클리 국무성 부대변인은 "진정한 발전은 협상과 대화를 통해서만 가능하다"고 브리핑에서 말했다. 솔라스 의원은 대한민주화 촉구결의안을 미 하원 아시아 태평양소위에 제출하여, 한국 민주화 조치를 위한 미국 행정부의 권고노력을 요구했다. 뉴욕타임스는 "미국의 한국 민주화 압력은 더 큰 폭력을 유발시킬 가능성이 있기 때문에 미국은 한국의 민주화를 강요하는 외교적 이니시어티브를 취할 계획을 갖고 있지 않다"고 보도했다.

17일 워싱턴 포스트는 미국의 조용한 외교가 한국의 폭발적인 사태 완화에 도움을 주었다고 보도하고, 제임스 릴리 주한 미 대사가 13일 최광수 외무장관을 통해 경찰이 명동성당에 난입하지 말도록 하는 강력한 메시지를 전달했다고 보도했다. 워싱턴 포스트는 솔라스의원의 한국민주화결의안에 백악관은 공개적으로 지지하는 방향으로 움직이고 있다고 보도했다.

17일 오클리 부대변인은 솔라스의 결의안이 "도움이 되고 유익하다"고 말했다. 18일 백악관 피츠워터대변인은 레이건 대통령이 칼루치 안보담당보좌관을 통해 한국의 사태 진정을 계속 보고 받고 있다고 말했다. 레이건 대통령은 한국 사태에 대해 전두환 대통령에게 친서를 보낼 것이라 솔라스의 결의안은 3부분(1. 안보에 대한 미국의 공약 2. 한국의 정치적 장래에 대한 논의 3. 한국의 민주주의운동을 생성시키기 위한 조치-정부와 야당의 대화 한국민의 의지를 반영하는 선거 결과를 보장하는 선거제도 언론 자유 정치 참여 자유 독립적 사법부 고문 중지 양심범 석방 정치의 문민화 조치 등을 촉구)으로 되어 있다.

18일 에드워드 케네디 의원 등 상원의원 3명(바바라미클스키 톰하킨)과 하원의원 1명(톰포그리에터)은 '87한국민주주의 법안'을 상하양원에 제출했다. 한국정부는 인권과 노동권 존중 실패로 안보와 안정이 위협받고 있으며 미행정부는 인권 노동권에 대한 국제기준을 지키지 않는 국가에 대해 경제 특혜를 제공하여 관계법을 위반 했다는 것이다. 케네디 의원은 "한국정부가 민주적인 개혁을 이행하지 않으면 불안정상태가 심화되고 심지어는 유혈사태까지 있을 것 같다"고 말했다.

19일 동남아를 순방중인 조지 슐츠 미국무장관은 기자회견에서 한국의 여야대화를 촉구하면서 미국은 폭력시위를 진압하기 위한 계엄령 선포에는 반대한다는 뜻을 시사했다.

20일 미국무성의 애드워드 더윈스키 고문이 서울에 온다고 미대사관이 밝혔다. 21일자 뉴욕타임스는 '조용한 외교'는 미국이 전제정권을 지지하고 있는 것으로 비치도록 했다는 말을 인용하는 대비드 쉬플러 기자의 장문의 해설기사를 실었다. 워싱턴 포스트는 21일자 사설에서 "미국의 임무는 한국인들이 미국은 민주주의 편에 서 있다는 사실을 확실히 이래하도록 해주는 일이다"라고 썼다.

22일 슐츠 국무장관을 수행 중이던 개스턴 시거 미국무성 아시아태평양 담당차관보가 한국에 왔다. 백악관 대변인은 "시거가 한국의 상항을 평가하기위해 한국에 간다고 말하고, 시거의 방한 의도는 여야대화가 있기를 기대하고 여야가 자제하여 시위가 끝나게 하는 것"이라고 말했다. 레이건 대통령은 "시거가 필요한 일은 다 할 것"이라고 말했다. 시거는 전두환 노태우 이한기 총리 최광수 외무장관 김수환 추기경 김영삼 김대중 등을 만났다. 22일 오클리 부대변인은 한국 사태를 해결하기 위해 군이 개입하는 것은 한국의 국익에 심각한 해악을 끼칠 것이라도 말했다. 질문에 대한 대답의 형식이었지만 미리 준비한 발언이고 직접 한국의 군 지휘관을 향해 한 발언이다. 슐츠 국무장관은 호주를 방문 중 "개헌협상의 재개가 한국 정치발전의 열쇠"라고 말했다. 솔라스는 22일 "미국이 한국 민주화에 압력을 가하지 않는다면 한국민은 그들이 모자라는 것을 미국의 책임이라고 생각할 것"이라고 말했다.

23일 릴리 주한미 대사는 김영삼 민주당 총재를 만났다. 김대중은 22일 주한 미대사관 던롭 정무담당 참사관을 만났다. 미국은 계엄 등 군의 개입을 반대하는 것으로 알려져 있었다. 다음이 그 예다. "미국은 한결같이 군의개입이나 계엄령의 선포를 반대하고 문민정치의 확립을 강조하는 것"(23일 동아일보 사설) 20일 방한하여 5일간 한국에 머물렀던 에드워드 더윈스키 미국무성 안보지원 과학담당차관은 한국 사태에 군부개입 필요를 느끼지 않는다고 하고, 이기백 국방장관도 계엄이나 유사한 조치를 내릴 의도가 없다고 하더라고 말했다. 그는 최광수 외무 이기백 국방 나웅배 상공 이세기 체육부 장관 이재형 국회의장 노태우 이민우 이만섭 김현욱 국회외무위원장 권정달 의원 등을 만났다.

23일자 뉴욕타임스는 사설로 "한국에서 평화적인 민주주의 이행이 이루어지도록 미국이 소리 높일 때"라고 섰다. 개스턴 시거 차관보는 이한 회견에서 "한국 사태에 계엄령은 물론 어떤 종류의 군부 개입도 미국은 반대하며 그런 개입이 있을 것으로는 보지 않는다"고 말했다.

25일 미국무성 오클리 부대변인은 군의 정치 개입을 반대한다는 미국의 입장을 거듭 밝혔다. 미국 하원외무위는 25일 '한국의 민주주의 및 안보재개를 촉구하고 한국국민의 의지를 반영하는 선거제도의 확립을 강조했다. 한국 방문을 마치고 귀국한 시거는 레이건 대통령에게 보고를 마친뒤 가진 회견에서 "한국 국민은 민주주의를 열망하고 있으며 민주주의 진로는 이제 역행할 수 없게 되었다"고 하고 레이건은 "정부와 야당이 진정한 협상에 동참하기를 바라며 군부 개입은 용인되지 않을 것이며 미국은 이를 반대한다"고 밝혔다.

27일 미국상원은 한국의 개헌 합의를 촉구하고 합의가 실패하면 평화로운 권력이양이 위태로워질 것이란 대한 결의안을 통과시켰다. 29일 6·29선언 이후 백악관대변인은 노태우 대표의 제안을 계기로 한 한국의 새로운 사태 발전이 "매우 고무적이며 이를 환영한다"고 했다. 찰스 레드먼 국무성대변인도 "노 대표의 제의가 긍정적 조치이며 구체적인 움직임"이라고 평가했다.

6월항쟁 기간 동안 주한미국대사관의 활동과 미국의 움직임을 볼 수 있는 자료이다. 2017년 12월 8~9일 한국 역사박물관과 미국 우드로윌슨센터(Woodrow Wilson Center for Scholars, WWICS)가 서울에서 공동주최한 국제구술학술회의 〈1987년 한국민주화를 회고하다〉의 발표와 토론내용 기록을 발표자들에 결례가 되지 않도록 발췌한 자료이다. 필자도 발표자로 참여했다. _ 필자 주

구술자와 연구자가 참여했는데, 한국인의 발언은 꼭 필요한 부분 만을 기록했다.

발표자

A: 당시 주한미국대사관에는 정무팀 참사관. 일어, 한국어, 스페인어에 능통한 5명의 정무팀이 있었는데, 이들은 워커(Richard Louis Walker), 릴리(James Roderick Liley) 대사의 결정에 따라 노태우 씨와 야당 인사의 만남에 옵서버로 참석하고, 국회 관련자와 3김을 포함한 정치인을 만났고, 미국 고위급인사의 방한활동을 도왔다.

B: 당시 한국대사관 근무. 학생과 노동자 인권보호관련동향업무를 취급하고 인권상황보고서를 쓰고 2008~11 주한미국대사로 근무했다.

C: 1987년 5월 한국어 연수 마치고 보직 받지 않고, 데모현장을 취재하고 동전을 가득 넣고 공중전화로 대사관에 전화로 보고하고 88년 대통령선거에 대한 총괄 보고서를 올리고 1989년과 1980년 광주사태에 관한 미국공식 보고서를 작성했다.(1989년 출간)

D: 한국영사관에서 근무했고, 79~84 한국 대사관에서 근무하며 10·26 광주사태를 접함.

E: 백악관 국가안보특보. 시거 후임. 87~88 레이건행정부에 있었다.

연구자

F: 존스홉킨스대학 국제관계대학원 한미연구소 교수

G: 조지아대학 역사학과 명예교수

H: 조지워싱턴대학교 역사 및 국제관계학교수

2·12총선과 민주화운동

A: 권정달(민정당 사무총장) 의원을 자주 만났는데, 그는 2·12총선을 낙관했고 DJ 귀국을 예측 못 했다. 2·12총선 뒤 민정당은 패배분위기였고, 야당은 너무 분열되어 있다고 전문을 보냈다. 신민당 총무실에 가면 기자들이 모여 있고 모든 정보가 다 스며드는 곳이었고, 민정당 총무실은 지루한 분위기에 썰렁했다.

D: 워싱턴의 입장에서 총선결과가 놀랍지는 않았다. 전두환 대통령이 얼마나 인기가 없었는지 정확하게 인지하고 있었고 그 때문에 미국에서도 평판이 좋은 편은 아니었다.

B: 일반 시민들은 정치인들을 믿지 않는다고 하고 야당의 분열을 달가워하지 않았지만 신한민주당 창당이 어느 정도 해결책이 되었다. 시민의 참여열기는 대단했다. 전정권은 지나칠 만큼 자신에 넘쳐 있었다. 11~12%의 경제성장율, 올림픽유치, 점진적 자유화로 보상받을 거라고 생각했는데, 선거 결과는 무척 충격적으로 받아들였다. 미국의 역할에 오해와 착오가 있고, 인식에 과장이 있었다. 레이건과 슐츠는 고문이 불거지자 인권 문제에 심각한 우려를 표했고, 김근태를 체포 몇 시간 전에 만나 워커 대사가 서명한 미국초청 편지를 주었는데, 그는 적잖이 놀라고 고민한 뒤 답장을 주겠다고 했는데 바로 체포되어 답장은 못 받았다. 워커 대사는 전정권과는 관계가 좋았고, 미국의회에서 많은 사람들이 와서 "우리는 김대중, 김영삼을 만나러 왔다. 이건 상징적이다. 왜 대사는 그렇게 못하나?"라고 했다. 미국독립기념일행사에 김대중, 김영삼을 초청하라고 건의해서 초청했더니 전정권은 대사를 소환해서 초청 취소를 요구했다. 대사는 거절했다. 이건 엄청 민감한 문제였다.

E: 광주항쟁 발생한 직후에 한국에 와서 한국과의 관계에 문제가 있다는 것을 잘 알고 있었다.

유명한 전 외무장관(당시 미국담당과장): 레이건 대통령 편지가 85, 86년에 왔는데, 전 대통령이 "7년 임기를 끝내고 평화적으로 물러나겠다."고 수차 언급했기 때문에 편지 끝에 그 약속을 지키도록 하는 언급을 했다. 한국의 발전과 아시안게임 올림픽을 언급하며 한국이 좀 더 발전하려면 정치적 자유,

언론 자유, 정치인 탄압하지 말 것을 넣었다.

D: 워커 대사는 소련을 악의 제국으로 본 냉전시대의 중국전문가로 자유주의적 전문가 학자와는 달리 냉전시대의 사고로 한국을 보았다. 그러나 한국의 민주화를 바라지 않은 것은 아니다. 미국인이 전 대통령을 방문하는 자리에 워커 대사가 등장하는 장면을 (한국 정부가) TV에 매번 방송하도록 하여 광주사태 과정에 공모했다는 오해를 강하게 했다. 미국 대사가 TV에 자주 나오지 않는 것이 좋다고 건의했다.

A: 워커 대사 임기 말에 미국 방문객들이 김영삼과 김대중을 만나고 가도록 하여 많은 방문객을 데리고 갔다. 차기 대통령이 유망한 게리하트도 데리고 갔다.

B: 미문화원점거사건 때 학생들은 광주사태를 설명해주기 바라고 사과를 요구하고 워커 대사와 만남을 요구했다. 김대중, 김영삼도 학생들에게 편지를 보냈다. 워커 대사는 압력을 받는 상태에서 만나기를 바라지 않았지만 학생들과 대화하겠다고 약속했다. 제가 서울대에 파견되어 대화했다. 그 일로 87년 이후 광주책임과 관련한 미 정부의 성명이 이어졌다.

E: 대사관은 24시간 본국에 보고했다. 미국 정부는 아무 것도 개입하지 않고 대사관이 해결했다.

B: 학생들에게 잘 대해 주려 했다. 8시간 쯤 지나서 학생들은 단식으로 지쳐 있었는데 음식을 제공하려 했지만 거절했다. 다시 4시간쯤 뒤에 "아직 단식 중이지만 빵과 우유를 조금 주는 것은 괜찮지 않을까 생각한다고 말했다."

개헌과 직선제 요구

A: 내각제든 대통령제든 우리의 관심은 아니다. 필리핀의 베니그노 아키노 암살에 미국은 엄청난 항의를 했다. 김대중은 귀국 시 보호를 받았다고 생각한다. 많은 한국인 자신들이 필리핀인 보다 우월하다고 생각하고 필리핀인이 민중의 힘으로 변혁을 이끈다면 자기들이 못할까 라는 생각을 가진 것을 말했다. 서명운동은 법 체제 밖에서 민중이라는 개념을 초석으로 한 아이디어인데 일종의 구호 같은 것이고, 전두환의 일정연기 내각제를 피하는 방법이 아닌가 생각한다. 민정당은 스스로 개헌할 능력은 없고, 내각제는 전

두환이 계속 권력을 잡는 방법이었을지도 모른다. 김대중 댁에 자주 갔고 김영삼 댁에도 갔는데, 한국 정치에서 복수라는 개념과 관련한 진화를 느꼈다. 김대중이 한 미국 국회의원에게 이렇게 말한 것을 기억한다. "직선제를 하면 내가 대통령에 당선될 것이고 전두환은 광주사태에 책임을 물어 자신에게 복수할 것이기 때문에 직선제를 두려워한다. 저는 정부관계자에게 계속 약속을 전했다. 부디 직선제개헌에 착수해 달라 저는 대통령선거에 출마하지 않을 작정이니까요" 그 의원은 걸어 나오면서 이렇게 말했다. "하지만 김대중 선생은 대선후보로 나오는 거 아닙니까?" 그리고 이것은 "일단 민주화를 이루고 그 다음 누가 야권 단일후보로 나올지를 타진해 봅시다 라는 약속으로 이어집니다."라고 말했다. 야권의 분열은 미국과는 아무 상관이 없다.

B: 1985년부터 87년에 한국을 취재차 오는 외국 언론인 수가 증가했다. 뉴스 프레임은 필리핀이었다. 본국 정부에서 학생운동의 반미에 대한 우려가 증가했다. 학생들을 친북주의로 매도하기보다 다가가서 우리 얘기를 전해주는 것이 문제 접근법이라고 생각했다. 전정권의 냉혹한 조치, 한 예로 학원안정법은 신문을 보고 알았는데 끔찍한 계획이다. 부대사와 함께 청와대로 가서 허문도에게 "당신들의 문제이지만 미국의 반응은 극도로 부정적일 것입니다. 북한의 문화혁명처럼 들립니다."라고 했다.

D: 미국의 주 관심은 전대통령이 약속대로 임기를 끝마쳐야 한다는 것이었다. 86년까지 레이건 행정부는 전의 호헌을 지지한다는 것으로 비춰지지 않기를 노력했다. 전의 85년 방미 당시 전의 호헌을 미국이 지지한다는 인상을 줄 표현이 있었는데 한국 측이 강하게 주장했지만 우리가 반대했다.

A: 전정권을 서명운동이 불법이다 라고 하고, 미국 정부도 이를 지지할 것으로 기대했지만, 우리는 불법적 요소는 가지고 있지 않다고 언론에 답변했다. 이민우를 미국이 지원했다는 설에 대하여 이민우와 홍사덕을 잘 알지만 이민우가 엄청난 대중적 지지를 받을 인물이라고 믿을 만큼 우리가 정치적으로 순진하지 않다. 우리가 이민우를 지지했다는 것은 오해다. 반미주의에 대하여 말하면 김대중의 지지기반은 전라도이고, 노동자 학생 재야인사인데 이들 사이에서는 반미주의의 힘이 강했다. 그는 이를 이끌 힘이 있어야 했다. DJ에 대한 개인적 생각을 말하면 그는 사실 가장 친미주의적 지도자였다. "나는 독재정권을 지지하는 미국을 비난해야 한다고 말하지만, 당신들은

비밀 친구다. 왜냐면 미국이 내 생명을 구해주었고 이 모든 발전을 가능하게 해 주었다."라고 말하곤 했다.

B: 인천사태 때 제가 거기 있어야 하는데 대신 동료가 갔다. 최루탄가스를 뒤집어 쓴채 돌아와서 보고서를 썼다. 사태의 심각성을 느꼈고 워싱턴에 그대로 전달했다. 정부 측의 탄압을 우려했고, 정치적 개혁만이 해결책이 될 수 있다는 생각이었다.

4·13호헌조치와 저항

C: (솔라스의원이 방한하여 전두환 대통령과 양 김 씨를 만나고 돌아가서 뉴욕타임스 기고에서 4·13조치를 비난하고 워싱턴이 한국에 압력을 넣어야 한다고 주장했다.) 스티븐 솔라스는 독특한 의원이다. 하원에서는 인기는 없었지만 부지런하고 아시아 외교에 대하여는 존경을 받았다. 그는 미 정부가 원하는 것을 강하게 얘기했다고 할 수 있지만 사실 미 정부는 한국 상황을 잘 모르고 있었고, 미국이 주목하는 인물로 장세동은 개성이 강하고 전정권을 인수할 수 있는 사람으로 보였기 때문이다.

B: 보수세력이 강화될수록 양 김의 인기는 높아졌다. 미국의 관심은 개헌 자체보다 전의 퇴임이었다. 캐스틴 시거 차관보가 "한국 정치가 군정에서 민정으로 바뀌길 바란다."라고 했을 때 우리 정책을 강열하게 전달한 것이다. 김수환 추기경을 방문자와 함께 방문하고 자료를 작성했다. 추기경은 한국 정치 분위기를 알려주는 믿을 수 있는 지표이며 다양한 노선의 사람들로부터 존경을 받는 인물이라 했다. 그런 사람이 개헌이외에 다른 선택의 여지가 없다고 말해 충격적이었다. 솔라스가 다녀간 몇 년 동안 많은 미국 양당사람이 다녀갔다. 뒤에 국무장관이 된 울부라이트도 다녀 갔다. 양당 간에 전의 퇴진, 한국안보, 평화적 정권교체에 합의가 있었다는 점에 감명받았다. 그 때문에 시거가 연설을 하고 방한을 했던 것 같다.

C: 인권 문제는 지원과 관심을 쏟았지만 그 외 문제는 워싱턴의 관심을 끌지 않았다. 시거연설에 한국 언론은 대단한 관심을 보였다.

A: 방한의회 인사가 엄청 많았다. 안보가 첫째 관심사이고, 88년 대선 출마할 후보는 레이건에게 보여줄 사진을 DMZ에서 찍었다. 양 김을 만나는 것은 공식 일정과는 별도로 개별적인 것이었다. 양 김을 만난 뒤 양 김 편에

서는 이도 있었다.

D: (연구자의 미국 외교관들이 김대중에 대해 양가적 태도를 가진 것으로 보인다면서 김대중에 대한 인식을 묻는 질문에 대해) 김영삼보다 김대중이 더 알려져 있고, 성인처럼 여기는 사람도 있고 악의 축처럼 여긴 사람도 있어 다양하다.

A: 김대중은 독특하다. 김영삼은 친근하다. 김대중과는 반미주의에 대한 얘기도 있었다. 실제로는 친미주의자였는데 하지만 그 점을 지역민들에게 표현할 수 없었다.

C: 김대중을 만나러 가는 시거가 탄 차를 경찰이 틀림없는 폭력배가 차를 흔들고 차문을 깼는데, 전정권이 김대중을 만나는 것을 좋아하지 않는다는 시그널로 느꼈다고 본다.

D: 가택연금 중인 김영삼을 만난 사람은 정무팀 부팀장이 자주 방문했다. (한화갑: 글라이스틴 대사가 79년 12월 15일 경 미대사관에서 김대중을 만났고, 공식적으로 미국 대사가 김대중을 찾아 온 일은 없다.)

A: 김영삼, 김대중은 공식지위가 없어서 정치와 관련된 일을 해결할 수 없다는 것을 우리는 인식하고 있다. 이민우가 양 김보다 영향력이 없다는 것을 잘 안다. 우리가 이민우를 지지했다고 결론을 냈다면 완전히 잘못된 결론이다. 모든 행위자들은 미국을 활용하려는 이해관계를 갖고 있다. 김영삼, 김대중은 "우리가 왜 타협해야 하지."라고 생각하고 기다리길 원하지 않았다.

연구자: 미국은 개헌에 대해 관심이 없다고 했는데, 기록으로는 슐츠는 1986년 5월 "직선제개헌에 동의하지 않는다."고 했고, 87년 3월 시거의 발언에 대해 "현실적 타협안으로 협상하라".고 했는데, 당시 현실적 협상안은 이민우 구상이었다.

C: 미국은 민주적 제도를 지지하고 국회도 민주적 제도의 일부이기 때문에 미국이 이민우나 다른 야당을 지지하는 것으로 해석된 것도 이해가 된다. 우리는 아주 단순한 메시지를 주려했다. 전의 퇴임, 군정에서 민정으로, 민주제도 강화를 강조했다.

A: 안전을 위해 동료와 함께 시위를 관찰했는데 폭력적으로 변해가고, 학생들은 조직적이었다. 진짜 경찰(전경 아닌)을 동원했고 폭력을 가하기도 했다.

E: 시거의 2월 6일 연설이 중요하다. 아시아 정책은 백악관, 국방부, 국무부가 다른데, 이때는 레이건 대통령, 슐츠 국무, 와인버거 국방 모두 캘리포니아 출신으로 의견이 일치했다. 국방부의 핵심은 월포위츠, 시거, 아미티지 릴리(대사 역할)이다. 매주 몇 차례씩 만나고 매주 4~5차례 통화했다. 레이건이 전에 보낸 친서(6월 19일 전달)가 군 투입에 영향을 미쳤나가 중요하다. 전이 어디에 이용했는지는 몰라. 시거의 김대중 만남은 얘기보다 만남 자체가 중요하다. 경찰이 차를 흔들었다. 시거가 전을 만날 때, 전이 시거에게 "국민이 날 싫어하는 줄 알아요. 임기가 끝나면 퇴임할거요." 이 말 듣고 안도했다. 전의 군 동원 우려했다. 레이건 보수정권으로 보수입장은 민주화를 정당화했다.

F: 레이건 편지 어떻게 전달되었나 궁금. 퇴임 결심 19일에 레이건 서신이 영향 주었나?

E: 레이건 서신은 시거, 빌 크라크, 켈리 합작품이다. 릴리가 전달할 때 참여했다. 최후 통첩 성격이어서 표현에 신중했다.

G: 양 김이 내각제를 반대한 것은 전의 집권연장 방안으로서 뿐 아니라 내각제가 되면 양 김이 권력을 나누는 것이 되어서 인가?

C: 6월 10일 하루 종일 커다란 방독면을 쓰고 거리에서 있었다. 말을 거는 모든 사람들은 질문에 대답해 주었다. 얘기 걸어보니 학생 선봉대는 주사파였고 혁명이 일어날 수도 있다고 했다. 명동성당 신부들과도 얘기했다. 시위대는 전경의 헬멧과 방패를 빼앗고 버스 디젤연료를 빼내서 헬멧과 방패더미에 불을 붙였다. 시민들에 의한 군사정부의 패배였다.

(유명환 전 장관: 시거는 19일 오후 2시에 전을 만났는데, 청와대에서 면담 전에 내용을 알고 싶어 해서 18일 저녁 메모해서 보고했다. 릴리는 위수령을 절대 해서는 안 된다고 했고, 북한의 군사 동향 봐서, 위수령이 나면 충돌이 가능하고 북한의 행동도 가능하다고 봤다. 북한이 휘발유를 비축하는 것을 발견했다.)

B: 워커와 릴리 대사는 우리에게 언론, 야당 한국인과 대화하는 것을 막지 않았고, 미국정책을 시민들에게 전달하려고 애썼다. 릴리 대사가 6·10대회 초청에 응하는 것에 직원들은 반대했지만 대사는 참석했다. 미국은 타협을 추진했다.

(조현연: UCLA에서 나온 자료 〈1988평화적 정권교채를 위한 연구〉는 경향신문 사장 정구호에게 전두환이 직접 지시, 작성한 보고서로 5부를 만들었는데 2부는 사라지고 3부 남은 것 중에 하나가 UCLA보관. 88년 정권 이양, 전은 민정당 총재가 되고 대통령은 부총재인 후계자 육성, 1석 3조 본인의 권력의지는 여전하다는 증거자료 아닐까요? 전은 군이 출동하면 쿠데타가 일어날 수 있다고 우려했다.(115-116쪽))

C: 데모 학생는 매우 과격했고, "남북통일에서 미국은 매우 나쁜 역할 했다."고 말하면서, "나는 졸업하면 미국 보스턴대학 가고 싶다."고 말하는 것은 보면, 혁명을 이끌면서 내년엔 대학원 진학을 걱정한다. 30년 이후까지 거리에서 혁명을 위해 싸울 결심을 진심으로 하고 있지는 않다는 것을 알았다. 혁명의 구호는 1인 1표였다. 시민들에 의한 군사정부의 패배였다. 군 투입 없으면 경찰인데, 경찰도 시민에 패배했다. 광주의 경험으로 군은 역할을 하지 않을 것이다 라고 보는 군 간부가 있었다. 미군방송 AFN이 데모지역에 미군이 가지 말라고 방송을 했는데, 이 방송으로 한국 언론이 보도 안 해도 시민들이 데모를 알았다.

B: 미국대사관의 정책수행은 좋았다. 우리는 미국정책을 시민들에게 전달하려 노력했다. 민정당후보지명대회에 초청받은 릴리는 참석여부를 고민했다. 참석한 것은 평화적 정부이양과 관리방식에 우려를 보여주기 위한 것이었다.

6·29선언

E: 시거 연설은 핵심적 한국정책을 망라하고 있다. 85, 86, 87년은 미중관계가 중요한 시점이었다. 북한핵은 85년 가동을 시작했는데 소련권고로 85년 12월 핵확산 금지조약에 가입했다.

C: 6·29는 정세발전의 시작에 불과, 릴리는 미국인사의 방문을 금지시켰다. 미국은 저자세를 유지해야 한다고 하고, 중립을 지켰지만 노태우 승리를 예상했다. 레이건으로부터 3통의 당선축하편지를 받아 노와 양 김의 주소를 파악하고 있었다. 시거는 우리 보고에 '잘했음'이란 전보를 보냈다.

A: 미국 및 외국 언론이 밀려와 15~20명 정도의 기자를 상대로 한국 상황에 대해 브리핑과 자료를 제공해 주었다. 미국 언론이 긍정적이었다면 우리

의 입장에 따른 것이다. 광주의 집회에서 YS가 DJ가 연금중이어서 야당을 대표해서 "전두환정권 사람과도 화해할 수 있어야 한다."라고 말하자 객석에서 "다 죽여라."하는 소리가 나오니, YS가 충격을 받은 모습이 기억된다. 거기에 YS도 포함되었는지도 모르겠다.

G: 6월 말 이후 전 과정에서 "타협"이란 단어가 있었는데, 6월 29일 여당은 항복했지만 양 김은 그 뒤로 분열되었다.

C: 개헌과 대통령선거제도가 쉽게 빨리 결정되는 것에 놀랐다.

(이각범: YS는 DJ는 민주화에 매우 중요한 인물이고 같이 일할 것이라고 했는데 라이벌이 될 것으로는 생각지 않고, 같이 한다. synchronous division of power가 아니라 Asynchronous of power, 한 번은 YS가 하고, 그 다음 번은 DJ다 하는 식으로 생각하는 것 같았다.)

A: 우리는 JP를 포함 4명을 잘 안다. 보수 쪽 사람은 DJ는 빨갱인걸 모르는가 하겠지만 그건 그 사람 생각이지 우리 생각은 아니다. 당시 사람들은 우리를 이용했다. 선거 뒤 "YS캠프 사람이 와서 당신들은 우리가 이길 것이라고 하지 않았나?"라고 따지는데, 우리는 "사실이 아니다. 우리는 어떤 진영이 이긴다"고 예측한 적이 없다. 정말 내부적으로만 했지만. 우리는 득표율까지 근접해서 맞추었다.

C: 노태우 찍지 말아야 한다는 사람도 안정을 위해 노를 찍을 것 이라고 결론을 내렸다. 만일 DJ가 승리했다면 더 긴장은 했겠지만, 성조기를 단 차를 타고 달려가 축하를 했을 것이다.

(이각범: 서울대 사회과학연구원에서 여론조사를 했는데, 두 달 전엔 김영삼 23% 김대중 21% 노태우 17%. 단일화되면, 김영삼으로 되면 78% 김대중이면 53%였는데, 대한항공폭파사건으로 역전되었다. 북한이 가장 깊숙이 관여했다. 왜 북한이 그랬는지는 모르겠다.)

E: 노태우 후보시절 방미와 레이건 면담은 좀 이례적, 기간 매우 짧고, 6·29가 기쁜 소식이고, 올림픽조직위에서의 노력이 고려되었다.

C: YS, DJ캠프에서 항의 받아서, 꼼수로 YS, DJ "방미도 추진해 드릴까요?"라고 했다.

G: 모든 미국 외교관들은 "우리는 남한의 정치나 내정에 절대 간섭하지 않는다."고 말한다. 물론 그 말은 헛소리이다. 우리는 당연히 간섭하려고 한

다. 우리는 어느 정도까지 사건에 개입하려는 노력을 함으로써 한국인들이 잘 살 수 있도록 교묘하게 개입한다. 그리고 할 수 있는 한 그 게임을 무척 잘 해왔다. 한국 측 사건전개를 이해하는데 중심인물은 바로 김대중이라고 생각한다. 그와 김영삼은 매우 대조적이고 그는 매우 정치적이었다고 생각한다.

E: YS나 DJ가 당선된다면 군사 쿠데타가 일어나지 않을까에 대하여 군 간부와 의견을 나누었다. 누구도 답을 할 수 없었다. 노태우의 경우는 쿠데타 가능성은 없다. 민주화과정에서 노태우의 공이 크다. 노태우 후보는 군장교가 아니라 올림픽을 유치한 사람으로 집권했다.

릴리 주한미국대사는 전임 워커 대사와는 달리 한국 정치에 적극적 관심과 행보를 보였다. 1987년 1월 15일 김수환 추기경을 만난 보고서이다. 이 시점에서는 박종철 고문치사사건이 알려지기 전인데, 추기경은 학생고문 반미 문제를 언급하고, 장세동과 만나 "당신이 변하지 않으면 죽을 것입니다."라고 말하고, "그들은 제 말을 듣지 않습니다. 저 늙은 설교사 또 시작이구먼 저를 무시합니다"고 말했다. "전 대통령을 만나면 2시간 동안 10분 정도를 제외하고는 모두 자기 주장만 한다"고 말했다._ 필자 주

[1987.1.26. 08:08] 서울00872 릴리 대사와 김 추기경의 1월 15일 회동

서울 00872 01 OF 02 260810Z
발신: 주한 미국 대사관
수신: 국무장관, 보고순위-지급 6800
제목: 릴리 대사와 김 추기경의 1월 15일 회동

전문

요약: 1월 15일 명동성당에서 릴리 주한미국 대사가 부임 인사차 김수환 스테파노 추기경을 예방하는 동안 김 추기경은 전두환 정부를 강하게 비판하고 향후 한국 정치의 미래에 대한 의구심을 표출했다. 김 추기경은 사회적 정의가 없는 한국 사회와 인권을 무시하는 정부에 대해 개탄하였다.

(이 대화는 경찰의 고문에 의해 한 대학생이 사망한 사실이 밝혀지기 전의 일이다.) 추기경은 좌파 대학생들의 증가에 대한 우려를 표했지만, 사회 정의를 갈망하는 국민들에게 절망감을 안겨준 것은 다름 아닌 계속되는 군사 독재의 압제 정치라고 주장했다. 추기경은 릴리 미 대사에게 인권을 위해 미국이 중시하는 바를 한국 정부에 강력히 밀어 부칠 것을 요구했다. (요약 끝)

3. 릴리 미 대사는 엠보프와 함께 1월 15일 약 한 시간 가량 부임 인사차 명

동성당 김수환 스테파노 추기경을 방문했다. 김 추기경은 미 대사가 여러 한국의 정치인들과 만남을 가졌다는 흥미로운 뉴스를 읽었다고 하면서 방문해 줘서 감사하다고 말했다.

4. 김 추기경은 이후 곧바로 전두환 정부에 대해 비판하기 시작했다. 그 요지는 현 정부가 사회정의에 대한 국민들의 갈망에 어떤 응답도 하지 않는다는 점이었다. 추기경은 "여당, 이들은 스스로를 민주 '정의'당이라 부릅니다"라면서 "그리고 모든 경찰서에는 "정의로운 사회 건설"이라는 슬로건이 걸려 있습니다. 하지만 모두 말뿐이지요."라고 조소하듯 말했다.

5. 추기경은 옆에 있던 몇 장의 등사물을 집어 들고, 그것이 용공분자라는 죄목으로 당국이 구금, 기소한 이들의 가족들이 보낸 탄원서라고 설명했다. 그리고 이 피의자들은 대부분 체포 영장조차 제대로 발부되지 않았고 구타나 고문까지 당했다고 울분을 토했다.

김 추기경은 이들 중에는 좌파 운동권도 있었고, 소수의 친공산주의자도 있었다고 하지만, 젊은 학생들이 이데올로기적 프리즘을 통해 이 세계를 분석하게 된 데에는 한국 정부의 책임이 크다고 주장했다.

6. 미 대사가 추기경에게 당신의 생각을 전(全) 대통령이나 다른 각료들에게 전달한 적이 있냐고 질문하자, 추기경은 웃으면서 마지막으로 대통령을 만난 시기가 1985년 11월이었다고 대답했다. 대통령은 추기경을 청와대로 초청했지만, 결국 2시간의 회의 중 10분 정도를 제외하고는 거의 모두 자기 주장만 했다고 했다. "대통령은 계속 자기 말만 했습니다. 내가 하는 얘기에는 도통 관심이 없었습니다."라고 말했다.

7. 김 추기경은, 몇 달 전 장세동 "안기부"부장을 만났을 때 그에게 여당측이 영구적 권력 장악의 의도를 버려야 한다고 말했다고 덧붙였다. "당신은 마음을 비워야 합니다. 사람들에게 선택권을 주세요, 그러면 진정으로 당신이 이길 겁니다. 사람들이 당신에게 고마워할 테니까요. 그렇지 않다면 당신은 패배할 것입니다. 6개월, 1년, 2년 정도는 버틸 수 있겠지요. 하지만 결국

은 지게 됩니다. 그리고는 아무것도 남는 것이 없게 될 것입니다."라고 말했지요. 하지만 장세동은 오로지 권력만을 이해하는 사람입니다. 그에게 말했지요. '당신이 변하지 않는다면, 죽을 것입니다.'" "아주 강경한 말이었죠, 그렇지 않습니까?"라고 추기경은 미 대사에게 넌지시 물었다. "어쨌든, 그들은 제 말은 듣지 않습니다. '저 늙은 설교사, 또 시작이구만'이라고 하며 절 무시합니다."

8. 대사는 추기경이 전두환 대통령의 신년 인사말에 주목한 적이 있는가를 질문했다.

추기경은 대사에게 마침 같은 질문을 하려던 차였다고 말했다. "하지만, 당신이 먼저 물었으니 대답하죠." 그는 웃으며 말했다. 그는 특히 대통령이 개헌을 둘러싼 여야 합의가 이루어지지 않는다면 "중대한 결심"을 해야할지도 모른다는 말을 했다고 전하며 "정말 끔찍했습니다"라고 말했다. "한 국가의 지도자는 국민을 위협하는 것이 아니라 그들에 대한 사랑, 공감, 이해를 보여줘야 합니다. 도대체 그게 무슨 협박이란 말입니까?" 그는 반문했다.

9. 대화 말미에, 추기경은 대사에게 다가서며 한국인들은 미국이 한국의 내정 문제에 막대한 영향을 미치고 있다고 믿는 경향이 있거나 믿고 싶어 한다고 말했다.

미국의 영향력은 제한적이지만 여전히 막강하다고 그는 말했다. 그리고 미국이 인권을 더욱 보호하고 존중할 수 있도록 영향력을 행사해 줄 것을 요청했다. 미 대사는 미국은 지금까지 인권을 적극적으로 옹호해 왔으며 앞으로도 그럴 것이지만, 자신들의 목표 추구를 위해 폭력, 방화 또는 다른 형태의 테러에 호소하는 학생이나 다른 이들의 행동을 옹호할 수는 없고 옹호할 생각도 없다고 답변했다. 추기경도 머리를 끄덕이며 이에 동의했다.

군동원 비상시국설로 긴장된 시점에서 전두환 대통령 측은 친서의 내용을 사전에 알기를 원하여, 외무부 유명환 과장이 미대사관 던롭 참사관에게 연락하여, 18일 오후에 입수하여 요약과 원본을 사전에 청와대에 보냈다. 1987년 6월 19일 오후 2시 릴리 미국대사가 청와대로 전두환 대통령을 방문하여 전달하였다._ 필자 주

백악관, 워싱턴 (1987. 6. 17.)

전두환 대통령께

이 장관이 제게 전달해 준 4월 22일자 편지에 감사 드립니다. 과거와 마찬가지로 우리는 외부의 공격을 물리치는 대통령을 돕기 위해 여기 서 있습니다. 한국과 미국간 상호 안보 관계는 앞으로도 계속 우리의 중심이 될 것이며 한국의 안보를 보장하겠다는 약속을 계속 굳건하게 지키겠습니다.

대통령께서 서울에서 정치적 과정에 대한 솔직한 생각을 말씀해 주신 데에 대해서도 감사하게 생각합니다. 저는 친구로서, 똑 같은 생각으로 답변을 드리겠습니다. 우리 미국인들은 한국과의 관계를 침략과 공산주의 독재에 대항하면서 치러진 공동의 희생 위에 세워진 특별하고 중요한 관계로 느끼고 있습니다. 저는 건전한 민주적 제도 위에 수립된 정치적 안정성이 한국의 장기간의 안보를 확보하는 데 핵심적이라 믿고 있고, 대통령께서도 저와 같은 생각을 가지고 있음을 자주 말씀하셨습니다. 시거 부차관보는 우리 정책을 진술하는 중요한 자리에서, 오랜 기간의 정치적 안정을 위해서는 한국에 대한 미국의 약속 속에 그런 목표를 가지고 있어야 함을 지적했습니다.

따라서 저는 내년 평화적 정권 이양에 대한 대통령의 결심에 박수를 보냅니다. 그리고, 말씀하셨듯이 이는 민주정부라는 제도를 굳건히 하기 위한 중요한 조치로, 한국에서 전례 없는 역사적인 결단입니다. 대통령께서 이룩해 오신 눈부신 경제사회 발전, 한국의 안보를 수호하기 위해 세운 군사력, 성공적 올림픽에 대한 전망과 함께, 한국은 이제 한걸음 더 도약하는 위치에 서

있다고 생각합니다. 말씀하셨듯이, 한국의 지속적인 정국 발전은 다른 국가에게도 귀감이 될 것입니다.

인권, 언론의 자유, 권력의 분산이라는 측면에서 지속적인 진보가 중요하다는 대통령의 지적은 정당합니다. 시국사범의 사면, 직권을 남용한 경찰관에 대한 최근의 효과적 조치(권한 남용, 직권의 남용) 등은 대통령께서 정확히 "구(舊)시대의 정치"라고 명명한 것으로부터 해방되기를 원한다는 극적인 메시지를 전 세계에 보내는 것이라 생각합니다. 언론의 자유, TV와 라디오의 균형 있는 취재 등은 공정한 선거의 약속을 실현하는 데에 가장 핵심적인 요소입니다. 대화와 타협, 협상은 문제를 풀고 국가적 통합을 유지하는 데에 효과적 방법입니다. 이를 위한 모든 노력들을 우리가 지지하고 있음을 다시 말씀드립니다. 우리는 한국에서 어떤 한 정당을 지지하는 입장을 피하려고 무던히 노력해 왔습니다. 그리고 앞으로도 그렇게 할 것입니다.

릴리 대사에게 내년 미국 방문 계획을 말씀하셨다고 들었습니다. 환영합니다. 대통령께서 미국에 계시는 동안 저희가 할 수 있는 최선을 다해 모시겠습니다.

우리 미국인들은 우방으로서 당신의 국가와 계속해서 협력하고 양국의 관계를 더욱 강화하기 위한 해법을 찾아 나설 것입니다. 저는 이 같은 마음으로 제 생각을 말씀드리고, 대통령께서도 우정으로서 저의 생각을 받아들이실 것이라고 믿습니다.

로널드 레이건

전두환·김영삼 회담은 과연 민주화운동을 정권 대 국민의 충돌없이 마무리할 수 있을 것인가 라는 점에서 주목받았다. 김영삼이 결렬되었다고 선언함으로써 대행진은 다시 열렸다. 김영삼은 호헌선언의 철회와 김대중 연금 해제·사면 복권을 강박했다. 전두환은 당일로 김대중 연금을 해제하고, 개헌문제는 국회와 노태우에게 미뤘다._ 필자 주

전두환; 회담을 요청했으니 미리 말을 하라

김영삼; 심각한 시국상황이 제대로 보고되고 있는지 의심하는 사람이 많다.

전두환; 보고는 잘 받고 많은 보고서를 보느라고 담배를 많이 피운다.

김영삼; 오늘 만남은 국민과 세계가 관심을 가지고 있으며, 만나는 자체보다 국민의 희생을 최대로 줄이고 수습을 해야 한다. 문제의 핵심은 6·10대회가 계기가 되었다. 정부는 중산층이 정부를 지지한다고 보지만 우리는 그렇게 생각지 않는다. 국민운동본부의 대회를 두 차례나 연기하자고 요청을 했는데 더 이상은 어렵다. 평화적 정부이양은 좋은 것이지만 민주주의의 기반을 다져 놓고 퇴임해야 한다.

전; 어떤 의견이 있나?

김; 4·13선언은 철회해야 한다. 권력구조문제는 국민투표에 붙여야한다. 김대중 연금은 오늘 중에라도 풀어야 한다. 6·10대회로 구속된 사람은 대폭 풀어야 한다.

전; 미국 국회의원도 미국헌법에 만족하지 않는다고 한다. 미국은 대통령이 자주 바뀌고 선거도 자주해서 정책의 일관과 경제에 어려움이 있고 안보면에서 소련에 취약하다. 헌법은 어느 나라 국민도 완전히 만족하지 않으며 헌법을 존중하고 법과 질서를 지키는 태도가 중요하다. 우리나라 헌법은 8번이나 바꿨는데 수정 보완해서 고쳐 나가지 않고 일방적으로 뜯어 고치거나 변칙적으로 개헌을 해서 헌법이 무력화되는 악순환을 겪었다. 현 헌법은 1인 장기집권을 막기 위해 단임을 규정했다. 혼란과 악순환이 반복되면 올림픽과 경제가 무너져 버린다. 나는 퇴임하는 사람으로 욕심이 없다. 민주발전

의 핵심은 평화적 정부이양이라는 사실을 분명히 알아야 한다. 여야 합의해 오면 반대하지 않겠다고 밝혔다. 국회헌법특위를 여야 동수로 하자고 까지 양보했는데 양당이 직선제만 고집해서 국론분열과 국력소모를 피하고 평화적 정부이양을 위한 충정에서 선언을 했다. 점진적으로 해야 하지 바둑이 안 된다고 확 쓸어버리는 식으로는 정치발전이 안 된다.

김; 민주주의를 보는 것이 소원이다. 이승만을 존경했지만 부정선거로 된 이기붕의 부통령선거를 다시 했으면 하야 하지 않아도 되었을 것이다. 박 대통령도 공작정치로 나를 몰아내려 하다가 부마사태로 넘어 갔고, 헌법을 개정해서 민주주의를 했더라면 유신에도 불구하고 공적을 평가 받았을 것이다.

전; 개헌논의를 재개하도록 하자. 개헌 문제에 정치력을 발휘해 달라. 모든 책임과 권한을 노 대표에게 넘겼다. 노태우 대표와 만나 정치인 간에 털어 놓고 대화하기 바란다.

김; 대통령이 국정을 책임지고 있으니 책임있는 분과 논의해야 하지 않느냐.

전; 나는 8개월 뒤면 물러나는 사람이다. 이북의 군비증강 전진배치 소련의 태평양진출 등 안보불안요인이 대단히 많다.

김; 지금 상황은 민주주의가 안 되면 안보도 안 된다.

전; 좌경세력이 큰 문제다. 가능한 한 비상조치는 쓰지 않는 게 바람직하지만 국기문란이 있으면 대통령으로 책임을 다해야 한다. 올림픽이 끝나면 선진국이 될 수 있다.

김; 과격한 목소리는 민주주의를 하면 줄어든다. 6·10사태로 구속된 사람은 대폭 풀어야 한다.

전; 적극 고려하겠다. 방화 인명 살상범은 어렵다.

김; 대폭 석방해 달라.

전; 석방하면 그런 일 안하겠다고 보장하겠나?

김; 순간적 감정일 수 있다. 김대중 씨 연금은 오늘 중으로 해제하라.

전; 선처하겠다.

김; 그동안 민주화운동으로 구속 기소된 사람을 대부분 풀어 달라.

전; 분명히 말하지만 법적 절차가 존중되어야 한다.

김; 김대중 씨는 사면 복권 조치를 취해 주기 바란다.

전; 사면 복권이 대통령권한 이기는 하지만 기준과 관례가 있고 당사자의 자세와 여건이 중요하다. 올림픽은 민족대사이니 여야 떠나 협조해 주어야 하지 않나?

김; 우리 국민은 민주화를 성취하고 올림픽을 성공시킬 자신이 있다. 김대중 노태우를 같이 만나도 좋겠다.

전; 평화적 정부이양과 올림픽을 순조롭게 치르기 위해 지혜와 힘을 모으자.

경향신문, 1987. 6. 25.

김영삼의 6월항쟁 전략적 방안을 곁에서 지켜보며 함께했던 경험들에 비추어 필자가 정리한 글이다._ 필자 주

6월항쟁은 민주화운동 세력과 5공독재 세력 사이의 전쟁이기도 했다. 5공측은 대통령 전두환을 정점으로 한 일사불란한 전열로 전두환의 전략(최종 단계에서 노태우도 가담)으로 진행되었다. 전두환은 자신이 전략에 자신 있고 능하다고 거듭 말하듯이(김성익, 1992), 민주화세력과의 관계에서는 일관하여 철저하게 전략적으로 행동했다. 민주화세력은 YS가 사령탑에 앉기 전까지는 지휘부가 없는 제 세력과 개인의 각개약진의 전열이었다. 민추협이 결성되고 신한민주당[후일 통일민주당]으로 발전하여 박종철 사건을 계기로 재야[후일 국민운동본부]와 단일전선을 이루고 김영삼이 사실상 사령탑이 된다.(김대중은 법적 제약으로 신분적 신체적 제약아래 있어서 사실상의 사령탑 역할에는 한계가 있었다).

전쟁에는 전략이 있어야 했다.

김영삼은 "투쟁을 승리로 이끄는 데는 지혜가 필요한 법이다. 나는 책임 있는 지도자로서 민주화투쟁을 단계적으로 강화해, 전두환을 압박하면서 동시에 파국을 경계하고 국민의 희생을 최소화할 수 있는 방법을 생각해내야 했다."(김영삼3, 2000, 73) 김영삼은 전략을 '지혜'라고 했다. '지혜'와 '전략'은 같을까? 어떤 차이를 가질까?

김영삼의 지혜[전략]의 운용가능한 자산은 자군[민추협 YS계], 우군[민추협 DJ계 또는 잠재적 경쟁자], 잠재적 우군[재야], 유동적 우군[비민추 신민당 또는 잠재적 상대방]였고, 상대는 전두환대통령과 신군부·경찰·5공행정부·민정당[국회]라고 할 수 있겠다. 전두환은 우수한 전략가를 자처했고 방대한 행정조직과 박정희 시대부터 성장한 재계 등 기득권세력의 적극적 도움이 있었다.

각 계기마다 우군과 상대에 대한 동조·공조·협동·방관·견제·방해·적대적 반응에 대한 대책이 필요하다. 이것은 YS의 지혜[전략]의 자산과 상대는 이들이었다.

1.

유신독재 심장이 멎고 서울의 봄이 왔을 때 누구보다 벅찬 기대에 가득 찼던 김영삼이 1980년 5·17일 대반동을 맞았을 때 어떤 심경이었는지는 타인은 헤아릴 수 없다. 5월 17일 밤 김대중은 연행되어 구속에서 내란죄 징역형으로 이어졌고, 김종필은 연행되어 부패로 재산 포기를 강요당했다.

전두환 측의 3김 무력화, 3김 분열, 영호남 분열 전략에 따른 조치였다. YS로는 기습 무장해제 우군은 괴멸 당한 것이다.* 전두환의 기습과 강제력에 의한 일방적 승리였다.

봄을 꽃 피우지 못한 역사에 대한 죄책, 욕심으로까지 비춰진 경쟁, 다가오는 위기-군부의 동향을 다루지 못한 전략부족에 대한 반성, 함께 경쟁하던 DJ가 당하는 참변에 대한 연민, 동지들의 구금과 고문 소식, 무엇보다 광주시민이 겪은 참혹한 시련, 온 국민이 빠진 좌절과 분노, 정치적 생애를 살아온 그로서는 죽음을 사는 고통이었을 것이다. 유일한 저항으로 정계은퇴 성명.

다시 살 것인가 그냥 스러지거나 죽을 것인가? 그가 믿어온 신앙, 추구해온 신념이 그에게 다시 무슨 사명을 주고 어떤 삶을 가리킬 것인가?

2.

김영삼은 삶을 건 단식을 결심하고 실행했다. 과거를 참회 반성하고 미래를 물었다. 그리고 답을 찾았다.

성명에서 썼듯 광주의 아픔에 동참하면서, 또 참회 반성하면서, 무엇을 어떻게 할 수 있을 것인가를 자신과 역사에 물었을 것이다. 23일 동안의 생명의 경계에까지 이른 단식으로 김영삼은 본인 뿐 아닌 한국민주화운동의 새로운 기점(起点)을 찍었다.

단식투쟁 중 성명에서 전두환정권이 장기 집권을 획책할 가능성을 지적한다. 전두환은 "상황에 떠밀려 온 나"라고 최규하에 이은 대통령취임 과정을 말하고,(전두환1, 2017, 603) 노태우는 "상황이 정권을 책임지지 않으면 안 되는 방향으로 굴러갔다."하고, "습득정권이라고까지 한다."고 했지만(노태우

* 5월 17일 밤 피신하라는 주위의 충고를 거부하고, 18일 새벽 정무회의 소집 지시, 18일 정무회의 17일 조치 철회 요구, 19일 기자회견 예고, 20일 무장헌병 자택 봉쇄, 집안에 있던 기자상대 회견 유인물 담 밖으로 보내 외신만 보도. 이후 81년 4월 30일까지 자택 봉쇄.

1, 2011, 252), 5공 수립으로 이어지는 과정은 거대집권계획에 의한 것/집권 이후엔 한번 집권하고 그만 둘 생각은 아니었다고 보는 것이 타당하다. 전정권 측은 부인하지만 정구호 등의 〈88년 정부이양계획연구보고서〉의 후계정권과 후견통치 구상은 그 한 예이다.

YS의 단식결행은 자신의 생명만을 무기로 활용한 단독 전략이고 실행이었다. 전정권 측은 보도통제 진행 뒤 권익현의 방문 회유 외에는 대항/대책이 있을 수 없었다.

3.

단식투쟁으로 김대중과의 연대 재생, 함석헌 등 민주화 재야세력의 동조단식 등 공감, 이민우 등 정치적 동지들의 대책위 등 조직으로 민주화운동 재개의 신호 발신의 계기를 만들었다. 김대중 계도 투옥과 잠수에서 뛰쳐나오기 시작했다.

YS로서 예측 희망을 할 수 있지만 작용할 수는 없는 사태진전이었다. 정권 측도 별 대항/대책을 취할 수 없었다.

4.

법외 정치인단체 민주화추진협의회(이하 민추협)를 조직했다. 과거 야당동지 뿐 아니라 김창근 등 박정희정권 인사들까지 포용하고 김대중 계와 공동조직을 만들었다. 정확한 공점·양점·불문 조직을 만들었다. 이것은 엄한 정세아래 현실적 조직 가능한 형태였다.

YS 본인과 김명윤, 김덕용 등 측근 동지들이 움직였다. 정권 측은 방해 작업을 해서 가입 승낙 뒤 취소요청이 있었고 결성 당일 배포 인쇄물에 서명흔적을 지우기도 했다.(김덕룡 등 회고)

5.

민추협이 주동이 되어 이철승 등 야당시절 비우호세력(비민추계)까지 포용 동참하는 신당(신한민주당)을 만들었다. 만약 이 비민추계가 별도 신당 또는 민한당과 합작했다면 수적으로 형세를 이루지 못했을 것이다. 힘에서나 대국민인식에서 대세를 이루는데 치명적 약점이 되었을 것이다.

정권 측이 해금인사에게 민한당 유도를 했지만, 이들은 선거전술상 신당을 택했다.

6.

총선 선거참여를 결정했다. 거부명분론, DJ계의 소극론, 학생 등 적극거부 투쟁노선을 총선참여로 전환시켜 견인했다. YS의 적극적 설득노력이 있었다.

7.

총선 전략으로 중앙(종로) 집중 전국파급효과를 노려 성공했다. 이민우 총재의 무연고 종로공천, 민주산악회와 민추협 회원의 집중 동원, 학생 재야 운동세력의 집중지원을 유도하여 전국적 파급을 성공했다. 합동연설회를 반정부 반독재 투쟁 축제장으로 만들고. DJ 귀국 마케팅을 신당후보의 전국적 선전 전략으로 사용하여 DJ, YS 단결을 과시했다.

만일 총선참여, 총선승리 쟁취하지 못 했다면, '혁명을 통한 변혁'을 주장하는 학생운동권 등 재야세력을 혁명포기/제도권 정치를 권유할 명분을 상실하여 한국민주화운동 진로가 달라졌을 것이다.

8.

총선에서 제1야당, 서울에서 최다득표로 5공정치체제-패권정당제 붕괴

9.

민한당 흡수로 양당 경쟁 체제 복귀

10.

국회 운영 YS → 이민우 → 신민당(비민추 포함) → 국회(민정당 포함) 영향 체계로 사실상 국회운영을 이끌었다. 실전사령탑인 원내총무는 김동영, 김현규, 이민우 총재 신민당 대변인은 홍사덕 등 적극적 YS계가 맡고, 이들은 YS와 직접 소통했다.

11.

등원조건투쟁으로 DJ 사면복권 전면표방 이슈화.(특정지역에 독점적 영향력을 가진 DJ 문제 이슈화로 특정지역에 영향력 흡수)

12.

이민우 총재 민주회복 개헌 정치관련법개정을 12대 국회 사명으로 규정 국회 운영 기선을 잡았다.

13.

개헌문제 초기에 내각제에 포용적 태도를 배제하지 않음으로 '대통령병 환자' 비난을 피하고, 민정당 측의 포용가능성을 배제하지 않아 조기 충돌을 회피할 수 있었다.

14.

재야연대에 포용적 태도를 보이면서, 보수교단에 속함으로 전체 기독교세력에 비적대적 자세.

15.

직선제 개헌 천만인 서명운동과 현판식 투쟁으로, 1) 운동권 민주화운동을 국민의 민주화운동으로, 2) 국민 각계의 다양한 민주화운동의 목표를 '개헌'이란 단일 목표로 수렴하고, 운동권의 민주화운동을 시민참여의 국민적 운동으로 순화 확산시켰다. 민주화는 반미·민중민주주의·제헌의회소집 등 실로 넓은 스펙트럼과 다양한 층위를 가진 변혁운동이었다. 실현과정 또한 선거 투표 보다는 독재타도 선정권 퇴진 등 법외 비법적 수단을 포함하고 있었다.

결과적으로 모든 민주화운동은 보편적이고 명료한 목표인 직선개헌으로 수렴 단일화되었다.

16.

급창당된 신민당이 이민우 구상 내각제 논의 등을 거치면서 정권 측의 공작 영향권에 들자 양 김은 힘을 합쳐 신민당을 와해시키고 통일민주당을 창당하여 외풍에 영향 받지 않는 전열 형성.

정권과 민정당의 "사제정당" 등 극한적 용어로 비난과 적극적 창당 방해 공작을 극복했다.

17.

용공조작 고문 공동대책 위원회를 시작으로 재야와 형성되던 민추협-통일민주당 공동전선은 박종철고문치사사건을 계기로 공동투쟁과 연대의 밀도를 높여 마침내 민주헌법쟁취국민운동본부에 동참함으로써 민주화세력 대 5공의 대치를 만들고, 민주화세력이 국회 제1야당을 포용한 단일 세력이 됨으로써 5공 측은 여야 대결이 아닌 5공 대 국민적 민주화세력의 대치가 되고, 동시에 민주 대 민정 대치에서 민주+민주화국민조직 대 민정의 구도가 되었다.

정권과 민정당 측은 재야를 용공으로 몰면서 보수대연합을 제의하고 민추협과 민주당이 재야와 결별할 것을 강력히 주장하고 공작했다.

18.

국회에서 원내총무를 김동영, 김현규 등 YS직계가 수행하여 투쟁과 협상을 병행하는 YS의 전략을 구사하여, 국민들에게는 투쟁일변도의 피로감을 피하면서 민정당 강경파 득세를 막고 온건파의 역할 공간을 만들었다. 학원안정법 자진 철회 같은 성과를 내게 했다.

19.

민주당은 박종철 고문치사사건을 계기로 민주당이 2·7 3·3 6·10 6.26에서 재야(국민운동본부)와 완전한 공동투쟁을 전개함으로써 전두환과 민정당을 국민들로부터 고립시키고, 적어도 민주세력 내부에서는 YS와 민주당이 확실한 신뢰를 축적하고 정치적 리더십은 인정받게 된다.

20.

6월항쟁 기간 동안 YS는 계속 끊임없이 민주당과 재야의 연합행사에서 발언하여 신문 1면(정치면)에 재야-국본의 대행진 일정 등 당시 언론이 다루지 않는 사실을 보도되도록 함으로써 민주화세력의 최고홍보책임자CPO의 역할을 했다.

21.

6월 23일 김영삼·전두환 회담을 '결렬'되었다고 명쾌하게 선언하여 6·26 대행진에 국민 참여를 극대화시켰다.

22.

6·29 뒤 국회개헌 협상을 신속히 진전시켜 대통령직선제 개헌 확정으로 절차적 민주화 완성을 평화적으로 달성시켰다.(대통령직선제 외에 기본권 신장, 다당제 등 사회 제 세력의 대의제 참여 기회의 배제 등 비판도 있다. 대통령 임기 5년 단임은 정부통령제와 4년중임제에 대한 YS·DJ 담합에 대한 민정당 측의 견제 등 여러 설이 있다.)

이 글은 대한민국역사박물관 주최 『1987 한국민주화를 회고하다 2017국제구술회』(2017.12.31)에서 김도현이 구술한 것을 옮긴 것이다. 영역은 주최 측에서 했는데 필요한 최소한은 필자가 고쳐 썼다._ 필자 주

과소평가된 정치인의 역할

이 자리에서 언급이 안 된 얘기를 조금 해보겠습니다. YS가 비교적 덜 언급이 된 것 같고 또 이 문제를 떠나서 정치인의 역할을 민주화 과정에서 좀 새롭게 봤으면 싶습니다.

사실 광주사태 이후에 한국의 민주화 문제는 여태까지와는 본질적으로 다른 심각한 여러 가지 문제를 노출시켰습니다. 전면적인 미국에 대한 비판, 지역 문제, 빈부 문제 등 민주화라는 단순한 제도적 민주화로 해결될 수 없는 아주 근본적이고 급진적인 욕구를 분출을 시켰습니다. 이 민주화의 요구가 그래도 제도적 민주화로 비교적 단순하게 수렴이 된 것은 개헌 과정을 통해서, 선거 과정을 통해서 정치권에 의한 주도적 역할이 있었기 때문에 가능했다고 생각을 합니다. 이 과정에서 YS는 매우 중요한 역할을 하게 됩니다. 이건 물론 인격적으로 또 뭐가 그분이 훌륭하다는 의미가 아니라, DJ는 당시에 그런 역할을 할 수가 없었습니다. 국회나 정당 안에 들어와 있지를 못했고, 법률적으로 복권이 되지 않았습니다. 그래서 현실적으로는 YS가 이 책임을 전부 걸머져야 됩니다. 조직을 해야 됐고, 국회 안에서 국회의원을 이끌어야 되고, 또 그러자면 돈도 좀 모아야 되고 이런 일들을 해야 됐습니다.

YS의 개성과 전략

국회만 이야기하더라도 야당 전체가 여당보다 수가 적었고, 야당 안에서도 사실 DJ·YS 세력은 반을 조금 넘었습니다. 이철승 이런 분들도 힘이 컸고, 또 이택돈 등 또 다른 분들이 있었고, 거기다 DJ와 YS도 완전히 일체가 아닙니다. 그렇게 보면 YS는 아주 소수세력입니다, 사실은. 그러나 이 소수세력으로 마지막까지 주도해서 개헌으로 나아가게 한 것은 상당히 그분의 특유

한 점, 즉 개성과 전략이 큰 역할을 합니다. 왜냐하면 그분은 선거를 많이 해 본 사람이기 때문에 사람의 마음을 굉장히 잘 읽는 그런 특별한 장점이 있습니다. 개인의 마음도 정치인의 마음도, 대중의 마음도 그렇고, 결국 2·12총선에 그렇게 적극적으로 참여하게 된 것은 전적으로 이처럼 사람의 마음, 즉 정치인의 마음-정치, 선거참여를 하고자 하는 마음과 대중의 마음-내가 직접 투표장에 나가 역할을 해내고자 의욕-을 읽어내고 이것을 현실에 기회를 만든 YS의 노력이 큽니다.

왜냐하면 민주주의고 뭐 이런 고상한 이념을 떠나서 정치 주변에 있는 사람들은 선거를 하고 싶어 합니다. 우리말에 참새가 방앗간 앞을 그냥 못 지나간다는 말이 있듯이, 우리나라에서는 선거를 외면하고는 정치적으로는 성공한 적이 없었습니다. 간단하게 예를 들면 해방 뒤 첫 총선을 할 때 백범(白凡) 계열이 불참을 했습니다. 나중에 회고에 의하면 만약 백범계열이 참여했으면 이승만 계열보다 더 다수를 차지했다고 그러더라고요.* 그 뒤에 박정희 씨가 3선 개헌 뒤 국민 투표에 부쳤을 때 일부 강경파는 국민투표 거부 불참 운동을 했지만 불참 운동은 거의 호응을 못 받았습니다. 유신을 하고난 뒤 선거에서도 불참 운동은 효과적이지 못했습니다. 그러니까 이 선거 참여를 두고 불참하자는 게 명분은 굉장히 많았지만 사람의 욕구를 읽으면, 사람들도 말입니다, 정치에 참여하는 사람뿐 아니라 보통 국민들도 선거가 있으면 나가서 찍어보고 싶어 합니다. 김대중 선생이 그 점에 대해서 소극적이었는지는 모르지만, 예를 들어서 권노갑 씨 회고에 의하면 권노갑 씨도 그때 공천까지 받았는데 김대중 선생이 "출마하지 마라." 그래서 출마를 안 했다고 회고록에 써놓으셨더라고요. 그래서 결과적으로는 선거에 참여한 것이 오늘의 민주화를 추동하는 데 큰 계기가 된 것입니다.

직업적 의회 정당 정치인적 전략

그 다음에 개헌 과정을 쭉, 국회 과정을 잘 관찰을 해보면, 결국 김영삼은 그때는 국회의원도 아니었습니다. 그렇지만 국회 바깥에 있는 사람으로서

* 이승만 정부의 외무장관을 지낸 변영태, 이승만대통령의 비서였던 윤석오의 회고에 의하면, 김구와 한독당이 선거에 참여했다면 이박사가 이끌던 국민회 못지않은(또는 국회를 지배하는) 의석을 차지했을 것이라고 했다. (김도현, 1981, 59).

국회의원을 움직여서, 민정당 의원을 움직여서, 전두환 대통령을, 거기는 뭐 일사불란하게 전두환 지시를 따르게 돼 있으니까요. 그분들을 상대로 해서, 이렇게 저렇게 당기고 밀고하는, 정말 그 분 본인의 표현에 의하면 강온전략을 구사해가면서, YS는 대통령직선제에 대해서 말할 때도, "나는 직선제 아니면 안 된다." 이렇게 말하지 않고 "내각제도 좋지만 직선제가 지금 국민의 마음 아니야?" 이런 식의 표현이거든요. 이것이 사실은 다른 사람에게는 그 분도 꼭 마음속은 안 그렇더라도 굉장히 너그러운 사람으로 보이고, 다른 선택도 가능한 사람처럼 보이게 하는 이런 전략이 전체적으로 개헌 과정에 끝까지 구사됐습니다.(이것은 이른바 '대통령병 환자'라는 비평을 피하게 하는 데 상당한 효과가 있었다.)

제1야당총재의 대중적 영향력

6월항쟁은 결국 대중운동인데, 신민당의 개헌현판식과 87년 박종철사건을 계기로 한 일련의 가두투쟁 등 데모를 쭉 해서 6·29까지 이르게 되는데, 그 데모 과정에서 뭐 민통련하던 분도 있고 노동자도 있고 학생도 있지만, 사실은 말입니다, YS가 정당을 이끎으로 해서 국민적 규모로 커지고 성공한 것이 가능했다고 저는 봅니다. 왜냐하면 당시의 언론 신문은 정치면이라는 게 1면 아닙니까? 우리가 뭐니 뭐니 해도 정치 기사가 제일 재미있습니다. 1면에 있어야 빨리 볼 수 있습니다. YS가 얘기하지 않으면 1면에 나지 않습니다. 그러니까 6월 26일 시위를 하느냐 마느냐를 가지고 한 달을 끌면서 얘기를 하는데, 꼭 YS가 뭐 한마디를 합니다. 오늘은 한다고 그랬다가, 내일은 할지 안 할지 모르겠다고 그러고, 이래서 아주 초긴장 상태를 계속 그 과정 중에 만들어 왔습니다. 이런 노력들이 YS의 인품 그런 것과 관계없이 6월항쟁을 국민적인 열기로 이끄는 데 있어서 굉장히 중요한 역할을 했다고 저는 생각을 합니다.(운동권 단체들이 나름대로 조직을 통해 선전을 하고 동원을 한다고 하지만 현실로는 그 범위와 수는 신문 1면의 1단기사의 영향력에 비교해도 매우 제한적이다.)

그리고 나중에 6·29 직전에 6월 24일 날 전두환 대통령하고 만나는데, 그 날 둘이 만난 건 사실 뭐 무슨 의제가 정해져 있었던 것도 아니고 그냥 만나기로 해서 만난 거거든요. 만나고 나와서 YS가 뭐라고 그랬냐 하면, "나는 이 회담이 결렬이라고 선언합니다." 그랬습니다. 사실 뭐 결렬될 것도 없습니다. 원래 뭐 합의를 바라고 간 것도 아닙니다. 그런데 전두환 씨는"나는 내가 할 얘기를 다 줬다. 개헌은 이미 해도 괜찮다고 얘기를 했다."라고 했습니다. 전두환 씨는 YS가 결렬이라고 선언하리라고는 예상을 못 했습니다. 그냥 YS가 '결렬'이라고 선언함을 해서 회담은 결렬된 것이 되고, 다시 대중들이 6월 26일 날 시위로 나오게 됩니다. YS는 최선을 다했는데 전두환은 걷어찼다 이렇게 국민 앞에 비춰지고 만 것입니다.

그런데 이런 것들이 뭐 난 YS를 칭찬해서 하는 말이 아니라, 정치인· 정당· 정치세력들이 민주화운동 과정에 한 역할을 우리 민주화운동이 너무 평가하지 않는 것이 아닌가 생각합니다. 결국은 민주화운동이 국회를 통하고 제도화돼야 되는데, 그전까지는 요구가 하도 다양해서 뭐 혁명하자는 사람, 아까 그저께 여러 선생님들 미국서 오신 분들이 말씀 많이 했습니다마는, 그때는 "제헌해야 된다. 무슨 개헌이냐? 헌법 새로 만들자." 이런 주장이 아주 많았습니다. 그것을, 사실 그러한 여러 가지 다양한 민주화에 대한 욕구를 그나마 정치적인 제도화로 수렴시킨 거는 제도권 정치세력의 공로가 크고 또 그것을 이끌어간 데는 YS의 역할이 컸다 라는 말을 하고 싶습니다.(이런 과정에서 민주화의 내용이 제한적이 된 것에 대한 평가는 별문제다.)

그러나 물론 그분들도 좀 과오는 있겠죠. 아까 '분열' 이런 얘기를 했습니다마는, 6·29는 정 (일준) 교수는 그게 항복을 받아낸 거냐, 위의 사람이 결단한 거냐 가지고 논문을 썼습디다마는, 전두환 쪽에서는 결코 패배가 아닙니다. 당시의 조건들을 잘 활용해서, 그 조건이라는 건 그동안 자기의 치적이 있고, 이제 국민들의 이 개헌 요구가 완전히 국민적이기 때문에 도저히 후퇴할 수가 없고, 또 군인을 동원하는 하는 것도 올림픽도 있고 미국사람들이 말리고 하니까 그것도 안 되고. 그러나 또 하나의 조건. 김영삼이 하고 김대중이 하고 틀림없이 싸운다. 그 세 가지조건을 완전히 활용한 겁니다. 그걸 몰랐을 리가 없고. 그런데 이것을 유감스럽게도 한화갑 선생은 4자 필승론 이런 이론도 있다고 그랬는데, 그렇게 됐으면 어떨지 모르겠습니다마는, 양김은 충분히 전두환 씨가 활용할 수 있는 조건을 활용하지 못했습니다. 그 점에서 나중에 대통령을 했으니까 뭐 실패했다고 할 수는 없지만 당장에는 실패라고 알려졌죠. (결과적으로 YS DJ가 다 집권했으니 노태우 5년으로 지연된 것뿐이란 견해도 있지만, 단일화를 통한 집권과 분열 뒤 순차적 집권이 우리 정치에 미친 영향은 매우 다르다고 생각한다.)

그리고 사실 이 두 분은 말입니다. 단일화할 준비가 두 분만 안 된 게 아니라 대한민국 전체가 안 됐습니다. 왜냐하면 단일화할 수 있는 무슨 연립정부안을 내놓은 데도 없고, 또 재야가 나중에 단일화를 못했다고 욕은 하지만 재야도 각각 어느 한쪽으로 완전히 수렴되고 말았습니다. 저는 개인적으로 YS한테 가서 "이번에 안 하시면 어떻습니까?"라고 이야기를 했는데, 그 이야기한 뒤에는 저를 보는 표정이 끝까지 곱지 않더라고요. 그런데 과연 김대중 선생 쪽에서도 그런 분들이 많이 있었는지는 모르겠습니다마는, 그건 두 분의 또 지나간 일이라고 하고요.

어쨌든 그래서 이 정치권이나 김영삼의 역할에 대해서 높이 평가하든 낮게 평가하든 그것은 별개의 문제고, 제대로 정확하게 평가하는 일은 민주화 과정을 우리가 복기하면서 꼭 필요한 일이 아닌가하는 생각이 듭니다.

The roles of YS as a politician in the June Democratization Uprising

Kim Do-hyun

I will tell you my thoughts and stories that have not been mentioned much today. I do not think stories about YS have been told as much, and most of all, I would like us to look at the roles of a politician YS in the democratization process from a new perspective.

After the Gwangju Democratization Movement, democratization in Korea has revealed grave issues that are fundamentally different from other issues, including criticism of America in general, regional issues, and wealth gap issues. It has vented a very fundamental but rapid desire that cannot be resolved simply by an institutional democracy. I'm not really sure if the fact that the demand for democratization had been simplified into an institutionalized democracy through the constitutional amendment and that the election was right for the future, but I do believe that it has been possible because the entire process has ultimately been led by those in the political circles. During this process, YS's role was crucial. This is not about how he was a great man but rather about his role, because DJ could not play such a role at the time. He was not a member of the National Assembly and he had not been politically reinstated, so YS had to be responsible for everything. He not only had to lead an organization but also members of the National Assembly, which required him to take care of the financial problems such as collecting funds.

At the time, members of the entire range of opposition parties were shorter in number than members of the ruling party, and the number of DJ and YS supporters barely exceeded half of the total number amongst the opposition parties as well. There were other influential figures such as Lee Chul-seung and Lee Taek-don in the opposition parties. Moreover, YS and DJ were not completely together either. This would make YS and his supporters a minority. However, it was them who drove the constitutional amendment to the end, which indicates that he had the right qualities as a politician. I do not know if he is a great person or not, but he had been involved in the election a number of times, so he had this ability to look into people's minds, both as politiciens and as the wider public. He was very much enthusiastic about the election held on February 12, and the success was entirely because of the efforts that YS had put into the process.

Regardless of democracy or any other refined ideology, people interested in politics want to run for election. There is an idiomatic expression in Korea that says 'where a sparrow cannot just pass a mill,' and as such, those who neglected the election never made it in Korea. For example, the Baekbeom Kim Koo family did not take part in the first general election in1948 after liberation. However, memoirs from the later years state that if Kim Koo had run in the election, his party would have received more votes than Rhee Syngman's. Then when Park Chung-hee held a plebiscite, the people decided to boycott it, but that did not go well. The boycott movement was not performed even under the Yushin system.

There are many reasons for the boycott movement before the election, but now people have such a desire. Not only those directly involved in politics but also the general public want to exercise their right to vote. I don't know if DJ dealt with this matter passively, but according to a memoir written by Kwon Rho-kap, Kwon had been officially nominated to run for election but he eventually did not because DJ did not allow it. My point is, taking part in the election gave an impetus to the democratization process we know of today.

Now, if we take a look at the constitutional amendment process or what has gone through the National Assembly, YS was not a member. Although an outsider, he influenced the members of the Assembly to stand against Chun Doo-hwan. Of course Chun had supporters following his instructions as always, but YS employed his tactics of talking around the matters such as by saying, "The parliamentary system is fine but what people want is the direct election system," instead of saying, "Only the direct presidential election system must be accepted." He was seen as a big-hearted man, although his inside may not be the same. His approach of making himself look like an available man had been taken until the end of the amendment process.

In particular, his strategies were best shown from the democratization demonstrations up to June 29th. A number of people participated in the demonstrations, including members of the Democratic Unification and Popular Movement(민통련), laborers, and students, but I believe the demonstrations had been successful because YS did a good job of leading the party. At the time, the political issues had been run on the front page of the news paper because it was the most interesting column of all. If YS kept silent, the news of demonstrations was not on the front page. What I mean is that the whole country had been talking about whether there was going to be a demonstration on June 29th for almost a month, and YS never said a word about whether there was going to be a demonstration or not. There was a state of tension every time because of him. I believe such efforts played an important role in encouraging the people to participate in the June Struggle, regardless of his personal qualities.

Then right before June 29th, he meets Chun Doo-hwan on June 24th not because there was a special agenda but because they just had an appointment. After the meeting, YS said that he declared that this meeting had broken down. There was nothing to be broken down really because the meeting was not held with the purpose of making any negotiation. However, Chun said that he told everything from his side and that he told YS that he is fine with the constitutional amendment. Chun never expected YS to declare that the meeting had broken down. However, the meeting was known to have broken down because YS said so and thus the public went to the streets to protest on June 29th.

I am not praising YS for all of these events, but the public and the political powers have indeed been involved in the democratization movement in various ways. The movement should have been institutionalized by the National Assembly in the end, but there had been so many different ideas such as to revolutionize or to establish a new Constitution and not amend it, just as our speakers from America said a couple of days ago. The fact that YS took the lead in the political circles to institutionalize such desires toward democratization deserves much credit. Of course, they too made mistakes. Also, we talked about a division of two Kims. Professor Chung has written a dissertation about the protest of June 29, questioning whether if that was a surrender or a decision made by persons with higher authority, but I can say that Chun had not lost the game at all. He indeed made achievements. He just could not back out because the constitutional amendment was a demand from the people, and he could not take any action through the military since the Olympic Games lay ahead and the Americans were involved. And he also used another important condition – that YS and DJ will be absolutely confronted with each other. He was well aware of the whole situation. Now to my regret, Mr. Hahn said that there was a theory of Kim Dae-jung's victory among the four candidates, and I am not really sure what would have happened, but the two Kims failed to do what Chun did. Well, it would be not fair to call it a failure because they did it eventually. It was just considered a failure at that very moment.

In fact, the two Kims were not the only ones who were not ready to join forces but also the entire country was not ready. There were no plans for forming a coalition government to work together, and although the opinion leaders outside of the party criticized them for not unifying, their opinions were also one-sided too. I personally went to YS and asked what would happen if he did not take any action, but I think he felt insulted because he looked upset until the end of the conversation. I do not know if the same thing happened to DJ, but everything is in the past, so I shall stop there.

Anyway, I believe it is necessary for us to reflect upon the democratization process to make an accurate assessment regardless of rating highly or poorly the roles of YS or the political circles of the time.

자료 24_ 한국의 민주화 이행에서 김대중의 역할(1980~1987년)

전재호(서강 국제한국학선도센터)

김대중 의장의 한국 민주화에서의 역할은 더 말할 나위가 없지만, 6월항쟁 기간에서의 역할은 그가 사면복권되지 않은 법적 신분과 자택연금으로 신체활동의 자유가 거의 전면적으로 금지되었다는 점에서 특별한 고찰이 필요할 수 있다. 이점에서 「한국의 민주화 이행에서 김대중의 역할(1980~1987년)」, 『기억과 전망』 2016년 겨울호에서 해당 부분을 인용해 싣는다. 원 논문에는 서울의 봄 시기와 제5공화국 초기 2. 미국망명시기의 김대중 활동을 썼다. 여기 인용문은 3장에 해당한다. 인용문 중간중간에 필자의 요약 정리한 내용이 있다._ 필자 주

귀국 이후부터 6월항쟁까지의 시기(1985.1~1987.6)

김대중의 민추협·신한민주당 탄생, 2.12 총선에서의 영향과 귀국에 대하여 다음과 같이 썼다.

김대중의 귀국 문제가 한미 간의 뜨거운 쟁점이 되고 있던 1984년 11월 30일 전두환정권은 총선에서 야당을 분열시키기 위해 피규제자 84명을 해금했다. 이때도 김영삼과 김대중은 제외되었다. 민추협에서는 선거 참여를 둘러싸고 찬반양론이 맞섰다. 이에 대해 김대중은 박형규 목사와 이돈명 변호사에게 정치활동이 가능한 정치인은 본인 의사에 따라 개인 자격으로 참여해도 좋다는 의견을 제시했다.(김삼웅, 2013, 120) 이에 대해 김상현은 그가 초기에 신당 창당에 부정적 입장을 보였고 신민당 결성 후에도 성공 가능성을 높게 보지 않아 동교동 측근들의 출마를 만류했다고 주장했다.(강원택 2015, 25) 결국 민추협은 민주화 투쟁을 위해 총선에 참여할 것을 결정하고, 12월 11일 김영삼·김대중 공동의장, 김상현 공동의장대행 명의로 새로운 정당 창당을 공식 선언했다. 이후 민추협을 중심으로 비민추협 계열의 정치인들이 참여하여, 2·12총선을 불과 25일 앞둔 1985년 1월 18일 창당대회를 통해 신한민주당(신민당)이 탄생했다.

이런 상황에서 김대중은 신민당의 선거 지원을 위해 2월 8일 귀국했다. 그의 안전 귀국에 대해 국내외에서 많은 우려가 제기되었다. 2년 전인 1983년 8월 21일 필리핀의 아퀴노 상원의원이 귀국중 마르코스정권에 의해 공항에

서 살해당한 전례와 전정권이 귀국하면 재수감 위협 때문이다. 그러나 김대중은 AP통신과 인터뷰에서 "귀국해서 한국의 민주화를 도와야 할 도의적 책임"을 느끼며 "만일 한국이 민주화의 길에서 영원히 멀어져 버린다면 나의 전 생애는 아무런 의미가 없게 된다."고 말하며 귀국을 강행했다.(김삼웅 2013, 118) 김대중의 안전 귀국을 위해 미국 하원의원인 에드워드 페이건(Edward Feighan)와 토머스 포글리에타(Thomas M. Foglietta), 카터 행정부 시기 국무부 인권담당 차관보 패트 데리언(Pat Derian)을 비롯하여 예비역 해군대장, 목사, 다수의 인권운동가, 그리고 기자단 수십 명이 동행했다. 전정권 경찰력을 배치하여 환영 인파를 막았지만, 학생 500여 명은 이를 뚫고 "환영 김대중 선생 귀국" 등의 펼침막을 들고 시위를 벌였고 공항 가도에는 학생과 시민 3만여 명이 "독재타도"를 연호했다.(김삼웅 2010b, 20-22)

귀국 직후 김대중은 격리되어 동교동 자택으로 호송된 후 통신수단이 단절된 채 가택 연금되었다. 그러나 총선 '현장'에서 그의 존재는 큰 이슈가 되고 유권자들의 관심을 불러일으켰다. 그래서 야권 후보들은 김대중 및 김영삼과 맺은 이런저런 인연을 선거 공보나 홍보물에 개재하여 이용했고, 이는 지지층을 결속시키는 강력한 효과를 발휘했다.(이용마 2015, 70) 그 결과 2.12 총선에서 창당된 지 한 달도 되지 않은 신민당이 제1야당으로 등극했다. 신민당은 서울, 부산, 인천, 광주, 대전에서 전원 당선되면서 260석 중 67석을 획득하고 29.3%의 득표율을 획득했다. 여당인 민정당의 득표율이 35.25%인 것과 비교하면, 선거 결과는 전두환정권에 대한 유권자들의 경고인 동시에 관제야당에 대한 불신임이었다. 그래서 선거직후 야당통합논의가 시작되자마자 민한당 당선자들은 대부분 탈당하여 신민당에 입당했고 그 결과 신민당은 103석의 거대 야당이 되었다.

국회가 개원하자 국회에서의 직선제 개헌투쟁과 개헌천만인서명운동 학생 등 사회운동과의 연대, 다시 학생운동과 민주운동에 대한 탄압국면으로 전환되자 김대중의 돌파노력으로 불출마선언을 하고 이민우 파동과 신민당 내부의 균열을 극복하는 통일민주당 창당을 썼다.

전정권은 3월 6일 정치활동 규제자 16명을 해금시키면서 김영삼은 포함시키고 김대중은 제외했다. 양 김을 분열시키려는 책략이었지만 양 깊은 연대하여 계속 투쟁을 전개했다. 3월 15일 김대중, 김영삼, 김상현이 회동하여 양 김이 민추협 공동의장을, 김상현은 부의장을 맡기로 결정했다. 이로써 민추협은 정통 야당세력을 대표하는 양 김 체제로 전환되었다. 그리고 자연스럽게 양 김은 실질적인 의사결정 권한을 갖고 신민당에 큰 영향력을 행사했다.(이용마 2015, 71) 선거 승리 이후 민추협과 신민당은 계속 개헌논의를 제기했는데, 전두환정권은 이를 무시하다가 1986년 1월 16일 대통령 국정연설을 통해 개헌논의를 1988년 올림픽 이후로 미루자고 제안했다. 이에 2월 김대중, 김영삼, 이민우 3인이 모여 '직선제 개헌 1천만 명 서명운동'을 추진하기로 결정했다. 3월 11일 서울에서 시작된 개헌추진본부 결성대회는 많은 시민이 참여하여 성공적으로 진행되었다.(김대중 2010, 464) 물론 김대중은 가택연금 당해 참여하지 못했지만 서울과 부산시 지부 결성대회에서 녹음 축사를 통해 1980년 4월 이래 처음으로 대중들과 만나게 되었다. 3월 17일에는 두 공동의장과 문익환 민통련 의장, 박형규 한국 NCC위원, 이돈명 한국천주교정의평화위원장 등이 회동하여 '민주화를 위한 국민연락기구'를 결성하여 개헌서명운동을 전개하기로 결정했다.(김삼웅 2013, 127) 곧 개헌서명운동을 매개로 신민당과 사회운동 세력들이 본격적으로 연대하게 되었다. 그러나 5월 3일 신민당의 인천, 경기지부 개헌추진본부 결성대회에서 4,000여 명의 재야, 학생, 노동자들이 대회장을 점거하고 대규모 폭력 시위가 전개되자 대회는 무산되었다. 이에 김대중은 기자회견을 열어 "소수 학생들의 과격한 주장에 동의할 수 없다"는 뜻을 밝히고, 비반미, 비폭력, 비용공 '3비(非)원칙'을 재야와 운동권에 호소했다.(김삼웅 2010b, 34-38; 장신기 2013, 194-197)

전두환정권은 개헌투쟁의 열기를 누그러뜨리고 신민당과 민주화운동 세력의 연대를 와해시키기 위해 신민당의 개헌 논의 요구를 받아들여 국회에 헌법개정특별위원회를 설치했다. 그러나 민정당은 국회에서 신민당의 대통령 직선제 개헌 주장을 무시한 채 계속 내각제 개헌을 주장했다. 결국 개헌협상은 무산되었고, 신민당과 민추협은 다시 거리로 나서게 되었다.

이에 전두환정권은 공안사건을 이용하여 민주화운동을 강력히 탄압하기 시작했다. 10월 14일 통일 국시 발언을 빌미로 신민당의 유성환 의원을 구속하고, 10월 28일에는 건국대에서 전국반외세반독재 애국학생투쟁연합 발대식을 위해 참석한 대학생들을 좌경용공으로 몰아붙이면서 강경 진압했다.

이 사건을 빌미로 전두환정권은 친위쿠데타를 의도했다.(김삼웅 2013, 43) 곧 전두환정권은 헌정 중단을 계획했고, 전두환은 "김대중이에게는 '군에서 죽이기로 했으니 정계은퇴하지 않으면 수감하겠다'고 경고하도록 보안사령관에게 지시했다."(박철언 2005, 235~238)

더욱이 금강산댐 사건까지 터지면서 정국 상황이 긴박하게 돌아가자, 김대중은 11월 5일 민추협에서 '시국수습을 위한 조건부 불출마를 결심하면서'라는 성명서를 발표했다. 그는 "현 난국을 수습하는 길은 국민의 절대 다수가 원하는 대통령 중심 직선제로의 개헌에 의한 조속한 민주화의 실현밖에 없다. 그러나 전두환정권은 이러한 국민적 열망에 귀를 기울일 생각이 없는 것이다. 이제 나는 여기서 대통령 중심제 개헌을 전두환정권이 수락한다면 비록 사면·복권이 되더라도 대통령 선거에 출마하지 않겠다."고 선언했다.(김대중 2010, 466-467) 그가 성명을 발표한 것은 전두환정권의 친위쿠데타를 막고 직선제 개헌을 이끌어내기 위해서였다. 김영삼도 난국 수습을 위한 고심과 충정에서 나온 발언으로 자신도 김대중과 같은 심정이라고 말했다.(김삼웅 2010b, 47-49)

김대중과 김영삼이 협력하자 전두환정권은 양김을 따돌리고 야당 일부 세력과 내각제 개헌을 추진했다. 1986년 12월 24일 이민우 신민당 총재는 언론자유 등 7개 항목을 전제로 내세우면서 의원내각제를 내세운 정부와 협상할 용의가 있다고 발표했다. 이는 직선제 개헌이라는 신민당의 당론에 어긋난 것으로, 이민우 총재가 독자적인 행보를 걸으려 했던 것이었다. 신민당 내부에서도 이철승을 비롯하여 비주류 의원 9명이 '이민우 구상'을 지지했지만 양 김은 단호히 거부했다. 김대중은 "대통령 직선제 개헌 없이 7개항만 이뤄지면 민주주의가 된다는 것은 어림없는 소리다. 직선제와 민주화 7개 항의 병행 투쟁은 백지화가 마땅하다"고 비판했다.(김대중 2010, 476) 결국 양 김은 내각제 지지자들과 함께 하기 어렵다고 결론내고 국회의원 74명과 함께 신민당을 탈당하여 1987년 4월 13일 통일민주당(이하 민주당)을 창당했다.

김대중은 국회가 개원하자 국회에서의 직선제 개헌투쟁과 개헌천만인서명운동 학생 등 사회운동과의 연대, 다시 학생운동과 민주화운동에 대한 탄압국면으로 전환되자 이를 돌파하기 위해 불출마선언을 하고 이민우 파동과 신민당 내부의 균열을 극복하기 위해 YS와 통일민주당을 창당하고, 박종철군 고문치사사건을 계기로 재야민주화운동과 합류하여 민주헌법쟁취국민운동을 만들고 재야와 일체가 되어 2·7 3·3 6·10 6·26운동을 이끌어 전두환의 4·13조치를 무력화하고 마침내 6·29선언을 쟁취했다. 연금 중에도 내외신언론과 회견하여 민주화운동을 고취했다.

상황이 긴박하게 돌아가던 1987년 1월 14일 '박종철 고문치사건'이 일어났다. 취조 받던 대학생을 물고문으로 사망시킨 이 사건은 정권에 대한 국민들의 엄청난 공분을 일으켰다. 민추협은 '박종철군 고문살인사건 조사단'을 구성하고 사회단체들과 공동으로 2월 7일 국민추도회를 개최했다. 2월 13일 김대중, 김영삼 공동의장은 정부의 인권유린행위 중지, 내각제 개헌 강행 중지, 선택적 국민투표 실시, 두 의장과 전두환 대통령의 대화 촉구 등을 제안하는 '난국타개를 위한 제언과 우리의 결의'를 공포했다. 그러나 전두환정권은 양 김을 비롯한 주요 인사들을 가택 연금시키고, 집회를 원천봉쇄하거나 또는 개최되는 경우에는 최루탄을 터트리며 강경 진압했다.

특히 전두환은 민주당이 창당되던 4월 13일, 자신의 임기 중 헌법 개정이 불가능하다고 판단되기 때문에 현행 헌법에 따라 차기 대통령을 선출하고, 개헌 논의는 1988년 올림픽 이후까지 중지하겠다는 '4·13 호헌 조치'를 발표했다. 그러나 이는 개헌 논의를 중단시키려던 전두환정권의 의도와 달리 국민들의 더 큰 반발을 가져왔다. 교수, 종교인, 변호사, 의사, 예술인, 교사, 영화인 등 지식인들이 성명서를 발표하고 이의 부당성을 주장했고, 일부 종교인들도 단식기도에 들어갔다. 게다가 5월 18일 천주교정의구현전국사제단에서 박종철 군 고문치사 사건의 진상이 축소 은폐되었다는 사실을 발표함으로써 국민적 분노는 더욱 커졌다.

이를 계기로 민추협, 민주당, 재야, 종교계 등은 민주헌법 쟁취와 대여 투쟁을 위한 공동기구를 결성하기로 결정하고, 5월 27일 '호헌철폐민주헌법쟁취국민운동본부'(이하 국본)를 결성했다. 국본은 민정당에서 대통령 후보를 선출하는 전당대회가 열리는 6월 10일에 맞추어 '고문 살인 은폐 조작 규탄 및 호헌 철폐 민주 헌법 쟁취국민대회'를 개최했는데, 이날 집회에는 전국 22개 도시 514곳에서 수십만 명의 시민이 참여했다. 이어 국본은 6월 9일 시위 중 최루탄에 맞아 숨진 연세대생 이한열 군을 추모하는 '최루탄 추방의 날' 행사를 6월 18일 개최했는데, 전국에서 150만 명이 시위에 참여했다. 국본의 집회에는 야당과 민주화운동 세력뿐 아니라 화이트칼라로 대변되는 중산층

이 참여함으로써 정권에게 큰 타격을 가했다.(강원택 2015, 36~37)

그런데 김대중은 4월 10일부터 6월 25일 새벽 0시까지, 곧 1987년 민주화 투쟁이 가장 뜨겁게 진행되던 시기에 78일 동안이나 가택연금을 당했다. 심지어 가족과 내외신 기자들의 출입까지 봉쇄했다. 그러나 많은 시민과 학생들이 자택 부근으로 와서 '김대중 불법 감금을 즉각 해제하라', '독재타도' 등을 외치며 기습 시위를 전개했다. 전두환정권은 도청을 하면서도 전화를 끊지 않았기에 김대중은 20여 개국 40여 개 언론사와 전화로 인터뷰를 통해 민주화 투쟁을 지지했다.(김대중, 2010, 467-471) 그리고 김대중은 가택연금으로 현장에 참여할 수는 없었지만 이협 비서가 전화로 현장 상황을 수시로 알려주었고, 한화갑 비서는 외신 기자들의 보도 내용을 자세히 알려주었다. 6월 25일 0시를 기해 78일간의 연금이 풀리자 김대중은 4·13 호헌 조치 철회, 직선제 또는 선택적 국민투표 실시, 거국 중립 내각 구성 등을 요구하는 성명을 발표했다. 또한 모든 민주세력에게 어떤 폭력도 물리쳐 달라고 호소했다.(김대중 2010, 483-486)

6월 26일 열린 민주헌법쟁취국민평화대행진은 전국에서 180만 명이 넘게 참가했고, 경찰은 시위대의 위세에 밀렸다. 이런 절체절명의 상황에서 결국 민정당 노태우 대표위원은 기자회견을 열고 직선제 개헌, 시국 사범 석방, 대통령선거법 개정, 국민기본법 신장, 언론 자유 창달, 지방 자치제 실시, 김대중의 사면·복권 등 8개 항을 담은 '6·29선언'을 발표했다. 그리고 7월 9일 전두환정권은 김대중에 대한 사면·복권 조치를 내렸다.

결국 1985년 2월 8일 김대중은 귀국 이후 진행된 민주화 투쟁 과정에서 매우 중요한 역할을 했다. 과감한 귀국을 통해 2·12총선에서 신민당이 승리하는데 기여했고, 신민당의 광주항쟁 진상규명 요구와 직선제 개헌 투쟁을 막후에서 지원했다. 특히 1986년 11월 '조건부 불출마 선언'을 통해 전두환정권의 친위쿠데타 명분을 약화시켰고, 야당 분열 공작에 맞서 김영삼과 함께 신민당을 탈당하여 통일민주당을 결성했으며, 학생 및 사회운동 세력과 연대하여 국민운동본부를 결성함으로써 직선제 개헌투쟁이 성공하는 데 기여했다.

6·29 뒤 본격적으로 정치활동을 전개하여 국회에서의 개헌활동을 지휘했다. 선거국면이 전개되자 양김단일화는 성공하지 못하고 결국 김대중은 10월 30일 민주당을 탈당하여 평화민주당(이하 평민당)을 창당하고 제13대 대통령 선거 출마를 공식 선언했다. 선거결과 군부

권위주의 세력인 노태우에게 대권을 넘겨주었다. 이러한 결과는 일반적으로 한국의민주화 이행을 지체시킨 것으로 간주되었다. 그러나 1988년 총선에서 야당이 승리하고, 이후 여소야대 정국에서 야당, 그리고 제1야당의 총재인 김대중이 군부 권위주의 청산과 민주화의 진전을 주도한 것을 고려한다면, 민주화 이행의 지체는 일시적인 것이었다.

6·29 이후 시기(1987.7~12)

6·29 직후부터 김대중은 본격적으로 정치활동을 재개했다. 가장 먼저 그는 여야의 개헌 협상에서 막후 역할을 담당했다. 개헌 협상은 야당이 주도했고, "8인 정치회담에서 합의가 되면 야당은 김대중, 김영삼 씨에게 보고한 후 최종 합의문을 만들었다."는 이용희의 증언에서 볼 수 있듯이 양 김은 헌법 제정 과정을 실질적으로 주도했다.(강원택 2015, 41) 다만 양 김은 대통령 4년 중임제와 부통령제를 주장했지만, 양 김이 각각 대통령과 부통령 후보로 나설 것을 우려한 민정당의 반대로 관철되지 못했다. 이에 대해 임혁백은 대통령이 5년 단임제로 결정된 것이 노태우, 김영삼, 김대중 등 3자 모두의 집권 가능성을 보장해줄 수 있었기 때문이었다고 지적한다.(임혁백 2008, 11) 곧 그는 5년 단임 대통령제도는 양 김의 의중이 반영된 것으로 본다.

6.29선언 이후부터 대중들의 가장 큰 관심은 누가 야권의 대통령 후보가 되느냐의 문제였다. 야권 후보 단일화는 김대중이 8월 8일 민주당에 상임고문으로 입당하면서 민주당 내부에서 결정될 것으로 기대되었다. 그러나 양 김의 입장은 팽팽히 대립했다. 김대중은 김영삼이 "김대중 씨가 사면 복권되면 대통령 후보를 양보하겠다."는 말을 믿고 후보 단일화에 큰 문제가 없을 것으로 생각했다고 진술했다.(김대중 2010, 489) 그러나 김영삼 계에서는 김대중에게 '불출마 선언'의 약속을 지킬 것을 요구하며, 대통령 후보 조기 공천을 주장했다. 이에 대해 김대중 계는 불출마 선언은 전두환정권이 자발적으로 직선제를 수락했을 경우 유효한 것인데, 4·13 호헌조치로 거부했으니 무효라는 논리를 전개했고, 대통령 후보 공천도 여권의 집중적인 공격을 피하기 위해 선거 직전에 하자고 주장했다. 또 김영삼 계는 기존 대의원으로 전당대회를 열자고 한 데 비해, 김대중 계는 민주화에 기여도가 큰 재야 민주인사들을 영입하여 범야 단일후보를 선출하자고 맞섰다.(김삼웅 2010b, 63)

양 김은 대통령 후보 단일화가 난항을 겪던 9월 14일 다시 만났지만 성과를 내지 못했다. 이후 김대중은 자신의 취약한 당내 기반을 보완하기 위해 민주당 내 최소한의 공정 경쟁의 틀과 꼴을 갖추어야 한다는 명분을 내세워 36개 미창당 지구당 조직책 임명권을 달라고 요구했지만, 김영삼은 이를 거부했다. 또한 김대중은 텔레비전 토론이나 전국 공동 유세를 하고 국민의 지지가 높은 사람이 후보가 되도록 하자고 제안했지만 역시 거절당했다. 양 김은 9월 29일에도 만나 후보 단일화 담판을 가졌다. 이에 대해 김대중은 김영삼에게 양보를 요구했지만 그는 김대중에 대한 군부의 비토를 내세우며 반대하여 협상이 결렬되었다고 주장했다.(김대중 2010, 493) 그러나 김영삼은 자신에게 후보 양보를 권고했지만 김대중이 끝내 양보하지 않음으로써 협상이 결렬되었다고 주장했다.(김영삼 2000, 103) 양자의 발언이 상이하지만 결국 양자 모두 포기할 생각이 없었다는 점은 분명하다.

10월 10일 김영삼은 대통령 출마를 선언했고, 김대중도 신당 창당 작업에 돌입했다. 10월 22일 양 김은 다시 만났고 김영삼은 당내 경선을 제안했지만 김대중은 거부했다. 결국 김대중은 10월 30일 민주당을 탈당하여 평화민주당(이하 평민당)을 창당하고 제13대 대통령 선거 출마를 공식 선언했다. 이로써 1983년 김영삼의 단식 투쟁을 계기로 다시 연대했던 양 김이 대통령을 눈앞에 두고 다시 결별했다. 이는 정권 교체를 통해 민주화를 원하던 많은 국민들의 소망을 짓밟은 것으로, 양 김 모두에게 패배를 가져다주었을 뿐 아니라 결정적으로 군부 권위주의 세력인 노태우에게 대권을 넘겨주었다. 이러한 결과는 일반적으로 한국의민주화 이행을 지체시킨 것으로 간주되었다. 그러나 1988년 총선에서 야당이 승리하고, 이후 여소야대 정국에서 야당, 그리고 제1야당의 총재인 김대중이 군부 권위주의 청산과 민주화의 진전을 주도한 것을 고려한다면, 민주화 이행의 지체는 일시적인 것이었다.

결국 1987년 대통령 선거에서 당시 민주화 세력이 기대했던 결과를 거두지는 못했지만 이것이 1980년대 민주화 이행에서 정치사회, 그리고 김대중이 수행했던 중요한 역할을 부정하는 근거는 될 수는 없다.

전재호 교수는 "이글은 민주화 이행에 참여했던 여러 세력 중 정치사회의 역할이 과소평가되었다는 문제의식에서 정치사회의 가장 대표적인 인물이던 김대중의 역할을 고찰했다."고 하면서, "비록 6·29 이후 정치사회의 분열로 민주화 세력이 집권에 실패했을지라도, 1980년대 민주화 이행과정에서 정치사회와 김대중이 했던 중요한 역할은 평가절하될 수 없다."고 했다.

나가는 말

1987년 한국의 민주화 이행은 야당과 재야, 학생운동과 사회운동, 그리고 일반시민들이 광범위하게 연대하여 권위주의 군부정권에 대해 투쟁했기 때문에 가능했다. 또한 전두환정권에게 민주화를 요구하고 1987년 6월 민주항쟁 기간 중 군 동원에 반대했던 미국의 역할 또한 무시할 수 없다. 물론 가장 결정적인 역할은 한 것은 민주화 이행에서 선도적인 투쟁을 전개했던 학생운동이 주축이 된 민주화운동 세력이다. 그러나 오직 그들의 투쟁으로만 민주화 이행이 가능했다고 설명하는 것은 공정하지 않은 평가이다. 다른 참여세력도 일정 정도 역할을 했기 때문에, 민주화 투쟁에 참여했던 다른 세력들이 각기 어떤 역할을 했는지를 살펴보는 것은 한국의 민주화 이행을 온전히 이해하고 평가하는데 필요한 작업이다.

이 글은 민주화 이행에 참여했던 여러 세력 중 정치사회의 역할이 과소평가되었다는 문제의식에서 정치 사회의 가장 대표적인 인물이던 김대중의 역할을 고찰했다. 그는 1970년대 박정희정권은 물론 1980년대 전두환정권에 의해서도 가장 많은 탄압을 받은 정치인이다. 비록 '서울의 봄' 시기에는 김영삼과의 분열로 대중들을 실망시켰지만, 그가 받은 탄압은 김대중을 권위주의 통치에 의해 고통을 당한 '희생자'이자 민주화운동의 지도자로 인식되도록 했다. 물론 박정희정권에 의해 시작된 반복적이고 악의적인 좌경, 용공이미지 덧씌우기는 그를 사상적으로 '불온한 인물'로 인식시키기도 했다. 이러한 상반된 인식에도 불구하고, 그가 한국의 민주화 이행에 매우 중요한 역할을 했다는 사실은 부정할 수 없다.

흥미로운 점은 김대중에 대한 미국의 태도이다. 박정희정권 시기는 물론 전두환정권 시기에도 미국은 그의 생명을 구하기 위해 많은 노력을 기울였다. 그가 사형에서 무기징역으로 감형되고 미국으로 추방되는 데는 '진보적인' 카터 행정부와 '보수적인' 레이건 행정부의 힘이 작용했다. 정치 성향과 무관하게 미국이 그에게 호의를 보인 이유는 무엇인가? 물론 그가 미국의 상식에 걸맞은 정치인이기도 했지만, 한국 민주화에 대한 자신들의 의지를 보여주는 데 가장 적절한 인물이었기 때문이 아닐까? 곧 미국은 김대중을 지원함으로써 자신들이 권위주의 정권만을 지원하는 것이 아니라 한국의 민주화도 원하고 있다는 점을 보여줄 수 있었다. 그들에게 김대중은 한국 민주주의에 대한 자신들의 공약을 입증해줄 수 있는 '본보기'였다.

그러면 김대중에 대한 미국의 지원은 한국의 민주화 이행에 어떤 역할을 했는가? 그는 김영삼의 단식투쟁 지지, 한국 민주화 촉구 성명서 발표, 1984년 민추협 결성 지원 등 한국의 민주화운동을 지원하는 역할을 수행했다. 또한 주요 언론과의 인터뷰, 대학과 연구소에서의 강연, 교포들과의 대화와 강연 등을 통해 레이건 정부의 전두환정권 지원을 비판하고, 한국 민주화에 대한 미국인들의 지원을 요청했다. 이러한 그의 활동은 한국의 민주화를 지지하는 미국인. 언론과 의원들이 레이건 정부에 압력을 넣도록 만들었다. 1983년 10월 방한 당시 레이건 대통령이 전두환에게 민주화 조치를 요구한 데서 볼 수 있듯이 그의 활동은 일정 정도 미국 정부의 대한 정책에 영향을 미친 것으로 보인다. 한편 이러한 활동은 미국 여론을 의식하지 않을 수 없었던 전두환정권에게도 큰 부담이 되었다. 이는 전두환정권은 김대중의 주장에 대해 일일이 대응 또는 변명을 하고, 국제적으로 한국에서 민주주의가 진전되고 있다는 모습을 강조했던 사실에서 잘 드러난다. 결국 미국에서 김대중의 활동은 미국의 여론을 통해 직접적으로는 미국 행정부의 대한 정책에, 그리고 간접적으로 한국 정부에 영향을 미쳤다고 평가할 수 있다.

1985년 2월 귀국 후 김대중은 김영삼과 함께 직접 민추협과 신민당의 직선제 개헌 투쟁을 주도했다. 그는 한국의 민주화를 위해서는 참여세력 모두가 연합하여 민주화운동의 구심점을 만들어야 하고, 미국과 중산층의 지지가 필요하다고 판단했다. 그래서 그는 참여세력 모두의 연합을 위해 노력했고 학생 및 사회운동의 급진성을 비판하면서 비폭력, 비용공, 비반미의 3비 원칙을 주장했다. 또한 그는 해외에서 한국의 민주화를 지원하는 세력들과 국제적 연대를 통해 전두환정권은 물론 그들을 지원하는 미국의 대한정책을 변화시키기 위해 계속 노력했다. 결국 김대중의 의도대로 민주화운동에 참여했던 대부분의 세력이 참여하는 국민운동본부가 결성되고, 직선제 개헌 구호를 통해 중산층이 대거 참여하면서 6월 민주항쟁은 승리했다. 비록 6·29 이후 정치사회의 분열로 민주화 세력이 집권에 실패했을지라도, 1980년대 민주화 이행과정에서 정치사회와 김대중이 했던 중요한 역할은 평가절하 될 수 없다.

자료 25_ 6월 26일 〈동교동-김대중의장과 자택〉엔 어떤 일들이 있었나?

우종창(주간 조선부 기자) 1987.7.12. 주간조선

민추협 김대중 공동의장은 1987년 6월 26일 헌법쟁취국민운동분부가 주창한 민주화운동세력과 전두환정권 사이의 최대 대회전 평화대행진의 날 누구보다 앞장서고 싶고 당연히 앞장 서야할 대행진에 참여하지 못했다. 전 전일 김영삼 총재가 전두환과의 회담에서 결렬을 선언하면서도 유일하게 얻어낸 가시적 성과인 김대중 연금해제 이틀이 못가 다시 자택에 연금된 까닭이다. 김 의장은 어떤 심정이었을까? 어떻게 그 굴욕, 번민의, 참여국민들에게 무거운 미안한 시간을 어떻게 보냈을까? 당시 신문기사(주간조선)를 기자의 양해를 받아 소개한다._ 필자 주

김 의장 자택 주변 봉쇄… 무거운 정적

6월 26일 오후 5시 30분쯤 서울 마포구 동교동 178의 1 흔히 「동교동」으로 불리는 김대중 민추협 공동의장의 자택. 이날 오후 6시로 예정된 「6.26 평화대행진」을 30분가량 앞둔 시각.

김 의장은 평소 접견실로 사용하는 응접실의 상석에 앉아 일본신문을 정독하고 중이었고 8명이 앉을 수 있는 소파엔 김 의장의 동생 大義씨가 떨어져서 석간신문을 뒤적이고 있었다. 상아색 와이셔츠에 빨간색 넥타이 차림의 김 의장은 안경을 낀 채 신문에서 눈을 떼지 않았다. 두 사람이 뒤적이는 신문지 소리가 유난히 크게 들리는 무거운 정적이 감돌았다.

응접실 밖 정원에는 비서진과 金 의장 지지자 등 10여명이 權魯甲 비서실장 주재로 모임을 갖고 오늘 행사에서 각자가 맡을 임무를 점검하고 있었다. 이들은 곧 평화대행진을 지켜보기 위해 책임구역으로 떠나고 자택엔 전문위원 겸 비서인 南宮鎭(44)·裵奇雲 씨(37) 2명이 응접실 한켠에 상황실을 차렸다. 전화가 오는 대로 내용을 기록한 뒤 다시 정서해 즉시 김 의장에게 구두로 보고하고 다시 장소, 시간, 보고자, 상황, 특기난으로 구분된 일지에 수록했다.

오후 5시 38분쯤 "미도파 앞에 대규모 군중이 모여 들었다."는 내용을 시작으로 "경찰이 오후 5시 30분부터 시청 앞 일대 차도를 완전히 봉쇄했으며 김영삼 민주당총재는 민추협사무실에서 방송으로 치사를 낭독하고 있다. 파

고다공원주변에 현재 2천~3천명의 시민·학생이 몰려있다." 등등 서울시내 상황이 속속 전화로 보고됐다.

오후 5시 40분쯤 광주에서 김 의장을 찾는 전화가 왔다. 수화기를 든 김 의장은 "아, 그래요. 좀 더 크게 얘기해요. 응, 응"하더니 "전화가 들리지 않는다."며 내려놓았다. "오늘 낮에 스웨덴서 온 전화도 그렇고, LA서 온 전화도 감이 멀어 들을 수가 없었다."고 말하는 김 의장은 남궁비서를 향해 "즉시 전화국에 연락해서 왜 갑자기 감이 나빠졌는지 항의하라."고 지시했다. 심기가 불편한 듯 찌푸린 표정으로 의자에 앉아있던 김 의장은 5분쯤 지나 정원으로 나가버렸다. 김 의장을 불쾌하게 만든 일은 전화 말고도 오전부터 있었다. 이날 오전 7시쯤 南廷善 마포서 정보과장이 찾아와, "오늘은 나가시지 않는 게 좋겠다."며 당직비서 李錫玄 씨(38)에게 일방적으로 통보했던 것이다. 이 비서가 "그럼 연금이냐?"고 다그쳐 물어보자 "나가시면 바로 막겠습니다."는 답변만 하곤 가버렸다. 가택연금 78일 만인 6월 24일 동교동서 철수한 경찰이 하루가 지나기가 무섭게 다시 1개 중대 병력으로 자택 주변을 봉쇄했다. 경찰은, 그러나 외부인 출입은 허용하면서도 金 의장만은 집밖을 못 나가도록 막아버렸다.

김 의장이 오후 5시 45분쯤 지팡이를 짚고 정원으로 나서고 尹鐵相 수행비서(34)가 뒤를 따랐다. 김 의장은 소문대로 걸음걸이가 약간 부자연스러웠으며 신발장 옆 둥근 통에는 金 의장이 애용하는 9개의 지팡이가 꽂혀 있었다. 71년 대통령후보 유세 때 당한 교통사고의 후유증으로 요즘도 보행에 불편을 겪고 있다는 것이다.

金 의장은 "덩굴장미 잎사귀가 시들하다. 물을 안줘서 그런가"고 묻고는 말라있는 잎사귀를 긁어냈다. 金 의장은 20평 남짓한 4각형 정원을 구석구석 돌아보며 시든 꽃과 잡초를 제거하고 물을 뿌렸다. 전국 37개 시군에서 수만 명의 시민·학생들이 「독재타도 직선개헌」을 요구하며 시위를 벌인 이날 오후 6시를 전후해 김 의장은 자택 정원에서 꽃을 돌보며 35분간을 보냈다.

가택연금 이후 김 의장과 함께 동교동에 갇혀, 씨 뿌리는 철의 4월 8일부터 꽃피는 철의 6월 24일까지 김 의장을 곁에서 보필해온 남궁 씨가 정원 가꾸기를 본 김 의장의 한 풍모를 소개한다. "선생님(동교동에서는 김 의장을 선생님이라고 부른다)은 처음에는 이곳저곳에 마구 씨를 뿌리지만 뿌리가 내리고 나면 꽃의 특성대로 한 곳에 모아 줍니다. 종류별로 색깔별로 자로 제어 가며 구획정리를 하여 줍니다. 어느 정도 자라면 꽃을 바꿔 심습니다. 음지에 있는 꽃과 양지에 있는 꽃을 서로 갈아줍니다. 음지의 꽃이 생기를 찾으면 전체조화를 위해 원 위치로 보냅니다. 꽃잎이 시들 기미가보이면 전지가위로 잘라 줍니다. 이걸 보고 어느 친정부 잡지에서 김 의장은 잔인한 면이 있다고 쓴 적이 있지만 모르고 한 말입니다. 꽃봉우리를 잘라주면 새봉우리를 맺을 때 훨씬 탐스럽지 않습니까. 선생님께서는 이런 이치를 밖에 얘기한 적이 한 번도 없습니다. 제가 보기엔 '세대교체' '질서형성' '전체조화' '한직배려' 등 정치철학을 같은 것을 정원가꾸기를 통해 몸소 실천하는 것 같았습니다."

김 의장의 정원에는 봉숭아 맨드라미 달리아 과꽃 채송화 장미 맨드라미 달리아 베고니아 모베리아 인파첸스 쿠녹스 등 40여종이 색깔별로 열을 지어 6월의 따가운 햇볕 아래 탐스럽게 피어 있다. 이 밖에도 김지영 김정화 김화영 등 명패가 붙은 상추밭 고추밭 토마토 밭이 한쪽을 차지하고 있다. 이 이름들은 김 의장의 손녀들로 장남 홍일 씨의 세 딸이다. 김 의장의 가택 연금기간 일요일에만 출입이 허용되었던 손녀들을 위해 화단 한쪽을 나눠주고 함께 가꿨다고 한다.

김 의장이 정원을 돌보는 동안에도 비서진의 보고는 계속됐다. 보고를 받는 김 의장은 가끔 고개를 끄덕였으나 입은 굳게 다물고 있었다. 6시 5분쯤 김영삼 총재가 경찰 닭장차에 실려 갔다는 보고가 들어오자 의장은 "누구 보고냐?"고 물어보곤 어두운 표정을 지었다. 정원에서 바로 침실로 들어간 김 의장은 땀을 닦고 기침약을 찾았다. 침실은 응접실과 식당 사이에 있으며 문을 열어놓아 밖에서도 안이 들여다보였다. 커다란 책걸상이 방 한가운데를 차지하고 있고 정원 쪽으로 침대가 놓여 있었다. 5평 남짓한 방에 화장실이 있다는 것 밖에는 여느 한옥의 침실과 다르지 않았다. 오후 7시 25분쯤 저녁 식사가 시작됐다. 팥이 약간 섞인 밥에 반찬으론 쇠고깃국 등심구이 호박전 생선전 김치 상추 깻잎 고추 마늘이 나왔다. 천주교 신자인 김 의장은 성호를 두 번 긋고 난 뒤 천천히 그리고 조금씩 식사를 했다. 밥은 공기의 3분의 1 가량, 주로 야채종류를 들었다. 식사 후엔 멜론과 수박이 후식으로 나왔다.

식사가 끝나자 김 의장은 침실로 들어가 양복상의를 걸치고 나와 응접실 상석에 앉았다. 가만히 앉아 있어도 이마에 땀이 맺힐 만큼 집안이 무더운

날씨인데도 김 의장은 상의 단추를 채운 채 앉아 있었다. 비서진의 표현대로 집안에서도 태도에 흐트러짐이 없게끔 신경쓰고 있음을 알 수 있었다. 오후 7시52분쯤 캐나다TV서 김 의장과의 인터뷰를 요청하는 국제전화가 걸려왔다. 응접실서 수화기를 든 김 의장은 잘 들리지 않는 듯 주위를 조용하게 있게 한 뒤 "Going Please, Yes I see." 하며 듣다가 "10분후에 다시 전화가 올 것이다."며 비서진에게 말하고 수화기를 놓았다.

9시 TV뉴스 시간이 되자 김 의장은 침실에서 채널 11을 켰다. 그전까지는 AFKN을 틀어놓고 있었다. TV는 뉴스시간만 본다고 한다. 시위현장에 나갔다 돌아온 권실장과 몇몇 비서들은 식당에서 채널9번을 틀었다. 김 의장은 '6-26보도'가 끝나자 바로 TV를 끄고 다시 응접실로 나왔다. 2시 23분쯤 민추협의 崔泳謹 씨가 동교동으로 찾아왔고 이어 민주당 의원이 방문했다. 시위현장에 나갔던 비서진도 온 몸에 최루탄가루를 묻힌 채 돌아왔다. 김 의장은 이들이 직접 보고 온 서울시내 상황과 무용담들을 묵묵히 듣기만 했다. 코멘트는 물론, 표정에도 아무런 변화가 없었다. 시선만 돌려 보고를 들을 뿐 꼿꼿한 자세를 흐트리지도 않았다.

78일 동안 외신 인터뷰 540건

9시 44분쯤 薛勳 비서가 돌아오자 金 의장은, "설 동지, 이리 와서 보고하시오."하고 불렀다. 설비서는 마산고·고대 사학과 출신으로 5·17후 「내란음모사건」에 고대생 총지휘협의로 10년을 선고받은 경력이 있는 핵심 학생운동권 출신. 설 비서가 평화대행진의 특징을 나름대로 5개 형태로 나눠 설명하자, 金 의장은 "그럼, 全州가 굉장하구만. 10만 명이나 참가하고, 光州도 수십만이라 하는데…. 6·10대회보다는 열기가 강한 것 같다."고 처음으로 논평했다. 전국의 움직임을 메모하지 않고 구두로 보고 받으면서도 의장은 6·26 대행진 상황을 헤아리고 있었다는 얘기다. 방문객이 돌아간 10시쯤 그때까지 식사를 못했던 권 실장·설비서 등 6명은 식당으로 건너갔다. 비서진이 식사하는 동안 김 의장은 침실 책상 앞에 앉아 논평문(?)을 다듬고 있었다. 10시 12분쯤 식당으로 나온 김 의장은 뒷짐을 지고 6.26 대행진의 소감을 말했다. 비서진이 자신들이 본 상황과 일치한다고 말하자 의장은 "많이 먹으라."고 한 뒤 다시 침실로 들어갔다.

밤 11시 5분쯤 민주당의 李重載 부총재와 李龍熙 의원이 찾아왔다. 김 의장은 이때 침실에서 미국의 뉴욕타임스와 워싱턴포스트, 독일통신사 등 외신의 전화인터뷰에 응하고 있었다. 金 의장이 연금돼 있던 78일 동안 미·영·불·독·일·이탈리아·노르웨이·스페인 등 20여 개국 40개 신문·방송·TV·통신·잡지사로부터 온 5백40여 통의 전화인터뷰에 응할 만큼 金 의장의 동정은 국내보다 국외 매스컴에 더 궁금증을 불러일으켰었다. 이날도 외신기자들의 발길이 특히 잦았다.

이 부총재 등이 들어온 10분쯤 후 미NBC TV서 위성생중계로 보도를 진행하려고 찾아왔다. 이어 영국의 VIS 뉴스도 밤 12시에 위성으로 송고한다며 김 의장의 동정을 찍으러 왔다. 응접실엔 李부총재와 비서진, 외국기자들이 붐벼 발 디딜 틈이 없었다. 김 의장은 "金泰龍 대변인의 공식 논평이 나왔으냐?"고 물어보고 "아직 없었다."는 대답이 있자 자신이 쓴 6·26 대행진논평을 한화갑 보좌역에게 읽게 했다.

> "6·26 평화대행진은 일대 성공을 거두었다고 본다. 첫째, 이번 행진은 전국적으로 1백만이 훨씬 넘는 국민의 참가를 얻었고 둘째, 이번 행진에서 엄청난 수의 중산층과 서민대중들이 두려움 없는 용기를 가지고 참가해서 학생들과 더불어 시위를 주도했으며 셋째, 경찰의 무자비한 폭행과 최루탄 난사에도 불구하고 시민은 최대의 질서유지와 비폭력으로 대하는 자세를 발휘했다. 나는 이번 시위의 양상을 보고 우리 국민에 대한 신뢰와 자랑의 마음을 더 한층 갖게 되었으며 그들이 멀지 않아서 민주화의 대의를 성취할 것으로 믿어 의심치 않게 되었다.……"

한 보좌역이 읽기를 마치자 김 의장은 "이건 있느냐?"며 비서진에게 물어본 뒤 이 논평 적은 것을 탁자위에 놓고 밤 12시 4분쯤 미 NBC TV의 국제전화 인터뷰에 응했다. 미국서 전화가 걸려오자 김 의장은 "Yes, This is Kim"이라며 16분간 통화했다. NBC TV기자는 이 내용이 내일(27일) 낮 12시 AFKN 뉴스에 나간다는 것을 알려주고 돌아갔다. 밤 12시 35분쯤엔 에드워드 페이언 미상원의원이 전화를 걸어왔으며 캐나다 라디오방송에서도 단 5분간만 인터뷰하자는 전화요청이 새벽 1시 4분쯤 걸려왔다.

27일 0시 50분쯤 "학생입니다"며 2명이 응접실에 불쑥 들어섰다. 학생들은 밤을 새워 민주화에 관해 토론하고 싶다는 것이었다. 비서들은 2명의 대학생을 대문 밖으로 데리고 가 밤이 깊었으니 낮에 다시 오라며 설득해 돌려보냈다.

비서들 새벽 2시에 귀가채비

27일 새벽 1시 10분쯤 김 의장의 부인 이여사가 삶은 계란과 찰떡을 꿀과 함께 차려 내왔다. 이 여사는 "얼마든지 있으니 많이 먹으라."고 말했다. 찰떡은 집에서 만든 게 아니고 시민들이 연금기간 중 가져다준 것. 김 의장이 가택 연금되자 음식물을 갖고 오겠다는 시민들의 문의가 많아 비서진은 궁여지책으로 동교동 인근의 S다방에 접수창구를 마련, 경찰의 입회하에 들여놓은 것. 김 의장은 이 부총재, 李龍熙 의원과 새벽 1시 넘어 혼자 찾아온 민주당 사무총장 등 3명을 별도로 식당에 불러 음식을 들었고 비서진은 응접실서 밤참을 먹었다. 식당에선 김 의장이 지시를 하고 3명은 듣고만 있었는데 문을 닫고 커튼을 치는 통에 대화내용은 들리지 않았다. 새벽 2시쯤 이 부총재 등이 자리서 일어났고 비서들도 귀가차비를 했다. 金 의장은 응접실의 비서진에게 "잘 자세요. 수고했어요." 인사를 건네고는 침실로 들어갔다.

동교동의 6월 27일 새벽은 김 의장이 응접실에 다시 모습을 드러낸 오전 6시 30분쯤부터 시작됐다. 김 의장은 간밤 당직이었던 李泰昊 전문위원에게 간밤에 큰 사고나 불상사가 없었느냐며 밤 상황을 체크하곤 조간신문 3개를 들고 다시 침실로 들어갔다. 침실에서는 VOA(미국의 소리) 방송이 들렸다. 동교동 24시간을 통제하는 당국의 「감시눈초리」도 이때부터 작동된다.

김 의장이 이곳에 거주한 것은 61년부터. 그러다 의장이 72년 일본에서 의문의 납치를 당하고 생환한 그해 8월 13일부터 동교동 주변엔 감시망이 펼쳐졌다. 85년 2월 8일 미국서 귀국한 이후에는 대문에서 3m쯤 떨어진 가정집에 TV 안테나만큼이나 큰 송수신망을 설치했으며 이 일대 17군데에 경찰 상주초소를 지었다. 현재는 감시초소가 7, 8군데에 불과하다고 한다. 비서진의 설명에 의문을 갖고 감시초소라고 알려준 집에 가보니 검게 선팅한 유리창 안에 감시용 TV카메라와 이를 조작하는 한두 사람의 모습이 보였다. 당국은 흰색, 밤색 스텔라 2대와 흰색 청색 맵시나 2대 등 모두 4대의 차량을 대문 옆에 배치, 김 의장의 로얄승용차가 움직일 때마다 뒤쫓았다. 가택연금 기간 중에는 아예 차고문 앞에 차를 주차시켜 움직이지 못하게 했으며 이희호 여사가 외출할 때도 본네트·뒷트렁크는 물론, 온몸을 조사하고 내보냈다.

비서진은 동교동을 「국민의 집」이라 자부한다. 2년 전 의장이 한옥을 완전히 허물고 새로 지을 때 시민들이 찾아와 벽돌, 기와, 문짝, 유리창 등 건축자재와 심지어 보일러까지 제공했다는 것. 방수처리도 어떤 시민이 해주었는데 그들의 이름은 밝힐 수 없다고 했다. 시민들이 도와준 바람에 거창한 「국민의 집」이 되었으나 이들이 요구한 사항을 들어주다보니 가장 비합리적인 구조가 되었다며 비서들은 웃었다.

6월 27일 오전 7시 30분 동교동에 첫 손님이 찾아왔다. 지방에서 사업하는 50대 사장인데 그냥 인사만 하러 왔다는 것. 오전 8시를 전후해 석간신문 정치부기자가 밤 상황을 알기 위해 들렀고 단독인터뷰를 요청하는 외신들의 전화가 많았다. 오전 8시 10분쯤 김영삼 총재로부터 전화가 걸려왔다. "예, 풀렸읍니다. 예, 예. 조금 쉬세요. 어제는 6·10대회 보다 잘된 것 아닙니까. 나는 그렇다고 판단하고 있어요. 예 쉬시고 나중에 다시 연락하십시다." 김 의장은 집으로 찾아오겠다는 金총재에게 연금이 풀린 점을 알리고 어제일로 휴식을 권유했다.

김 총재 전화에 이어 미 뉴욕타임스에서 국제전화가 왔다. 김 의장은 약 15분간 6·26대행진을 영어로 논평하고 민주당 張基旭 의원의 파고다공원 앞 행동을 크게 자랑하기도 했다. 통화 후 정원에 나온 김 의장은 화초를 돌보면서 권노갑 비서실장과 金玉斗 비서실차장을 불러 여러 가지를 상의했다. 8시 30분쯤 김 의장은 인절미 한 개와 미역국, 야채로 간단히 아침을 때웠다.

오전 9시쯤 민주당의 동교동계보인 金琫鎬·金得洙·崔洛道·朴旺植 의원과 재야변호사, 지지자들이 몰려왔다. 의원들이 어제 상황을 꺼내자 김 의장은 "이미 알고 있다."고 말한 뒤 "야당의원은 국민의 슬픔과 한을 함께 느끼고 일체화시킨다는 각오를 가져야 한다."며 격려했다. 방문객이 돌아가고 집안이 조용해지자 의장은 식당으로 건너가 벼루에 먹을 갈았다. 어제 시위 중 부상을 당한 전주 주현동성당 李수현 신부의 쾌유를 비는 글을 썼다. "조속한 쾌유를 천주님께 기구 드립니다. 金토마스大中"이라고. *

〈민주통신〉 발행 목록

발행 호수	발행 일자	발행 유형	발행 면수	주 요 내 용
창간호	84.10.	4×6배판 책자형	32	창간사(김영삼), 민주화는 통일로 가는 징검 다리(김대중), 민주주의 제도 확립이 급선무 (김상현), '민추협' 선언문, 성명서 모음 (발행 겸 편집인: 김영삼, 김상현)
긴급 특보	85.5.30	4절지	4	미문화원 농성(4개 대 73명 72시간), 일지, 사건경위, 공동의장 메시지, 각 민주단체 성명서(주간: 김도현, 부주간: 서호석)
제2호	85.6.1	4×6배판 책자형	60	공동의장 대국민 메시지(특집 민주화와 12대 국회의 사명, (현장 르뽀) 광주는 살아 움직이고 있다. 광주의거 진상보고서 발췌, '민추협' 1년사, (외신) "물러남으로써 승리한다", 미법무성 F16 거래 조사
제3호	85.7.30	4×6배판 책자형	48	공동의장 대국민 메시지, 12대 개원국회 양 의장 평가와 주문, 노동운동 새 차원, 한국인권상황 시정촉구(외신), 문정후 의원 칼럼, 최훈 의원 대담. (특별취재) 우리의 민주화는 세계의 관심사
특보 제2호	85.8.10	4절지	2	학원안정법 입법저지 범국민 투쟁전개
특보 제3호	85.9.	4절지	2	송광영 열사 분신(양심선언), 분신현장 사진
제4호	85.9.30	4×6배판	66	양의장 홍기일 열사 추도사, 3자 지상좌담, 김영상 의장 방미, 개헌의 당위성과 방향(김대중), (민주논단) 80년대 후반 민주화 전망, 민추활동보고, (경제진단) 특혜 금융, 노동, 농업문제(논단)
특보 제4호				
특보 제5호	85.11.11	4절지	2	고문, 용공조작 저지 농성, 사례보고 발췌
특보 제6호	85.11.27	4절지	2	구속 민주인사 석방 촉구 대회
특보 제7호	85.12.5	4절지	2	개헌추진 범국민 서명운동, KBS TV 시청료 납부 거부 운동
제12호	85.12.26	4절지	4	1 천만 서명운동 선언, 양 의장 신년사, 서명운동 10문 10답, 개헌시안 골자
제13호	86.2.13	2절지	4	서명운동 전국 확산, 김영삼 의장 신민당 입당, 3자 지상좌담
제14호	86.3.21	2절지	4	86개헌, 87대통령선거, 88올림픽, 소내 가혹 행위, 박영진 열사 분신
제14호	86.4.5	2절지	4	부산, 광주 개헌대회

제15호	86.4.19	2절지	4	1천만 개헌서명 국민운동으로 확산, 교수 시국 선언
제15호	86.5.9	2절지	2	민주 개헌의지 전국서 폭발, 인천대회 무산
제16호	86.5.20	2절지	2	단결로 민주개헌 쟁취, 광주의거 추모행사, 동아 등 자유언론 쟁취 선언
제17호	86.7.1	2절지	4	헌특 계기로 직선제 관철, 강상철 군 분신, 국회 속기록 발췌, 구치소, 교도소 내 인권탄압, 23개대 교수 연합시국 선언
호외	86.8.2	4절지	2	김형배 씨 양심선언
제18호				
제19호	86.9.1	2절지	4	민정당 내각제 수상중심 독재, 구치소 내 폭행, 임금인상, 재개발지구 농민운동, 하계수련대회
제20호	86.10.10	2절지	4	보도지침 공개 관련 자유언론 쟁취 범국민 운동, 교육 민주화운동, 불교계 민주화 궐기
호외	86.11.7	4절지	2	김대중 의장 불출마 선언
제21호	86.11.27	4절지 복사본	2	11.29 서울대회 관련기사, 양 의장 연설문, 85년 경향신문 여론조사, 민정당 여론 조사.
제21호	86.12.6	2절지	4	서울대회 관련 기사, 양의장 연설문, 여론조사, 민통련 폐쇄
제22호	87.1.1	2절지	4	김주언 기자 언협 간부 구속, 양 의장 신년사, 3자 지상좌담, 구치소 내 인권유린 백서 발췌, 86 민추 활동 결산
제23호	87.1.28	2절지	4	박종철 군 국민추도회(2·7명동성당) 기사 '민추협 '철야농성, 주요 고문사례, 각 단체 성명서 박 군 사건 은폐, 허위 발표와 문제점
제24호	87.4.16	2절지	4	통일민주당 창당으로 독재종식(발기 취지문 전문 게제), 김대중 의장 노벨평화상 수상 후보, 권력의 시녀 사법부는 맹성하라(양 의장, 대법원장에게 보내는 글), 백범 김구 선생 암살범 안두희를 응징하라'는 권중희 씨 성명서, 독재항거 표정두 군 분신 사망 기사. 논설: 통일민주당은 왜 어떻게 창당되어야 할 것인가. 통일민주당 창당 발기인 명단
제25호	87.6.9	2절지	4	6·10국민대회 행동요강, 광주 원각사 법당내 최루탄 난사사건, 4·13호헌 조치에 대한 각계각층의 반대 저항, 한양대 안산캠퍼스 방화사건, 상계동 강제철거 중 9세의 오동근 군 압살(주간: 서청원, 부주간: 권기술)
제26호	87.9.5	2절지	4	김대중·김영삼 공동의장 8·15광복절 메시지, 택시 및 버스기사 실태조사 위원회 보고문, 6·29 이후 노사분규 특징과 개선 대책

民推協 事務室의 수색 및 압수

日字	수색 및 압수 사유	수색 및 압수 내용
85.5.30	민주통신 특보 제작 건(광주사태 기사가 사실 왜곡보도라 하여 수색 압수함)	서울 남대문경찰서 정보계장 외 5명이 서울지법 김성호 판사가 발부한 수색영장 소지하여 수색하고, 민주통신 7매, 제작 파지 26매 등을 압수
86.7.31	민주통신 제3호 제작 건(당일 아사원에서 개최될 "민주화의 봄"행사에 민주통신 배포를 중단하기 위한 수색)	서울 남대문경찰서 정보과장 등 3명이 수색하여 민주통신 3호 38부 압수
86.2.12	민주개헌추진 천만인 서명운동 전개로 인한 명단 등을 압수하기 위한 수색	서울지법 소영보 판사가 발급한 영장을 제시 하고 남대문경찰서 정보, 수사과장 등 20여 명이 철야수색하고 별지 1과 같은 서류압수
86.8.5	민주통신 호외 제작 건(국무총리실 김형배 씨의 양심선언 내용을 기재한 관계로, 배포 중단을 위한 수색)	새벽 1시경 회작자 입회도 하지 않은 채 남대문경찰서에서 민주통신 호의 3,000부 압수
86.8.13	부천서 성고문 국민폭로대회 개최(신민당사)에 대한 홍보 전단 건(홍보전단의 배포를 중단키 위한 수색)	남대문경찰서에서 홍보전단 90매를 밤 11시에 압수
86.10.24	민주통신 제20호 제작 건(보도지침 기사의 민주통신 배포를 중단키 위한 수색)	남대문경찰서에서 45부 압수
86.11.26	민주통신 제21호를 제작할 원판을 압수	중부경찰서의 7~8명에 의해 강제 압수
86.12.8	민주통신 제21호 제작 건(국민투위의 직선제 개헌 추진 기사와, 건대 사건기사 등의 배포를 중단키 위한 수색)	남대문경찰서 수사과장 등 10여 명이 회작자가 모두 퇴근한 후에, 빌딩 경비원을 입회시켜, 민주통신 12부, 플래카드 12점, 머리띠 2점 등을 압수
86.2.5	민주통신 제23호 제작 건 및 고 박종철 군 국민 추도회 홍보전단 건(박종철 군 고문기사가 기재된 홍보전단의 배포를 중단키 위한 수색)	남대문경찰서에서 수색했으나 한 부도 발견되지 않음.
86.2.24	'민추협' 사무실 원천봉쇄	2. 25에 개최될 "고문살인 용공조작 등 인권탄압 폭로대회"의 준비를 저지하기 위한 봉쇄
87.6.8	민주통신 제25호 제작 건 ("독재를 청산할 것인가, 노예로 머무를 것인가"라는 6월 10일에 개최될 「고문살인 조작 규탄, 호헌철폐 국민대회」의 기사 관계로 사전 배포	남대문경찰서, 정보, 수사과장 등 8명이 수색영장을 제시하고, 사무실을 수색하여 민주통신 14부를 압수

본회의 民主日誌(회무일지)에 기록된 사항을 충실히 기록한 것으로 혹시 누락된 회직자가 계시면 깊은 양해를 바랍니다._ 필자 주

회직자 구속·구류·구금·연금·연행 일지

No	일자	회직자 성명	사건 및 내용	비고
1	84.07.14	홍인길, 김용각, 백완기, 최기선, 이규봉, 김기수, 김영수, 박상수, 김동래	'민추협' 발족 사무실에 집기 운반하던 중 경찰에 의해 강제연행	연행
2	84.08.10	김상현 공동의장 권한대행, 김영구 운영위원	민주세력 탄압 건으로 불법연행	연행
3	84.12.01	김동주 인권위원	택시기사 고 박종만 씨의 유해가 안치된 세브란스 병원에서 추모시 관계 등으로 연행되어 구류 7일 (회직자 구류 1호)	연행·구류
4	84.12.19	김현규, 홍사덕 의원	민한당 탈당하고, '민추협' 가입에 대한 당국의 불법연행	연행
5	85.01.08	김영삼 공동의장	2·12총선 참여 및 지지활동을 저지하기 위한 가택봉쇄	가택봉쇄 및 외부인 출입차단
6	85.01.18	김영삼 공동의장	2·12총선 참여 및 지지활동을 저지하기 위한 가택연금 및 외부인 출입차단	가택연금 및 출입 차단
7	85.02.04 ~02.07	김영삼 공동의장	정사복 경찰 200명에 의해 가택봉쇄 및 가택연금	가택연금 및 출입 차단
8	85.02.07	김상현 공동의장 권한대행, 박종율 운영위원	2·12총선 참여 관계로 가택 연금	가택연금
9	85.02.08 ~03.06	김대중 고문	귀국과 동시 2·12총선 관계로 가택연금 및 출입차단	가택연금 및 출입차단
10	85.04.20	김종완 지도위원	이유 불명으로 자행된 당국의 불법연행	연행
11	85.05.04	최형우 간사장	코리아나 커피숍에서 특수부대의 신분증을 제시한 백주테러 사건임. (검찰에 고발)	테러·협박
12	85.06.04	박찬종, 신기하, 김득수, 이철 의원	국회 본회의 발언으로 협박전화	전화협박
13	85.06.13	박종태, 김종완, 박영록, 양순직, 송좌빈 상임지도위원	민헌련 회지 제3호 관계로 종로경찰서에 출두조사	출두조사
14	85.06.14	최형우 간사장, 김병오 부간사장, 김도현 실장, 송창달 차장, 점진례 국장	민주통신 기사 관계로 남대문서 출석요구	출석요구

15	85.06.14	김용각 출판문화국장	민주통신 출판관계로 중부서에 출석요구	출석요구
16	85.09.05	김병오 부간사장	대구교도소 양심수 사건의 진상 파악을 위한 출발 저지 연행	연행
17	85.09.08	백완기, 원성희 국장, 박종웅 김영삼 의장 비서	고려대에서 개최된 전학련 주체의 범국민 시국 대토론회 참석, 시위 협의로 연행	연행
18	85.09.09	김병오 부간사장, 한광옥 대변인	고대앞사건으로 성북 경찰서 연행	연행
19	85.09.11	이계봉 농수산국장	고대앞사건으로 성북 경찰서 연행	연행
20	85.09.12	김장곤 문교국장, 김수일 노동국장	고대앞사건으로 성북 경찰서 연행	연행
21	85.09.13	김일범 문교부국장	고대앞사건으로 성북 경찰서 연행	연행
22	85.09.15	박찬종, 조순형 의원, 원성희, 김수일, 김장곤 국장	고대앞사건으로 불구속 형사 입건	입건
23	85.09.17	박찬종, 조순형 의원, 김병오 부간사장, 한광옥 대변인	고대앞사건으로 검찰의 구인장에 의해 강제 연행 및 자진출두	연행
24	85.09.19	박종대 부의장, 최영한 상임운영위원	민헌련 주최 세미나에서 행한 반정부 발언으로 연행되어 구류 처분	연행 및 구류 (7일 및 10일)
25	85.09.20	박찬종 의원	고대앞사건으로 불구속 기소된 사건으로 변호사업정지처분됨	변호사 업무 정직
26	85.09.21	송창달 기획홍보실 차장	민주통신 제작 관계로 서울시경에 연행	연행
27	85.10.07	김도현 기획홍보실장	민주통신 제작 관련, 허위사실 유포로 구류	구류(10일)
28	85.10.26	박준호 부장	민불련 관계로 종로경찰서로 연행	연행
29	85.11.05	최영한 부의장	보안사 요원에 의해 연행	연행
30	85.11.08	김대중 공동의장	'고문 공대위'보고대회 참석저지를 위한 연금	연금
31	85.11.21	김병오 부간사장, 서호석 국장, 한영애 운영위원	서울대에서 개최된 시국토론대회 참석, 연설관계로 관악경찰서에 연행	연행
32	85.11.22	이종남 상임운영위원	서울대 사건으로 자택에서 연행	연행
33	85.11.23	이종남 상임운영위원, 김병오 부간사장, 서호석 인권국장, 한영애 운영위원, 유성효 차장, 이 협 민헌련	서울대 사건으로 구속 송치하고 유성효 차장 수배	구속송치 및 수배
34	85.11.28	한광옥 대변인, 최종태 총무국장	'고문 공대위'주최 연합 농성사건으로 안기부에 연행 2박 3일 구금	연행, 구금
35	85.12.01	유성효 인권부장	수배 중 검거되어 구속	구속
36	85.12.03	김도현 민주통신주간	민주통신 제작관계로 연행	연행
37	85.12.06	채영석 기획실장	'고문 공대위' 주최 연합 농성사건으로 안기부에 연행	연행, 구금 (2박3일)

38	85.12.09	김용각 출판문화국장	'고문 공대위'주최 연합 농성사건으로 안기부에 연행	연행, 구금 (2박3일)
39	85.12.10	원성희 업무국장	'고문 공대위'주최 연합 농성사건으로 안기부에 연행	연행, 구금 (2박3일)
40	85.12.12	김형문 업무국장	출판관계로 연행	연행
41	85.12.13	지일웅 회기국장, 김영춘 전문위원	'고문 공대위' 주최 연합 농성사건으로 안기부에 연행	연행, 구금 (2박3일)
42	85.12.16	윤응순 대외협력국장	'고문 공대위' 주최 연합 농성사건으로 안기부에 연행	연행, 구금 (2박3일)
43	85.12.17	홍순길 훈련국장	'고문 공대위' 주최 연합 농성사건으로 안기부에 연행	연행, 구금 (2박3일)
44	85.12.18	이계봉 농수산국장	'고문 공대위' 주최 연합 농성사건으로 안기부에 연행	연행, 구금 (2박3일)
45	85.12.21	한광옥 대변인, 채영석 기획실장 구자호 부대변인, 윤응순 대외협력국장, 정혜원 산업부국장	본회에서 농성을 했던 학생들을 인도하다 남대문에서 강제연행	연행
46	85.12.21	한광옥 대변인	'고문 공대위' 주회 연합농성 사건으로 재차 안기부 연행	연행, 구금 (1박 2일)
47	86.01.24	장기욱 의원	의사당 사태와 관련 변호사 업무정지	변호사 업무정지
48	86.01.29	양희구 부장	고대앞사건으로 성북서에 연행	연행
49	86.02.08	김대중 공동의장	귀국 1주년, 김영삼 공동의장 환영 중식모임 저지 연금	연금
50	86.02.08	황명수 간사장, 구자호 부대변인 윤응순 대외협력국장	2·12총선 1주년과 함께 천만인 개헌서명 시작으로 남대문경찰서 연행	연행, 구금
51	86.02.13	한광옥 대변인, 최종태 총무국장	천만인 개헌 서명 관계로 남대문경찰서 강제유치	강제유치
52	86.02.14	최기선 차장	압수수색에서 발견된 서명날인 관계로 연행	연행
53	86.02.14	정대선, 정혜원 부국장, 임기택, 김용기 차장	김대중 의장 가택연금에 항의하다 강제 연행이 되어 정혜원 부국장, 임기택 차장이 구류처분 받음(7일)	연행, 구류
54	86.02.14	김영삼 공동의장	신사동 B음식점에서 개헌서명 관계로 사무실 출입 통제키 취하여 강제 연행되어 가택연금	가택연금
55	86.02.14	채영석 기획실장	개헌서명 관계로 강제연행	연행, 구금
56	86.02.16	김창한, 박영록, 최영한, 안필수 부의장, 지일웅 국장, 정대성 부국장, 정 일 부장, 김영철 전문위원	개헌서명 관계로 연행	연행, 구금

57	86.02.17	김명윤, 윤혁표, 용남진, 김윤식, 예춘호 부의장, 문부식, 정대철, 김경인 상임운영 위원, 김용각, 김형문, 김장곤 국장, 신정철 부국장, 전현배, 김진원, 김동주, 이경주, 유덕열 부장, 정지남, 고시오, 정일영, 김의현 차장	개헌서명 관계로 연행	연행, 구금
58	86.02.18	홍영기 부의장, 서철용 전문의원	개헌서명 관계로 연행	연행, 구금
59	86.02.20	김영춘 전문위원	개헌서명 관계로 연행	연행, 구금
60	86.02.22	김영삼 공동의장	당국이 사무실 출입을 막기 위해 가택연금	가택연금
61	86.02.24	송재호 국장, 진원규 부국장, 박은주 차장	개헌서명 관계로 연행	연행, 구금
62	86.03.07	김대중 공동의장	난국타개를 위한 3자회담 (김대중, 김영삼, 이민우)을 막기 위해 강제귀가 조치	연금(가택)
63	86.03.11	김대중 공동의장	서울지부 개헌 현판식 참석을 막기 위한 가택연금	가택연금
64	86.03.21	채영석 기획실장	3자 기자회견문 제작관계로 종로서에 연행	연행조사
65	86.03.30	김대중 공동의장	전남도지부 개헌 현판식 참석을 막기 위한 강제 귀가 조치	가택연금
66	86.04.05	김대중 공동의장	경북도지부 개헌 현판식 참석을 막기 위한 강제 귀가 조치	가택연금
67	86.04.27	김대중 공동의장	충북도지부 개헌 현판식 참석을 막기 위한 강제 귀가	가택연금
68	86.05.08	구자호 부대변인	개헌추진 경남도지부 대변인으로 5·3인천 사태가 조작이라는 홍보전단이 허위사실 유포라는 이유로 안기부 연행	연행
69	86.05.17	이종남 상임운영위원(1년) 김병오 부간사장(3년) 서호석 인권국장(2년) 유성효 인권부장(2년) 한영애 운영위원(2년)	서울대 시국대토론회 사건으로 구속되어 서울지법 1심에서 구형	구속 후 1심 구형
70	86.05.21	이종남(징역 6월, 집유 1년) 김병오(징역 1년) 서호석(징역 8월, 집유 2년) 유성효(징역 8월, 집유 2년) 한영애(징역 10월, 집유 2년)	서울대 시국대토론대회 참석사건으로 1심에서 선고	구속 후 1심 선고 및 석방
71	86.05.31	김대중 공동의장	전북도지부 개헌 현판식의 참석을 막기 위한 연금	가택연금
72	86.06.01	최명진 의원	가두서명 관계로 연행, 구류	연행, 구류
73	86.06.11	구자호 부대변인	경남도지부 개헌 현판식의 허위사실 관계로 마산 동부 경찰서에 연행 구류(10일)	연행, 구류

74	86.07.07	김동주, 유성효 부장	인천지역 성고문폭로대회 참석관계로 인천 동부서에 연행	연행
75	86.07.18	김옥두 운영의원	마포경찰서에 연행	연행, 구금
76	86.07.19	김대중 공동의장	'고문 공대위' 주최 성고문 폭로대회 참석을 막기 위한 연금	가택연금
77	86.07.19	신정철 부국장, 이장우 운영위원, 김현기 특별위원	성고문 범국민 폭로대회 참석 중 경찰에 의해 연행	연행, 구금
78	86.07.19	양순직 상임운영위원, 송재호, 이경주, 오사순 국장, 정혜원 부국장, 송경숙 부장	성고문 폭로대회 참석 중 경찰의 무차별 최루탄 발사로 부상	최루탄에 의한 부상
79	86.07.20	황경연 차장	성고문 폭로대회 전단 살포하다 용산 경찰서에 강제 연행, 구금	연행, 구금
80	86.07.27	김대중 공동의장	성고문 규탄기도회 참석방해 및 연금	가택연금
81	86.07.27	김방림 부국장, 김동영 의원부인, 김현규 의원부인	성고문 규탄기도회 참석하려다 경찰의 폭력으로 부상당함	경찰의 폭력에 의한 부상
82	86.08.05	김대중 공동의장	'민추협' 86 하계 수련대회 참석 방해	가택연금
83	86.08.06	김대중 공동의장	공대위 회의 참석과 민헌연 사무실 개소식 참석 방해 연금(귀국 후 31번째 연금)	가택연금
84	86.08.14	서호석 부주간, 김영석 부위원장, 유석우 부장, 김삼채 차장	신민당사에서 개최된 성고문 폭로대회 참석 중 서대문 경찰서에 강제연행	연행, 구금
85	86.08.14	김대중 공동의장	성고문 폭로대회 참석 방해 연금	가택연금
86	86.08.16	박형규 전문위원	성고문 폭로대회의 홍보 전단의 인쇄관계	수배
87	86.08.30	서청원 위원장	민주산악회 회지인 '자유의 종'의 고위공직자 양심선언 관계로 연행, 구류	연행, 구류(5일)
88	86.09.01	김도현 민주통신주간	국무총리실 고위 당직자 양심선언을 민주통신 호외로 제작한 관계로 연행, 구류(3일)	연행, 구류
89	86.09.02	김상현 상임운영위원	미국에서의 초청연설에 참석하려다 김포공항에서 안기부에 의해 강제 출국정지	출국정지
90	86.09.07	김종완 상임운영위원	성고문사건 유인물 관계로 강서 경찰서에 연행, 구류(10일)	연행, 구류
91	86.09.13	박형규 전문위원	성고문 폭로대회 유인물 인쇄관계로 수배 중 연행, 구류(5일) 받고 집시법 위반으로 구속	연행, 구류, 구속
92	86.10.02	김병오 부간사장	서울대 국민대토론회 참석사건으로 구속되어 315일 만에 출감	구속 후 출감
93	86.10.09	김대중 공동의장	전북도지부 개헌 현판식 방해 연금	가택연금
94	86.10.16	유성환 의원(상임운영위원)	국회 본회의 대정부질문 관계로 구속	구속

95	86.10.17	하근수 부위원장	위장취업 (중앙 콘크리트) 관계로 인천 동부경찰서에 연행 구속	구속
96	86.10.27	서호석 부주간, 최주영, 정대성 국장, 이문광, 남관진 부국장	민주통신 제작관계로 남대문경찰서에 연행	연행
97	86.11.05	한광옥 대변인	건국대사태 등에 대한 성명서가 국가 모독죄 및 국가 보안법 위반이라 하여 연행 구속	연행, 구속
98	86.11.05	유성효 부장	경희대에서의 건대사건 폭로대회 참석 중 임의동행	임의동행
99	86.11.26	이문광 부국장, 박형규 전문위원	민주통신 제21호 제작관계로 연행 조사	연행 조사
100	86.11.29	정채권 상임운영위원, 이경주, 유성효 부장	영구집권음모분쇄 범국민 서울대회 참석 중 연행	연행
101	86.12.16	김형회 상임운영위원	세금관계로 정치탄압 및 구속(내무장관 등에 항의)	구 속
102	86.12.18	김도현 주간	민주통신 제21호 제작관계로 연행 구류 (5일)	연행, 구류
103	87.01.06	이문광 부국장	민주통신 제22호 제작관계로 종암 경찰서 연행 조사	연행 조사
104	87.01.12	박찬종 의원(상임운영위원)	승용차에서 성명 미상자에 의해 주요 서류 도난	주요서류 도난(탄압)
105	87.01.24	김대중 공동의장	고 박종철 군 국민 추도대회 발기인대회 참석 방해 연금	가택연금
106	87.01.26	김명윤, 박영록 부의장	고 박종철 군 국민 추도대회 발족식 참석 방해 연금	가택연금
107	87.01.28	김철배 위원장	고 박종철 군 추도식을 자택에서 갖고 시위 중 연행	연행
108	87.02.07	신효섭, 유내홍 차장, 이승철 운영위원	2·7 고 박종철 군 추도대회 참석 중 연행	연행
109	87.02.09	김신부 특별위원	2·7 고 박종철 군 부산추도대회와 관련 구속	구속
110	87.02.09	라종원 운영위원	2·7 고 박종철 군 추도대회시 다리부상 입원	부상 입원
111	87.02.25	김대중 공동의장	고문살인, 용공조작 등 인권탄압 폭로 규탄대회 참석 방해 연금	가택연금
112	87.02.25	김진원, 김성수, 이경주 부장	인권탄압폭로 규탄대회 참석 관계로 연행	연행
113	87.03.02	김대중, 김영삼 공동 의장, 홍영기, 박영록 부의장, 김도현 주간, 구자호 부대변인, 정진례 상임운영위원, 최종태, 김장곤 국장	3·3고문추방 민주화 국민평화대행진 (고 박종철 군 49재) 준비 방해 관계로 사전 가택연금	가택연금

114	87.03.03	박종태 부의장, 서청원, 정대철, 박완규, 이석용, 김완기, 김진철, 강 보, 함영회 상임운영위원, 김형문, 조복형 국장, 허경구 운영위원, 황경연, 최정식, 김윤철, 홍순권, 안남영, 최승길, 정일영, 강광호, 조용태, 강정주, 강영득, 오동선, 김인수, 박희주, 김성수, 최기선, 박경수, 백태열, 김영효, 서철용, 이상혁 등 회직자 다수	3·3고문추방 민주화 국민평화대행진 및 고 박종철 군 (49재) 행사관계로 강제 연행구금	연행, 구금
115	87.03.05	최기선 부장, 서철용 전문위원	3·3고문추방대행진 시위 관계로 구속	구속
116	87.03.05	박겸수 차장	3·3고문추방대행진 시위 관계로 구류 (3일)	구류
117	87.03.09	김병오 부간사장, 원성희, 김장곤, 김수일 국장	고대앞사건으로 1심에서 구형 (각 2년)	구형
118	87.03.14	김진환 부장	민족 미술 협의회 주최 그림마당 행사장 참석 관계	연행
119	87.03.19	박찬종 의원(상임운영위원), 조순형 의원(상임운영위원)	고대앞사건으로 1심에서 박찬종 의원 3년 구형, 조순형 의원 2년 6월 구형	구형
120	87.03.30	한광옥 대변인	국가모독사건으로 구속, 1심에서 구형	구형
121	87.04.04	김대중 공동의장	민주헌정연구회 이사회 참석 방해 연금(귀국 후 52회째)	가택연금
122	87.04.06	유성환 의원(상임운영위원)	국가보안법사건으로 구속 1심에서 징역 3년, 자격정지 3년 구형	구형
123	87.04.08	김대중 공동의장, 황명수 간사장	양 공동의장 기자회견 (신민당 탈당, 신당 창당 선언)을 방해 연금	가택연금
124	87.04.09	김대중 공동의장	신당 창당 준비 위원회 결성식 방해연금	가택연금
125	87.04.15	이철 의원(상임운영위원)	국가 모독혐의로 불구속 기소	불구속 기소
126	87.04.17	박찬종, 조순형 의원	고대앞사건 재판에 따른 구인장 발부	구인장 발부
131	87.05.11	함영회 상임운영위원	성명서 등 관련 중부서에 연행 조사	연행, 조사
132	87.05.19	최기선 부국장, 서철용 전문위원	3·3국민 평화대행진 관계로 구속 후 1심 구형	구형
133	87.05.21	최기선 부국장, 서철용 전문위원	3·3국민 평화대행진 시위관계로 구속되었다가 1심에서 징역 6월, 집유 2년을 선고받고 출감	출감
134	87.06.02	이협 상임운영위원, 김경두, 안경율, 이태호 위원	통일민주당 정강작성 적책 관계로 구인장에 의한 강제 연행 소환	강제연행 소환
135	87.06.08	송재호, 정대성 국장, 이용철 부장	민주통신 제25호 배포관계로 중부서에 연행	연행
136	87.06.08	황경연 부장	6·10대회 전단 배포하다 연행	연행

137	87.06.08	정대성 국장	66·10대회 홍보전단 2만부 압수, 중부서 연행	연행, 압수
138	87.06.09	최형우 상임운영위원, 황명수 간사장, 최형문, 박광태 국장	6·10대회 관계로 연금 중 탈출	연금 중 탈출
139	87.06.10	이영호 부장	6·10국민대회 참석시 최루탄에 의해 부상입원	부상, 입원
140	87.06.10	김명윤 부의장, 양순직 상임운영위원, 김병오 상임운영위원, 이규택 대외협력국장, 윤신근 회원	6·10국민대회 성공회 주최 관계로 구속	구속
141	87.06.10	김기수 운영위원	6·10국민대회 관계로 구류 (10일)	구류
142	87.06.10	이협, 노중구 상임운영위원, 김장곤 실장, 박광태 국장, 최재길, 정일영, 김의진, 박겸수 부차장, 권혁충, 김금동 위원	6·10국민대회 관계로 연행, 구금	연행, 구금
143	87.06.13	정동호 운영위원	6·10대회 이후 이어진 학생시위 현장 상황 파악 중 최루탄에 의해 부상	부상
144	87.06.15	김대중 공동의장	통일민주당 창당관계 등으로 70일째 연금	가택연금
145	87.06.24	김대중 공동의장	통일민주당 창당관계로 연금 79일째 해제	장기가택 연금해제
146	87.06.26	김석용 상임운영위원, 김원식 차장	6·26국민평화대행진 관계로 부상	부상
147	87.06.27	심의석 상임운영위원, 김정열 위원, 이종열, 김우성 차장	6·26국민평화대행진 관계로 연행	연행
148	87.07.02	노경규 상임운영위원	3·3대회 관계 등으로 구속되었다 징역 8월 집유 1년 받고 출감	출감
149	87.07.02	김영삼 공동의장	유성환 의원을 영등포구치소로 면회하여 위로 격려	위로 격려
150	87.07.06	김현기 위원	기소유예로 석방	석방
151	87.07.06	김명윤 부의장, 양순직 상임운영위원, 김병오 상임운영위원, 이규택 국장	6·10국민대회 관계로 구속되었다 6·29 선언으로 기소유예로 출감	출감
152	87.07.21	김영철 전문위원	장의규 사건에 대한 연행 조사	연행조사
153	87.08.27	정 웅 부의장	자택의 무법적 작태 발생 (화염병 투척, 협박전화 등)	협박

'민추협 회무일지' 등을 참조하여 〈민주통신〉 발행 관련 내용을 필자가 정리한 내용이다._ 필자 주

'민추협'은 기관지로 민주통신을 발행했다.

1. 발행

84년 10월 제1호부터 87년 9월 5일자 제16호까지 매월 1회 발행했다. 또한 특별한 사건이 있으면 특보나 호외를 발행했다. 보통 2천부를 발행했지만, 경우에 따라서는 예컨대 87년 6월 10일 민주헌법쟁취국민운동본부 개최 영구집권분쇄국민대회가 있을 때는 10만부를 발행하기도 하고, 개헌서명운동 본부현판식이 있을 때는 수만 부를 발행했다. 국회의원 등이 필요하여 더 발행을 원할 때는 그에 응해 필요한 만큼 더 인쇄하여 주었다.

2. 내용

국내 언론이 보도하지 못하는 민주화 관련 뉴스, '민추협' 양 공동의장(김대중, 김영삼)의 발언 동정, '민추협'의 회직자 민주화운동 활동, 재야 민주화운동단체 인사의 활동, 외신, '민추협' 민주통신 전문위원의 취재기사.

1, 2, 3호는 책자형 4×6배판, 나머지는 신문판, 호외 특보는 타블로이드판. 때로 호외특보는 타자인쇄복사.

3. 제작진

주간, 부주간, 편집국장 및 부국장, 업무국장 및 부국장, 전문위원 2~4명

민주통신이 발행될 때마다 주간은 '유언비어 유포'로 체포되어 즉결처분을 받고 구류 10일을 산다. 인쇄소가 알려지면 인쇄업자가 불이익을 받거나 압수되므로 비밀리에 인쇄한다. 인쇄소는 김용각이 비밀로 하여 다른 사람은 몰랐다. 초기에는 김용각 업무국장이 주로 인쇄소를 주선했다. 2대 주간은 김도현, 부주간은 서호석, 서호석 구속 등 사유로 이태호 편집국장, 최주영 부국장, 남궁진 업무국장, 정대성 부국장, 이문광·김영철·박형규·이성헌 전문위원

4. 비용

양 공동의장(김대중, 김영삼) 등이 부담하는 '민추협' 경비로 부담. 책자형일 때 수시로 국회의원 지구당 위원장이 자기소개를 싣고 광고료를 부담.

인쇄부터 배부까지 비밀리에 이루어졌고, 당국이 알면 압수되었다.

통일민주당이 창당된 뒤 6월 9일자로 한 차례 더 발행되었다.(주간 서청원, 부주간 권기술, 편집국장 최주영, 편집부국장 김영춘, 업무국장 정대성, 업무부국장 곽일)

그 뒤 '統一民主黨報'(주간 김도현, 부주간 서호석, 편집국장 정균환, 편집부국장 김택수, 출판국장 탁형춘, 출판부국장 최정진)가 발행되었다. 6월 19일엔 강서경찰서 하만정 정보과장 지휘 아래 전경 1개 중대 150명이 경비하는 가운데 정보과 형사 20여명이 압수수색영장을 가지고 당보를 인쇄하던 현대신문인쇄소(사장 송재봉(65) 강서구 등촌동 652 - 7소재)에 진입하여 당보 3,000부와 연판 6개, 동판 8개, 지형 6장을 압수해 갔다.(회무일지, 1987. 6. 19.; 동아일보, 1987. 6. 20.)

신한민주당 시절의 당보는 '新民主前線'(주간 이협, 편집국장 정건택, 편집부국장 정병철, 업무국장 백영기, 업무부국장 정균환, 편집위원장 임강순, 위원 서청원, 이석현, 이영두, 정진한, 조홍규, 최기선)이었다. 1980년 5·17이전 신민당 당보는 '民主前線'이었다.

자료 30_ 민추협 사무실 개관

'민추협 회무일지' 등을 참조하여 민추협 사무실 개소와 이전 등을 필자가 기록한 내용이다._ 필자 주

'민추협'의 첫 사무실(서울시 종로구 관철동 45-1. 대왕빌딩 1302호. 전화 723-3239, 3279)은 사실상 옥탑방으로 김무성이 보증금 부담하고 무역회사로 1984년 6월 1일 계약하고 7월 4일 입주하였으나 기관원이 책상의자 등 집기를 들어내어 맨바닥에 돗자리를 깔고 회의를 했다. 사무실의 집기를 다시 들여 놓으려 하니 이번에는 1, 2층 엘리베이터 전기를 끄고 3, 4층엔 셔터를 내렸다. 경찰과 싸우면서 셔터를 철거하여 손으로 들어서 책걸상을 12층까지 겨우 올릴 수 있었다. 김용각 명의로 계약하고 홍인길 명의로 입주한 사실을 핑계로 결국은 쫓겨나게 되었다.

2번째 사무실은 서울시 중구 태평로 1가 61번지(전화 757-6407~9) 소재 진흥기업(前 율산빌딩) 건물이었다.

3번째 사무실(서울시 종로구 관훈동 151-8. 근학빌딩)은 1986년 4월 14일 입주하기로 하였으나 기관의 압력으로 前 세입자가 새 사무실로 옮겨가지 못하고 버티고 있었다. 건물주 삼한신용금고측은 同社의 부사장실에 '민추협' 집기를 놓게 하고 일부 이용하게 하였다. 건물 외벽에 "민추협은 사무실도 못 얻나?"라고 써 붙이기도 했다.(회무일지, 1986. 5. 12, 5. 25)

4번째 사무실(무교동 7-1. 평창빌딩 9층. 136평 3홉 4작, 보증금 3,400만원, 월세 440만원, 명의: 박태권)은 천신만고 끝에 최종태, 박태권, 신현기, 황명수 등이 얻어서 입주했다.(회무일지, 1986. 6. 9)

안기부, 보안사, 치안국, 시경, 담당서 등의 정보망을 피해 얻고 나면 또 내쫓기는 신세가 계속된 것이다. 건물주는 세무조사 등 온갖 불이익을 당했다. 이곳에서 6·29승리(노태우의 6·29선언)를 맞았다. 1987년 7월 8일 민주당은 중구 중림동28-3. 동광빌딩에 새 당사를 구입했다. 민추협 회원 김무성이 재정적 기여를 한 것으로 알려졌다. 이후 '민추협' 사무실을 떠나게 되었고, '민추협'은 얼마 뒤 사무실이 없어진다. '민추협'이 사무실에서 쫓겨나는 것이 외신을 타고 보도되어(AP통신, 1984. 7. 14) 미국에 있던 김대중 의장까지 알아 격려전화가 오기도 했다.

민추협은 1984년 6월 14일 결성 창립하였다. 고문·공동의장·부의장·상임운영위원·각종 특별위원·회직자 등 몇 차례 개편·충원이 있었다. 1차 1984.6.14.; 2차 85.3.18.~4.16.; 3차 85.4.17.~87.8.31.; 4차 상임·지도 양 위원회를 통합상임위원회로 개칭한 뒤 추가된 상임위원(85.11.5.~87.8.31.), 유급 전문위원, 유급 보조실무인원 권용철 등 수명이 있었다._ 필자 주

민추협 회직자 현황

1984.6.14.

고문: 김대중金大中

공동의장: 김영삼金泳三

공동의장권한대행:김상현金相賢

운영위회회 소위원회:

김록영金祿永 김동영金東英 김명윤金命潤 김윤식金允植 박성철朴聖哲 박종율朴鍾律 용남진龍南眞 윤혁표尹奕杓 이민우李敏雨 조연하趙淵夏 최형우崔炯佑 홍영기洪英基

대변인: 이협李協

부대변인: 최기선崔箕善

홍보위원: 김기선 김동협 신상수 이성춘 조정희 채수호 하윤호 한규관

1985.3

공동의장: 김대중金大中·김영삼金泳三

부의장:

85.3.18.~4.16. 김상현金相賢김명윤金命潤 김창근金昌槿 박종태朴鍾泰 예춘호芮春浩 용남진龍南眞

85.4.17.~87.8. 31. 홍영기洪英基 박영록朴永祿 박종률朴鍾律 윤혁표尹奕杓 태윤기太倫基 (탈퇴자 2인 제외)

85.11.15.~ 권오태權五台 김영배金令培 김윤식金允植 김충섭金忠燮 박 일朴一 신상우辛相佑 안필수安弼洙 조윤형趙尹衡 최영근崔泳謹

상임운영위원회: 85.4.17.~87.8. 31.

강삼재姜三載 김덕룡金德龍 김도현金道鉉 김동영金東英 김병오金炳午 김상현金相賢 김성식金聖植 김윤식金允植 김충섭金忠燮 김현규金鉉圭 명화섭明華燮 문부식文富植 박병일朴炳一 박찬종朴燦鍾 손주항孫周恒 조주형趙柱衡 신상우辛相佑 안필수安弼洙 양순직楊淳稙 유성환兪成煥 이중재李重載 이 철李哲 이 협李協 조순형趙舜衡 최영근崔泳謹 최형우崔炯佑 한광옥韓光玉 황명수黃明秀

지도위원회 위원:

김광일金光一 권대복權大福 권두오權斗五 권오태權五台 김길준金吉俊 김봉욱金奉旭 김영배金令培 김종완金鍾完 김태룡金泰龍 김창환金昌煥 김현수金顕秀 반형식潘亨植 박용만朴容萬 송좌빈宋佐彬 신기하辛基夏 신진욱申鎭旭 이상민李尚玟 이우태李愚兌 이종남李鐘南 정기호 정동훈 정채권丁采權 정헌주鄭憲株 조병봉趙炳鳳 최낙도崔洛道

상임·지도 양 위원회를 통합상임위원회로 개칭한 뒤 추가된 상임위원: 85. 11.5.~87.8.31.

강보성 강봉찬 강원채 구재춘 권노갑 김윤수 김영인 김노식 김덕규 김동욱 김동주 김득수 김문원 김봉조 김봉호 김상원 김석용 김승목 김완태 김용오 김원기 김원식 김원준 김은집 김은하 김장곤 김재영 김정길 김정수 김준섭 김종순 김진배 김철배 김태식 김한수 김형경 김형광 김형래 김형회 노병구 노승환 목요상 문정수 민병초 박관용 박병용 박병순 박 실 박완규 박왕식 박인목 박윤찬 박희부 복진풍 서석재 서청원 서호석 손세일 손한선 송원영 송천영 손형섭 신순범 신윤수 신재휴 신하철 심완구 심의석 안동선 안숙제 오상현 오홍석 유 청 유광열 유시벽 유영봉 유제연 유준상 윤기태 윤대희 윤영탁 은종숙 이계봉 이관형 이교성 이기택 이기홍 이길범 이상민 이상옥 이석용 이시준 이영권 이영준 이용희 이원범 이원종 이원형 이재근 이재옥 이형배 이윤휴 이홍록 이희천 임춘원 장기욱 장정곤 장원준 장충준 정기영 정대철 정상구 정봉철 정재문 정정훈 정지영 정진길 정진화 조세형 조승형 조영수 조종익 조홍래 조희철 채영석 최동주 최선기 최영호 최정웅 최윤훈 하제홍 한치만 함영희 허영구 홍사덕 홍성표 홍찬기 황규선 황낙주

변호인단:

김광일 김길준 김명윤 김 수 김은집 노무현 목요상 문재인 박병일 박찬종 신기하 용남진 윤철하 이관형 이기홍 이원형 이충환 이홍록 임미준 장기욱

장석화 정기호 조승형 조주형 허경만 홍영기 황인만

집행부

간사장: 최형우崔炯佑 황명수黃明秀

부간사장: 김병오金炳午 홍성표洪晟杓

대변인: 한광옥韓光玉 채영석蔡暎錫 구자호具滋鎬

부대변인: 김경두金經斗

기획조정실장: 김장곤金莊坤 김도현金道鉉

부실장: 김재천金在天 신현기申鉉奇 송창달宋彰達

위원: 서원석徐元錫 남궁진南宮鎭 이석현李錫鉉 김영철金永哲 이성헌李性憲

주간: 김도현金道鉉 서청원徐清源

부주간: 김수일金秀一 서호석徐好錫 송창달宋彰達 권기술權淇述

국장:

김대영 김용각金龍角 김원식金元植 김일범金一凡 김장곤金莊坤 김형문金炯文
박광태朴光泰 박태권朴泰權 박희부朴熙富 백영기白榮基 복진풍卜鎭豊 송재호宋在浩
신하철申河哲 안희우安晞雨 오사순吳四順 원성희元聖喜 윤응순尹鷹淳 이계봉李桂鳳
이규택 이유형李有珩 이익균李益均 이진구李珍求 정대성鄭大成 정봉철鄭鳳哲
조복형趙福衡 주범로 지일웅池一雄 최종태崔鐘泰 최주영崔周榮 한원희
홍순철洪淳喆 허금환許金煥

부국장:

곽 일郭一 권혁충權赫忠 김동협金東夾 김방림金芳林 김성수金成洙 김영석 김영숙
김영춘金永春 김재석金在錫 김진원 김태규 김 홍金洪 남궁진南宮鎭 노경규盧暻圭
라종학 민면식閔勉植 박인숙 서 훈徐勳 송경숙宋敬淑 신정철 안경률安炅律
양회구梁会九 오세각吳世珏 유길영 유성호 유 양 유영봉俞永峯 이문광李文光
이영호 이장우李壯雨 전현배全賢培 정종표鄭宗杓 정혜원鄭惠元 조만진趙萬進
조양삼趙良三 조익현曺益鉉 진산전 진원규陳元圭 최기선崔箕善 최도령崔道烈
최정진崔貞鎭 하광열河光烈 현상호

전문위원: 김영철金永哲 박형규朴炯圭 서철용徐哲龍 한해수 홍순권洪淳權

부장:

강대선 강대연姜大連 강창진姜昌進 공동표 김광국金洸局 김금수金今守
김금주金錦珠 김길수 김동주金東周 김동훈 김삼채 김생기 김석철 김선익金善益

김원식金元植 김원화金元和 김지일 김진환 김찬중金燦中 김창기金昌基
김택수金澤洙 김현미金賢美 김현배金炫培 박겸수 박경옥 박승영 박의수
박준호朴俊鎬 박환기朴煥基 손석우孫錫宇 시태수 신극오辛克鰲 신효섭 양대석
엄영옥 유경희 유내홍 유덕렬柳德烈 유재경柳在敬 윤영노尹寧老 이강옥
이경주李京周 이기영 이상일 이용철 이웅남李雄男 이재각李載珏 이종대
이춘인李春仁 이태수 이희경李熙慶 임기택 임의근林義根 장승훈張承勳 전갑길
전정식 전희정 정광중鄭光重 정석교 정선모 정선태 정완립 정일영 정지남
조성기趙成基 최대식 최영철 최재철崔在喆 홍명기 홍승채 황금연

차장:

강재식 고시오高始五 김기열金基烈 정동호 김　성 김성식金聖植 김소주金小周
김승현 김영신金榮信 김용기 김용백金容伯 김우석 김원유 김윤철 김의현
김재경 김재명 김정규 김정영 김동호 김정형 김진관 김진택 김창훈金昌雲
김하령 김현배金炫培 김현식金鉉植 나종원 박수빈 박상일 박은주 서종수
손양호孫良鎬 송복전 송연찬 신영화 신용석 예병남芮秉南 오인석 유권현
유병울 유성연 유윤석 윤용한尹龍漢 윤정봉 윤정열 윤준태 이경심 이광호
이병희 이상혁李尚赫 이성종 이세규 이승철 이윤석 이종수 이종열 이해남
임완수 임철남 임한계林漢桂 장성인 정상진鄭相辰 조치영 차태석車泰錫 최용식
최인철 최형식崔亨植 최후진崔厚鎭 홍원식洪源植

유급 사무실 보조요원:

권영애 박은주 권호철 권경철 신00

당시 민추협에서는 전문위원 윤응순 김영춘이 일지를 작성했다. 현재 민주일지(1984년 8월 31일~1985년 3월 23일), 회무일지(1984년 3월 25일~1987년 3월 23일)와 통일민주당 당무일지(1987년 6월 10일~1987년 7월 20일)가 민주화운동기념사업회에 기증 보관되어 있다._ 필자 주

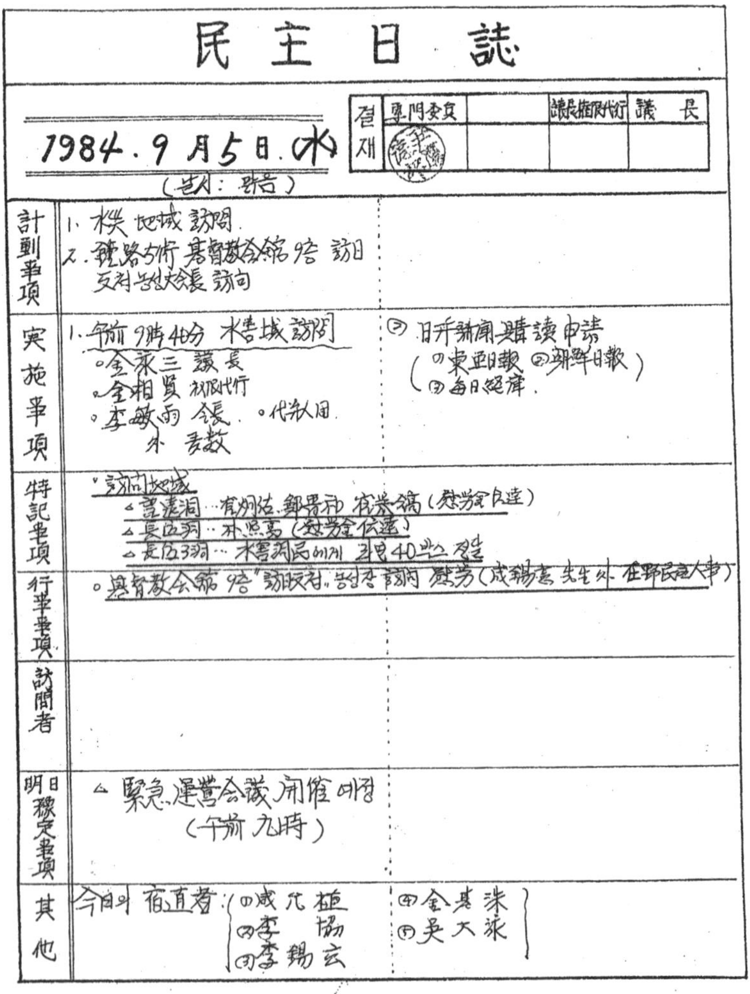

民主日誌

1984. 9月 5日. (水)
(날씨: 맑음)

결재	專門委員		議長權限代行	議長
	(印)			

計劃事項	1. 水原地域 訪問 2. 鍾路5街 基督教會館 9층 訪問 反對 농성大會長 訪問	
實施事項	1. 午前 9時 40分 水原城 訪問 ○金永三 議長 ○金相賢 權限代行 ○李敏雨 會長 ○代表人團 外 委員數	② 日刊新聞 購讀 申請 (① 東亞日報 ② 朝鮮日報 ③ 每日經濟)
特記事項	○訪問地域 △望遠洞…崔炯佑, 鄭男和, 宋榮鎬(慰勞金 傳達) △長位洞…朴然亮(慰勞金 傳達) △長位3洞…水害洞民에게 라면 40박스 전달	
行事事項	○基督教會館 9층 "訪民者" 농성장 訪問 慰勞(咸錫憲 先生 外 在野民主人事)	
訪問者		
明日豫定事項	△緊急 運營會議 開催 예정 (午前 九時)	
其他	今日의 宿直者: ① 咸允植 ② 李協 ③ 李錫云	④ 金基洙 ⑤ 吳大泳

會 務 日 誌

1987. 1 月 17 日 (土)
(날씨 : 맑음,)

결재	擔當	副局長	局長	副幹事長	幹事長

計劃事項

◎ 긴급의장단회의 개최 (08:00, 회의실, ~09:30. 金大中의장 대신 자택연금, 金泳三의장 09:04분 도착)
참석자 ; 홍영기, 용남진, 윤혁표, 최영근, 태윤기, 박종태, 권오태, 김영배, 김창근, 조윤형 (불참: 박찬종, 장기욱, 조승형, 김동주)
인근음식점에서 '볶어군 백반'으로 조찬을 하면서 회의진행
1. 황명수 간사장의 故 박종철 사건에 대한 본회 활동 경위 보고 (別紙)

實施事項

2. 본회 주자로 대변인의 "서울대 박종철군의 사인을 밝혀라"라는 제하의 성명서 낭독
3. 조승형 인권위원장의 "서울대생 박종철군 변사사건 조사 중간 보고" (別紙)
(조사자 : 박찬종, 장기욱, 신기하, 김동주, 조승형, 김장곤, 김일범, 정대성, 전현배)
① 조사경위, ② 조사내용 ③ 변사자 연행일시추정, ④ 연행전 변사자의 음주량,

行事事項

⑤ 조사결론, ⑥ 조치의견
4. 박찬종 최특위원장의 조승형위원장 보고의 보충보고
① 연행시간 발표보다 10~24시간 오차 예상
② 부검 황적준박사 집도의 신문발표는 가공인물, 부검은 국립과학수사연구소 직원에 의해 진행되었으며 동 연구소는 치본 지휘를 받음. 그러므로 부검결과 거부할수밖에 없다.

特記事項

(토의사항)
1. 김창근 ; 조사보고서 좀더 보완하고, 홍보준비, 집회 등을 통한 방법을, 계획해서 진행해야 할것.
2. 박종태 : 박군만의 죽음이 아니라 수십만이 고문당했고, 살아남았을뿐, 할수있는 모든 조치 취해야 할것
3. 홍영기 ; ① 고문당하지 않았으면 죽을 이유 없다는 반증을 해야하고,
② 열시 투쟁을 해야한다.

其他事項

⟹ (결의사항)
1) 신민당과 별개로 민추협 명의로 조사단을 구성하고, 고발조치한다.
2) 19일 정례의장단 회의를 08시에 하고, 제상상임운영위원회의를 09시에 소집한다.

明日豫定事項

※ 3) 박종철군 고문살인사건 대책위원회 구성발표.
위원장 ; 홍영기
위 원 : 태윤기, 용남진, 김영윤, 신상우, 조승형, 김동주, 안동선, 박왕식, 김영배, 장기욱, 문정수, 송천영
간사 : 김장곤

民主化推進協議會

참고문헌

가지무라 히데끼, 1977,『조선사』, 講談社(동경).
갈봉근, 1976,『유신헌법론』, 한국헌법학회.
강만길, 1978,『분단시대의 역사인식』, 창작과비평사.
강만길, 1982,『조소앙』, 한길사.
강명세, 2010, 한국정치의 발전궤적,『다시 보는 한국 민주화운동』, 한국정치연구회 편, 선인.
강원택 외, 2015,『한국의 민주화와 민주화추진협의회』, 오름.
강원택, 2022, 1985년 12대 국회의원선거 연구, 〈2·12총선과 민추협, 민추협토론회〉.
고은, 2007, 6·10 대회,『유월, 그것은 우리의 운명의 시작이었다』, 화담.
국립현대미술관, 1994,『민중미술 15년』, 삶과꿈.
국정원과거사진실 규명을 통한 발전위원회, 2006,『1967 동백림사건』.
권노갑·김창혁, 2014,『순명 : 김창혁 기자와 함께 쓴 한국 현대 정치 현장 증언』, 동아E&D.
권형택·한영수, 2007, 민주화운동청년연합, 깃발을 높이 들자,『6월항쟁을 기록하다』 제2권, 민주화운동기념사업회.
기독청년올림픽문제연구위원회, 1987,『당신들의 축제: 88올림픽과 독재정권』, 민중사.
김기철, 1993,『합수부 사람들과 오리발 각서』, 중앙일보사.
김기협, 2013, 해방일기, 프레시안(2013.7.8.)
김대중, 2010,『김대중 자서전 1』, 삼인.
김덕룡, 2022, 민주산악회야 말로 민추협의 산실, 시사오늘 288호.
김도현, 1980, 이승만노선의 재검토,『해방전후사의 인식 1』, 한길사.
김도현, 1981, 1950년대 이승만론,『1950년대의 인식』, 한길사.
김도현, 1983, 헌법은 어디로 갈 것인가,『월간 마당』 1983,12·1984,1월호.
김도현, 2003,『6월항쟁 자료집』, 민주화운동기념사업회.
김도현, 2022, 시인은 왜 술을 마시고 정치인은 왜 거짓말을 하는가?, 〈2·12총선과 민추협, 민추협토론회〉.
김도현·성유보·이명식·이명준·황인성, 2017,『6월항쟁과 국본』, 민주화운동기념사업회.
김만권, 2021, 우파 포퓰리즘의 부상으로의 이준석현상,『황해문화』 113호, 새얼문화재단.
김무성, 2020, 5·18이 민추협결성 계기, 시사오늘 제255호.
김무성,김병식, 2007, 6월항쟁의 선봉장 '서대협',『6월항쟁을 기록하다』 제3권, 민주화운동기념사업회.
김민배, 1997, 지배이데올로기로서의 '전투적 민주주의'의 논리와 그 비판,『헌법해석과 헌법실천』, 민주주의법학연구회 편, 관악사.
김선택, 2007, 유신헌법의 불법성 논증,『고려법학』 49호, 고려대학교.

김성실, 2017, 한국적 민주주의의 사상적 토대, 『기억과 전망』 2017 여름호, 민주화운동기념사업회.
김성익, 1992, 『전두환 육성 증언』, 조선일보사출판국.
김영민, 2021. 참을 수 없는 정치의 빈곤함, 『황해문화』 113호, 새얼문화재단.
김영삼, 1983, 『민주화의 깃발을 올리며』, 비매인쇄물.
김영삼, 2000, 『김영삼 회고록』 1~3권, 백산서당.
김우창, 2017, 민주화 인간화, 정신원리, 『한국민주화 30년 세계 보편적 의미와 전망』, 6월항쟁30주년 사업추진위원회.
김정남, 2018, 내가 겪은 박종철군 고문치사사건, 『기억과 전망』 38호, 민주화운동기념사업회.
김진현, 2022, 『대한민국 성찰의 기록』, 나남출판.
김철수, 1986, 『헌법개정, 회고와 전망』, 대학출판사.
김철신, 2007, 동아시아 사상과 민주주의, 『민주주의 강의 2, 사상』, 민주화운동기념사업회.
김태일, 2001, 제4공화국과 제5공화국 헌법 비교, 『한국정치와 헌정사』, 한국정치외교사학회 편, 도서출판 한울.
김형수, 2004, 『문익환 평전』, 실천문학사.
김형주, 2020, 5·18, 광주 일원에서의 연행 구금 양상과 효과, 『기억과 전망』 43호, 민주화운동기념사업회.
김형준, 2023, 문민정부의 시대적 의미, 〈문민정부출범30주년기념세미나〉, 사단법인 김영삼민주센터.
김홍우, 2019, 자유는 우리역사의 오래된 이야기다, 『자유민주주의와 사회민주주의, 대안인가? 보완인가?』, 대화문화아카데미.
남재희, 2021, 요지경 같았던 정치 상황, 『황해문화』 113호, 새얼문화재단.
노암 촘스키, 김보경 역, 1983, 『미국이 진정으로 원하는 것』, 한울.
노태우, 2011, 『노태우 회고록』 상하, 조선뉴스프레스.
대한민국역사박물관, 2017, 『한국민주주의를 회고하다』, 대한민국역사박물관.
로버트 B 다운스, 김도현 역, 1981, 『미국을 움직인 책들』, 화다출판사.
리영희, 2000, 남북관계와 주한미군문제, 사고의 대전환이 필요하다, 『당대비평』 2000 가을호, 생각의나무.
마이클 샌델, 이경식 역, 2022, 『당신이 모르는 민주주의』, 와이즈베리.
민족미술협의회, 1988, 『군사독재정권 미술탄압사례 1980-1987』, 민족미술협의회.
민족민주열사희생자추모단체연대회의, 1999, 〈의문사 진상규명을 위한 학술회의〉.
민주통일민중운동연합, 1986, 『우리사랑, 문익환』, 민주통일민중연합.
민주화운동기념사업회 한국민주주의연구소 편, 2010, 『한국민주화운동사 3』, 돌베개.
민주화운동기념사업회, 2006, 『한국민주화운동사 연표』, 민주화운동기념사업회.
민주화운동기념사업회, 2007, 『유월, 그것은 우리의 운명의 시작이었다』, 화담.
민주화추진협의회(구자호) 편, 1988, 『민추사』.
박명림, 2010, 4월혁명 50주년: 한반도, 동아시아, 세계적 지평에서의 해석과 성찰, 〈4월혁명 사료총집 발간 보고대회〉, 민주화운동기념사업회.
박명림, 2014, 한국민주주의와 연합의 정치, 〈민주화추진협의회 창립30주년심포지엄〉.

박명림, 2023, 문민정부완성을 위한 민주화여정, 〈문민정부출범30주년기념 대담회〉, 사단법인 김영삼민주센터.
박영자, 2005, 남북1인지배체제, 『유신과 반유신』, 선인.
박용수, 1989, 『민중의 길』(박용수사진집), 분도출판사.
박정희, 1963, 『국가와 혁명과 나』, 향문사.
박종민·오현진, 2018, 『민주화 이후의 한국민주주의의 질』, 박영사.
박태균, 2006, 『우방과 제국』, 창비.
백기완, 2009, 『사랑도 명예도 이름도 남김없이』, 한겨레출판.
변영태, 1956, 『나의 조국』, 자유출판사.
브루스 커밍스, 김주환 옮김, 1986, 『한국전쟁의 기원』, 청사.
사회주의출판사 편, 1973, 『정치사전』, 사회주의출판사(평양).
삼신각 편, 1997, 『운경 이재형 선생 평전』, 삼신각.
서영표, 2021, 원한과 혐오의 정치를 넘어 저항과 연대의 정치로, 『황해문화』 2021 봄호, 새얼문화재단.
서중석, 1997, 3·1운동과 6월 민주항쟁, 『신동아』 1997년 3월호, 동아일보사.
서중석, 1997, 6월항쟁의 전개와 의미, 『6월 민주항쟁』, 한울아카데미.
서중석, 2011, 『1987년 민주운동의 장엄한 파노라마, 6월항쟁』, 돌베개.
손우정, 2015, 진보정당 내부의 민주주의 제도연구, 『기억과 전망』 여름호, 민주화운동기념사업회.
스티븐 레브츠키·대니엘 지부렛, 박세연 역, 2018, 『민주주의는 어떻게 무너지는가?』, 도서출판 어크로스.
신민당 박종철군 고문살인사건 진상조사 및 고문근절 대책 특별위원회 편, 1987, 『서울대생 박종철군 고문살인사건 진상 조사 보고서』.
신상우, 1986, 『고독한 증언』, 창민사.
신용하, 2006, 『21세기 한국과 최선진국 발전전략』, 지식산업사.
신채호, 1974, 조선혁명선언, 『아와 비아의 투쟁으로서의 역사』(읽과 함 문고), 민족학교편, 사상사.
심지연, 2013, 『한국정당정치사』, 백산서당.
안경율, 2022, 『시대의 소명』, 글방과 책방.
안동일, 2005, 『10·26은 아직도 살아있다』, 렌덤하우스 중앙.
안병직·이영훈, 2011, 『맛질의 농민들』, 일조각.
5·16쿠데타 50돌 학술회의, 2011, 『5·16 우리에게 무엇인가』, 민주평화복지포럼.
오코노기 마사오, 1980, 전이하는 한반도의 전략적 가치, 『계간 현대사』, 서울언론문화클럽.
우찌다 쇼우꼬, 2022, デジタル·デモクラシ-, 『戰後民主主義』, 『世界』, 2022.11 특집호(동경)
6월항쟁계승사업회·민주화운동기념사업회 편, 2007, 『6월항쟁을 기록하다』 1~4권, 민주화운동기념사업회.
유혁인(유석춘), 2000, 『만월홍안』, 전통과 현대.
윤보선,1967, 『구국의 가시밭길』, 한국정경사.
은정희, 1994, 원효의 불교사상, 『원효의 사상과 그 현대적 의미』, 한국정신문화연구원.
이가원, 1986, 『주역』, 동화출판공사.

이규수, 2009, 안중근 의거에 대한 일본 언론계의 인식, 〈안중근 의거의 국제적 영향 학술심포지엄〉, 독립기념관 한국독립운동사연구소.
이노우에 아쓰시, 2021, 『愛民 朝鮮儒教』, 株式會社ぺりかん
이도흠, 2015, 『원효와 마르크스의 대화』, (주)자음과모음.
이동화, 1980, 8·15를 전후한 여운형의 정치활동, 『해방전후사의 인식 1』, 한길사.
이민웅, 2005, 숙의민주주의 4차원 언론의 역할, 『한국언론학보』 49권2호.
이병천 등, 2016, 『한국민주주의와 자본주의』, 돌베개.
이순자, 2017, 『당신은 외롭지 않다』, 자작나무숲.
이승원, 2021, 포퓰리즘 발흥과 민주적 포퓰리즘의 가능성, 『황해문화』 113호, 새얼문화재단.
이우성, 1995, 『실시학사산고』, 창작과비평사.
이우태, 1988, '민추협'과 민주산악회, 『민추사』, 민주화추진협의회.
이원재, 2019, 『주역은 정치지도자를 위한 책이다』, 사림문화.
이재성, 2021, 1986년 개헌운동과 5·3인천민주항쟁, 『기억과 전망』 45호, 민주화운동기념사업회.
이재정, 2015, 정치인과 거짓말 연구, 『한국정치연구』 Vol.23 No.3, 서울대학교 한국정치연구소.
이정복, 1995, 『한국 정치의 분석과 이해』, 서울대학교 출판문화원.
이철승, 2011, 『대한민국과 나』 2, 시그마북스.
이토 마사미, 구병삭 역, 1982, 『현대일본국헌법론』, 법문사.
이홍구, 1996, 반자유주의적 민주주의와 한국정치문화, 『이홍구문집 Ⅱ』, 나남출판.
이홍구, 2009, 대한민국 60년, 민주정치 60년의 재조명, 『21세기 한국정치의 발전방향』, 서울대학교 출판부.
임원택, 1998, 『정치경제학의 철학적 기초』, 법문사.
임재해, 2022, 이애주춤의 현장성과 변혁성, 『이애주춤 학예굿』, 재단법인 이애주문화재단.
임혁백, 2011, 『1987년 이후의 한국 민주주의』, 고려대학교 출판부.
임혁백, 2017, 민주주의로의 전환, 〈한국민주화 30년 6월민주항쟁 30년 촛불시민원년 기념학술대회〉.
임현진, 2017, 『대한민국의 길을 묻다』, 백산서당.
자유실천문인협의회, 1985, 『5월의 노래 5월의 문학』, 이삭.
장훈, 2021, 이홍구 정치학의 전개와 한국민주주의, 이홍구선생미수기념문집 『대전환기의 한국민주정치』, 중앙일보에스(주).
전두환, 2017, 『전두환 회고록』 1~3, 자작나무숲.
전재호, 2000, 『반동적 근대화주의자 박정희』, 책세상.
전재호, 2016, 한국민주화 이행에서의 김대중의 역할, 『기억과 전망』 35호, 민주화운동기념사업회.
정근식, 2012, 『식민지 유산, 국가형성, 한국민주주의』, 책세상.
정기용, 2023, 『영원한 사랑 대한민국』, 정음서원.
정대화, 2005, 민주화과정에서 민통련과 국민운동본부의 역할에 대한 평가, 『민주사회와 정책연구』 통권5호.
정상대·황인성, 2007, 고문공대위, 야당과 재야의 연대 및 활동, 『6월항쟁을 기록하다』 제2권, 민주화운동기념사업회.
정승화, 1987,『12·12 사건 정승화는 말한다』, 까치.
정일준, 2010, 4월혁명과 미국, 〈4월혁명 50주년기념학술토론회〉, 민주화운동기념사업회.
정일준, 2011, 한국현대사에서 안보와 자유,『탈냉전과 한국의 민주주의』, 선인.
정일준, 2017, 제5공화국과 6·29선언,『6월민주항쟁』, 한울아카데미.
조갑제, 2007,『노태우 육성 회고록』, 조갑제닷컴.
『조선왕조실록』
조선일보사, 1993,『비록 한국의 대통령』, 조선일보사.
조지훈, 1960, 늬들 마음을 우리가 안다,『4월혁명기념 시집』, 고대신문.
조현연, 1999, 의문사 사건의 정치사회적 배경과 진상규명의 정당성, 〈민족민주열사·희생자 추모단체연대 의문사진상규명을 위한 학술회의〉.
조희연, 2002, 87년 6월항쟁과 시민운동,『기억과 전망』창간호, 민주화운동기념사업회.
중앙선거관리위원회 편, 2009,『대한민국선거사』4.
지주형, 2018, 유신체제말기 한미관계와 유신체제,『기억과 전망』38호, 민주화운동기념사업회.
진순신(陳舜臣), 1988, 피로 씌어진 사실은 지울 수 없다, 계간 일본포럼.
최민, 2021,『글, 최민』, 열화당.
최장집 엮음, 2011,『막스 베버 소명으로서의 정치』, 후마니타스.
최장집, 2002,『민주화이후의 민주주의』, 후마니타스.
최장집,1989,『한국현대정치의 구조와 변화』, 가치.
최현식, 1980,『갑오동학혁명사』, 향토문화사.
최형우, 1993,『더 넓은 가슴으로』, 도서출판 깊은사랑.
칼 마르크스 저, 전태국 역, 1996,『마르크스 초기저작』, 열음사.
Carl J. Friedrich, 1953,『The Philosophy of Hegel』, Random House(뉴욕).
코민테른 편, 1974,『極東勤勞者大會』, 合同出版(東京).
토크빌, 박지동 역, 1983,『미국의 민주주의』, 한길사.
학술단체협의회, 1989,『1980연대 한국사회의 지배구조』, 풀빛.
한국기독교사회문제연구소 편, 1986,『개헌과 민주화운동』, 민중사.
한국기독교사회문제연구소 편, 1987,『7-8월 노동자 대중투쟁』, 민중사.
해롤드 J. 라스키, 笠原美子, 1969,『현대혁명의 고찰』, みすず.
해위학술연구원 편, 2015,『윤보선과 1960년 한국정치』, 한국학중앙연구원출판부.
허영, 1995,『헌법 이론과 헌법』, 박영사.
황석영, 1985,『죽음을 넘어 시대의 어둠을 넘어』, 풀빛.
황인성, 1997, 투쟁의 구심 민주쟁취국민운동본부,『역사비평』37호, 역사비평사.
황태연, 2022, 공자의 자유평등철학,『퇴계아카데미』2집, 사단법인 퇴계학진흥회.